Fachsprachliche Wortgruppen in Textsorten des deutschen Zivilrechts

REGENSBURGER BEITRÄGE

ZUR DEUTSCHEN SPRACH- UND LITERATURWISSENSCHAFT

Herausgegeben von Bernhard Gajek

Reihe B/Untersuchungen

Band 93

PETER LANG
Frankfurt am Main · Berlin · Bern · Bruxelles · New York · Oxford · Wien

Katarína Znamenáčková

Fachsprachliche Wortgruppen in Textsorten des deutschen Zivilrechts

PETER LANG
Europäischer Verlag der Wissenschaften

Bibliografische Information der Deutschen Nationalbibliothek
Die Deutsche Nationalbibliothek verzeichnet diese Publikation in der Deutschen Nationalbibliografie; detaillierte bibliografische Daten sind im Internet über <http://www.d-nb.de> abrufbar.

Zugl.: Regensburg, Univ., Diss., 2005

Diese Arbeit wurde am 28. November 2005 von der
Philosophischen Fakultät
– Sprach- und Literaturwissenschaften –
der Universität Regensburg als Dissertation angenommen.

D 355
ISSN 0170-8872
ISBN-10: 3-631-55390-0
ISBN-13: 978-3-631-55390-9

www.peterlang.de

Meiner Familie

Danksagung

Mein aller herzlichster, herzlicher und sonst ausdrückbarer Dank gehört mehreren Personen. Unter diesen verdienen einige namentlich hervorgehoben zu werden:

- Frau Prof. Dr. Maria Thurmair, die bereit war, die Betreuung meiner Arbeit zu übernehmen. Sie hat meine Dissertation durch ihre nützlichen Hinweise, fachlichen und kritisch-konstruktiven Anmerkungen angeregt und meinen linguistischen und fremdsprachlichen Horizont durch ihre Ratschläge erweitert. Ohne sie wäre diese Arbeit nicht zustande gekommen.
- Herr Prof. Dr. Albrecht Greule für das Interesse, die fachliche Unterstützung und die Betreuungsarbeit.
- Herr Dr. Wolfgang Janka für die sprachliche Lektorierung. Er fand immer die Zeit dazu und konnte mir zugleich mit methodischen Anmerkungen vielfach helfen.
- Die Teilnehmerinnen und Teilnehmer der Doktorandenkolloquien von Prof. Dr. Maria Thurmair und von Prof. Dr. Albrecht Greule für das Interesse an der Arbeit und die wertvollen Fragen und Anregungen.
- Herr Dr. Michael Hammer und Herr Elmar Retzbach für wertvolle juristische Erklärungen und Informationen.
- Stiftung Fazit, deren zweijährige finanzielle Unterstützung mir den Rücken für meine Forschungstätigkeit frei hielt.
- Tandem Regensburg, meine große Ersatzfamilie für die unaufhörliche jugendgeistige Unterstützung und Ablenkung.
- Meine „Schwester im Geiste“ Anja und der immer mit Abstand da stehende Josef, für ihre bereichernden Ratschläge und die gesamte Hilfsbereitschaft.
- Meine Familie: mein Bruder Tomas, der als Hotline-Berater meine computertechnischen Probleme auch über das Telefon gemeistert hat. Schließlich meine Eltern, die mich – ebenfalls trotz der räumlichen Ferne – immer hervorragend unterstützt haben. In unseren Telefonaten gaben sie mir die nötige Zuversicht.

Allen Helfern herzlichen Dank.

Inhaltsverzeichnis

1 Einleitung

Die vorliegende Arbeit ordnet sich in die Fachsprachenforschung ein. Sie setzt sich als Ziel, Wortgruppen in der deutschen Rechtssprache zu untersuchen. Diese Untersuchung basiert auf einer detaillierten Analyse deutschsprachiger juristischer Texte, die verschiedenen Textsorten angehören. Dabei steht im Mittelpunkt der Betrachtung, ob und wie sich die Erscheinungsformen von ausgewählten Wortgruppen variieren lassen. Es soll die Hypothese überprüft werden, dass die fachsprachlichen Wortgruppen unterschiedlich stabil sind und dass eine – wenngleich nicht trennscharfe – Einteilung in Festigkeitsstufen möglich ist. Daraus ergibt sich ein Teilziel, diese Stufen zu erkennen und ihre Merkmale zu beschreiben. Gleichzeitig soll ermittelt werden, von welchen Faktoren die Variationsmöglichkeiten bzw. -restriktionen abhängen und ob das Variieren von Wortgruppen im juristischen Kontext Gesetzmäßigkeiten unterliegt. Im Anschluss daran soll versucht werden, Schlussfolgerungen für die fremdsprachliche Fachkommunikation zu ziehen und festzustellen, in welchem Maße die Wortgruppen für den fachbezogenen Fremdsprachenunterricht und die Übersetzertätigkeit von Bedeutung sind. In diesem Zusammenhang sollen einige Gedanken über den Nutzen der Arbeit für die Lexikographie formuliert werden. Aus den oben genannten Zielen ergibt sich die Gliederung der vorliegenden Dissertation.

Nach der theoretischen Betrachtung und der Abgrenzung des Begriffs 'Wortgruppe' für die Zwecke dieser Arbeit in Unterkapitel 2.1 wird kurz auf den Forschungsstand bezüglich dieser lexikalischen Einheiten eingegangen (2.2, 2.3). Die Einbettung des Untersuchungsgegenstandes in einen Fachkontext erfordert eine Charakterisierung des gewählten Kommunikationsbereiches wie auch seiner Fachsprache; das Zivilrecht und die deutsche Rechtssprache werden in Kapitel 3 beschrieben. Da der Textbasis eine wichtige Rolle zukommt, befasse ich mich in Kapitel 4 mit den Textsorten und dazu gehörenden Texten aus dem Bereich Recht, wobei jede der untersuchten Textsorten in groben Zügen dargestellt wird. Der Beschreibung der methodischen Schritte der empirischen Untersuchung (Kapitel 5) folgt der zentrale Teil der Arbeit. In diesem werden die Wortgruppen und ihre Festigkeitsstufen behandelt. In den Kapiteln 6, 7 und 8 werden die Ergebnisse der Untersuchung beschrieben. Die Wortgruppen wurden je nach ihrem Wortartcharakter in Strukturtypen eingeteilt, die bestimmte Funktionen (verbale, nominale oder adverbiale) ausfüllen; diesem funktionalen Kriterium folgt die Gliederung der auswertenden Kapitel. Das darauffolgende Kapitel 9 bietet eine Zusammenfassung dieser Ergebnisse. Darauf aufbauend wird in Kapitel 10 der Bezug dieser Ergebnisse zu konkreten Tätigkeitsbereichen erwogen, die den Anstoß zu der vorliegenden Arbeit gegeben haben. Zum einen handelt es sich um den juristischen Deutsch-als-Fremdspracheunterricht, zum anderen um die Übersetzertätigkeit und die fachlexikographische Praxis. Dabei soll kurz auf die Bedeutung der Wortgruppen wie auch die Anwendbarkeit der gewonnenen Erkenntnisse eingegangen werden.

2 Gegenstand der Untersuchung

2.1 Begriff Wortgruppe

Gegenstand meiner Untersuchung sind fachsprachliche Wortgruppen in einem Fachgebietsausschnitt. Im Mittelpunkt meines Interesses stehen ihre Verwendung in Texten des deutschen Zivilrechts, die verschiedene Textsorten vertreten, wie auch die Spannweite der Stabilität bzw. Variabilität dieser Wortgruppen in Abhängigkeit von diesen Textsorten.

Die allgemein anerkannte Definition der Wortgruppe aus terminologischer Sicht bestimmt sie als "eine Benennung, die aus mindestens zwei getrennt geschriebenen syntaktisch verbundenen Wörtern besteht" (Klein 1985:21). An diese Definition anknüpfend verstehe ich unter fachsprachlicher Wortgruppe als Untersuchungsobjekt dieser Arbeit jede **Verbindung zweier oder mehrerer Wörter unterhalb der Satzebene, die getrennt geschrieben sind und einen Ausschnitt der Lebenswirklichkeit in einem fachlichen Kontext[1] benennen.**

Das Wort wird hier allgemein verstanden als "der kleinste selbständige sprachliche Bedeutungsträger (d.h. sprachliches Zeichen)" (Fleischer 1975:31).[2] Als Konstituenten von Wortgruppen treten in meiner Untersuchung zwei oder mehrere Einheiten auf, von denen wenigstens eine semantisch relativ selbständig ist und als ein Satzglied fungieren kann. Auf Grund ihrer syntaktischen Selbständigkeit lassen sich hierzu Substantive, Verben, Adjektive und Adverbien zählen. Verbindungen mit einem Substantiv als Kernwort, welches durch Artikel bzw. Possessivpronomen determiniert ist (z.B. *der Vertrag*), werden in der vorliegenden Arbeit nicht als eigenständige Wortgruppen untersucht, sondern nur als eine der Komponenten betrachtet. Anders beurteilt dies Brinker (1997:27), der unter substantivischen Wortgruppen auch solche Verbindungen versteht, die aus einem Substantiv als Kern und einem Artikel, Pronomen oder Numeral bestehen. Ebenso

---

1 Unter Kontext verstehe ich allgemein das Zusammenspiel von Situationsrahmen und Text. Nur wenn eine weitere Differenzierung von Bedeutung ist, wird zwischen dem situativen Rahmen (Kontext) und dem sprachlichen Umfeld (Kontext) unterschieden. Der situative Kontext wird durch den Bezug auf den momentanen Sachverhalt, den sachlichen Zusammenhang, andere in Bezug genommene (Fach)Texte und/oder das Fachwissen gestaltet. Der sprachliche Kontext besteht aus dem vorhergehenden und/ oder dem nachfolgenden Text(teil). Zur Unterscheidung in textuellen, situativen und kulturellen Kontext vgl. Bartsch/Vennemann (1973:20). Zur Entwicklung der Unterscheidung zwischen Kontext und Kontext vgl. Franck (1996:1324ff.).

2 Auf die Problematik und Uneinheitlichkeit in Definitionen des Wortes wird hier nicht näher eingegangen. S. dazu Fleischer (1975:32). Vgl. auch Erben (1993:16f.), Schippan (1992:85–94).

stellt ein trennbares Verb (z.B. *ausschlagen*) in dieser Arbeit keine selbständige Wortgruppe dar, obwohl seine Grundmorpheme unter bestimmten syntaktischen Bedingungen getrennt auftreten (z.B. als Prädikatsteile in einer Satzklammer). Die für meine Untersuchung maßgebende Betrachtung geht davon aus, dass Artikelwörter (ebenso trennbare Präfixe im verbalen Bereich) nicht über eine vergleichbare syntaktische und gleichzeitig semantische Selbständigkeit wie die anderen oben angeführten Wortarten verfügen. Unter diesen zwei Aspekten ist die Stellung von Präpositionen wie auch von Konjunktionen nicht unumstritten. Die Meinungen diesbezüglich sind verschieden, was sich in der uneinheitlichen Zuordnung zu autosemantischen oder synsemantischen Wörtern widerspiegelt. Als Vertreterin derer, die sie teilweise als Autosemantika einordnen, kann man exemplarisch Schippan nennen, die auch "bestimmte Präpositionen, die selbst eine Beziehung benennen, wie *seit*, *während*, *entgegen*, Konjunktionen wie *weil*, *damit*, *oder*[3]" dazurechnet (Schippan 1992:90).[4] Diese nicht eindeutige Selbständigkeit ist auch im juristischen Kontext relativ, weil einige Präpositionen in den juristischen Wortgruppen der begrifflichen Differenzierung dienen können. Die Relativität lässt sich an konkreten Beispielen aus dem zivilrechtlichen Wortschatz illustrieren, in denen die Präposition durch Verbindung mit einem anderen Wort (im obigen Sinne) eine Benennungseinheit bildet und diese von einem anderen Element derselben Kategorie abgrenzt. So wird z.B. *im fremden Namen (handeln)* anders als *unter fremdem Namen (handeln)* definiert.

2.2 Wortgruppen in der Linguistik

Komplexen lexikalischen Einheiten, auf die die anfangs eingeführte Definition der Wortgruppe zutrifft, wurde im Laufe der Jahre immer mehr Aufmerksamkeit geschenkt, was auch das Erscheinen zahlreicher Arbeiten, vor allem seit den 70er Jahren, zeigt. Syntagmatische Wortverbindungen oberhalb der Wort- und unterhalb der Satzgrenze werden aus verschiedenen Blickwinkeln untersucht und entsprechend unterschiedlich bezeichnet. Im Folgenden werden einige Arbeiten erwähnt, die Wortgruppen nicht fachsprachlichen Charakters behandeln. Bereits in den 20er Jahren machte Ries (1928:4) auf die Notwendigkeit, die Wortgruppenlehre als ein eigenständiges grammatisches Teilgebiet zu schaffen, aufmerksam. Wortgruppen bestimmt er dabei als "nichtsatzbildende Wortgefüge[n], für die als eine von den Sätzen wesensverschiedene Art von syntaktischen Gebilden eine zusammenfassende Benennung nicht entbehrt werden kann" (ebd.: 5). In seiner Arbeit, einem bedeutenden Beitrag zur Wortgruppenlehre aus syntaktischer Sicht, geht er von dem Gefügtheitsgrad der Gruppenglieder als

3 Hervorhebung im Original.

4 Hoffmann (1985:176) dagegen spricht den Präpositionen und Konjunktionen nur die Funktion zu, "die syntaktischen Relationen zwischen den Konstituenten herzustellen".

Kriterium für die Einteilung aus. Rothkegel (1973) beschränkt ihre Arbeit aus der Sicht der Idiomatik auf feste Syntagmen, welche "als phraseologische oder idiomatische Wendungen bekannt" sind (ebd.: 1). Jürgens (1994) beschäftigt sich mit der Entwicklung von freien substantivischen Wortgruppen in geistes- und naturwissenschaftlichen Texten unter diachronem Aspekt. Starke (1991) bietet einen Überblick über morpho-syntaktische Muster substantivischer Wortgruppen im Deutschen, in dem er sich auf Konstruktionen mit dem nachgestellten, von dem Kernsubstantiv unmittelbar abhängigen Attribut beschränkt. Dabei überschreitet er jedoch die Grenze zur Satzebene, indem er auch die Infinitivgruppe und den Komplementsatz als Attribut beim Substantiv betrachtet. Bei Sternkopf (1985) stehen zwar bestimmte adjektivische Wortbildungskonstruktionen im Zentrum des Interesses. Den Wortgruppen schenkt er jedoch insoweit seine Aufmerksamkeit, als sie (neben zwei anderen Konstruktionen) als syntaktische Parallelformen mit den untersuchten adjektivischen Derivaten semantisch äquivalent sind. Als solche kommen bei ihm die Genitivkonstruktion und die präpositionale Konstruktion in Betracht.

Je nach der Aufgabenstellung und dem Standpunkt, von dem der Gegenstand betrachtet wird, unterscheiden sich die verwendeten terminologischen Bezeichnungen der 'Wortgruppe'. Auf die Behandlung der vielfältigen und uneinheitlichen Benennung dieses Teils der sprachlichen Wirklichkeit möchte ich hier verzichten. Eine ausführliche Darstellung aller Benennungsmöglichkeiten – wenn sie überhaupt möglich ist – erübrigt sich, weil diesbezüglich andere Autoren schon Beträchtliches geleistet haben. Ein allgemeiner Überblick ohne Berücksichtigung der Fachsprache ist beispielsweise bei Rothkegel (1973:5f.) zu finden, verschiedene Klassifikationen mit Beschreibungen der Merkmale listet Hamori (1999:25) auf, die sich für die Bezeichnung ihrer 'festen verbalen Wortverbindungen' auch mit unterschiedlichen Benennungsmöglichkeiten, ihren Nachteilen und Vorteilen und ihrer Uneinheitlichkeit selbst auseinandersetzt.

Ziel dieser Untersuchung ist, festzustellen, welche Änderungen die fachsprachlichen Wortgruppen in juristischen Texten verschiedener Textsorten aufweisen. Ausgehend von ihrer Beobachtung sollen Schlussfolgerungen über ihre Festigkeit bzw. Festigkeitsstufen gezogen werden. Erst im Anschluss daran sind Überlegungen über ihre terminologische Bezeichnung möglich. Daher verwende ich hier die Arbeitsbezeichnung 'Wortgruppe', bzw. 'Wortverbindung'. Ich sehe ihren Vorteil in ihrer Offenheit, weil sie nichts darüber aussagt, wie stabil das jeweilige syntaktische Gefüge ist und welchen morphosyntaktischen Klassen die Konstituenten angehören. Bei Jürgens (1994) werden dagegen als Wortgruppen nur freie substantivische Verbindungen bezeichnet. Der Ausdruck 'Wortgruppe' soll hier im weitesten Sinne verwendet werden; die terminologischen Bezeichnungen 'Wortverbindung' und 'Wortfügung' werden aus stilistischen Gründen ohne begriffliche Differenzierung abwechselnd verwendet. Demgegenüber werden die Begriffe 'Wortverbindung' und 'Wortfügung' bei Hoffmann (1988:59) voneinander abgegrenzt und beide dem Oberbegriff 'Wortgruppe' untergeordnet. Auf die Bezeichnungen 'Mehrwortbenennung', 'Wortgruppenlexem', 'Mehrwortterminus' wird später im Zusammenhang mit den Ergebnissen der Stabilitätsuntersuchungen eingegangen (Kap. 9.1.3).

2.3 Wortgruppen in der Fachsprachenforschung

Komplexe lexikalische Einheiten oberhalb der Wort- und unterhalb der Satzgrenze treten in der Fachsprachenforschung der letzten Jahrzehnte immer mehr in den Vordergrund. Als einer der ersten betont Möhn (1986) die Notwendigkeit, fachsprachliche Mehrwortbenennungen zu untersuchen. Das Desiderat wird schon durch den Untertitel seines Aufsatzes "Hinweise auf einen vernachlässigten Benennungstyp" (ebd.: 111) vorausgeschickt.[5] Was in der vorliegenden Dissertation ganz allgemein 'fachsprachliche Wortgruppen' genannt wird, behandelt Möhn als Mehrwortbenennungen mit der Beschränkung auf Verbindungen mit substantivischem Primärglied. Verben und verbale Wortgruppen lässt er außer Betracht, räumt ihnen dabei den fachsprachentypischen Gebrauch in substantivierter Form ein (vgl. Möhn 1986:123, mit Hinweis auf Möhn/Pelka 1984:16). Anhand der Untersuchung von zwei Fachwörterbüchern überprüft er "Art und Umfang der Präsenz von Mehrwortbenennungen" (Möhn 1986:122) und erstellt eine Liste der am häufigsten vorkommenden Bildungsmuster (ohne Anspruch auf Vollständigkeit) (vgl. ebd.: 126–128). In den fachlinguistischen Studien neueren Datums ist der Forderung nach dem Schließen der Lücke in der Fachsprachenforschung nach und nach Rechnung getragen worden und die Anzahl von Arbeiten zu verschiedenen Sprachen in verschiedenen Fachbereichen gestiegen. Müller (1990) untersucht phraseologische Wendungen in der englischen Medizinsprache und beschäftigt sich dabei auch mit Kollokationen als "Phraseologismen mit denotativ-wörtlicher Bedeutung" (ebd.: 9). Wortgruppen (wie auch Sätze) grenzt sie von ihrem Untersuchungsgegenstand als rein syntaktische Gebilde ab, die nach den produktiven syntaktischen Regeln im kommunikativen Prozess entstehen und nicht lexikalisiert sind. Das daraus folgende Einordnungsproblem der Kollokation als Einheit der Phraseologie und als Einheit der Syntax ist ihr dabei nicht verborgen geblieben (vgl. ebd.: 10). Im Mittelpunkt der kontrastiven Untersuchung von Kißig (1995) stehen fachsprachliche Wortverbindungen unterschiedlicher Strukturtypen (mit Substantiv, Adjektiv oder Verb als Kernwort) in englischen und deutschen Texten der Mikroprozessortechnik, wobei die englischen Lexeme überwiegen. Sie beschäftigt sich mit unterschiedlichen Stabilitätsgraden von Wortgruppen, die von syntaktischen Fertigteilen bis zu terminologischen Wortverbindungen, also feststehenden Begriffsbe-

5 In diesem Zusammenhang ist Wüsters (1966) Pionierarbiet in der Terminologielehre zu erwähnen, der neben anderen Benennungsarten auch Wortgruppen behandelt (ebd.: 14–22).

nennungen, reichen. Neben ihrer Systematisierung und lexikologischen Beschreibung, die sich auf eine statistische Ermittlung der Vorkommenshäufigkeit stützt, legt die Autorin Listen von Wortverbindungen beider Sprachen, darunter auch Kollokationen, und Kollokationsnetzwerke des Englischen vor.
Terminologische Wortverbindungen in der deutschen Zivilprozesssprache betrachtet Kjaer (1992), der aber keine umfassende Bestandsaufnahme verschiedener Typen von fachspezifischen Benennungseinheiten durchführt. In seinem Aufsatz (auf Grundlage seiner Dissertation[6]) betont er die Notwendigkeit, den Text und die Situation einzubeziehen, um die Stabilität von fachspezifischen Wortgruppen ermitteln zu können, was er an zwei ausgewählten Analysebeispielen illustriert. Bei Fan (1997) stehen nominale Mehrworttermini der russischen Fachsprache im Vordergrund des Interesses. Wie die Bezeichnung seines Untersuchungsgegenstandes andeutet, beschränkt er seine Studie auf einen Ausschnitt der mehrgliedrigen fachsprachlichen Benennungstypen, die terminologischen Status haben: Es geht bei ihm nur um substantivische Kombinationen mit oder ohne Präpositionen. Delplanque (1999) betrachtet stabile lexikalische Einheiten der Wirtschaftssprache, sog. Fachphraseme. Diese gehören dem phraseologischen Bereich an, da ihr Benennungspotential auf der Bildlichkeit beruht. Darüber hinaus umfassen Delplanques mehrgliedrige Benennungen (anders als hier) sowohl Komposita als auch syntagmatische Konstruktionen. Ihr Ziel ist nicht – im Vergleich zu der vorliegenden Arbeit – Strukturtypen aufzulisten, sondern die Benennungsfunktion der Fachphraseme aufzuzeigen.
Aus dem gewählten Ansatz (phraseologisch, terminologisch) ergibt sich die Bezeichnung der komplexen sprachlichen Einheiten: Phraseme, Mehrwortbenennungen oder -termini. Ihr Bezug zu einem Fachbereich wird durch die Nennung des Fachbereichs und/oder durch die Attribute 'terminologisch', 'fachsprachlich' oder 'fachspezifisch' signalisiert. Auf diese terminologische Vielfalt wird hier nicht näher eingegangen; unterschiedliche linguistische Bezeichnungen der Wortgruppen führt Möhn (1986:114) an; vor dem Hintergrund der fachsprachlichen Forschung bietet Kißig (1995:45–48) eine Übersicht über andere Arbeiten zu diesem Thema im Bereich der Allgemeinsprache und der Fachsprache. In den meisten Arbeiten geht es um Wortfügungen mit einer festen Struktur (z.B. Phraseologismen bei Müller (1990), polylexikale Phraseme bei Delplanque (1999) oder nominale Wortgruppen bei Yong (1997)). In der vorliegenden Arbeit wird nach der Idiomatizität und deren Grad nicht gefragt, daher wird auch nicht mit phraseologischen Kategorien operiert. Es wird also nicht untersucht, ob und inwieweit die semantische Beziehung zwischen den Komponenten innerhalb einer Wortgruppe nachvollziehbar ist.[7]

6 Die Dissertation (1990) ist lediglich in finnischer Sprache erschienen und konnte deswegen nicht berücksichtigt werden.

7 Zum Begriff der Idiomatizität vgl. Fleischer (1997:30ff.).

Mehrgliedrige Gefüge sind also als Untersuchungsgegenstand fachsprachlich orientierter Arbeiten relativ häufig zu finden. Es gibt jedoch m.W. nur wenige Studien, die sich mit Variationsmöglichkeiten ihrer Ausdrucksformen befassen und nach Stufen dieser Variationen unterscheiden. Im Bereich der technischen Sprache liegt die Arbeit von Kißig (1995) vor, deren fachsprachliche Wortgruppen "variable bis stabile fachsprachliche Wortverbindungen" (ebd.: 6) umfassen. Kjaer (1992) unterscheidet zwischen absoluter und relativer Festigkeit, die mit der Verwendung in bestimmten Kontexten zusammenhängt. Die Relativität der Festigkeit sieht er in der direkten Relation mit dem Verwendungstext und -kontext, was seinen Niederschlag in der Bezeichnung des Untersuchungsobjektes als "normbedingt" findet. Diesem Ansatz steht die theoretische Grundlage der vorliegenden Arbeit nah, die von einer textsorten- und kontextabhängigen Variabilität ausgeht und für die daher eine Differenzierung von juristischen Textsorten unerlässlich ist.
Die wachsende Aufmerksamkeit, die den fachsprachlichen Wortgruppen in den letzten Jahrzehnten gewidmet wird, ergibt sich aus den Bedürfnissen der fremdsprachigen Fachkommunikation. Das spiegelt sich darin wider, dass nicht wenige Arbeiten einen Ausblick auf den fremdsprachlichen Unterricht und/oder fachsprachliche Lexikographie bieten, vgl. Kjaer (1992:61f.); Kißig (1995:223–229).
Der Aspekt der Festigkeit wurde schon an mehreren Stellen angesprochen. Obwohl die Festigkeit eines der zentralen Probleme meiner Untersuchung ist, soll sie erst später (Kap. 9) näher erörtert werden. Die Abhängigkeit der Bezeichnung meines Untersuchungsgegenstandes von der methodischen Vorgehensweise wurde oben erläutert. Da ich Bezeichnungen wie z.B. 'Mehrworttermini' vermeiden will, möchte ich in diesen allgemein orientierten Ausführungen keine Aussagen über den terminologischen Status der untersuchten Wortverbindungen treffen. Alle untersuchten Wortgruppen sind fachlich relevant, unabhängig davon, ob sie als terminologisch oder als nichtterminologisch, die ersteren definiert oder nichtdefiniert, gelten. Dies hängt mit den Besonderheiten der Rechtssprache zusammen, in der die Bildung von neuen Benennungen anderen Bedingungen als in anderen Fachsprachen unterliegt.[8]
Wenn ich von der – phraseologisch orientierten – Arbeit von Kjaer (1992) absehe, hat das Problem der fachsprachlichen Wortgruppen im Recht bis jetzt nur wenig Beachtung gefunden. Dies überrascht insofern, als die Rechtssprache oft im Mittelpunkt linguistischer, aber auch juristischer Überlegungen steht. Dabei wird zwar auch auf lexikalische oder/und syntaktische Aspekte eingegangen, eine nähere Untersuchung dieses Teils des juristischen Wortschatzes steht jedoch m.W. noch aus.

---

8 Zur Charakterisierung der Rechtssprache vgl. Kap. 3.

3 Rechtssprache als Fachsprache

3.1 Begriffe Fachsprache, Rechtssprache als Fachsprache

Die vorliegende Arbeit ist durch ihren Bezug auf einen fachlichen Kommunikationsbereich und seine einschlägige Sprache in die Fachsprachenforschung eingebettet. Aus der Beschäftigung mit dem Sprachgebrauch in konkreten Bereichen der Lebenswirklichkeit sind verschiedene Auffassungen und Definitionen der Fachsprache bzw. der Fachsprachen[9] hervorgegangen, vgl. z.B. Hoffmann (1985:53), Möhn/Pelka (1984:26), auf die hier nicht im Einzelnen eingegangen wird.[10] Unterschiedliche Definitionen der Fachsprache sind unterschiedlichen Ansätzen verhaftet, die im Laufe der Fachsprachenforschung eine Entwicklung erfahren haben. Die drei grundsätzlichen Konzeptionen, das systemlinguistische Inventar-, das pragmalinguistische Kontext- und das kognitionslinguistische Funktionsmodell, die diese Entwicklung widerspiegeln, werden bei Roelcke (1999:15–26) zusammenfassend dargestellt. Da ich die Existenz der Rechtssprache als Fachsprache von vornherein annehme, werde ich mich auf die allgemein anerkannte (übrigens der systemlinguistischen Betrachtung von Fachsprachen folgende) Definition der Fachsprache stützen, die meines Erachtens das Wesen der Sprache des Zivilrechts am treffendsten ausdrückt: Fachsprache ist "die Variante der Gesamtsprache, die der Erkenntnis und begrifflichen Bestimmung fachspezifischer Gegenstände sowie der Verständigung über sie dient und damit den spezifischen kommunikativen Bedürfnissen im Fach allgemein Rechnung trägt" (Möhn/Pelka 1984:26). Unter Berücksichtigung der Besonderheiten der Sprache des Fachbereichs Recht (Gegenstand, Aufgaben und Rolle der Sprache, Recht als Fach) lässt sich die Rechtssprache als eine der Erscheinungsformen der oben definierten Fachsprache festlegen, **die der begrifflichen Bestimmung und der Erkenntnis alltäglicher wie auch fachspezifischer Sachverhalte und Gegenstände sowie der Verständigung über sie in einem spezifischen Kon-**

---

9 Die Diskussion darüber, ob es "die Fachsprache" oder "die Fachsprachen" gibt, ist in dieser Arbeit m.E. irrelevant. Zu dieser Frage vgl. Möhn/Pelka (1984:28f.), Roelcke (1999:18).

10 Auf die Abgrenzung der Fachsprachen von Berufssprachen und Sondersprachen kann hier nur hingewiesen werden. Die Rechtssprache als Theoriesprache wird bei Jeand'Heur (1998:1288) von der Sondersprache, fachlichen Umgangssprachen und dem Jargon abgegrenzt. Als eine fachliche Umgangssprache wird die Juristensprache der universitären Rechtslehrer und Richter von der Sprache der Rechtstheorie und -wissenschaft schon bei Wassermann (1979:117) getrennt. Einen allgemeinen Überblick verschiedener Ansätze der Bestimmung der Fachsprache unter gruppenbezogenem Aspekt bietet Hess-Lüttich (1986:135–137).

text dient. Mit der geänderten Reihenfolge der kennzeichnenden Aufgaben und mit der Erweiterung des Kommunikationsobjektes auf den Alltag soll bestimmten Merkmalen Rechnung getragen werden, die mit dem Wesen des Fachbereichs Zivilrecht zusammenhängen und die in 3.2 skizziert werden. Die obige definitorische Abgrenzung soll noch einmal deutlich machen, dass es sich bei der Rechtssprache eindeutig um eine Fachsprache handelt.

3.2 Kommunikationsbereich Recht

An dieser Stelle soll etwas über das Wesen des gesamten Faches Recht gesagt werden. Es wird in zwei große Bereiche eingeteilt: öffentliches Recht und Privatrecht. Beide werden weiter unterteilt; so ist z.B. das bürgerliche Recht ein Teil des Privatrechts, das Strafrecht gehört zum öffentlichen Recht.[11] Die Rechtsnormen der einzelnen Rechtsgebiete (z.B. Zivilrecht oder Strafrecht) regeln jeweils unterschiedliche Sachverhalte, was sich auf der Ebene der Handlung und der Sprache widerspiegelt. So werden straf-, verwaltungs- oder privatrechtliche Probleme in unterschiedlichen Verfahren gelöst. Dies erfolgt durch Produktion verschiedener Texte, die sich nicht nur in der Zugehörigkeit zu Textsorten, sondern auch im Medium – schriftliche oder mündliche Texte – unterscheiden. Jedes Rechtsgebiet verwendet seine eigene Terminologie. Terminologie sei hier als "der Gesamtbestand der Begriffe und ihrer Benennungen in einem Fachgebiet" (DIN 2342 Teil 1, 1986:7) verstanden. In der fachunkundigen Öffentlichkeit herrscht die Vorstellung, das Strafrecht sei das Gegenstück des Privatrechts und dieses sei mit dem bürgerlichen Recht gleichzusetzen. Es liegt nicht in meiner Absicht, diese fehlerhafte allgemeine Meinung zu berichtigen; mein Anliegen ist, terminologische Klarheit bezüglich meiner Betrachtungen zu schaffen: Wenn ich hier und an anderen Stellen von 'Recht', 'Gesetzen', 'Rechtssprache' oder 'juristischer Fachsprache' spreche, so sind in erster Linie das deutsche Zivilrecht, das Bürgerliche Gesetzbuch (im Weiteren: BGB) und die Fachsprache dieses Rechtsgebietes gemeint. Bezeichnungen wie 'Gesetzessprache', 'Justizsprache' oder 'Juristendeutsch' drücken jeweils unterschiedliche Aspekte der Verwendung der Sprache auf unterschiedlichen Handlungsebenen, z.B. in der Rechtsregelung, -festlegung, -findung aus.[12] Sie gelten für mich als dem Oberbegriff 'Rechtssprache' untergeordnet. Man kann die Fachsprachen der einzelnen Rechtsteilgebiete mit Roelcke (1999:33) "fachsprachliche Varietäten" oder "Subsprachen" im Sinne eines sprachlichen Subsystems einer Gesamtspra-

11 Eine detaillierte und vollständige Übersicht aller Rechtsgebiete (vgl. Köhler (2001:8f.)) ist für die hiesigen Zwecke nicht erforderlich.

12 Diese Handlungsebenen überlagern sich nur teilweise mit Abstraktionsebenen, weshalb sich die vertikalen Gliederungsmodelle der fünf (Hoffmann 1988:64-70) bzw. drei (von Hahn 1980:391f.) Abstraktionsebenen nicht eindeutig anwenden lassen. Zu Abstraktionsebenen s. Kap. 4.3.

che[13] nennen. Die Existenz der Rechtssprache als Fachsprache bzw. ihrer Subsprachen ist sowohl von der Linguistik[14] als auch von der Rechtswissenschaft[15] allgemein anerkannt. Dies veranschaulicht auch die folgende, von Juristen selbst formulierte Bestimmung der Gesetzessprache: "Die Sprache von Rechtsvorschriften ist Teil der juristischen Fachsprache" (Creifelds 1999:556).
Mein Interesse gilt der Fachsprache des bürgerlichen Rechts, also nur eines Teilbereichs des Faches. Das bürgerliche Recht ist "das Recht des täglichen Lebens, das jeden in seinen privatrechtlichen Beziehungen zur Umwelt betrifft" (ebd.: 275). Hauptaufgabe des Zivilrechts ist es, "den Rechtsverkehr des Bürgers im allgemeinen" (ebd.) zu regeln. Die fachlichen Inhalte finden einen spezifischen Niederschlag auf der Sprachebene: Da es unmöglich ist, alle Einzelfälle der Lebenswirklichkeit aufzuzählen[16], mussten zahlreiche abstrakt-generelle Tatbestände eingeführt werden, z.B. *ungerechtfertigte Bereicherung*. Ihrer Einführung dient(e) "die Verwendung von Begriffen der juristischen Fachsprache mit feststehendem oder sogar gesetzlich definiertem Inhalt (Legaldefinitionen)" (Köhler 2001:15).
Das bürgerliche Recht steht zum einen durch seine Materie Privatpersonen und ihrem Alltag sehr nah. Zum anderen zeichnet es sich durch eine Lebensferne aus, die sich in dem abstrakt-generellen Stil seiner Sprache äußert.
Gegenstand der folgenden Überlegungen ist die Rechtssprache in der Fachlinguistik und in der Rechtslehre. Danach werden einige Besonderheiten der Rechtssprache herausgegriffen, die auf verschiedene Faktoren zurückzuführen sind und die sich, nicht selten im Zusammenwirken, auf das Untersuchungsobjekt, die fachsprachlichen Wortgruppen, auswirken. Merkmale wie Abstraktheit und häufiger Gebrauch von gemeinsprachlichen Wörtern zur Benennung von fachlichen Inhalten ergeben sich dabei nicht nur aus dem Fach selbst, welches oben kursorisch beschrieben wurde. Sie leiten sich auch aus der Funktion der Rechtssprache und ihrer Wechselbeziehung zur Gemeinsprache ab, auf die weiter unten eingegangen wird.

---

13 Unter Subsprache wird hier aus dem Blickwinkel der varietätenlinguistischen Betrachtung "ein sprachliches Subsystem einer Einzelsprache verstanden, das der Kommunikation über einen bestimmten Gegenstandsbereich dient" (Roelcke 1999:20).

14 "Die Rechtssprache ist eine Fachsprache" (Shaw 1997:204). Jeand'Heur (1998:1286) betrachtet "die Rechtssprache als Fachsprache der juristischen Wissenschaft", wobei diese sowohl Rechtswissenschaft als auch Rechtssetzung und -anwendung umfasst.

15 "Es [das Recht: Z.K.] ist eine Fachsprache" (Wesel 1992:11). Diese Behauptung leitet Wesel aus dem Wesen des Rechts ab, welches sich in Form von Gesetzen, Urteils- oder sonstigen juristischen Texten als Sprache realisiert.

16 In der juristischen Terminologie wird von der sog. kasuistischen Methode (vgl. Köhler 2001:15) gesprochen.

3.3 Rechtssprache als Gegenstand linguistischer und juristischer Überlegungen

Die Fachsprache des Kommunikationsbereiches Recht wird in einschlägigen Arbeiten als "juristische Fachsprache" (Engberg 1993:32), "Fachsprache Jura" (Shaw 1997:203), "Rechtssprache" (Kühn 2001:582) oder, auf die Einzelsprache Deutsch bezogen, auch als "Juristendeutsch" (Wassermann 1979:18f.) bezeichnet. Allein die terminologische Vielfalt deutet die Aufmerksamkeit an, die dieser Fachsprache in den Veröffentlichungen der letzten Jahrzehnte im Rahmen der Fachsprachenforschung, Fremdsprachendidaktik und nicht zuletzt des Rechtswesens geschenkt wird.

Innerhalb der Fachsprachenforschung wird die juristische Fachsprache in empirischen linguistischen Untersuchungen der Teilgebiete Lexik (unter phraseologischem Aspekt, Kjaer 1992), Text (Engberg 1993) oder der sprachgeschichtlichen Entwicklung (Görgen 2002) betrachtet. Außerdem werden in einigen Arbeiten auch kritische oder kritisch-konstruktive Anmerkungen bezüglich der Rechtssprache geäußert, die sich überwiegend auf die Verständlichkeit von Gesetzen (Joisten 1986:45ff.) richten. Einen kurzen Überblick über rechtslinguistische und juristische Untersuchungen, ihre Schwerpunkte und Forderungen bietet Kühn (2001:583f.), der daraus Konsequenzen und Vorschläge für den fachlichen Fremdsprachenunterricht zieht. Daher wird hier keine ausführliche Liste der verfügbaren Arbeiten zu diesem Thema vorgelegt, zumal mein Interesse einem ganz konkreten Problem der sprachlichen Äußerungen innerhalb eines Ausschnittes der gesamten Rechtssprache gilt.

Nicht nur Linguisten befassen sich mit den Problemen der juristischen Fachsprache, die sich aus dem hohen Abstraktionsgrad und der komplizierten Ausdrucksweise ergeben. Auch die Juristen selbst äußern sich zu problematischen Aspekten ihres eigenen Sprachgebrauchs und sprechen von Unanschaulichkeit, Schwerfälligkeit und gekünstelter Wirkung der Sprache der Gesetze (Larenz 1997:84f.) oder der Justiz (Wassermann 1990). Nicht selten sind kritische Anmerkungen sogar im Rahmen der Kommentarauslegungen (Palandt 2003: 325) zu finden. Als eingeweihte Fachleute legen die Juristen Wert auf die Begründung dieser unerwünschten Eigenschaften. Der zu schwerfällige Stil oder die Abstraktheit sei in enger Verbindung mit der Funktion der jeweiligen Textsorte und der Absicht der Autoren zu sehen. Man kann ohne Fachwissen nicht nur einfach die Unverständlichkeit des Urteilstext(teil)es 'Entscheidungsgründe' verurteilen, ohne zu wissen, dass seine "Aufgabe es nicht ist, Laien von der Richtigkeit der gefundenen Entscheidung zu überzeugen, sondern diese juristisch so zu begründen, daß sie der rechtlichen Nachprüfung standhält" (Wassermann 1979:118[17]). Auch in

17 Elf Jahre später plädiert Wassermann (1990:63-66) für die Vereinfachung gerichtlicher Texte, indem die juristische Ausdrucksweise vor allem in zivilrechtlichen Urteilen und Beschlüssen allgemeinverständlicher formuliert werden sollte.

Gesetzestexten geht der abstrakte und verallgemeinernde Stil auf die Funktion der Texte, die Lebenswirklichkeit zu regeln, zurück. Da es aber unmöglich ist, alle denkbaren Situationen und die sich daraus ergebenden Konflikte im Voraus abzudecken, bedient sich der Gesetzgeber vieler Allgemeinbegriffe, die offen bleiben müssen, damit sie auf verschiedenste Fälle anwendbar sind (vgl. Shaw 1997:206). In Bezug auf das Zivilrecht und die Geltung des BGB liegt es auf der Hand, dass der Umfang der Materie selbst, nämlich die Verschiedenartigkeit der im Einzelnen nicht vorhersehbaren Situationen, die Schaffung von Allgemeinbegriffen erfordert und diese wiederum eine insgesamt sehr abstrakte Wirkung zur Folge haben.

Darüber hinaus muss der abstrakte und verschachtelte Stil im Zusammenhang mit dem primären "Leser" der (nicht nur deutschen) bürgerrechtlichen Normtexte gesehen werden. Obwohl durch zivilrechtliche Vorschriften das Leben einer nicht näher bestimmten Anzahl von Bürgern geregelt wird, geht der Gesetzgeber davon aus, dass der Rechtssuchende kaum selbst Gesetzestexte zur Lösung seiner Konflikte heranziehen würde. Grob gesagt: Um zu überleben, ist der normale Bürger nicht gezwungen, das BGB zu lesen. Will er einen komplizierten Vorgang tätigen oder einen Streit mit dem Nachbarn schlichten, wendet er sich an einen Juristen. Von diesem Gedanken sind wohl schon die ersten Verfasser des BGB ausgegangen, denn mit der neuen Regelung "wandten sie sich eher an den ausgebildeten Juristen, bei dem sie von vornherein die Kenntnis der juristischen Fachausdrücke und die Fähigkeit voraussetzten, auch einen komplizierten Satzbau sofort zu durchschauen, als an den juristischen Laien, den Bürger, für den das Gesetz doch gelten soll" (Larenz 1997:84f.; dazu kritisch Wesel 1992:13ff.). Die Adressatenkreise der Gesetze, d.h. alle vom gesetzlich festgelegten Recht Betroffenen, teilen sich nach Brandt (1991:341) in Gesetzesbefolger und Gesetzesanwender. Diese Unterteilung findet sich auch bei Kaufmann (1984:180f.), wenngleich mit Beispielen aus einem anderen Rechtsgebiet (Verwaltungsrecht), der den eigentlichen Adressaten (Verwaltung) dem sekundären (Bürger) entgegenstellt.

Betrachtet man den abstrakten Stil in Bezug auf die Terminologie des Zivilrechts, sind schließlich Fachkenntnisse über die geschichtliche Entwicklung der deutschen Rechtssprache erforderlich, um die Gründe, die zu der Abstraktheit der deutschen Gesetzessprache geführt haben, verstehen zu können. Der künstlichen Terminologie des Gesetzes[18] liegt nämlich die historisch begründete Tatsache zugrunde, "daß die Verfasser gewohnt waren, in den terminis technicis einer früheren Rechtssprache, der lateinischen, zu denken" (Larenz 1997:84). Wie und in welchem Maße das lateinische Vorbild nachgewirkt hat, trotz der Bemühungen "viele Ausdrücke in die deutsche Sprache zu übersetzen" (ebd.),

18 Damit will ich nicht behaupten, die Rechtssprache sei eine künstliche im Gegensatz zur natürlichen Sprache!

liegt außerhalb meines Interesses und bedürfte einer näheren Untersuchung aus sprachgeschichtlicher Sicht.[19]

Der sekundäre Adressat, der juristisch unkundige Bürger und seine Probleme mit dem Verständnis der Rechtssprache sind das Hauptargument kritischer Auseinandersetzungen mit der Rechtssprache, auch außerhalb der Fachsprachenforschung und -didaktik (vgl. Shaw 1997, Brandt 1991, unter den Arbeiten älteren Datums auch Joisten 1986, Oksaar 1979). Sie zielen erstrangig auf sprachliche Phänomene ab, die mit linguistischen Mitteln analysiert werden. In diesen Kritiken wird gelegentlich zugegeben, dass die Verallgemeinerungen und Abstrahierungen in der Gesetzessprache berechtigt sein können.[20] Trotz (oder dank?) dieser Kenntnis und der Anerkennung der inhaltlich bedingten Sprachmerkmale der Gesetze, wird für Vereinfachungen und eine übersichtlichere Ausdrucksweise plädiert.[21] Änderungen gesetzlicher Formulierungen wären sicher angebracht und würden das Lesen von Gesetzestexten für die Bürger vereinfachen, aber "der Wunsch nach kurz [sic!] und bündigen Gesetzen ist im Übrigen seit Beginn der Neuzeit zum guten Teil auch eine Illusion vergleichbar mit dem Wunsch nach konfortablem Leben so wie heute, doch ohne Industrie und Autolärm. Nur in der frühen Zeit der Bibel reichten zehn Gebote" (Hucko NJW 1994:1450). Wie schwierig (wenn nicht unmöglich) die Umsetzung dieser häufig geäußerten Forderung ist, belegt ein Eintrag im Rechtswörterbuch Creifelds unter dem Stichwort 'Rechtsvereinfachung'. Nach seinem Wortlaut sind "alle Bestrebungen, den vorhandenen Normenbestand zu reduzieren und die bestehenden Vorschriften einfacher und klarer zu fassen [...] trotz verschiedener Ansätze auf Landes- und Bundesebene [...] bislang weitgehend erfolglos geblieben" (Creifelds 1999:1056). Dies evoziert den Gedanken, dass hier ein endloser Kampf gegen Windmühlen abläuft, was jede weitere kritische Auseinandersetzung überflüssig macht, so konstruktiv sie auch sein mag.

3.4 Rechtssprache versus andere Fachsprachen

Über das Recht im objektiven Sinne, d.h. die Rechtsordnung und ihre Aufgabe, die Regelung der zwischenmenschlichen Verhältnisse innerhalb der Gesellschaft, wurde im Hinblick auf die Ziele dieser Arbeit das Wesentliche bereits

19 Einige Verbindungen von Wörtern lateinischen Ursprungs mit deutschen Wörtern in der Urkundensprache des Mittelalters behandelt Matzinger-Pfister (1969).

20 Shaw (1997:206) bemerkt bezüglich der Vagheit der deutschen Rechtssprache, dass die Gesetzessprache "bewußt offengehalten werden [muß], um in jedem Falle genügend Anwendungsspielraum zu gewähren".

21 Konkrete Vorschläge von kürzer und übersichtlicher formulierten Paragraphen bei Joisten (1986:43ff.). Als konstruktive Kritik der gerichtlichen Texte seitens der Jurisprudenz sind die von Wassermann (1990) angebotenen Alternativen zu bewerten. Ein Optimierungsvorschlag einer gesetzlichen Bestimmung findet sich bei Brandt (1991:356f.).

gesagt.[22] Dass sich die moderne Gesellschaft in allen Tätigkeitsbereichen in einem ständigen Wandel befindet, der seinen Niederschlag in der Sprache findet, ist einleuchtend. Die Besonderheiten der Rechtssprache sind auf den schon mehrmals thematisierten primären Gegenstand des Rechts zurückzuführen, der sich von dem der Technik oder der Naturwissenschaft durch seinen direkten Bezug zum Alltagsleben unterscheidet.[23] Aus dem Blickwinkel der Entwicklung des jeweiligen Faches und deren Auswirkungen auf die Sprache kann man die Besonderheit der Rechtssprache am besten anhand des Vergleichs mit anderen Fachsprachen klar machen: Verglichen mit den technisch-naturwissenschaftlichen Fachsprachen unterliegt die Rechtssprache einer geringeren Beeinflussung durch moderne Fremdsprachen, besonders durch das Englische (zum fremdsprachlichen Einfluss durch das Lateinische vgl. 3.3). Ein weiterer und damit zusammenhängender Unterschied ergibt sich aus den Faktoren, die zu Neubenennungen führen. Während in den Fachsprachen der Naturwissenschaften, der Technik oder der Wirtschaft neue Benennungen als notwendige Folge des technischen Fortschritts gebildet werden, entscheiden Juristen selbst darüber, ob ein juristischer Ausdruck durch einen neuen zu ersetzen ist und setzen sich sowohl mit seiner formalen Seite als auch mit seiner inhaltlichen Festlegung auseinander:
So wurde z.B. statt der *elterlichen Gewalt* der Begriff der *elterlichen Sorge* eingeführt, "um die Wechselwirkung zwischen Rechten und Pflichten zu unterstreichen" (Creifelds 1999:379). Ebenso ersetzt wurde *Fehler* durch *Mangel*, *Schadensersatz wegen Nichterfüllung* durch *Schadensersatz statt der Leistung*, um einen zusätzlichen inhaltlichen Aspekt einzubeziehen bzw. zu betonen.[24]
Bemerkenswert ist in diesem Zusammenhang die umgekehrte Erscheinung, wenn die gesellschaftlichen Änderungen zu der Notwendigkeit führen, einen festen Ausdruck inhaltlich zu 'aktualisieren'. So bleibt im Falle der Generalklausel *der guten Sitten* die Ausdrucksseite gleich, nur der Begriff "ändert sich mit den Anschauungen der jeweiligen Epoche" (Creifelds 1999:1168). Darüber hinaus kann sein Inhalt in zwei verschiedenen Rechtskontexten unterschiedlich sein, wie ein Gesetzeskommentar (Palandt Kommentar 2002:128) ausführt.
Einer näheren Betrachtung der mannigfaltigen Gründe für die oben skizzierten Neuerungen will ich hier nicht weiter nachgehen; die angeführten Beispiele sollten ausreichen, um eine der Eigenschaften der Rechtssprache zu illustrieren.

---

22 Vgl. 3.2.

23 Man könnte hier einwenden, dass es auch im Recht solche spezifischen Vorgänge, z.B. innerhalb des Verwaltungs- oder des Steuerrechts oder auch des Zivilrechts, gibt. Diese spezifischen Materien finden hier jedoch keine Berücksichtigung.

24 Meine Untersuchungen haben u.a. eine nicht sehr konsequente Umsetzung einiger neuer Begriffe gezeigt. Dazu möchte ich mich hier nicht weiter äußern, denn es würde sich um einen weiteren Punkt der Sprachkritik handeln und es soll eher die Aufgabe der Juristen sein, diese Mängel zu beseitigen.

3.5 Rechtssprache versus Gemeinsprache

Situationen und Konflikte des Alltags als Gegenstand der Rechtsregelung und der Rechtsfindung haben zur Folge, dass sich die Rechtssprache ständig an die Gemeinsprache anlehnt. Diese "Rückbindung" (Kühn 2001:584), die am deutlichsten im Wortschatz zum Ausdruck kommt, ist nicht nur der Rechtssprache, sondern allen Fachsprachen eigen. Auf "vielfältige Wechselbeziehungen zwischen Fachsprache und Gemeinsprache" (Arntz/Picht 1991:20) wird in allgemeinen Betrachtungen von Fachsprachen hingewiesen (vgl. die ausführliche Betrachtung des Verhältnisses von Fachsprache(n) und Gemeinsprache bei Hoffmann 1998a:157–168), die durch Untersuchungen konkreter Fachsprachen bestätigt werden.[25] Die Schwierigkeit, eindeutig zu entscheiden, welchem der beiden Sprachsysteme bestimmte Lexeme angehören, wird in mehreren Arbeiten thematisiert, indem z.B. von "unscharfe[n]" (Arntz/Picht 1991:10), oder von "fließenden" (Wilss 1998:144f.) Grenzen gesprochen wird. Die damit zusammenhängende Frage, ob die Anwendung des Begriffs 'Fachsprachen' berechtigt ist oder nicht, soll und kann hier nicht beantwortet werden. Erwähnenswert in diesem Zusammenhang erscheint mir jedoch ein Argument von Arntz/Picht (1991:23), die für die Existenz plädieren und damit den gelegentlichen Zweifeln seitens einiger Sprachkritiker entgegentreten. Ihr Hauptargument ist die Präzision der Fachsprachen, wobei es sich vornehmlich auf die Fachsprachen der Technik und der Wissenschaft bezieht. Dort sei diese Genauigkeit von der Gemeinsprache nur schwer und nur zu Lasten von Kürze und Klarheit zu erreichen (vgl. ebd.: 23f.). Dies scheint in der Rechtssprache etwas anders (wenn nicht umgekehrt) zu sein: Um Sachverhalte möglichst genau zu benennen, sind ausführliche Äußerungen erforderlich, die häufig die Gestalt von langen Umschreibungen annehmen (zur Satzlänge in Gesetzestexten als Verständnishürde vgl. Brandt 1991:345ff.). Auffallend ist, dass dabei überwiegend Wörter verwendet werden, die in der Gemeinsprache verständlich sind. Als Beispiel hierfür sei § 12 BGB angeführt:

> "Wird das Recht zum Gebrauch eines Namens dem Berechtigten von einem anderen bestritten oder wird das Interesse des Berechtigten dadurch verletzt, dass ein anderer unbefugt den gleichen Namen gebraucht, so kann der Berechtigte von dem anderen Beseitigung der Beeinträchtigung verlangen."

Der Gebrauch von Einheiten des allgemeinen Wortschatzes ist also etwas, was die Rechtssprache und andere Fachsprachen einerseits gemein haben. Andererseits bedingen der eingangs (3.5) erwähnte spezifische Gegenstand des Rechtswesens und die Funktion der Rechtssprache einen unterschiedlichen Bezug der

---

25 So stellt z.B. Kißig (1995:205) in der Fachsprache der Mikroprozessortechnik einen geringen Anteil fachspezifischer, dafür aber einen höheren Anteil allgemeinsprachlicher Wörter fest.

Rechtssprache zur Gemeinsprache (vgl. Jeand'Heur 1998:1287). Trotz der Besonderheiten, die am deutlichsten im Bereich des Wortschatzes (vgl. 3.6) hervortreten, ist die Rechtssprache eine Fachsprache, die ihrer Fachlichkeit nicht enthoben werden kann.[26]

3.6 Juristischer Wortschatz

Ausdrücke wie *Ersitzung* oder *Nießbrauch* machen den kleineren Teil des fachlichen Rechtsvokabulars aus. Sie zählen zu den etablierten juristischen Termini im engsten Sinne, wobei Terminus "als Element einer Terminologie die Einheit aus einem Begriff und seiner Benennung" (Arntz/Picht 1991:37, zit. DIN 2342 (1986:6)) bezeichnet.[27] Sie sind im alltäglichen Sprachgebrauch nicht üblich, oft sogar nicht bekannt. Um den Unterschied zu anderen Termini wie 'Sache', die häufig auch in der Gemeinsprache verwendet werden und gleichzeitig im Recht eindeutig definiert sind[28], klar zu machen, kann man solche Begriffe (*Ersitzung, Nießbrauch*) als Fachwörter bezeichnen und diese als "sprachliche Mittel, die nur in einer Fachsprache auftreten" (Hoffmann 1988:117), definieren.[29]
Die Rechtssprache macht tatsächlich häufiger von Wörtern Gebrauch, die in der Gemeinsprache bekannt sind, dort aber in einer anderen Bedeutung existieren und in anderen Zusammenhängen verwendet werden. In einem juristischen Kontext erhalten sie eine besondere Bedeutung. Die Terminologisierung, also das Verfahren, bei dem einem Wort oder einer Wortgruppe der Gemeinsprache "in einer Fachsprache [...] eine ganz bestimmte Bedeutung" (Arntz/Picht 1991:120) zugeordnet wird, kann (muss aber nicht) im Recht durch eine Definition begleitet und dadurch bestätigt werden. Von der (definierten oder nichtdefinierten) Terminologisierung können entweder einzelne Wörter wie 'Sache', 'Besitz', d.h. Simplizia als Einworttermini (Hoffmann 1988:104), oder mehrgliedrige Ausdrücke wie 'positives Interesse', sog. Mehrworttermini (Hoffmann ebd.), betroffen sein. Im letzteren Fall handelt es sich dann um eine Terminologisierung, wenn ein gemeinsprachliches Wort erst durch Verbindung mit einem weiteren sprachlichen Mittel (abgesehen von der Einbettung in einen juristischen Kontext) in

26 Die Notwendigkeit der Fachsprachlichkeit in der Kommunikation unter Juristen bestätigt auch Wassermann (1990:69). Für die Kommunikation mit dem Bürger befürwortet er jedoch, "juristische Ausdrücke, die nicht zum notwendigen fachsprachlichen Bestand gehören, [...] durch gemeinsprachliche Ausdrücke zu ersetzen."

27 Eine andere Definition von Terminus, die den engen Bezug auf den Fachbegriff expliziter zum Ausdruck bringt, bietet Hoffmann (1988:103), der auch auf die Anforderungen an den Terminus im streng wissenschaftlichen Sinne eingeht.

28 Das Wort gehörte ursprünglich der Rechtssprache an und bedeutete Rechtsangelegenheit. Zur etymologischen Entwicklung s. Pfeifer (1989:1461).

29 Verschiedene Auffassungen der Struktur des Fachwortschatzes bei Arntz/Picht (1991:25ff.).

einen juristischen Terminus umgedeutet wird. Sein lexikalischer Partner kann dabei entweder der Rechtssprache oder der Gemeinsprache entstammen. So werden z.B. die gemeinsprachlichen Wörter *sonstig* und *errichten* durch Verbindung mit den juristischen Fachwörtern *Recht* bzw. *Testament* terminologisiert: Es entstehen die fachsprachlichen Verbindungen *sonstiges Recht, Testament errichten*. Ein Beispiel für die Terminologisierung durch Verbindung mit einem anderen ursprünglich gemeinsprachlichen Wort ist der Ausdruck *bewegliche Sache*: Das gemeinsprachliche Adjektiv *beweglich* wird in Verbindung mit dem gemeinsprachlichen Substantiv *Sache* terminologisiert. Diese Art der Terminologisierung ist auch in verbalen Verbindungen zu beobachten, vgl. *Mangel* (gemeinsprachlich) + *heilen* (gemeinsprachlich) = *Mangel heilen* (fachsprachlich).
Die zwei zuletzt genannten Beispiele illustrieren die obige Behauptung, wie unscharf die Grenze zwischen der Fachsprache und der Gemeinsprache ist. Es ist schwierig zu entscheiden, ob hier zwei gemeinsprachliche Lexeme zu einer fachsprachlichen Wortgruppe verbunden und so terminologisiert werden, oder ob nicht das eine, durch das Vorkommen in einem Fachkontext bereits terminologisierte Wort eine neue fachliche Verbindung eingeht. Im Falle des Ausdrucks *bewegliche Sache* könnte *Sache* als bereits terminologisiert angesehen werden, wenn man davon ausgeht, dass gesetzlich festgelegt wird, was alles in rechtlichem Sinne 'Sache' heißen kann: "Sachen im Sinne des Gesetzes sind nur körperliche Gegenstände" (§ 90). Den verschiedenen Terminologisierungsverfahren kann ihm Rahmen der vorliegenden Arbeit nicht eingehend nachgegangen werden, zur Terminologisierung durch Verbindung mit anderen lexikalischen Einheiten vgl. Arntz/Picht (1991:35).

Die Wörter in den oben angeführten Beispielen erhalten im Recht eine engere Bedeutung im Vergleich zur Gemeinsprache. Gelegentlich wird aber auch ein Wort im juristischen Kontext in einem weiteren Sinne benutzt, wie z.B. das Wort *Erfolg* im Sinne von "Ergebnis" und nicht nur von gemeinsprachlichem 'positives Ergebnis' (vgl. Duden 1999:1072). Ähnliches gilt für das Wort *Gegenstand*, das in expandierter Bedeutung als Oberbegriff für "(körperliche) Sachen und andere unkörperliche Gegenstände, wie insb. Rechte, Forderungen" (Creifelds 1999:510) zu bewerten ist.[30]

Es wurde schon gesagt, dass Wörter gemeinsprachlichen Ursprungs (*Sache*) bzw. ihre Verbindungen (*bewegliche Sache*) im Recht geläufige Termini sind. Einige von ihnen sind im Gesetz durch sog. Legaldefinitionen festgelegt (z.B. *Sache, unverzüglich*)[31], für andere hat entweder die Rechtslehre oder die Rechtsprechung eine Definition bzw. Kriterien der Abgrenzung herausgearbeitet (z.B. *Gegenstand, krasse finanzielle Überforderung*).

---

30 Zur Verfügbarkeit der Allgemeinsprache für juristische Zwecke vgl. Shaw (1997:205f.).

31 Varianten der Definition bzw. Erschließung eines Begriffs im Gesetz werden bei Weber (1996:217ff.) besprochen.

Für die juristische Lexik sind zwei weitere Spracherscheinungen typisch: Polysemie und Synonymie. Nicht wenige Wörter treten in zwei verschiedenen Rechtsgebieten mit unterschiedlichen Bedeutungen (also polysem) auf; so wird z.B. *Fahrlässigkeit* im Strafrecht anders definiert als im Zivilrecht.[32] *Geschäftsführer* bezeichnet im Zivilrecht in der Verbindung mit *ohne Auftrag* jede Person, die "ein Geschäft für einen anderen besorgt" (Creifelds 1999:544), im Handelsrecht dagegen (bekanntlich) den gesetzlichen Vertreter einer GmbH. Ein polysemes Wort ist z.B. *Verfügung*, dessen Bedeutung innerhalb des Rechts in zwei Rechtsgebieten (im Verwaltungs- und im Zivilrecht, aber auch innerhalb des Zivilrechts) je nach Kontext unterschiedlich sein kann:

1) *Verfügung (rechtsgeschäftlich)* als Bezeichnung bestimmter sachenrechtlicher Rechtsgeschäfte und
2) *letztwillige Verfügung* als Terminus des Erbrechts.

Neben Polysemie ist auch Synonymie in der Rechtssprache zu beobachten. Damit sind aber nicht Fälle deutsch-lateinischer Doppelterminologie gemeint, die auf die Wurzeln der deutschen Rechtssprache im Latein zurückzuführen sind[33], z.B. *Abtretung = Zession.* Gemeint sind Wörter, die synonym verwendet werden: *(für etwas) einstehen / (etwas) vertreten*; *mangelfrei / fehlerfrei*, *Mangel / Fehler der Sache*, *Unvermögen / subjektive Unmöglichkeit.* Bei den beiden letzten Synonympaaren hat die empirische Untersuchung der Wortgruppen ergeben, dass die Juristen mit ihren eigenen Termini nicht gerade konsequent umgehen. Die Ausdrücke *Mangel, Fehler* werden in der Praxis wie auch in der Rechtslehre synonymisch verwendet, obwohl der Gesetzgeber den Terminus *Fehler* im Kaufrecht durch *Mangel* ersetzt hat. Eine einmal eingebürgerte Synonymie wird anscheinend nicht so einfach aufgegeben. Dies zeigen zahlreiche Belege aus Texten der Justiz oder der Rechtslehre, was m.E. in der Regel auf gemeinsprachlichen Einfluss zurückzuführen ist. Beim Ausdruck *Unvermögen*, dem Synonym zum Ausdruck *subjektive Unmöglichkeit*, handelt es sich um einen Fall, wo das Einzelwort zwar im Gesetz verdrängt wurde, in der Rechtsprechung und der Lehre aber weiter verwendet wird. Synonym werden z.B. die Verben *einstehen* und *haften* verwendet, wie folgende Formulierung erkennen lässt: "daß der Schuldner derart für seine Verbindlichkeit *einstehen* muß, nennt man auch '*Haftung*'" (Medicus 2002:9). Bei dem Verb *haften* ist zugleich aber auch Polysemie festzustellen: "Allerdings wird das Wort '*haften*' im Gesetz und anderswo bisweilen auch gleichbedeutend mit '*schulden*' verwendet" (Medicus ebd.: 9). Das Substantiv 'Haftung' wird statt 'schulden' aus stilistischen Gründen verwendet,

---

32 Ursachen der fachsprachlichen Mehrdeutigkeit behandelt Roelcke (1999:66f.). Mit dem Begriff "systematische Mehrmehrdeutigkeit" deckt er dabei sowohl Polysemie als auch Synonymie ab.

33 Vgl. 3.3.

um die Wiederholung desselben Grundmorphems 'schuld' (schulden, der Schuldner) zu vermeiden. Trotzdem sind sie nicht völlig bedeutungsidentisch; es gibt auch Haftung ohne Schuld, z.B. im Sachenrecht (vgl. Medicus ebd.: 10).
Der Gebrauch von zwei gleichbedeutenden Termini ist im Recht vom Situationskontext abhängig; dafür können hier exemplarisch Ausführungen aus dem Palandt-Kommentar dienen: "Sicher ist aber auch, dass der juristische Sprachgebrauch die Termini 'Vertragsverletzung und Nichterfüllung' als Synonyma für 'Pflichtverletzung' verwenden kann, 'Vertragsverletzung', wenn es um Vertrag geht, und 'Nichterfüllung' in allen Störungsfällen mit Ausnahme der Schlechterfüllung" (Palandt SMG 2002:63).[34]
Einen nicht unwesentlichen Teil der juristischen Tätigkeit bilden Erörterungen von sprachlichen Einheiten auf der Ebene der Metasprache. Damit sind metasprachliche Äußerungen gemeint, die sich auf bestimmte sprachliche Einheiten beziehen und zu den typischen Merkmalen aller Fachsprachen zählen (vgl. Roelcke 1999:53f.).[35] Angesichts der oben angesprochenen Abstraktheit vieler Allgemeinbegriffe des Rechts (vgl. 3.3) sind die Juristen gezwungen, viele Ausdrücke auf einer höheren Abstraktionsebene, sei es in Gerichtsurteilen oder in Kommentartexten, zu behandeln.[36] Übrigens hat gerade diese Tätigkeit im Laufe der langen Rechtsentwicklung zur Erarbeitung einer spezifischen rechtswissenschaftlichen Terminologie im engeren Sinne beigetragen, die nicht nur der Benennung oder Beschreibung der zu lösenden Fälle dient. Denn manche Begriffe müssen immer wieder neu ausgelegt werden, um gesellschaftlichen Wandlungen und Wertänderungen Rechnung zu tragen. Die Begriffsauslegung kann aber auch mit Berücksichtigung der Umstände eines konkreten Falles erfolgen. Darin besteht eine weitere Besonderheit der juristischen Fachsprache. Sie hängt mit der Funktion der Sprache an sich zusammen, die nicht nur Mittel der juristischen Kommunikation, "sondern selbst der Gegenstand ist, um den es geht" (Shaw 1997:203). Darüber hinaus wirkt sich die Sprache auf außersprachliche Handlungen aus, "weil Juristen mit der Sprache Rechtshandlungen durchführen" (Kjaer 1992:47). Eine Handlung oder ein Zustand muss fachlich und daraus folgend auch sprachlich, d.h. grammatisch und semantisch-logisch, richtig qualifiziert werden (vgl. Jeand'Heur 1998:1290). Wird keine oder nur die erste Anforderung erfüllt, kann dies weitere Wirkungen auf der nichtsprachlichen Ebene

---

34 Aus Ausführungen zum Gebrauch des Terminus 'Pflichtverletzung', worüber "in der Schuldrechtskommission und während des Gesetzgebungsverfahrens intensiv diskutiert worden [ist]" (Palandt SMG 2002:63).

35 In dieser Verwendung handelt es sich um den Gebrauch der Sprache zur Bezeichnung der Objektsprache, die ihrerseits nicht-sprachliche Sachverhalte der Welt bezeichnet (vgl. Schlieben-Lange 1975:189).

36 Zu Abstraktionsebenen vgl. 4.3.

auslösen.[37] Wird in einem Fall ein Verhalten als *fahrlässig* bezeichnet, so werden andere Bestimmungen angewendet als im Falle eines *grob fahrlässigen* Verhaltens. Eindeutigkeit und Exaktheit, zwei Postulate aller Fachsprachen (vgl. Roelcke 1999:61–67), erhalten unter diesem Gesichtspunkt eine besondere Bedeutung: Wird ein Sachverhalt falsch eingeordnet und falsch bezeichnet, ruft dies neben außersprachlichen noch weitere sprachliche Handlungen hervor. In der Justiz wird durch Berufung einer Partei nicht nur die Sachlage erneut überprüft, sondern der strittige Begriff, d.h. der von der Vorinstanz verwendete Ausdruck, noch einmal aus- und festgelegt. Wird die Exaktheit unter sprachlichem Aspekt betrachtet, so lässt das Beispiel *fahrlässig ≠ grob fahrlässig* die Notwendigkeit der exakten Bestimmung eines Begriffs mit Hilfe anderer Wörter noch einmal deutlich werden. Man sieht daran, wie bedeutend komplexe lexikalische Einheiten in der juristischen Sprache sind.

37 Hierin kann man eine gewisse Parallele zu einer fehlerhaften Diagnose in der Medizin sehen.

4 Juristische Texte als Untersuchungsbasis

Die untersuchten Texte werden in einem bestimmten fachlichen Kommunikationsbereich produziert. Sie gehören zu verschiedenen funktionalen Ebenen und damit zu verschiedenen Textsorten. Im Folgenden werden deshalb zuerst Grundbegriffe abgegrenzt, mit denen hier operiert wird. Danach werden die herangezogenen Textsorten eingeteilt, unter dem Aspekt ihrer wechselseitigen Bezüge dargestellt und anschließend kurz charakterisiert. Hier möchte ich vorausschicken, dass die in 4.2 dargestellte Einteilung nicht den Anspruch erhebt, als eine eigenständige Typologie juristischer Fachtexte betrachtet zu werden.[38] Sie soll der Übersicht über die Text(sorten)auswahl unter den existierenden juristischen Texten für die Zwecke der vorliegenden Untersuchung dienen.

4.1 Begriff Fachtext, Fachtextsorte

Untersuchungsgegenstand meiner Arbeit sind fachspezifische Wortgruppen in deutschsprachigen juristischen Texten. Juristische Texte stellen ein sehr breites Spektrum unterschiedlicher Textsorten dar, daher scheint es mir sinnvoll zu sein, dieses Spektrum einzuengen.

Diese Einengung ist zweierlei Natur: fachbezogen und textbezogen. Aus dem komplexen Fach Recht wurden nur Texte des Rechtsgebiets deutsches Zivilrecht, und innerhalb dieses Bereiches nur schriftliche Texte bestimmter Textsorten untersucht.

Im Rahmen dieser Arbeit ist eine grundsätzliche Behandlung des Textbegriffes nicht möglich; es handelt sich um einen Grundbegriff der Textlinguistik, die den Text als "eine begrenzte Folge von sprachlichen Zeichen, die in sich kohärent ist und die als Ganzes eine erkennbare kommunikative Funktion signalisiert" (Brinker 1997:17), abgrenzt.[39] Wird hier über Texte gesprochen, so sind damit stellvertretende Exemplare des gewählten Fachgebiets als Fachtexte gemeint. Die fachlinguistischen Definitionen von 'Fachtext' sind nicht einheitlich. In der vorliegenden Arbeit wird der Fachtext verstanden als "Instrument bzw. Resultat der im Zusammenhang mit einer spezialisierten gesellschaftlich-produktiven Tätig-

38 Typologien fachsprachlicher Texte finden sich bei Möhn/Pelka (1984:45–70, 124–128) und Gläser (1990:60–297).

39 Brinker (1997:12–17) behandelt kursorisch auch den sprachsystematischen und den kommunikationsorientierten Textbegriff. Eine andere Textdefinition findet sich z.B. bei Heinemann/Viehweger (1991:126).

keit ausgeübten sprachlich-kommunikativen Tätigkeit" (Hoffmann 1985:233).[40] Eine ausführliche Auseinandersetzung mit anderen Definitionen von 'Fachtext' erübrigt sich, weil sie für die Ziele der vorliegenden Arbeit nur wenig aufschlussreich wäre. Die Texte, die mein Korpus bilden, erfüllen die Merkmale der obigen Definition. Sie sind nämlich Resultate und zugleich Instrumente der juristischen Tätigkeit (Rechtsfestlegung, -anwendung, oder -auslegung) und sind eng an die fachsprachliche Kommunikation gebunden.

Auch der Terminus 'Textsorte'[41] ist hier in Bezug auf die Fachsprache zu betrachten und daher als 'Fachtextsorte' aufzufassen. Diese wird als "eine spezielle Klasse von Textsorten, bei deren Produktion und Rezeption zusätzlich zum Alltagswissen noch Fachwissen nötig ist" (Hoffmann 1990:11 zitiert nach Hoffmann 1998b:535) definiert.

Das hier erwähnte Fachwissen ist im juristischen Bereich nicht nur mit dem Wissen von Begriffen und deren Bedeutungen verbunden. Es bezieht sich ebenso – wenn nicht mehr – auf die Textarbeit. Die Fachkompetenz eines Juristen impliziert nämlich Kenntnisse von intertextuellen Relationen zwischen juristischen Texten und die Beherrschung der Verweistechnik im Umgang mit den wichtigsten Rechtsquellen. Intertextuell ist hier im weitesten Sinne zu verstehen, denn die juristischen Texte sind auf mehreren Ebenen, die über eine Textsorte hinausgehen, miteinander vernetzt. Bevor auf diese Beziehungen eingegangen wird, soll das Textkorpus als ein System dargestellt werden.

4.2 Textauswahl, Einteilung juristischer Textsorten

Die in der vorliegenden Arbeit untersuchten Texte stellen einen Ausschnitt aus der Gesamtheit juristischer Texte dar. Es wurden folgende Texte untersucht:

a) das Bürgerliche Gesetzbuch (im Folgenden: BGB[42]),
b) höchst, ober- und landesgerichtliche Urteile, gelegentlich Beschlüsse (BGH, OLG, LG[43]),
c) Kommentare zum BGB, Lehrbücher für deutsche Jurastudenten, Fachwörterbücher.

---

40 Vgl. Roelckes Bestimmung (1999:42) von Fachtexten: "komplexe und zugleich kohärente sprachliche Äußerungen (oberhalb der Satzgrenze) im Rahmen der Kommunikation innerhalb eines bestimmten menschlichen Tätigkeitsbereichs". Hoffmanns Definition bringt die Zwitterrolle der juristischen Texte klarer zum Ausdruck: Einige sind sowohl Instrument als auch Resultat juristischer Tätigkeit.

41 Zur linguistischen Textsortendefinition (nicht auf die Fachsprachen begrenzt) vgl. Brinker (1997:132).

42 Bürgerliches Gesetzbuch in der Fassung der Bekanntmachung vom 2.1.2002 (BGBl. I S. 42).

43 BGH = Bundesgerichtshof, OLG = Oberlandesgericht, LG = Landgericht.

Konkrete Korpustexte, z.B. BGB des Beck Verlags (2002), Urteil VII ZR 415/99 veröffentlicht in NJW 2001:3779ff., stellen Textexemplare dar. Die von mir untersuchten Texte, d.h. Textexemplare, vertreten bestimmte Textsorten; sie entstehen im Rahmen unterschiedlicher juristischer Tätigkeiten, sei es Gesetzgebung, Gerichtsbarkeit oder Rechtslehre. Bei ihrer Differenzierung lehne ich mich an Kjaer (1992:54) und sein Drei-Ebenen-Kontextmodell an, da gerade dieses die oben erwähnten Tätigkeiten nach dem situativen Rahmen berücksichtigt. Das Modell hilft gleichzeitig, das Textkorpus für die empirische Untersuchung systematisch vorzubereiten und damit eine solide Ausgangsbasis zu schaffen.
Kjaer geht von der Existenz dreier Situationskontexte aus: Bestimmungs-, Handlungs- und Beschreibungsebene.[44] Diese Dreischichtung spiegelt gleichzeitig die Produktion juristischer Texte (als Vertreter der Textsorten) wider: Auf der Bestimmungsebene werden Gesetze, auf der Handlungsebene Urteile, auf der Beschreibungsebene Kommentare verfasst.[45]
Die zweite Ebene, die Kjaer "Handlungsebene" nennt, möchte ich mit dem Attribut "gerichtlich" näher bestimmen, um den institutionellen Kontext der Justiz, bzw. dort tätige Personen als Autoren der Texte, hervorzuheben. Eine solche Präzisierung halte ich deswegen für gerechtfertigt, weil die juristische Praxis sich auch auf außergerichtliche Handlungen erstreckt. Diese werden zwar in einem völlig anderen institutionellen Rahmen mit anderen Auswirkungen und anderen intendierten Adressaten ausgeübt, trotzdem machen sie einen großen Teil dessen aus, was sich die meisten Laien unter der "Rechtspraxis" vorstellen. Die Texte dieser Ebene, d.h. privatrechtliche Schriften wie Verträge, Testamente, Mahnbriefe u.ä., wären wegen ihres direkten Bezugs zur Alltagswirklichkeit für die beabsichtigte Untersuchung wenig bereichernd.[46]
Die einzelnen Ebenen, bzw. ihnen angehörende Textsorten, stehen in bestimmten Wechselbeziehungen zueinander. Diese kommen nicht nur in der juristischen Tätigkeit zum Ausdruck, so z.B. bei der Anwendung eines konkreten Gesetzes auf bestimmte Fälle oder bei der Heranziehung von Urteilssprüchen im Rahmen der Gesetzesauslegung (zu den gegenseitigen Relationen vgl. 4.4), sie finden auch in der Sprache ihren Niederschlag, denn "die Wortwahl in Texten der

44 Vgl. die ähnliche Klassifizierung der juristischen Texte bei Kühn (2001:586). Er geht dabei von Textfunktionen aus, die er "aus ihrer Rolle im institutionellen Handlungszusammenhang" ableitet. Der (außer- und inner-)institutionelle Rahmen spielt auch in der Klassifikation Busses (2000:663) eine wichtige Rolle.

45 Es handelt sich dabei nicht um eine erschöpfende Aufzählung, sondern nur um eine Auswahl.

46 Zu der ausstehenden linguistischen Erforschung der Verträge im Sinne eines Desiderats äußert sich z.B. Hoffmann (1998b). Er hält den Vertrag für "eine[r] eigenartige[n] Mischung aus Alltagswissen und Fachwissen [...], wobei das Fachwissen sich weniger auf den Vertragsgegenstand selbst als auf juristische Festlegungen dazu bezieht" (ebd.: 535).

Rechtslegung ist vielfach für die Wortwahl in Texten der beiden anderen Ebenen maßgeblich" (Kjaer 1992:54).[47]

Wie bereits oben gesagt, gehören die juristischen Texte verschiedenen Textsorten an: Das BGB z.B. repräsentiert die Textsorte Gesetz. Setzt man die Textsorten mit den einzelnen Kontextebenen in Bezug und betrachtet man sie zugleich unter funktionalem Aspekt, so lassen sich Textklassen[48] erkennen:

Abb. 1

Kontextebene	**Textsorte**	**Textklasse**
Bestimmungsebene	Gesetz, Rechtsverordnung, Satzung	Normative Texte
Gerichtliche Handlungsebene	Gerichtsurteil, Gerichtsbeschluss, Gerichtl. Verfügung	Texte der Rechtsprechung
Beschreibungsebene	Kommentar, Fachliteratur, Nachschlagewerk	Texte der Rechtsauslegung

Die Auswahl der angeführten Textsorten wie auch ihre Abstufung nach Kjaers Modell ist nicht nur eine nichtfachliche Einteilung von und für Linguisten. Unter fachlichem Aspekt lässt sie sich dadurch stützen, dass die Klasse der normativen Texte die Grundvoraussetzung für die Texte der rechtsprechenden und der rechtsauslegenden Klasse ist. Die von mir untersuchten Texte stellen eine repräsentative Auswahl der juristischen Textsorten dar. Gesetze, richterliche Entscheidungen, Kommentartexte und sonstige rechtswissenschaftliche Literatur werden z.B. von Jeand'Heur (1998:1288) als die "wichtigsten Fachtextsorten" eingestuft. Darüber hinaus betrachten auch die Juristen Texte der oben aufgelisteten Textsorten als 'Juristische Literatur'.[49]

Die obige Einteilung der Textsorten und ihre Zuordnung zu drei verschiedenen Ebenen ergibt sich zwar aus der primären Funktion der Texte, ist mit ihr jedoch nicht identisch. Die Besonderheit juristischer Texte liegt nämlich darin, dass die meisten zugleich mehrere Funktionen erfüllen bzw. mehrere Wirkungen entfal-

47 Wie Kjaer selbst bemerkt, ist diese Beeinflussung auf den einzelnen Ebenen differenziert. Darüber hinaus würden Fachkundige diese "vereinfachte" Äußerung dadurch ergänzen, dass auch die Wortwahl der Rechtslehre für die Wortwahl der Rechtsprechung als Norm gelten kann. Vgl. dazu Busse (2000:661, 664).

48 Brinker (1997:126) verwendet 'Textklasse' (und 'Texttyp') gleichbedeutend mit 'Textsorte'. Da seine Textklassen umfangreich sind und sich weiter differenzieren lassen, schließt er die Möglichkeit nicht aus, sie als Textsortenklassen zu interpretieren (ebd.: 133). Zwischen 'Textsorte', 'Texttyp' und '-klasse' wird dagegen bei Gläser (1990:41ff.) unterschieden.

49 Diese Feststellung stützt sich auf eigene Mitschriften im Kurs 'Fachsprache Recht' für ausländische Studenten im Zentrum für Sprache und Kommunikation der Universität Regensburg.

ten. Damit hängt auch die Schwierigkeit zusammen, juristische Texte allein nach ihrer Funktion eindeutig zu klassifizieren (vgl. Busse 2000:661f., 665–669).[50] Bei der Klassifikation juristischer Texte muss mehr als nur ein Kriterium berücksichtigt werden. Die tatsächliche Funktion oder die Wirkung, die ein Text auslösen kann, ist allein nicht ausreichend: Eine gerichtliche Entscheidung kann für spätere Fälle ebenso normative Wirkungen haben wie das Gesetz. Das Urteil wird mit dem Ziel verfasst, Recht zu sprechen. Dabei kann sich spontan, als Reaktion auf den konkreten Fall, die Notwendigkeit ergeben, einen Rechtsbegriff auszulegen. In jedem Fall steht jedoch die primäre, rechtsprechende Funktion im Vordergrund (vgl. Jeand'Heur 1998:1293). Die obigen drei Textsortenklassen gehen also von der ursprünglich beabsichtigten Funktion der Texte aus: Gesetze und sonstige Vorschriften werden als Normen produziert und sollen als solche beachtet werden. Die primäre Absicht, warum ein Urteil abgefasst wird, ist Recht zu sprechen, beim Verfassen eines Kommentars das Recht auszulegen. Mit diesen Grundzielen gehen bestimmte Personen an die Textproduktion heran. Weitere Kriterien sind also die Rolle des Textproduzenten in dem Produktionsverfahren und die Art der Institutionalität dieses Verfahrens (vgl. Busse 2000:663). Ein Richter erfüllt bei der Abfassung eines Urteils oder einer Anordnung in erster Linie die Aufgabe, als Vertreter der Justiz Recht zu sprechen, wobei er jedoch in einigen Fällen auch Grundbegriffe auslegen muss. In einem anderen Rahmen kann er als Kommentator des Gesetzes im Rahmen der Rechtslehre auftreten; der von ihm produzierte Text gehört als Kommentar der auslegenden Textklasse an.

In die Klasse der rechtsauslegenden Textsorten gehören auch Fachlehrbücher. Durch diese Einordnung soll ihre wissensvermittelnde Funktion nicht vernachlässigt werden. Sie ergibt sich aus dem Bezug zu den drei Situationsebenen (s. oben Abb. 1) im Recht. Eine differenziertere Klassifikation wäre sicher denkbar, im Rahmen der vorliegenden Arbeit ist eine solche jedoch nicht beabsichtigt. Die Herausbildung von drei Klassen (normativ, rechtsprechend, rechtsauslegend) erfolgt hier sekundär bei der Betrachtung von bestimmten untersuchten Textsorten (eine detaillierte Klassifikation juristischer Texte findet sich z.B. bei Busse (2000:669–675)).

4.3 Abstraktionsstufen in juristischen Texten

Wenn man die Rechtssprache unter dem Aspekt der Abstraktheit (vertikale Gliederung) betrachtet, sind Überschneidungen zwischen einzelnen Textsorten und ihren Funktionen festzustellen.

Die Rechtssprache weist offensichtlich mehrere Abstraktionsstufen auf. Die bekannten Konzepte der vertikalen Fachsprachengliederung (von Hahn 1980:391f.;

50 Busse (2000:669-675) bietet zugleich einen klassifikatorischen Überblick der Textsorten des Rechtswesens und der Justiz. Zur Typologie juristischer Texte vgl. auch Engberg (1993).

Hoffmann 1985:64–70) lassen sich hier nur schwer übertragen. Die Existenz einer allgemeinen vertikalen Gliederung für alle Fachsprachen zieht bereits Roelcke (1999:41) in Zweifel und evoziert damit die Frage, ob nicht jede einzelne Fachsprache ihre eigene vertikale Gliederung besitzt. Besonders Roelckes (ebd.) Bemerkung über die nicht einheitlich vertretenen Abstraktionsstufen in einzelnen Fächern trifft für die Rechtssprache zu, zumal mit den niedrigsten Abstraktionsebenen der oben genannten Konzeptionen die tatsächliche Produktion bzw. Konsumtion in der Rechtssprache nicht korrespondiert (sieht man einmal von der Fülle tatsächlich fassbarer gedruckter Texte ab). Weder die zwei niedrigsten Abstraktionsebenen von Hoffmann (1988:64) (Sprache der Produktion, Sprache der Konsumtion) noch die von hahnsche (1980:392) Werkstattsprache (oder Verteilersprache) haben im Recht ein Äquivalent. Dennoch existiert die in Kap. 3 wiederholt erwähnte Abstraktheit der Rechtssprache auf mehreren Ebenen. Die Abstraktheitsstufen leite ich vom Bezug der juristischen Aussagen zur Lebensrealität und daher von der Funktion dieser Aussagen und der verwendeten juristischen Termini ab.

Den höchsten Grad stellen rechtswissenschaftliche Äußerungen dar, die juristische Begriffe mit rechtstheoretischen Termini erläutern. In Bezug auf die Terminologie handelt es sich beispielsweise um die Auslegung des Begriffs *die guten Sitten* oder die Unterscheidung zwischen *empfangsbedürftigen* und *nicht empfangsbedürftigen Willenserklärungen.* Solche Ausdrücke sind in der rechtswissenschaftlichen Literatur, in den erläuternden Teilen der Gesetzeskommentare oder der Fachlexika zu finden. Eine niedrigere Abstraktionsstufe bilden überwiegend verallgemeinernde Ausdrücke, die den Sachverhalten (Personen, Gegenständen, Handlungen, Zuständen) der Lebenswirklichkeit nicht unmittelbar entsprechen, sondern sie mit abstrakten lexikalischen Einheiten in einem allgemeinen fachlichen Zusammenhang zusammenfassend benennen. Hier ist z.B. der Terminus *die Herausgabe der Sache* zu nennen. Bezogen auf die Textsorte ist das Gesetz wohl das typische Beispiel dieser mittleren Ebene. Diesbezüglich bedeutet abstrakt soviel wie allgemein, generalisierend. In Anwendung auf einen konkreten Fall (oder ein Fallbeispiel in Kommentar- oder Lehrbuchtexten), also ganz unten auf der Abstraktionsskala, werden solche allgemeine juristische Ausdrücke konkretisiert oder lexikalisch 'ausgefüllt'. Diese niedrigste Abstraktionsebene zeichnet sich durch den direkten Bezug auf konkrete Personen, Handlungen oder Gegenstände (kurz Dinge der Lebenswirklichkeit) aus. Im Wortschatz kommt diese konkretisierende Stufe durch Gebrauch von juristischen Termini (Schadensersatz) aber auch von gemeinsprachlichen Wörtern zum Ausdruck, wobei hier der fachliche Kontext nicht verlassen wird (Schilderung der fallbezogenen Tatsachen im Urteilsteil 'Tatbestand').[51]

---

51 Anders verfährt z.B. Jeand'Heur (1998:1293), der die Sprache der Justiz in die Theorie-, die Verteiler- und die fachliche Umgangssprache – in Anlehnung an von Hahn (1980:391f.) und sein drei-Stufen-Modell – einteilt.

Die von mir erstellte dreistufige Unterscheidung ist dabei nicht trennscharf: Die Kommentarteile, in denen alltägliche Sachverhalte abstrahiert werden, können auf einer Abstraktionsstufe mit dem Gesetz stehen. Der Kommentar enthält aber auch rechtswissenschaftliche Äußerungen, die ich der höchsten Abstraktionsebene zurechne. Was also das Verhältnis zwischen den Abstraktionsstufen und den juristisch relevanten Textsorten anbelangt, so sind hier zum einen bestimmte Übergangsbereiche nicht zu übersehen. Zum anderen wird ein Unterschied (zumindest im Zivilrecht) zwischen juristischen Fachbüchern und Kommentaren einerseits und Gesetzen oder Anordnungen andererseits deutlich. Sie sollten daher nicht auf eine Stufe gestellt werden. Ein Faktor, der die Zuordnung der Textsorten zu verschiedenen Abstraktionsstufen (vgl. Jeand'Heur a.a.O.) überhaupt erschwert, sind die Funktionen, die eine Textsorte erfüllen kann (vgl. 4.2). Die Abstraktion in der Rechtssprache lässt sich schematisch folgendermaßen abbilden:

Abb. 2

Höchste Abstraktionsstufe	**Theoriesprache der Rechtswissenschaft** (Merkmale der Begriffe mit Hilfe der Sprache erörtert): Lehrbuch- oder Fachwörterbucherläuterungen, Kommentare, Urteilsbegründungen
Mittlere Abstraktionsstufe	**Verallgemeinernde Benennungen nicht konkreter Sachverhalte** der Lebenswirklichkeit mit juristischen Termini im juristischen Kontext: Gesetz, Grundsätze der Rechtsprechung/Rechtsauslegung
Niedrigste Abstraktionsstufe	**Benennungen konkreter Sachverhalte der Lebenswirklichkeit** mit juristischen Termini oder nicht fachlichem Wortschatz im juristischen Kontext: Sachverhaltsschilderungen in Urteilen, Vertrag, Testament

4.4 Vernetzung der Rechtsquellen

Die Heranziehung verschiedener Textsorten, die derselben oder unterschiedlichen Ebenen des Kontextmodells angehören, geht in dieser Arbeit von dem Ziel aus, die Stabilität der zu untersuchenden Wortgruppen zu ermitteln. Die Notwendigkeit, einen Exkurs vorzunehmen, wie auch die gewählte textvergleichende Untersuchungsmethode sind durch das Wesen der juristischen Tätigkeit bedingt. Diese hat (auf allen drei Situationsebenen) ihren Schwerpunkt grundsätzlich in der Textarbeit, sei es in der Auslegung von Gesetzen, in ihrer Anwendung oder in der Produktion anderer Texte. Texte als Gegenstände und Ergebnisse der juristischen Tätigkeit sind aneinander und untereinander vernetzt und lassen Relationen auf und zwischen mehreren Ebenen entstehen. Busse (1992:328)

(und in Anlehnung an ihn auch Kühn (2001:587)) sprechen von "Textbezüge[n]", auf denen "die intertextuelle Arbeit" beruht.
Die intertextuellen Relationen beginnen bei der wichtigsten juristischen Textsorte, dem Gesetz, das zu seiner praktischen Anwendung einer Auslegung durch einen Kommentar bedarf. Jeder Kommentartext ist nur durch die Existenz eines Gesetzesparagraphen bedingt, bei dessen Auslegung er sich (unter anderem) auf die richterlichen Meinungen in den Urteilsentscheidungen stützt, die einen Teil der Rechtslehre darstellen. Der Kreis schließt sich wieder bei dem Gesetz, das für die Fallentscheidung als primäre Basis dient. Diese Beziehungen lassen sich schematisch auf folgende Weise abbilden:

Abb. 3

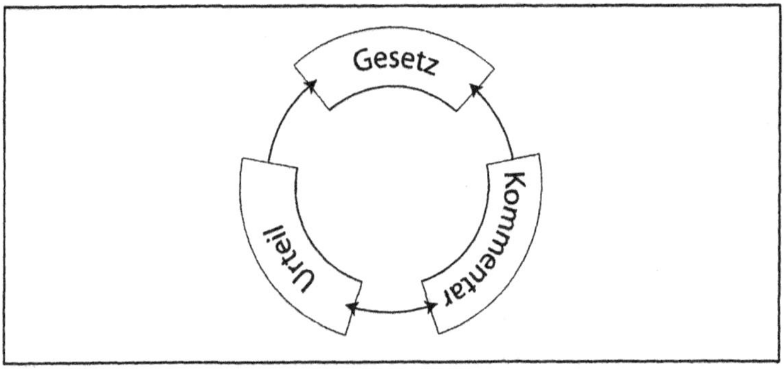

Dies ist eine sehr vereinfachte Darstellung der Textzusammenhänge im Recht, die sich wesentlich komplizierter darstellen. Berücksichtigt sind nur die wichtigsten Relationen, die Busse (1992:171[52]) als "Intertextualitätsrelationen" bezeichnet und die er mehreren Intertextualitätsebenen zuordnet. Die hier vorgenommene Abstufung und schematisch dargestellte Vernetzung juristischer Texte lehnt sich zwar an diese Einteilung an, baut aber auf den Textsorten auf und bezieht auch Zusammenhänge ein, die auf der Sprachebene hergestellt werden. Deshalb halte ich es für notwendig, eine genauere terminologische Unterscheidung vorzunehmen.
Grundsätzlich stimme ich Busses Abstufung der Relationen zwischen Gesetz, Kommentar und Urteil zu. Angesichts der sprachlichen Realisierung spreche ich jedoch nicht von Textbezügen, sondern von Verweisen. Es werden zwei Typen von Verweisen unterschieden: innerhalb einer Textsorte und zwischen verschiedenen Textsorten. Daraus lässt sich innerhalb einer Textsorte von 'echten' intertextuellen und intratextuellen Beziehungen sprechen. Die auf dieser Ebene be-

52 Diese auch "Intertextualitätsbeziehungen" genannten Relationen werden im Rahmen der Explikationen zu Gesetzestexten zwischen verschiedenen Texten bzw. Textsorten hergestellt (vgl. dazu Busse 1992:171ff.).

stehenden Relationen kann man als 'textsortenintern', diejenigen über eine Textsorte hinaus als 'textsortenextern' oder 'textsortenübergreifend' bezeichnen.

4.4.1 Textsorteninterne Verweise

Textsorteninterne Verweise gehen nicht über eine Textsorte hinaus. Dabei sind in allen drei oben angeführten Rechtsquellen (s. Abb. 3) sowohl intra- als auch intertextuelle Verweise festzustellen.[53]

Abb. 4

Textsorte	Intratextueller Verweis	Textsorteninterner intertextueller Verweis
Gesetz	§ 829[54] "in einem der in den §§ 823 bis 826 bezeichneten Fälle" § 864 "Ein nach den §§ 861, 862 begründeter Anspruch ..." § 951 "Vergütung .... nach den Vorschriften über die Herausgabe einer ungerechtfertigten Bereicherung fordern."	§ 590 "§ 109 der Zivilprozessordnung gilt entsprechend." § 312a Verhältnis zu anderen Vorschriften. "nach § 23 des Gesetzes über Kapitalanlagegesellschaften" § 1984 "Die Vorschriften der §§ ... der Insolvenzordnung finden entsprechende Anwendung."
Kommentar	§ 832 Rn 11 → § 832 Rn 32 Einf. § 145 Rn 18 → § 276 Rn 65	Kom Palandt § 832 Rn 30 → Kom Erman § 832 Rn 12
Urteil	"Dazu, ob ... s. unten b bb letzter Absatz." (NJW 1990:1108)	VIII ZR 314/88 → VI ZR 42/87 "BGH NJW 1988, 1984" (NJW 1990:1107)

Am häufigsten sind intratextuelle Verweise im Gesetz und im Kommentar zu finden. Bezugnahmen wie z.B.

"in einem der in den §§ 823 bis 826 bezeichneten Fälle" (§ 829),

53 Ähnlich wird in Fachwörterbüchern und Lehrbüchern verfahren. Die vorliegenden Ausführungen beschränken sich jedoch auf Gesetz, Urteil und Kommentar als die drei wichtigsten in juristischen Kreisen anerkannten Rechtsquellen. Keine intertextuellen Verweise derselben Textsorte sind lediglich in den untersuchten Rechtslexika nachzuweisen, was aber nicht bedeutet, dass sie ausgeschlossen sind. Denn es ist die Frage des Bedürfnisses und der Absicht des Autors, für die Erläuterung eines juristischen Begriffs in einem Lexikoneintrag auf ein anderes Lexikon hinzuweisen. Dafür sind in dieser Textsorte intratextuelle Verweise stark vertreten, die auf die Gestaltung von Lemmata allgemein, stärker dann in Fachsprachen, zurückzuführen sind.

54 Soweit keine andere Rechtsquelle angeführt wird, handelt es sich um Paragraphen des BGB.

kann man als "explizite Verweise" bezeichnen. Neben dieser direkten Anführung eines anderen Paragraphen kann ein Textzusammenhang sprachlich realisiert werden, ohne die Bezugstelle anzugeben. Das ist z.B. der Fall, wenn der Begriff "fahrlässig" in einem Paragraphen (§ 823) verwendet und in einem anderen definiert wird (§ 276); für die Anwendung des § 823 muss auf den nicht direkt zitierten, sondern durch einen Begriff relevanten § 276 Bezug genommen werden.[55] Wird auf diese Weise auf einen Paragraphen desselben oder eines anderen Gesetzes angespielt, spricht die juristische Terminologie von 'Verweisung'. Die angewandte Strategie, deren Ziel es ist, in gesetzlichen Texten "Wiederholungen zu vermeiden und möglichst einheitliche Regelungen zu schaffen", heißt "Verweisungstechnik" (BGB Beck 2002:XV). Ähnlich wird diese Technik im Prozessrecht verwendet, um Bezüge zwischen unterschiedlichen Instanzen der Gerichtsbarkeit deutlich zu machen. Auf Grund der engen Spezialisierung dieses rechtstechnischen Terminus werde ich im Folgenden von 'Verweisen' sprechen.[56]
Echte intertextuelle (textsorteninterne) Verweise, d.h. Verweise auf andere Texte derselben Textsorte, sind am häufigsten in Urteilen, relativ häufig in Kommentaren, dafür aber seltener in Gesetzestexten des Zivilrechts zu finden. Das ist auf die Funktion der jeweiligen Textsorte zurückzuführen, wobei es auch hier textsorteninterne Unterschiede geben kann. Das BGB soll in erster Linie zivilrechtliche Grundbegriffe, Rechte, Pflichten und Rechtsbeziehungen festlegen; im Gegensatz dazu muss sich der Richter in seiner richterlichen Würdigung nicht nur direkt an den Gesetzes- bzw. Paragraphenwortlaut anlehnen, sondern sich häufig der Rechtsdogmatik und Meinung der übergeordneten Instanzen unterziehen und auf diese oft zurückgreifen. Diese Rückgriffe erfolgen, ähnlich wie in Kommentartexten, in Form von wörtlichen Zitationen oder durch Auflistung ähnlich geregelter Fälle. Vor dem Hintergrund der Wortgruppen ist weniger die Art und Weise der Zitationen von Bedeutung als die Tatsache, inwieweit die Erscheinungsform einer in einem Zitat verwendeten Wortgruppe mit derjenigen im zitierten Text übereinstimmt.
Man könnte auch innerhalb der intratextuellen Verweise, besonders beim Gesetz eine weitere differenzierte Unterteilung vornehmen. Dies würde jedoch eine detaillierte Auseinandersetzung mit Gesetzestexten voraussetzen. Jeder Paragraph ist stets in einem breiteren kontextuellen Rahmen zu sehen, der durch das jewei-

55 Es handelt sich also um eine Kohäsion im Sinne der Textlinguistik im Bereich der Gesetzestexte, d.h. um eine explizite Wiederaufnahme (Brinker 1997:31) von Textkomponenten, die direkte Auswirkungen auch auf die inhaltliche Kohärenz und sogar auf die intertextuellen Relationen hat.

56 Damit möchte ich auch deutlich machen, dass hier die sprachliche Realisierung der Zusammenhänge zwischen juristischen Texten im Vordergrund steht und nicht die erst durch Fallentscheidung hergestellten intertextuellen Beziehungen (vgl. Busse 1992).

lige Gesetz gestaltet wird.[57] Exemplarisch dafür steht das Beispiel des § 826 und des für seine Anwendung heranzuziehenden § 276. Daher hat der Paragraph für mich den Status eines Teiltextes, der in eine größere Einheit 'Text' eingebettet ist.[58] Für die Zwecke der vorliegenden Arbeit ist die Darstellung der intratextuellen Verweise innerhalb der Textsorte Gesetz m.E. ausreichend.

4.4.2 Textsortenexterne oder textsortenübergreifende Verweise

Die juristische Verweistechnik (im Sinne dieser Arbeit und nicht im streng rechtstechnischen Sinne) erstreckt sich, wie oben gesagt, nicht nur auf den Bereich einer Textsorte, sondern vernetzt Texte unterschiedlicher Textsorten.[59] Diese rechtsspezifische Textarbeit möchte ich hier als textsortenexterne oder -übergreifende Intertextualität bezeichnen. Für die juristische Praxis ist sie genauso unentbehrlich wie die textsorteninterne.

Unter den bereits behandelten Rechtsquellen verweist nur das Gesetz auf keine andere Textsorte, was im Hinblick auf sein Wesen und seine Funktion einleuchtend ist und keiner weiteren Untersuchung bedarf. Am deutlichsten kommt diese Art der Textvernetzung in Kommentartexten zum Ausdruck. Deshalb werden hier die textsortenexternen Verweise am Beispiel des Kommentars schematisch dargestellt:

Abb. 5

Verweisende Textsorte	Bezugs-textsorte	Verweis
Kommentar	Gesetz	"der Anspruch aus § 988" (Kom Palandt 2003:§ 100, Rn 2)
	Urteil	"Die Bewertung der Gebrauchsvorteile richtet sich nach ihrem objektiven Wert (BGH NJW 95, 2627)" (ebd.)
	Rechtslehre	"Sack NJW 85, 761" (ebd.: § 138, Rn 2)

In erster Linie ist jeder Kommentartext unmittelbar an das Gesetz – auch materiell-technisch gesehen[60] – gebunden, was sicherlich mit seiner Primäraufgabe

57 Mehrere Paragraphen bilden zugleich den Kotext, d.h. das sprachliche Umfeld, vgl. Busse (1992:124).

58 Vgl. Busse (1992:58, 62), der einerseits gegen die Betrachtung des Paragraphen als eines selbständigen Textes argumentiert und ihn ebenfalls als Teiltext einstuft. Andererseits sieht er in Paragraphen "eines einzelnen Gesetzes durchaus eigenständige Normtexte" (ebd.: 261), was auch durch den Sprachgebrauch der Gesetzgebung unterstützt wird.

59 Zu anderen Intertextualitätsarten, z.B. der sog. vermittelten, doppelten, s. Busse (1992: 172f.).

60 Die meisten Gesetzbücher werden von verschiedenen Verlagen in kommentierter Form veröffentlicht. Ausnahmen sind z.B. Taschenbuch-Ausgaben wie Beck-Texte im dtv.

der Begriffsauslegung zusammenhängt. Die zweitwichtigste Beziehung vernetzt Kommentare mit Urteilen und zwar in beiden Richtungen. Kommentartexte übernehmen Rechtsprechung als einen Teil der Rechtslehre; die Form, in welcher das geschieht, ist hier ohne Belang.[61] Es handelt sich dabei nicht nur um eine bloße Auflistung von Einzelfällen mit Fundstellen der jeweiligen Gerichtsentscheidung, sondern eher um Hinweise auf ein durch die Rechtsprechung angewendetes Prinzip:

> "Die Bewertung der Gebrauchsvorteile richtet sich nach ihrem objektiven Wert (BGH NJW 95, 2627)." (Palandt 2003:§ 100, Rn 2)

Umgekehrt kann eine im Kommentar formulierte (strittige oder herrschende) Meinung in Urteilsbegründungen wiedergegeben werden:

> "die Vorteile, die der Besitzer einer Wohnung daraus zieht, dass er sie nicht vermietet, sondern selbst nutzt (S. auch Palandt/Heinrichs, BGB, 60. Aufl., § 100 Rdnr. 1)" (NJW 2002:61)

Auch die anderen untersuchten Textsorten, Lehrbuch und Fachlexikon, wiesen zahlreiche textsortenexterne Verweise auf. Meistens geben sie bei strittigen Begriffen eine Rechtsmeinung wieder, indem sie (unter Angabe der Fundstelle) auf die Rechtslehre oder die Rechtsprechung verweisen.
Da die Verweise und Textbezüge als solche nicht im Mittelpunkt meiner Arbeit stehen, sollen sie an dieser Stelle nicht weiter behandelt werden. Sie wurden lediglich schematisch skizziert, weil sie in einigen Fällen zu interessanten Ergebnissen im Zusammenhang mit den Wortgruppen geführt haben. Näheres zu Intertextualitätsrelationen zwischen den wichtigsten Textsorten im Recht ist bei Busse (1992:171, 173) zu finden.

4.5 Beschreibung der untersuchten Textsorten

Die folgende Charakteristik der einzelnen Textsorten im Bereich Zivilrecht erhebt nicht den Anspruch, als ausführliche linguistische Analyse jeder belegten Textsorte betrachtet zu werden. Ein solches Anliegen würde den Rahmen dieser Arbeit sprengen.[62] Es soll hier eine Beschreibung der wichtigsten Merkmale der Textsorten vorgenommen werden, deren Texte untersucht wurden.

---

61 Zu unterschiedlichen Formen von Zitationen oder Paraphrasen in Kommentartexten vgl. Busse (1992:171).

62 Kühn (2001:586) stellt eine Lücke in den textsortenbezogenen rechtslinguistischen Untersuchungen fest, mit Ausnahme von Busse (1992), der Gesetze und z.T. Kommentare analysiert.

4.5.1 Gesetz

Das Gesetz als eine der normativen Textsorten ist die Grundlage der Rechtsfestlegung, Rechtsanwendung und der Rechtsprechung. Je nach Anwendungsgebiet spricht es einen engeren oder breiteren Adressatenkreis an, die Anzahl der von seinen Bestimmungen betroffenen Personen ist grundsätzlich aber unbestimmbar. Auf die Unterscheidung zwischen dem primären und dem sekundären Adressaten wurde bereits in 3.3 (S. 27) hingewiesen. Es gibt diejenigen, die Gesetze befolgen (d.h. Bürger als sekundäre Adressaten) und diejenigen, die sie direkt anwenden (d.h. Juristen als primäre Adressaten) (vgl. Brandt 1991:341). Man könnte hier auch die Bürger dem allgemeinen Adressatenkreis zuordnen und die Juristen als unmittelbare Rezipienten bezeichnen.[63] Grundsätzlich zielen alle gesetzlichen Bestimmungen auf die Regelung kommunikativer Handlungen und Relationen der Lebenswirklichkeit ab; die zivilrechtlichen Vorschriften stehen ihr jedoch am nächsten.[64] In den folgenden Ausführungen wird das deutsche BGB als stellvertretend für die Textsorte Gesetz auf seine textuellen und einige sprachlichen Eigenschaften untersucht.

Die Gliederung und der Verlauf des Textes, die ich zusammenfassend als 'Makrostruktur'[65] bezeichne, sind sehr regelmäßig und übersichtlich: Die Paragraphen sind nach einem bestimmten Muster angereiht und zu größeren Teilen zusammengefügt. Das deutsche BGB (hier als Gesamttext betrachtet) gliedert sich in 5 Bücher (vgl. Köhler 2001:14)[66], die inhaltlich einzelne Rechtsgebietsausschnitte darstellen. Jedes Buch besteht aus Abschnitten, diese aus Titeln und Kapiteln. Die einzelnen Gesetzesteile werden durch explizite Benennungen (Buch, Titel, Abschnitt) signalisiert. Durch entsprechende Überschriften wird ihre Sachzugehörigkeit deklariert:

Buch 2. Recht der Schuldverhältnisse
Abschnitt 1. Inhalt der Schuldverhältnisse
Titel 1. Verpflichtung zur Leistung
§ 241 Pflichten aus dem Schuldverhältnis

(BGB 2002:99)

---

63 Vgl. unterschiedliche Auffassungen bei Busse (1992:116ff.), Ludger Hoffmann (1998:526f.).

64 Vgl. Ludger Hoffmann (1998:523ff.) zu Relationen zwischen Gesetzes- und Alltagsnormen (einschränkend, präzisierend).

65 Vgl. Hoffmann (1988:163), der in der Makrostruktur die Struktur sieht, "die an der Textoberfläche als lineare Abfolge von Teiltexten mehr oder weniger deutlich zum Ausdruck kommt [...]".

66 Und nicht sechs, wie Busse (1992:62) irrtümlich behauptet. Da das deutsche BGB nie aus sechs Büchern bestanden hat, gehe ich in diesem Falle von einem Tippfehler aus.

Derartige Untergliederungen in Untertitel und Unterkapitel sind inhaltlich bedingt, d.h. von der Notwendigkeit einer Unterteilung der behandelten Materie abhängig, wodurch sich die Abweichungen von der sonst einheitlichen Struktur zwischen den einzelnen Büchern erklären lassen. Die gegliederte Struktur ist typographisch durch halbfette Schrift bei den Bezeichnungen von Gesetzessegmenten (z.B. Abschnittsüberschriften) erkennbar. Innerhalb der Paragraphentexte sind typographische Mittel wie Kursiv- oder Fettdruck nicht zu finden. Die einzigen nichtsprachlichen Mittel sind die fettgedruckten §-Zeichen und Zahlen der progressiven Nummerierung (§ 1 – § 2385).
Der Text besteht aus Paragraphen, die entweder aus einem Satz (§ 1), häufig aber aus mehreren Sätzen gebildet sind (§ 90a):

> § 1[67] Die Rechtsfähigkeit des Menschen beginnt mit der Vollendung der Geburt.
>
> § 90a [1]Tiere sind keine Sachen. [2]Sie werden durch besondere Gesetze geschützt.

Darüber hinaus können Sätze, je nach ihrem thematischen Zusammenhang, zu Absätzen zusammengefügt werden:

> § 105 I. Die Willenserklärung eines Geschäftsunfähigen ist nichtig.
> II. Nichtig ist auch eine Willenserklärung, die im Zustand [...] abgegeben wird.

Der Aufbau der gesetzlichen Texte ist zwar nicht verbindlich, jedoch konventionalisiert.[68] Die starke Konventionalisierung kommt beim stichprobenartigen Vergleich verschiedener Gesetzbücher (vgl. BGB und StGB) zum Ausdruck[69]; trotzdem können Abweichungen nicht ausgeschlossen werden.
Die Paragraphen erscheinen an der Oberfläche als selbständige Textsegmente, die optisch voneinander abgesetzt sind (vgl. §§ 1 – 7, Abb. 6). Neben dieser visuellen Absetzung wird ihre Selbständigkeit durch die Nummerierung und das bei der jeweiligen Ziffer stehende Zeichen '§' ausgedrückt. In einigen Ausgaben des BGB werden die Paragraphen mit Überschriften versehen (z.B. Beck-Texte im dtv). Sie sind aber weder obligatorisch zu verwenden, noch werden sie einheitlich formuliert und/oder graphisch markiert.[70] Ihre Betrachtung aus linguis-

---

67 Die Paragraphen werden hier ohne Überschriften angeführt; zu deren uneinheitliche Bearbeitung s. weiter. Sie werden auch nicht in Anführungszeichen gesetzt.

68 Gläser (1990:299) charakterisiert die Textsorten Gesetz, Vertrag und Urteil als "stark konventionalisiert". Wie die folgenden Ausführungen (4.5.3) zeigen, handelt es sich beim Urteil um eine inzwischen schriftlich festgelegte Konvention.

69 Hier wird jedoch aus Platzgründen auf Textvergleiche verzichtet.

70 Die sog. amtlichen Überschriften, d.h. die des Gesetzgebers, werden immer häufiger durch die sog. redaktionellen, d.h. die des jeweiligen Verlags, ersetzt. Diese aus Fach-

tischer Sicht bedürfte einer empirischen vergleichenden Untersuchung, die im Rahmen der vorliegenden Arbeit nicht durchführbar ist.
Für die Arbeit mit gesetzlichen Texten, d.h. mit konkreten Paragraphen, ist das schon eingangs in der Definition der Fachtextsorte (4.1) erwähnte Fachwissen notwendig. Busse (1992:125) spricht von einem gesamten "Netz von Wissen, welches auch [...] als Netz intertextueller Bezüge aufgefasst werden kann". Auf den ersten Blick erscheinen Paragraphen als voneinander unabhängige Formulierungen, die sprachlich arm an Kohäsionsbeziehungen sind (s. Abb. 6).

Abb. 6

§ 1 Die Rechtsfähigkeit des Menschen beginnt mit der Vollendung der Geburt.

§ 2 Die Volljährigkeit tritt mit der Vollendung des 18. Lebensjahres ein.

§ 3 bis 6 (weggefallen)

§ 7 (1) Wer sich an einem Orte ständig niederlässt, begründet an diesem Orte seinen Wohnsitz.

In der Tat sind die Paragraphen aber inhaltlich, in der Regel durch den gemeinsamen sachlichen Zusammenhang (hier: natürliche Personen), miteinander verknüpft. Die Vernetzung kann auch zwischen zwei solchen Paragraphen, die räumlich weit voneinander liegen, bestehen. Sie kann auch durch die Anwendung auf einen Entscheidungsfall hergestellt werden[71]:
"der Kaufvertrag sei nicht als Folge der vom Bekl. erklärten Täuschungsanfechtung nichtig (§§ 123 I, 142 I BGB)" (NJW 1998:2361)
Dies hängt mit textsorteninternen intertextuellen Verweisen zusammen. Nicht zuletzt aus diesem Grunde betrachte ich den Paragraphen nicht als einen selbständigen Text sondern als einen Teiltext (vgl. 4.4.1).
Sprachlich gesehen werden in den BGB-Paragraphen mehr oder weniger prototypische alltägliche Handlungen und Verhältnisse[72] geregelt: Kauf (§§ 433ff.), Überlassung von Taschengeld (§ 110), Schenkung (§§ 516ff.), Ehe (§§ 1303ff.). Es sind aber auch Paraphrasen von geläufigen juristischen Prinzipien und Begriffen zu finden, z.B. geheimer Vorbehalt (§ 116). Diese Begriffe werden erst durch die Rechtslehre, in der Regel durch Kommentatoren, als Termini einge-

kreisen stammende Mitteilung bezieht sich allerdings nur auf das aktuelle BGB nach der Schuldrechtsreform von 2002.

71 Ludger Hoffmann (1998:526) spricht auch von der inhaltlichen "komplexen Vernetzung" zwischen Paragraphen.

72 Ausführungen zu Typen von versprachlichten Handlungsstrukturen sind bei Ludger Hoffmann (1998:524f.) zu finden.

führt und verwendet. Das bedeutet, dass nicht jeder juristischer Begriff als Terminus im BGB vorkommt, geregelt oder dort gar definiert wird:

§ 116 Eine Willenserklärung ist nicht deshalb nichtig, weil sich der Erklärende insgeheim vorbehält, das Erklärte nicht zu wollen.

Ob und unter welchen Bedingungen ein Paragraph und damit ein Begriff anzuwenden ist, gehört zum juristischen Fachwissen. Andere Termini, und das gilt auch für die hier untersuchten Wortgruppen, kommen im BGB deswegen nicht vor, weil sie einer höheren Abstraktionsebene, der Metasprache der Rechtswissenschaft angehören (z.B. *gestörte Vertragsparität*) (vgl. 4.3).
Im Bereich der Lexik sind in der Gesetzessprache definitorische Einschübe wie 'so genannt' und lexikalische Mittel wie 'Generalklausel', 'Grundprinzip' nicht zu finden, auch enthält das BGB weder Abkürzungen oder Kurzwörter noch lateinische Ausdrücke. Für eine Reihe von Begriffen sind in der Rechtspraxis zwar lateinische Benennungen üblich, die Verfasser des BGB mussten sie aber eindeutschen und diese Eindeutschungen in den Gesetzten konsequent gebrauchen.[73] Das hat zur Bildung einer Doppelterminologie geführt, deren Gebrauch in anderen Textsorten willkürlich erfolgt und in der Regel keine semantischen, sondern nur stilistische Unterschiede aufweist.
Weitere Anmerkungen sprachlicher Natur betreffen die Verwendung der Wortgruppen und werden später im Rahmen deren Beschreibung (Kap. 6. bis 8.) dargestellt. Allgemein gilt für die Sprache des BGB, dass die Ausdrucksweise sehr explizit ist (im Falle zweier Parallelformen wie z.B. *in der Geschäftsfähigkeit beschränkt / beschränkt geschäftsfähig*; *durch Rechtsgeschäft erwerben / rechtsgeschäftlich erwerben* wird immer die explizitere verwendet) und von extensiven Mitteln wie gehäuften Attributen, Relativsätzen und Nominalgruppen Gebrauch gemacht wird. Begründung und Auswirkung eines solchen Sprachgebrauchs sind jedoch nicht Gegenstand der vorliegenden Arbeit.[74]

4.5.2 Kommentar[75]

Der Gesetzeskommentar ist die wichtigste Textsorte der Beschreibungsebene, die in erster Linie der Rechtsauslegung dient, auf die sich aber auch die Recht-

73 Wie Ludger Hoffmann (1998:527) zu der Sprache des BGB bemerkt, wurde "anders als in anderen auf dem Römischen Recht basierten Rechtsordnungen der Einfluß des Lateins zurückgedrängt".

74 Zu Eigenschaften der Gesetzessprache vgl. Busse (1992:62ff.) zum Artikelgebrauch und zur linguistischen Struktur (ebd.: 121ff.), Ludger Hoffmann (1998:524) zum prototypischen Satzbau, Weber (1996:211–216) zu Satzstrukturen.

75 Die folgenden Äußerungen beziehen sich in erster Linie auf den Palandt Kommentar, der als stellvertretendes Textexemplar der Textsorte Kommentar in das Korpus einbezogen wurde. In groben Zügen können sie auch für andere Kommentare gelten.

sprechung stützt. Nicht zuletzt liefern Gesetzeskommentare eine Basis für die Wissensvermittlung im Jurastudium. Kein Gesetz ist ohne Kommentartexte vollständig; die in ihnen ausgelegten, definierten und ergänzten Begriffsbedeutungen ermöglichen die Anwendung von Gesetzen in der Praxis. Dies ist auch daran zu sehen, dass die Richter in ihrer Entscheidungstätigkeit, v.a. bei strittigen Fragen, in Kommentartexten nachschlagen, weil der bloße Wortlaut der Paragraphen oftmals wenig hilfreich ist. Die Rolle der Kommentartexte lässt sich folgendermaßen zusammenfassen: "Letztlich enthält ein guter Kommentartext das gesamte relevante juristische Wissen zur Anwendbarkeit und deren Bedingungen des kommentierten Paragraphen; er steckt damit so etwas wie den 'juristischen Wissensrahmen' darüber ab" (Busse 1992:125), wie ein konkreter Begriff zu verstehen ist und auf welche Handlungen sich dieser Begriff – unter welchen Voraussetzungen – bezieht.
Die enge Relation zwischen dem Kommentar und dem kommentierten Gesetz, oder besser: dem kommentierten Paragraphen – schließlich werden immer einzelne Paragraphen und nie das Gesetz im Ganzen kommentiert –, kommt an der Oberfläche durch die räumliche Nähe zum Ausdruck. Jeder Kommentartext schließt sich unmittelbar an den kommentierten Paragraphen an. Sprachlich gesehen führt dies in einigen Fällen zu einem sehr reduzierten Sprachgebrauch:

- Gebrauch des Nullartikels
  "Guter Glaube an Befugnis zu lastenfreier Übereignung"
  (Kom Palandt 2003:§ 936, Rn 3) (vgl. (A-11b) Kap. 6.1.1.2),
- Auslassung des Akkusativobjektes bei transitiven Verben
  "wenn seine Erben wirksam ausschlagen"
  (Kom Palandt 2003:§ 2158, Rn 1) (vgl. (C-28) Kap. 7.1.2.1),

und nicht zuletzt zu ad hoc-Abkürzungen, die (durchaus nicht einheitlich) auch innerhalb eines kommentierenden Textteils gebraucht werden (zu Abkürzungen in Kommentaren vgl. weiter unten).
Die sprachlichen Folgen der räumlichen Nähe des Kommentartextes und des kommentierten Paragraphen sind in einer Ausgabe nicht einheitlich. Sie variieren zum einen innerhalb der kleinen Textsegmente, d.h. in einem Abschnitt zu einem Paragraphen, zum anderen auch zwischen Kommentaren zu unterschiedlichen Paragraphen. Die sprachliche Uneinheitlichkeit zwischen zwei (oder mehreren) Kommentartexten lässt sich damit erklären, dass einzelne Bücher von unterschiedlichen Autoren kommentiert werden, weil sie unterschiedlichen Sachbereichen angehören (z.B. Sachenrecht und Erbrecht).
Einige Ausführungen, meist zu Grundgedanken eines größeren und inhaltlich kompakten Gesetzabschnittes, werden in Form von Vorbemerkungen oder Überblicken den Paragraphen vorangestellt. Über die Makrostruktur der Kommentarerläuterungen lässt sich grundsätzlich sagen, dass sie nicht so stark gegliedert und musterhaft ist wie beim Gesetz. Obwohl sich die einzelnen Kommentare

(d.h. kommentierte BGB-Ausgaben) an der Oberfläche voneinander unterscheiden und ihre Struktur weniger prototypisch ist als die der Gesetze (oder auch der Urteile), lassen sich einige Gemeinsamkeiten feststellen. Jede Kommentarerläuterung ist in Abschnitte gegliedert, die am Rande nummeriert sind. Die Randnummern dienen nicht nur der äußeren Übersichtlichkeit des jeweiligen Kommentartextes, sondern sind aus der Sicht der Verweise als Referenzangaben von Bedeutung (vgl. Kap. 4.4).
Diese äußere Gliederung spiegelt die inhaltliche Progression wider. So werden zuerst Grundbegriffe eingeführt und definiert, in weiteren Anmerkungen werden dann ihre einzelnen Aspekte ausgelegt. Danach werden Einzelfragen behandelt, die sich im Rahmen oder im Randbereich der Vorschriften entwickelt haben, anschließend werden Ergebnisse der Rechtsprechung und der Rechtstheorie dargestellt.
Hier können sich Kommentare unterschiedlicher Verlage voneinander darin unterscheiden, inwieweit ihre Aufzählungen von Einzelfällen ergiebig sind und wie ausführlich sie sich mit gegensätzlichen Meinungen auseinandersetzen.[76]
Die exemplarische Auflistung von Fällen wird sprachlich und auch typographisch signalisiert; es werden Benennungen wie 'Fallgruppen' oder 'Einzelfälle' verwendet und durch Fettdruck hervorgehoben. Allgemein kommen häufig metasprachliche Ausdrücke wie 'Prinzip', 'Tatbestand' oder 'Merkmale' vor, oft in Verbindung mit 'sog.'. Hinsichtlich des untersuchten Kommentars vom Verlag Palandt ist festzustellen, dass er sich durch eine extreme Häufung von Abkürzungen auszeichnet. Diese sprachökonomische Ausdrucksweise, die nicht nur die üblichen Abkürzungen wie BGH, c.i.c. oder GbR[77], sondern auch gemeinsprachliche Wörter und Wortgruppen betrifft, ist auf Gründe der Platzersparnis zurückzuführen. Dabei ist stets der oben erwähnte uneinheitliche Sprachgebrauch auch im Bereich der ad-hoc gebildeten Kürzungen bemerkbar:

"vorsätzl sittenw Schädigg" (Kom Palandt 2003:§ 138, Rn 17)
"vor sittenw Schädig" (ebd.: § 826, Rn 13)
= vorsätzliche sittenwidrige Schädigung (vgl. (A-89), (A-90) in 6.1.3.3)[78]

---

76 Damit ist nicht nur die übliche Unterscheidung von Kurz- und Großkommentaren gemeint. Während die Kurzkommentare an der Praxis orientiert sind und die Rechtsprechung wiedergeben, setzen sich die sog. Großkommentare mit verschiedenen Meinungsrichtungen auseinander. Für die Untersuchung wurden Kommentare der ersten Gruppe ausgewählt, weil sie mir als bevorzugtes Mittel der Wissensvermittlung im deutschen Rechtsstudium empfohlen wurden.

77 BGH = Bundesgerichtshof, c.i.c. = culpa in contrahendo, GbR = Gesellschaft bürgerlichen Rechts.

78 Weitere Beispiele nicht standardisierter Abkürzungen sind z.B. beschr dingl R = beschränktes dingliches Recht, Gter = Gesellschafter.

Die Autoren der Kommentartexte sind stets bemüht, Ergebnisse von Rechtsprechung und Rechtslehre auf relativ beschränktem Raum ergiebig darzustellen. Ein solches Vorhaben ist nur unter Verwendung eines ausgearbeiteten Systems von Abkürzungen und Kürzwörtern möglich.[79] Der Palandt Kommentar (2003) stellt aber einen Extremfall dar, wie der stichprobenartige Vergleich mit kommentierten BGB-Ausgaben eines anderen Verlags (Erman 2000) ergeben hat. Sprachlich gesehen überwiegen eher kurze Sätze, die oft auf satzwertige Nominalgruppen reduziert werden:

> "Beweis des Gegenteils möglich (ZPO 292)" (Kom Palandt 2003:§ 938, Rn 1)

Die Anlehnung an den Vortext und auch an den gesamten Sachkontext ermöglicht Ellipsen und Auslassungen bei gleichzeitiger semantischer Eindeutigkeit.[80] Diese wird allerdings durch die schon erwähnte Verweistechnik gewährleistet, entweder wird auf andere Randnummern desselben Kommentars, auf andere Paragraphen oder auf andere Texte verwiesen (vgl. 4.4).

Typisch für die Kommentarerläuterungen sind fehlende syntaktisch-semantische Verknüpfungssignale. Trotzdem bilden aufeinanderfolgende Sätze kohärente Satzfolgen. Daher bietet es sich an, Kommentarerklärungen, die durch Randnummern getrennt sind, analog zu Paragraphen als Textteile zu betrachten. Die Satzfolgen sind thematisch miteinander verbunden, d.h. durch den Bezug auf einen juristischen Begriff, dessen einzelne Aspekte sie nacheinander behandeln.[81] Dieser einheitliche thematische Bezug verknüpft scheinbar selbständige Abschnitte, die aus einer bloßen Auflistung von Anwendungsfällen bestehen, mit den einführenden Erläuterungen im ersten Teil.

Für die Wortwahl ist ein starker Gebrauch von lateinischen Ausdrücken kennzeichnend. Im Vergleich zum Gesetz schwankt der Gebrauch beim Vorkommen zweier – einer deutschen und einer lateinischen – Parallelformen zwischen diesen beiden:

> "Verschulden bei Vertragsverhandlungen (culpa in contrahendo)" (Kom Palandt 2003:§ 311, Rn 11),

in den nachfolgenden Erläuterungen wird nur noch der mit 'c.i.c.' abgekürzte lateinische Terminus verwendet.

---

79 Inwieweit dieses System einheitlich und übersichtlich ist, ist eine Frage, die hier nicht erörtert werden kann. Die Untersuchung der Abkürzungsweisen in Kommentaren wäre m.E. ein interessantes Thema für eine eigenständige Studie, die jedoch empirisch abgesichert werden müsste.

80 Ein Beispiel ist die Auslassung der Akkusativergänzung bei transitiven Verben, z.B. *ausschlagen*. Die substantivische Komponente der Verbindung *die Erbschaft* wird in vielen Kommentarerläuterungen im Buch Erbschaftsrecht ausgelassen, ohne dass dadurch Ambiguitäten entstehen. Mehr dazu in Kap. 7.1.2.1.

81 Zum Prinzip des Nacheinander und des Nebeneinander s. Brinker (1997:46ff.).

Was auf der einen Seite als Ausdruck der gehobenen Sprache der Rechtslehre zu erklären ist, darf auf der anderen Seite nicht als eine allgemeine Tendenz betrachtet werden. Denn die Kommentartexte der einzelnen BGB-Teile werden von verschiedenen Juristen, teils von Akademikern, teils von praktizierenden Richtern oder Rechtsanwälten, verfasst und tragen so Züge des Individualstils. Das Gleiche gilt für die manchmal sehr explizite, an anderen Stellen aber sehr ökonomische Ausdrucksweise.

4.5.3 Urteil

Ein Urteil ist eine gerichtliche Entscheidung in schriftlicher Form. Der Urteilstext weist eine klare und musterhafte Struktur auf, die nicht nur auf langjährigen Konventionen, sondern auf der gesetzlichen Festlegung beruht. Diese bestimmt in einigen Punkten auch den Inhalt. Die folgende Beschreibung bezieht sich vorwiegend auf zivilrechtliche Urteile der ober- und höchstgerichtlichen Ebene, die Bestandteil meines Korpus sind.[82]

Der Urteilstext besteht aus mehreren Teilen, die sich ihrerseits weiter untergliedern und dabei auch vorgegebenen Regeln folgen. Graphisch werden sie durch Zeilenabsetzung voneinander getrennt, was sprachlich durch einschlägige Überschriften, z.B. "Tatbestand", "Entscheidungsgründe", zusätzlich signalisiert wird. Allgemein sind Urteilstexte arm an nichtsprachlichen Mitteln, sie beschränken sich auf das Staatssymbol im ersten Teil, dem sog. Urteilskopf[83], und römische und arabische Ziffern zur Untergliederung des Begründungstextes. Graphisch hervorgehoben werden nur die im Urteilskopf angeführten Angaben wie Bezeichnung des Gerichtes, der Urteilstyp und die Verkündungsformel "Im Namen des Volkes". Dieser erste Teil, der in der Druckform die ganze erste Seite bildet, ist als einziger textarm und die hier enthaltenen Informationen wechseln je nach Einzelfall.

Weniger schematisch, aber mit einer klaren Textgliederung versehen, ist der zweite Teil, die Urteilsformel. Zu seinem festen lexikalischen Inventar gehören bestimmte verfestigte satzwertige Äußerungen, die an bestimmte Textstellen gebunden sind und mit ihrem Inhalt eine bestimmte Funktion erfüllen. Dieser formelhafte Sprachgebrauch ist im direkten Bezug auf verfahrensbezogene Tatsachen begründet (vorinstanzliche Angaben, evtl. Rechtsmittel und die Entscheidung(en) zu diesen). Was den Streit an sich betrifft, werden die Parteianträge

---

82 Der sachlichen und terminologischen Richtigkeit halber beziehe ich mich auf das Buch "Bericht, Gutachten und Urteil" von Sattelmacher/Sirp (1983), das als Einführung in die zivilrechtliche Rechtspraxis für (herangehende) Juristen und Studenten konzipiert wurde und das vorrangig Urteile des BGH behandelt.

83 Dies trifft nur für die Originaltexte zu. In den juristischen Zeitschriften und auf vielen Internetseiten werden in der Regel verkürzte Texte abgedruckt, die auch graphisch anders gestaltet sind.

und anschließend der Urteilsspruch kurz und klar formuliert. Auf der Sprachebene wirkt sich dies durch formelhafte Wendungen[84], kurze und bündige Sätze, direkte Rede und Passivkonstruktionen aus. Wortschatzmäßig überwiegt die juristische Terminologie, v.a. aus dem Bereich des Verfahrensrechts.
Der darauffolgende Teil, der Tatbestand, wirkt an der Oberfläche wie ein selbständiger und sehr kompakter Text, der von dem vorhergehenden Teil durch die Formel "Von Rechts wegen" und die Überschrift 'Tatbestand' deutlich abgetrennt ist. Die innere Gliederung in zwei Unterabschnitte, nämlich die Schilderung der tatsächlichen Geschehnisse und eine kurze Darstellung der prozessualen Vorgeschichte, ist an der Oberfläche nicht erkennbar. Sie findet ihren Niederschlag im Bereich der Lexik: Erstens ist die Schilderung der tatsächlichen Ereignisse mit relativ wenigen Termini durchsetzt, zweitens entstammen diese der niedrigsten Abstraktionsebene (vgl. 4.3), denn die meisten benennen direkt reale Handlungen, Zustände, Personen und Sachen. Erst im zweiten Teil wird zur Zusammenfassung der Vorinstanzentscheidungen der spezifische Wortschatz des Verfahrensrechts gebraucht. Die Eigenschaften auf der grammatischen Ebene lassen sich nur schwer verallgemeinern, denn es ist die Sache jedes einzelnen Richters, inwieweit er die Erfordernisse der Knappheit, Verständlichkeit und Genauigkeit erfüllt. Grundsätzlich lassen sich auf der Syntaxebene wenig Schachtelungen, eher einfache Sätze oder Satzgefüge mit Nebensätzen höchstens zweiten Grades beobachten, woraus man die Bemühung erschließen kann, den Anforderungen an Verständlichkeit und Kürze Rechnung zu tragen. Die nicht seltenen "Häufungen der Substantive unter gleichzeitiger Verwendung von Partizipbeifügungen" spiegeln nach Lashöfer (1992:96) das Bemühen einer knappen Darstellung wider. Morphologisch überwiegt der Indikativ, direkte Rede, als Tempus Imperfekt, ausnahmsweise – bei zeitlich weiter zurückliegenden Ereignissen – Plusquamperfekt. Tatsachen, die noch in die Gegenwart hineinreichen, werden im Präsens, wenn sie für die Gegenwart von Bedeutung sind, im Perfekt dargestellt. Das betrifft vor allem unstrittige Tatsachen, denn die strittigen oder möglichen müssen im Konjunktiv und in indirekter Rede (vgl. Sattelmacher/Sirp 1983:219) geäußert werden. Solche werden auch explizit durch das Verb "behaupten" eingeführt.
Der letzte und in der Regel auch umfangreichste Teil wird durch den Zwischentitel 'Entscheidungsgründe'[85] signalisiert. Seine Makrostruktur ist klar strukturiert, denn der Textfluss wird durch römische und arabische Ziffern und Buchstaben in Abschnitte untergliedert. Die einzelnen Abschnitte scheinen autonome

---

84 Kjaer (1992:46, 50) bezeichnet sie in Anlehnung an Coulmas (1985:265) als Routineformeln. Da sie aber meist auf der Satzebene gebildet sind und m.E. der Fachphraseologie angehören, bleiben sie hier außer Betracht.

85 Infolge der in Anm. 82 erwähnten verkürzten Version in Fachperiodika variieren die Bezeichnungen dieser Teile: 'Sachverhalt' statt 'Tatbestand', 'Aus den Gründen' statt 'Entscheidungsgründe'.

Textteile zu sein, die je unterschiedliche juristische Aspekte des erörterten Falles behandeln.
Linguistisch interessant ist der konsequente Gebrauch des Konjunktivs, durch den (ähnlich wie im Teil 'Tatbestand') strittige Behauptungen der Parteien und diesbezüglich auch Ausführungen und Auffassungen der niedrigeren Instanzen signalisiert werden. Diese werden in der Regel auch explizit eingeführt durch formelhafte Wendungen des Typs: "Die Beklagte behauptet, sie hätte ..." / "Das Berufungsgericht hat (zur Begründung) ausgeführt, ..." Im Vergleich zu anderen Erfordernissen der Urteilsabfassung (Klarheit, Eindeutigkeit und Verständlichkeit) gehört der Konjunktiv – ähnlich wie die Formulierung des Behauptens von Parteien – zu den textkonstitutiven Anforderungen und wird unabhängig von der Komplexität des Falles einheitlich verwendet.
Auffallend sind die häufigen expliziten Wiederholungen, die sich in erster Linie aus dem Gebot der Deutlichkeit ergeben. Das wörtliche Wiederverwenden eines Ausdrucks kann noch auf andere Gründe zurückgeführt werden: Der wiederholte Ausdruck benennt die Grundlage des Anspruchs, der im Mittelpunkt der Urteilsbegründung steht, und/oder ist ein fester Terminus, der sich gar nicht oder nur mit Hilfe anderer, nicht nur sprachlicher Mittel variieren lässt. Die Wiedergabe kann auch Ausdruck der wörtlichen Zitation bzw. des Verweises auf Entscheidungen anderer Gerichte oder auf Meinungen der Praxis und der Rechtslehre sein. Ob ein Prinzip oder Urteilsspruch wörtlich zitiert oder nur als Leitgedanke kurz zusammengefasst wird, hängt vom Individualstil des Richters als Textproduzenten ab. Diese Erscheinung ist in Verbindung mit den untersuchten Wortgruppen von Interesse und wird später noch kurz behandelt.[86]
Was die Lexik anbelangt, ist der Teil 'Entscheidungsgründe' am stärksten von juristischen Termini aller Abstraktionsebenen (vgl. 4.3) durchdrungen, weil sie für die Begründungszwecke und die Auseinandersetzung mit Gesetzen und Rechtslehre unentbehrlich sind (vgl. Sattelmacher/Sirp 1983:248f.). Termini der niedrigsten Abstraktionsstufe werden verwendet, wenn fallbezogene Tatsachen wiedergegeben werden. Setzt sich der Richter mit juristischen Begriffen aus rechtswissenschaftlicher Sicht auseinander, so kann er auf höchstabstrakte Ausdrücke der Rechtsdogmatik nicht verzichten.[87]
Im Allgemeinen ist in dieser Textsorte, v.a. im Teil 'Entscheidungsgründe', der individuelle Stil des Autors, d.h. des Richters, zu spüren, was sich im Bereich der Terminologie durch nicht seltene Abweichungen von der fachsprachlichen Norm, aber auch von gemeinsprachlichen Regeln äußert.[88]

---

86 S. z.B. Ausführungen vor (B-185) in 6.4.3.1.

87 Ähnliches stellt Jeand'Heur (1998:1293) für die Rechtssprache in den Urteilen des Verwaltungsrechts fest.

88 Vgl. z.B. (D-31) in 8.1.3.

4.5.4 Fachwörterbuch

Das Fachwörterbuch gehört zur Textsorte Nachschlagewerk[89]; wegen seines Bezugs zu einer Fachsprache ist es zur Untergruppe fachliches Nachschlagewerk zu rechnen.[90] Fachliche Nachschlagewerke haben in einem konkreten Fachbereich bestimmte Funktionen zu erfüllen. Nach Wiegand (1988:744) sollen sie "als Gebrauchsgegenstand mit *genuinen Zwecken*"[91] helfen, das fachspezifische Wissen zu vermitteln, damit sich der Adressat dieses Wissen aneignen kann. Der Adressatenkreis kann heterogen sein und über Fachleute hinaus auch fachlich interessierte Laien einbeziehen. Der Benutzerkreis wird häufig durch die Herausgeber in Einführungen mit dem gewünschten Ziel spezifiziert.[92] Im Falle des Rechtswörterbuches von Creifelds (im Folgenden: RWb), das als repräsentativer Text seiner Textsorte untersucht wurde, erläutern seine Herausgeber ihre Absicht, "Juristen und Nichtjuristen eine rasche Orientierung bei der täglichen Berührung mit Rechtsfragen zu ermöglichen" (Creifelds 1999: Vorwort). Infolge der Heterogenität der potenziellen Benutzer lässt sich das Fachwissen vorwegnehmend nicht bestimmen; gewisse Vorkenntnisse werden jedoch vorausgesetzt.

Das RWb von Creifelds, ähnlich wie das sekundär herangezogene Münchener Rechtslexikon, sind einsprachige Nachschlagewerke aus dem Bereich Recht. Ob sie nach Gläsers Typologie als Fachlexika oder nach Wiegands Einteilung als fachliche Sachwörterbücher einzuordnen sind, ist eine Frage des gewählten theoretischen Ansatzes.[93] Diese kann und wird in dieser Arbeit nicht gelöst werden; beide Werke werde ich hier als 'Fachwörterbuch' oder 'Fachlexikon', die Erläuterungen zu den dort befindlichen Rechtsbegriffen als 'Wörterbuchartikel' bzw. 'Fachlexikonartikel', verkürzt auch 'Artikel', bezeichnen. Dass die Frage

89 Vgl. Gläser (1990:97), die sogar Lexikonartikel als "eine abgeschlossene Textsorte" betrachtet.

90 Hier beziehe ich mich auf Wiegand (1988), der den Ausdruck 'fachliches Nachschlagewerk' als den vorläufigen und umfangsreichsten Terminus "für alle denkbaren Arten von Nachschlagewerken zu fachlichen und/oder fachsprachlichen Gegenständen" (ebd.: 729f.) verwendet.

91 Der Terminus bezieht sich auch auf gemeinsprachliche Nachschlagewerke. Zu seiner Erklärung s. Wiegand (1988:744).

92 Die Benutzergruppe kann auch durch den Titel angedeutet werden. So kündigt z.B. bereits der Titel "Beck'scher Ratgeber Recht" (1991) an, dass hier der Herausgeber den Bürger als juristischen Laien fokussiert. Damit dieser in der Fülle der Paragraphen nicht erstickt, möchte ihm der Ratgeber "Abhilfe schaffen" (ebd.: Vorwort).

93 Gläser (1990:107f.) unterscheidet zwischen a. Fachlexikon, b. Fachenzyklopädie, c. Fachglossar. Die Kriterien sind Ausführlichkeit, Länge sowie Kohärenz des Stichwortartikels. Bei Wiegand (1988:761) fungiert die Bezeichnung 'Fachwörterbuch' als Oberbegriff, den er weiter differenziert (fachliches Sprachwörterbuch, fachliches Sachwörterbuch, fachliches Allbuch).

gar nicht so einfach zu entscheiden ist, sieht man bereits an den unterschiedlichen Titeln, wobei die beiden Bücher nach ähnlichen textuellen und inhaltlichen Prinzipien aufgebaut sind.

Das Fachwörterbuch als Gesamttext hat eine klar gegliederte Makrostruktur, die durch die alphabetische Aneinanderreihung der Wörterbuchartikel gebildet wird. In den berücksichtigten Fachwörterbüchern sind die meisten Artikel als selbständige und kohärente Teiltexte[94] verfasst, die sich infolge ihrer Kohärenz fortlaufend lesen lassen. Es sind gelegentlich auch textarme und stichwortartig gefasste Artikel zu finden, die sich auf Verweise auf ein anderes Lemma und/oder Angabe des (fach)synonymen (evtl. antonymen) Ausdrucks beschränken[95]:

> "**Fahrnis** = bewegliche Sache, → Sachenrecht. Gegensatz: → Liegenschaft" (RWb 1999:444)

Jeder Artikel besteht aus dem Lemmazeichen (Stichwort) und dem Erläuterungstext. An der Textoberfläche sind die einzelnen Artikel typographisch durch Fettdruck des Lemmazeichens markiert und graphisch durch Zeilenabstand abgesetzt (zur Schriftartmischung siehe weiter unten). Das Lemmazeichen ist häufig in den Artikeltext als erstes Glied eines vollständigen erklärenden Satzes integriert und nur durch die oben erwähnte typographische Schriftart hervorgehoben:

> "**Rechtsfähigkeit** bedeutet, selbständiger Träger von (subjektiven) Rechten und Pflichten, also → Rechtssubjekt sein zu können." (ebd.: 1044)

Es kann aber auch als durch fette Schrift markiertes Stichwort zuerst eingeführt und in den Erläuterungstext später integriert und erklärt werden:

> "**Rechtsgeschäft.** 1. Unter R. ist der juristische Tatbestand zu verstehen, der ..." (ebd.: 1045),

oder auch erklärt, ohne direkt verwendet zu werden:

> "**Abtretung** (*Zession*). 1. Eine → Forderung kann von dem bisherigen Gläubiger (= *Zedent*) durch → Vertrag auf einen neuen Gläubiger (= *Zessionar*) übertragen werden (§ 398 BGB); Forderungsübergang); [...]. Die A. ist eine abstrakte → Verfügung ..." (ebd.: 20)

In dem letztgenannten Beispiel wird das Stichwort 'Abtretung' zuerst durch eine leicht veränderte Wiedergabe des BGB-Paragraphen eingeführt und erst anschließend definiert.[96]

---

94 Der Ausdruck wird hier als lexikographisch anerkannter Terminus verwendet. Vgl. auch Wiegand (1988:49f.) über gemeinsprachliche Wörterbuchartikel.

95 Sämtliche Hervorhebungen in den hier angeführten Beispielen sind dem Original entnommen.

96 Zu verschiedenen Möglichkeiten von Definitionen in fachlichen Nachschlagewerken, s. Gläser (1990:99ff.).

Dieses Beispiel illustriert auch die Schriftartmischung, die bestimmten – meist wörterbuchinternen – Regeln folgt. So wird z.B. in Creifelds RWb der Fettdruck ausschließlich zur Markierung des Lemmazeichens, der Kursivdruck zur Hervorhebung wichtiger Termini, u.a. fachsprachlicher Synonyma, eingesetzt:

"von dem bisherigen Gläubiger (= *Zedent*) ..." (ebd.: 20)

Neben typographischen werden noch weitere nichtsprachliche Mittel eingesetzt: das §-Zeichen, der Pfeil [→] als Symbol für einen Verweis auf ein anderes Stichwort, das Gleichheitszeichen [=] als Symbol für die Gleichheit der Fachsynonyma, in der Regel bei Lemmazeichen fremder, meist lateinischer Herkunft, z.B. culpa lata = grobe Fahrlässigkeit, oder auch bei deutschen Doppeltermini, z.B. Fahrnis = bewegliche Sache. Die zwei Zeichen ([→], [=]) sind dabei nicht nur in juristischen und auch nicht nur in fachsprachlichen Lexika zu finden (vgl. Duden 1999).

Die Makrostruktur der einzelnen Artikeltexte hängt von der inneren Struktur (nicht von der Länge) des Textes ab. Das bedeutet, dass die Untergliederung sich in der Regel aus der Notwendigkeit der weiteren begrifflichen Differenzierung ergibt. Bei inhaltlich gegliederten Artikeln ist die Untergliederung durch Ziffern und/oder Buchstaben erkennbar: 1.a), b) usw. Zwei Fachwörterbücher, also Texte derselben Textsorte, können sich darin unterscheiden, welche Art nichtsprachlicher Zeichen für größere und welche für kleinere Textabschnitte verwendet wird.

In den untersuchten Lexika fehlen bei den Lemmazeichen linguistische Angaben (z.B. zum Genus), phonetische oder flexions-morphologische Angaben. Es werden lediglich Synonyme (s. oben Abtretung) und die Zugehörigkeit zu einem bestimmten Fachteilgebiet, gelegentlich auch die sprachliche Herkunft angegeben.[97]

Sprachlich gesehen überwiegen vollständige grammatische Sätze mit finitem Verb. Die von Wolski (1998:628) festgestellte Auslassung der "Relationsprädikate wie *bedeutet*, *bezeichnet*[98]", die er neben Abkürzungen als Grundverfahren der Textverdichtung in standardisierten Fachwörterbüchern anführt[99], wurde in keinem der untersuchten juristischen Wörterbücher festgestellt. Informationsdichte und Komprimierung sind hier nicht so stark entwickelt wie bei Sprachwörterbüchern. Dies hängt wohl mit der Funktion eines Fachartikels allgemein, besonders aber im Recht zusammen, wo die genaue Formulierung eine große Rolle spielt. Ein anderer Grund für den exhaustiven Formulierungsstil ist wohl die Konvention, gesetzliche Bestimmungen – in diesem Falle Paragraphen des BGB – wörtlich zu zitieren.

---

97 Letzteres betrifft meistens Stichwörter anderer (Rechts)Gebiete, so z.B. "Demokratie (griech.; 'Volksherrschaft')" (Creifelds 1999:295).

98 Hervorhebung im Original.

99 Zu weiteren Operationen der Textverarbeitung in standardisierten Fachwörterbüchern vgl. Wolski (1998:627-631).

In dem RWb von Creifelds lassen sich Abkürzungen von dreierlei Art nachweisen:

1) geläufige Abkürzungen anderer Kommunikationsbereiche wie vgl., i.S.d., i.d.R.,
2) geläufige juristische Abkürzungen wie Bezeichnungen der Gesetze (BGB), der Gerichte (BGH) o.ä., die in einem vorausgeschobenen Abkürzungsverzeichnis erklärt werden,
3) wörterbuchinterne Abkürzungen, die als Ausdruck der Platzersparnis in dem ersterwähnenden Artikel eingeführt werden, z.B. 'g.E.' für 'gutgläubiger Erwerb' (Creifelds 1999:604f.) (vgl. kommentarinterne Abkürzungen, 4.5.2).

4.5.5 Lehrbuch

Lehrbuchtexte sind "didaktisch und methodisch gestaltete Texte, die im Lehrprozeß Verwendung finden und deren Fachlichkeitsgrad auf das Ausbildungsziel, das Alter und die fachlichen Vorkenntnisse der Lernenden abgestimmt ist" (Gläser 1990:148). Als stellvertretende Textexemplare wurden Studienbücher für deutsche Jurastudenten untersucht, die im Universitätsunterricht für Anfänger eingesetzt werden; es handelt sich also um Fachlehrbuchtexte.[100] Sie zielen darauf ab, in die Grundbegriffe und Grundlagen des Zivilrechts einzuführen, die zivilrechtliche Terminologie zu erläutern und mit ihr die juristische Ausdrucksweise (damit auch die Denkweise) zu vermitteln. Nicht zuletzt sollen die Lehrbücher den Studenten helfen, "gleichzeitig einen Einblick in die Praxis der Rechtsanwendung zu geben" (Köhler 2001:Vorwort).
Die Lehrbücher meines Textkorpus sind juristische Lehrbücher "im klassischen Stil".[101] Nach dem angewendeten Kontextmodell (s. 4.2) gehört die Textsorte Lehrbuch zu den Texten der Rechtsauslegung. Das Lehrbuch im juristischen Bereich lässt sich als eine besondere Textsorte der auslegenden Ebene betrachten, die "modellartig die juristische Textarbeit illustriert" (Kühn 2001:587).
Die Makrostruktur des juristischen Lehrbuches ist nicht so einheitlich wie bei anderen juristischen Textsorten. Gläser (1990:157) stellt allgemein für Hochschullehrbücher verschiedener Fachbereiche fest, dass "sich [...] keine allgemeine M a k r o s t r u k t u r[102] ermitteln" lässt, wobei sie von empirischen Untersuchungen ausgeht. Die von mir untersuchten Lehrbücher weisen als Gesamttexte einige Gemeinsamkeiten im Aufbau auf, die mit kleineren oder größeren

100 Gläser (1990:150) differenziert die Lehrbuchtexte weiter in a. Schullehrbücher, b. Fachschullehrbücher und c. Hochschullehrbücher als Textsortenvarianten. Diese Unterteilung wird hier nicht berücksichtigt.

101 Neben diesen gehören zum Jurastudium als unentbehrliche Hilfsmittel auch "Darstellungen anderer Art: Kürzere systematische Darstellungen, Repetitorien, Problemsammlungen und von Fällen ausgehende Werke" (Medicus I 2003:29). Diese anderen Darstellungen wurden jedoch in der vorliegenden Arbeit nicht berücksichtigt.

102 Hervorhebung im Original.

Abweichungen textsortenspezifisch sind: Voranstellung des Abkürzungsverzeichnisses, Einteilung in Kapitel, die als "Teile" bezeichnet werden, progressiv nummeriert und weiter in Absätze, meist als "Paragraphen" (§ 1) markiert, untergliedert sind (vgl. Abb. 7), Stichwortverzeichnis als abschließender Teil (Köhler 2001:354–360).
Diese relative Einheitlichkeit ist auf verlagsinterne Konventionen zurückzuführen, denn es wurden Texte mehrerer Autoren untersucht, die in einer Reihe desselben Verlags (C.H. Beck München, Reihe Juristische Kurz-Lehrbücher) herausgegeben werden. Variabel wird mit Literaturverzeichnissen verfahren. In keinem der untersuchten Lehrbücher wird ein komplettes Literaturverzeichnis zu allen behandelten Sachbereichen angeführt; dieses wird als fester Bestandteil jedem einzelnen Kapitel angeschlossen (am Ende des Kapitels (Köhler 2001) oder an dessen Anfang (Medicus 2002)). Außerdem kann je nach der individuellen Entscheidung des Autors das allgemeine Schrifttum, bestehend aus den wichtigsten Texten, noch vor dem eigentlichen Textkorpus erscheinen.[103] Ebenso individuell ist die Entscheidung des Herausgebers, in das Lehrbuch ein Gesetzesverzeichnis der zitierten oder in anderer Form behandelte gesetzliche Bestimmungen zu integrieren (Medicus 2002; anders bei Köhler 2001).
Die Feststellung Gläsers, "daß nur die Einzelkapitel eines Hochschullehrbuches einen relativ einheitlichen Aufbau aufweisen, wobei der Textkörper eine inhaltlich wie funktional bedingte Feingliederung hat" (Gläser 1990:157), gilt auch für die Lehrbücher in meinem Korpus. Die folgende Beschreibung bezieht sich in erster Linie auf das Studienbuch "BGB. Allgemeiner Teil" (Köhler 2001), gelegentlich wird auf Gemeinsamkeiten oder Unterschiede zu anderen Studienbüchern derselben Reihe (Medicus 2002, 2003) hingewiesen.
Die einzelnen Kapitel haben ihre eigene Makrostruktur, die innerhalb des Lehrbuchs einheitlich und regelmäßig ist. An der Oberfläche sind die typographisch (durch Schriftart und -größe) hervorgehobene Überschrift und die Nummerierung des Kapitels erkennbar. Bei weiterer Gliederung verhält es sich ebenso bei Untertiteln:

Abb. 7

Erster Teil
Einführung in das Privatrecht
§1. Recht und Rechtsquellen
I. Das Recht
1. Die Struktur des Rechts

(Köhler 2001:2)

103 So wird z.B. im Lehrbuch BGB. Allgemeiner Teil (Köhler 2001:XIf.) verfahren, das als Basis für die Wortgruppensammlung diente. Das Schrifttum zum Allgemeinen Teil des BGB wird außerdem als aus drei Textsorten bestehend dargestellt: I. Materialien, II. Kommentare, III. Lehrbücher und Fallsammlungen.

Jeder Erläuterungstext an sich ist in deutlich getrennte Absätze untergliedert; diese Untergliederung ist inhaltlich bedingt. Die Nummerierung der Absätze an deren Rändern trägt zusätzlich zu größerer Übersichtlichkeit bei. Sie wird auch für fachlich bedingte Querverweise zwischen einzelnen Kapiteln bzw. ihren Teilen benutzt:

> "mit Rücksicht auf die '*Verkehrssitte*' (s.u. Rdn. 13ff.)" (Köhler 2001:1),

und ermöglicht eine rasche Orientierung anhand des Stichwortverzeichnisses:

> "Die folgenden Angaben beziehen sich auf die Paragraphen dieses Buches und deren Randnummern", z.B. "Abschlußfreiheit 5/1" (beide ebd.: 354).

Zu der Darstellung der konkreten Materie gehören neben Verweisen auf Gesetze auch Hinweise auf heranzuziehende Rechtsprechung. Letztere sind in der Regel im Text integriert:

> "Die Irrtumsanfechtung ist insoweit ausgeschlossen (BGHZ 11,5)" (ebd.: 122).

In den theoretischen Erläuterungstext werden häufig Beispiele als Illustrierung eingeflochten. Sie werden graphisch (durch Zeilenabstand) und auch typographisch (durch kleinere Schrift, ziemlich einheitlich) besonders markiert, in der Regel auch explizit mit einer typographisch hervorgehobenen Bezeichnung eingeführt[104]:

> "[...] Verpflichtungsgeschäft vorliegen.
>
> **Beispiel**: Wird eine Forderung verkauft und unter einer aufschiebenden Bedingung abgetreten, und ...
> Läßt sich ein Ende des Schwebezustandes nicht absehen, besteht ..."
>
> (Köhler 2001:235)

In den untersuchten Exemplaren der Studienbücher sind so gut wie keine Aufgabenstellungen zu finden. Das liegt daran, dass sie ergänzend zu den Lehrbüchern in selbständigen Heften, bekannt als 'Fallsammlungen', erscheinen. Die am Ende der Beispielstexte formulierten Fragen sind keine offene Fragen im Sinne einer Aufgabenstellung, sondern eher rhetorische Fragen, um zu weiteren Ausführungen überzugehen:

> "a) Der Begriff des Zugangs
> *Der Benachrichtigungsschein:* A will den Mietvertrag mit B kündigen. [...] Ist die Kündigung wirksam?" (ebd.: 62)

---

104 Es lassen sich zwei Arten von Beispielen erkennen: theoretische Beispiele auf einer höheren Abstraktionsstufe unter Verwendung juristischer Termini zur Bezeichnung von Personen und Handlungen (vgl. das oben angeführte Beispiel) und konkrete Fälle mit fiktiven Personenbezeichnungen ("K verlangt von B Erstattung von ...") (Köhler 2001:30). Diese werden entweder durch einen paraphrasierenden Titel in kursiver Schrift ("Der Hundebiß" in Köhler ebd.: 30) oder durch einfaches 'z.B.', 'Bsp.' (Medicus 2003) eingeführt.

Die schon mehrmals erwähnte typographische Hervorhebung beschränkt sich nicht nur auf die oben behandelten Teile der Erläuterungen; sie kann auch für wichtige Begriffe (fette oder kursive Schrift) oder sogar ganze Textabschnitte eingesetzt werden, die Definitionen wiedergeben, z.B. durch Einsetzung in einen schattierten Rahmen mit Hervorhebung des Schlüsselwortes:

> Eine **Willenserklärung** ist die Willenserklärung einer Person, der unmittelbar …

(ebd.: 54)

Weitere Informationen zum behandelten Thema werden oft in kleinerer Schriftart verfasst:

> "[…], weil dies den Rechtsnachteil des Erlöschens des Anspruchs mit sich bringen würde.
>
> Die Begründung ist strittig: Nach einer Auffassung (Theorie der Erfüllungsvereinbarung), weil …" (ebd.: 150)

Von anderen visuellen Mitteln wie Abbildungen oder Skizzen wird selten Gebrauch gemacht. In den untersuchten Lehrbüchern sind nur einige schematische Abbildungen zur Veranschaulichung von systematischen Beziehungen zwischen wichtigen Begriffen zu finden (s. Abb.8).[105]

Abb. 8

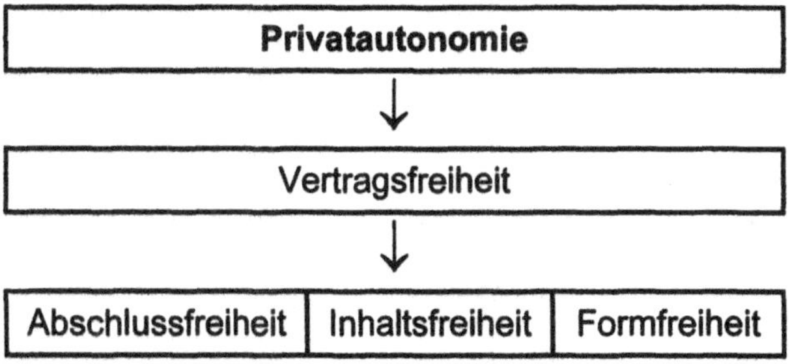

(Köhler 2001:40)

Das Literaturverzeichnis als Bestandteil des Lehrbuches wurde bereits erwähnt. Grundsätzlich wird zu jedem Paragraphen als kleinerem Kapitelteil eine (kürzere oder längere) Liste der Sekundärliteratur[106] hinzugefügt, unabhängig davon, ob sich im Buch eine allgemeine Liste anderer juristischer Quellen findet oder nicht (vgl. Köhler 2001:6, 11, 29f. usw.)

105 Im Lehrbuch Köhler (2001) sind auf 353 Textseiten 8 schematische Abbildungen zu finden.

106 Damit sind Monographien und Aufsätze als Sekundärliteratur gemeint, die den Erläuterungen auch vorangestellt werden können.

Auf der Sprachebene überwiegen vollständige Sätze, deren Komplexität der allgemein voraussetzbaren Verständlichkeit entspricht. Dem erstrangigen didaktischen Ziel entsprechend werden überwiegend kurze und verständliche Definitionen und Erläuterungen formuliert. Komplexere syntaktische Konstruktionen wie Satzperioden mit koordinativ oder subordinativ verbundenen Nebensätzen werden vor allem dann verwendet, wenn Voraussetzungen und/oder Umstände eines Tatbestandes beschrieben werden. Sie sind allgemein dort zu finden, wo gesetzliche Definitionen zitiert werden, die durch anschließende Angabe des zitierten Paragraphen (eventuell auch durch Einbettung in Anführungszeichen) signalisiert sind:

> "Zubehör sind bewegliche Sachen, die, ohne Bestandteil der Hauptsache zu sein, dem wirtschaftlichen Zwecke der Hauptsache zu dienen bestimmt sind und [...] (§97 I 1)." (Köhler 2001:341)

Verblose syntaktische Strukturen sind selten und beschränken sich auf illustratorische Bemerkungen des Typs: "s. unter Rdn. 13ff." (ebd.: 1), die meist hinter der illustrierten Äußerung in Klammern stehen.

Die Wortwahl steht ebenfalls in Übereinstimmung mit der didaktischen Funktion des Lehrbuchs; unter den untersuchten Textsorten nähert sie sich am stärksten der Gemeinsprache an. Der Fachwortschatz entspricht der vorausgesetzten Stufe von Fachkenntnissen; die Termini werden progressiv eingeführt, definiert und expliziert. Bei Dubletten vom Typ deutsch-lateinische Äquivalenz wird die lateinische Dublette als Zusatzinformation des deutschen Ausdrucks angeführt, oft in Klammern und/oder in Anführungszeichen, dabei in der Regel durch kursive Schrift hervorgehoben:[107]

> "von der Drohung ("*vis compulsiva*") ist zu unterscheiden" (Köhler a.a.O.:100)

Anführungszeichen sind allgemein ein häufiges nichttypographisches Mittel, um auf die gesetzliche oder gerichtliche Herkunft eines Ausdrucks hinzuweisen; sie können mit anderen sprachlichen (Einschub von 'sog.') und/oder nichtsprachlichen (kursive Schrift) Mitteln kombiniert werden.

107 Hierunter fallen auch Formulierungen, die allgemein in lateinischer Version bekannt sind, in den Texten der auslegenden Ebene jedoch durch deutsche Übersetzung erklärt werden: "pacta sunt servanda" = Verträge müssen eingehalten werden [Z.K.].

5 Methodik der Arbeit

5.1 Materialbasis und Vorgehensweise

Im Folgenden sollen die methodischen Schritte der empirischen Untersuchung skizziert werden. Wie bereits in Kap. 4 erwähnt wurde, besteht das Korpus aus ausgewählten deutschsprachigen (schriftlichen) Texten des deutschen Zivilrechts. In der ersten Phase wurde die Auswahl der heranzuziehenden Textsorten[108] getroffen. Das Sammeln der Textexemplare für das Textkorpus konnte nicht zu einer geschlossenen Textsammlung führen, vor allem die Textsorte Urteil konnte nicht abschließend erfasst werden. Grundsätzlich wurden Gerichtsentscheidungen mittels Verweisen in Lehrbüchern, Kommentaren und bereits untersuchten Urteilstexten ausgesucht. Trotzdem mussten bei einigen Ausdrücken neue Urteile durchgehend hinzugenommen werden, um das Vorkommen zu belegen und die Erscheinungsformen vergleichen zu können. Dies hängt damit zusammen, dass nicht jede Wortgruppe aus einem zitierenden Text auch in dem zitierten Urteil vorkommt. Im Vorfeld der vergleichenden Untersuchung wurde die Entscheidung getroffen, das Textkorpus der Urteile dreier zivilrechtlicher Instanzen (BGH, OLG, LG) auf den Zeitraum von 1980 bis 2003 zu beschränken.
Der zweite Schritt bestand darin, ein Korpus der zu untersuchenden Wortgruppen zu erstellen. Ausgangspunkt waren dabei Lehrbücher für deutsche Jurastudenten, aus denen Wortgruppen exzerpiert wurden. Jede in die Sammlung aufgenommene Wortverbindung weist einen rechtsrelevanten Fachinhalt auf, indem sie einen Sachverhalt (d.h. Handlung, Zustand, Grundsatz, Gegenstand oder Person) benennt oder dessen Erklärung dient. Für die Aufnahme eines Ausdrucks in die Wortgruppensammlung war die Häufigkeit kein maßgebendes Auswahlkriterium. Da es um die Sprache geht, die als Mittel und gleichzeitig Gegenstand der Kommunikation ständig zur Verfügung steht[109], kann eine Vollständigkeit der Belegsammlung nicht angestrebt werden. Die Textsorte Lehrbuch wurde einbezogen, weil sie die Sprache sowohl der normativen als auch der auslegenden Texte enthält. Dies hängt mit der Funktion der Lehrbücher zusammen, in das Kenntnissystem des Rechts und damit in seine Fachsprache auf eine verständliche Weise einzuführen. Entsprechend dieser Funktion erleichtern Lehrbuchtexte den Überblick darüber, welche lexikalischen Einheiten sich als fachsprachlich einordnen lassen.[110]

---

108 Auflistung und Darstellung der Textsorten und der Texte s. Kap. 4.2.

109 Zu Besonderheiten der Rechtssprache vgl. Kap. 3.

110 Zu den Merkmalen der Textsorte Lehrbuch s. Kap. 4.5.5.

Die gesammelten Wortgruppen wurden in syntaktische Strukturtypen je nach Wortklassenzugehörigkeit der Konstituenten eingeordnet. In dieser Phase stand die Ausdrucksstruktur im Vordergrund, unabhängig vom Inhalt und vom Stabilitäts- oder Terminologisierungsgrad. Jede einzelne Wortgruppe wurde in normativen (BGB), auslegenden (Kommentare, Rechtslehre) und Urteilstexten untersucht und im Hinblick auf ihre Erscheinungsform(en) in diesen Texten ausgewertet.
Die in Lehrbüchern vorkommenden Verweise auf konkrete Paragraphen erleichtern den Vergleich mit gesetzlichen Texten. Genauso verhält es sich in Bezug auf die gerichtlichen Entscheidungen: Die zahlreichen exemplarischen Bezüge auf die Rechtsprechung begünstigen die Auswahl von Urteilen für das Textkorpus. Die Untersuchung in und anschließend der Vergleich mit juristischen Fachwörterbuchartikeln orientierte sich an der sachlichen Zugehörigkeit jedes Ausdrucks zu einem semantischen Bereich. Die Untersuchung von Wortgruppen in den Textsorten Gesetz und Urteil wird über die typisch juristischen Textbezüge hinaus dadurch erleichtert, dass das ganze BGB und ein großer Teil der Urteile bereits in elektronischer Form verfügbar sind.[111]
Die vergleichende Untersuchung soll Schlussfolgerungen über die Festigkeit ermöglichen, die hauptsächlich in zwei Bereichen ermittelt wurde: die Struktur eines Ausdrucks (d.h. Aufbau, der an der Oberfläche sichtbar ist) und die lexikalische Ausfüllung dieser Struktur. Die Vorgehensweise kann hier an folgendem Beispiel illustriert werden. Dem Ausgangstext, Textsorte Lehrbuch, wird die Wortgruppe *die guten Sitten* entnommen. Dann wird im BGB (mit Hilfe der elektronischen Suchmaschine), in seinen Kommentaren, in Urteilen und Fachwörterbuchartikeln untersucht, in welcher Form die Wortgruppe hier vorkommt. Flexionsänderungen bleiben dabei unberücksichtigt. Im Mittelpunkt meines Interesses steht zum einen die strukturelle Verbindung der Konstituenten an der Oberfläche, also die Tatsache, ob und ggf. was sich an der Struktur der Nominalgruppe ändert, die kategorial aus dem bestimmten Artikel, dem Adjektiv und dem Substantiv besteht. Die Untersuchung zielt auf Weglassung der adjektivischen oder substantivischen Konstituente und/oder strukturelle Änderungen, z.B. Verbindung zu einem Kompositum, ab:

z.B. *gute Sitten / die Sitten / *Gutsitten*

Zum anderen soll im Rahmen der Analyse festgestellt werden, ob Modifikationen im lexikalischen Bereich auftreten, d.h. ob zur Benennung ein und desselben Sachverhaltes anderes lexikalisches Material verwendet wird:

z.B. *die guten Bräuche / die positiven Bräuche*

---

111 Eine andere Vorgehensweise, z.B. ausgehend vom BGB, hätte den Nachteil gehabt, dass manche im deutschen Zivilrecht geläufige Wortgruppen, die zu den zivilrechtlichen Grundbegriffen gehören, im Gesetz nicht explizit erwähnt oder geregelt werden. Im Vergleich zu den Lehrbüchern weist nämlich kein Gesetz auf andere Textsorten (außer auf die eigene) hin.

Zur Überprüfung der Äquivalenz und Darstellung der modifizierten Ausdrücke s. weiter unten. Die Ergebnisse zu den einzelnen Strukturtypen, die stark von den Wortarten und ihren morphologischen Eigenschaften abhängen, werden am Ende der jeweiligen Teilkapitel zusammengefasst.

5.2 Darstellung der Auswertung

In den Kapiteln 6, 7 und 8 werden die Ergebnisse der empirischen Untersuchung der Wortgruppen vorgestellt. Es werden zunächst die einzelnen Strukturtypen aufgelistet und durch Beispiele verdeutlicht. Bei der Klassifikation wird dabei auf die Unterschiede zwischen Wortgruppen im Singular oder Plural kein Wert gelegt; auch der Artikel wird in der schematischen Formel nicht berücksichtigt.
Danach wird jeder Strukturtyp ausgewertet, wobei anhand konkreter Belege besonders auffallende Merkmale kommentiert werden. Aus den im Verlauf der Auswertung gewonnenen Erkenntnissen über die Modifikationen werden am Ende jedes Abschnittes Schlussfolgerungen zur Stabilität gezogen. Mein Anliegen ist zwar nicht, jede einzelne Wortgruppe zu beschreiben, sondern einen Überblick über mehrgliedrige Wortgruppen zu geben, die als lexikalisierte Einheiten in Lexika eingehen (könnten). Da sich aber die Ergebnisse als sehr heterogen darstellen und nicht bei jedem Strukturtyp Gesetzmäßigkeiten aufweisen, handelt es sich bei einigen Änderungen bzw. Änderungskombinationen um Einzelfälle, die eine eigenständige Behandlung erfordern. Große Aufmerksamkeit wird vor allem solchen Wortgruppen geschenkt, die terminologischen Charakter haben. Bei frei variablen Wortgruppen, die nicht als Termini gelten, werden nicht alle Paraphrasierungsmöglichkeiten angeführt und ausführlich behandelt.
Die Vorkommenshäufigkeit einzelner Wortgruppen spielt nur eine untergeordnete Rolle für die Auswertung der Festigkeit. Die Frequenz ist nämlich durch das Vorkommen des zu bezeichnenden Sachverhaltes in den untersuchten Texten bedingt. Inwieweit es notwendig ist, einen Sachverhalt zu besprechen, hängt nicht nur von objektiven Gegebenheiten (der Sachverhalt ist der zentrale Gegenstand eines Urteils oder eines zu kommentierenden Paragraphen), sondern auch von subjektiv bedingten Faktoren ab (wie z.B. Standpunkt des Autors, Detailliertheit, Ziele). Bei relativ häufig behandelten Sachverhalten können Synonyme die Häufigkeit der entsprechenden Wortgruppen reduzieren.
Um zu Schlussfolgerungen über die Festigkeit zu gelangen, ist es notwendig, Änderungen auf mehreren Ebenen zu untersuchen; im Vordergrund stehen – wie bereits in 5.1 bemerkt – die Bereiche der Lexik und der Ausdrucksstruktur, dazu kommt die morphologische Seite. Es soll auch festgestellt werden, welche Änderungen auf der einen und/oder der anderen Ebene von welchen Faktoren ab-

hängen.[112] Da die Wortgruppen, genauer gesagt ihre Konstituenten, verschiedenen Wortarten angehören, müssen auch die Kriterien für die Beobachtung in Abhängigkeit von der Wortartzugehörigkeit differenziert betrachtet werden. Zu der hier verwendeten Terminologie möchte ich anmerken, dass zu dem oben angeführten Terminus 'Festigkeit' die Ausdrücke 'Stabilität', 'Beständigkeit' und 'Invarianz' als Synonyme verwendet werden. Unter struktureller Änderung wird jede Änderung in der Struktur der Verbindung von Konstituenten verstanden, die an der Oberfläche zum Ausdruck kommt. Als lexikalische Modifikation wird die Änderung in der Besetzung der Konstituentenstellen betrachtet, nicht aber z.B. Änderungen im Artikelgebrauch. Diese werden der morphologischen Ebene zugeschrieben. Ist zu der betrachteten Wortgruppe ein semantisch äquivalenter Ausdruck belegt, der sich von der ersteren durch die lexikalische Ausfüllung und/oder den strukturellen Aufbau unterscheidet, so spreche ich von 'Konkurrenzform', 'konkurrierender Form' oder von 'Alternativform'. Von einer Konkurrenzform lässt sich nur dann sprechen, wenn beide Ausdrucksformen denselben semantischen Umfang aufweisen. Bei Termini müssen beide Formen als gleichwertige Bestandteile des juristischen Fachwortschatzes anerkannt werden, d.h. sie müssen denselben terminologischen Status besitzen. Hilfskonstruktionen, die der metasprachlichen Behandlung dienen, werden daher als Paraphrasen und nicht als Konkurrenzausdrücke betrachtet. Neben der Existenz zweier sprachlicher Einheiten zur Benennung eines Sachverhaltes ohne semantische Unterschiede sind gelegentlich noch andere parallel auftretende Ausdrücke in juristischen Äußerungen belegt. Auf deren Nichtäquivalenz wird in der vorliegenden Arbeit stets hingewiesen.

Um den tatsächlichen Sprachgebrauch zu illustrieren, werden die Beispiele in Originalsätzen wiedergegeben. Dies ist besonders bei variablen Wortgruppen von Bedeutung, um die eventuelle Abhängigkeit von der Textsorte zu verdeutlichen. Deshalb wird bei der Fundstelle die entsprechende Textsorte durch eine von mir eingeführte Abkürzung (z.B. Kom für Kommentar[113], s. Abkürzungsverzeichnis, S. 315) vermerkt. Die aus Kommentartexten stammenden Belege werden im Vergleich zu den Originaltexten, die extrem abkürzen, vollständig ausformuliert, um Nichtjuristen das Verständnis zu erleichtern.

112 Zur Relativität der Festigkeit von Wortverbindungen vgl. Kjaer (1992:50f.). Seiner Auffassung nach handelt es sich allein um die Festigkeit, die "relativ zu Typen von durch Gesetz oder fachliche Konvention bestimmten Anwendungssituationen [gilt]" (ebd.: 51).

113 Die Fundstellen in den Kommentartexten werden durch die Angabe des Paragraphen und der entsprechenden Randnummer (Rn) markiert; die Abkürzungen "Einl.", "Einf." bzw. "Übl." bedeuten, dass der Beleg der Einführung zum oder dem Überblick über den erwähnten Paragraphen entnommen wurde. Diese, von der in der Linguistik üblichen abweichende Zitierweise belegt m.E. zum einen die jeweilige Erscheinung aussagekräftiger, zum anderen spiegelt sie die gängige juristische Praxis wider.

Bei zwei oder mehreren Benennungsformen eines Begriffs wurde die semantische und terminologische[114] Gleichwertigkeit der alternativ vorkommenden Ausdrücke mit Hilfe der Kommutationsprobe überprüft. Ob die Gesamtbedeutung der Wortgruppe unter strukturellen und/oder lexikalischen Modifikationen beibehalten bleibt, lässt sich durch Einsetzen der Variante(n) in die ursprünglichen Äußerungen überprüfen, in denen die als Ausgangsform betrachtete Wortgruppe belegt ist. Die semantische Äquivalenz zweier Konkurrenzformen kann darüber hinaus durch deren Gebrauch in vergleichbaren Äußerungen (in Texten einer oder zweier unterschiedlicher Textsorten) belegt werden. In solchen Fällen werden die tatsächlich bezeugten äquivalenten Wortgruppen gegenübergestellt und mit kleinen Buchstaben (a) → (b) markiert. Für die Darstellung der Modifikationen und der hypothetischen Ersetzungsergebnisse habe ich folgendes Zeichensystem eingeführt: Ist eine Variante sprachlich möglich, unter juristisch-terminologischem Aspekt aber nicht akzeptabel, so verwende ich das Zeichen ⟨^{R*}⟩, welches der modifizierten Einheit vorangestellt wird, z.B. ^{R*}*die guten Bräuche*. Für die allgemeinsprachliche Inakzeptabilität wird der vorangestellte Asterisk ⟨*⟩ gebraucht, z.B. **Gutsitten*. Diese differenzierte Markierung erscheint mir erforderlich, weil einige Modifizierungen von Wortgruppen zwar juristisch inakzeptabel, aus gemeinsprachlicher Sicht jedoch zulässig sind; dabei verlieren sie lediglich ihren fachsprachlichen Charakter. Der obige Ausdruck *die guten Bräuche* ist sprachlich akzeptabel, mit der juristischen Generalklausel *die guten Sitten* aber nicht identisch. Deshalb wird er mit dem Zeichen der juristischen Inakzeptabilität ⟨^{R*}⟩ versehen. Hypothetisch konstruierte Formen, die sprachlich und auch juristisch akzeptabel, in meinem Korpus aber nicht zu finden sind, werden mit einem Strich ⟨′⟩ markiert. Bei Formulierungen, die nicht zur juristischen Standardsprache gehören und daher fraglich sind, wie auch bei allen offenen Punkten fachsprachlicher Natur, habe ich zusätzlich Juristen befragt. Wenn auch die Befragung zu umstrittenen Formulierungen keine Klärung erbracht hat, wird ⟨$^{R?}$⟩ zur Kennzeichnung verwendet. Konkurrenzformen (jeweils mit (a) und (b) markiert) bzw. behandelte Modifikationen werden in einigen Beispielen aus Gründen der Übersichtlichkeit unterstrichen.

5.3 Überblick über die Grundstrukturen

Im Folgenden werden in einem Überblick die Grundstrukturen dargestellt, die sich aus der Einteilung der Wortgruppen nach morpho-syntaktischen Kriterien ergeben.

---

114 Ich unterscheide zwischen dem semantischen und terminologischen Wert, denn zwei bedeutungsgleiche Ausdrücke müssen im Recht nicht immer als Termini anerkannt sein (vgl. (B-164) in 6.4.2.3).

Die untersuchten Wortverbindungen lassen sich unter formalem Aspekt in drei Bereiche, den nominalen, verbalen und präpositionalen, einteilen. Aus der umstrittenen Selbständigkeit der Präposition, auf die bereits hingewiesen wurde (Kap. 2.1), ergibt sich auch die Frage der Existenz einer selbständigen Klasse von präpositionalen Verbindungen. Die Funktion der Wortart 'Präposition' stellt sie in den Schnittbereich zwischen substantivischen und verbalen Verbindungen. Da einige Präpositionen in Verbindung mit bestimmten Lexemen für die begriffliche Differenzierung von Bedeutung sind, erschien es mir sinnvoll, solche Verbindungen in einer selbständigen Gruppe zu betrachten. Unter Wortgruppen im präpositionalen Bereich, die ich im Folgenden präpositionale Verbindungen nennen werde, seien hier solche verstanden, deren präpositionale Komponente (einfache Präposition oder Präposition in Circumstellung) nicht verb- bzw. substantivabhängig ist. Deswegen wird z.B. die Wortgruppe *gegen die guten Sitten* nicht als eine selbständige präpositionale Verbindung betrachtet, sondern nur in Verbindung mit dem Verb *verstoßen* und daher nur als Teil der verbalen Gruppe *verstoßen gegen die guten Sitten.* Im Vergleich dazu werden Ausdrücke wie *im fremden Namen* als eigenständige lexikalische Einheiten untersucht, weil die Präposition – als Kernkomponente der Verbindung – nicht durch die Valenz eines Verbs bzw. eines Substantivs gefordert wird.
In dem unten dargelegten Überblick über die Strukturen wird der Artikelgebrauch nicht berücksichtigt, weil dieser den Stand der Festigkeit bzw. Variabilität widerspiegeln kann. Wird er in konkreten Fällen als konstitutives Merkmal festgelegt, so wird darauf explizit im Zusammenhang mit der jeweiligen Wortgruppe eingegangen. Für die Bezeichnungen von morpho-syntaktischen Klassen werden in den weiteren Auswertungsteilen die im Abkürzungsverzeichnis (S. 315) angeführten Abkürzungen verwendet.
Die Grammatikterminologie in der vorliegenden Arbeit folgt grundsätzlich der "traditionellen" Grammatiktheorie, so wie sie bei Helbig/Buscha (jedoch in der neuesten Auffassung) dargelegt wird. Im Unterricht Deutsch-als-Fremdsprache wird zur Beschreibung und Erklärung der deutschen Sprache überwiegend die Terminologie von Helbig und Buscha verwendet. Ich halte das Festhalten an dieser Terminologie für den Zweck der Anwendbarkeit meiner Arbeit im fachlichen Fremdsprachenunterricht für geeignet. In einigen Fällen werden in meiner Arbeit jedoch auch linguistische Methoden der Textlinguistik herangezogen, weil sich mit deren Instrumentarium betroffene Erscheinungen im Einzelfall präziser erfassen lassen.
Die Grundstrukturtypen lassen sich schematisch wie folgt darstellen[115]:

115 In den weiteren Kapiteln wird die Zusammensetzung der Wortgruppen mit Hilfe von Abkürzungen (vgl. Abkürzungsverzeichnis) ausgedrückt. Nominalgruppen, die ein Substantiv enthalten und in verschiedener Weise (durch voran- oder nachgestellte Attribute) erweitert werden können, werden mit NG signalisiert. Letztere wird nur als formales Beispiel verwendet.

Nominaler Bereich (Kap. 6)

1. Adjektiv + Substantiv	*arglistige Täuschung*
2. Substantiv + Substantiv im Genitiv	*Herausgabe der Sache*
3. Substantiv und Substantiv	*Treu und Glaube*
4. Substantiv + Präposition + Substantiv	*Schadensersatz wegen Nichterfüllung*

Verbaler Bereich (Kap. 7)

1. Verb + Substantiv[116]	*Schadensersatz leisten*
2. Verb + Präposition + Substantiv	*auf Schadensersatz haften*
3. Adverbial + Verb (+Substantiv)	*Mangel arglistig verschweigen*

Präpositionale Verbindungen (Kap. 8)

1. Präposition + Substantiv	*unter Eigentumsvorbehalt*
2. Präposition + Adjektiv + Substantiv	*nach billigem Ermessen*

Die Gliederung der auswertenden Kapitel entspricht diesem Thema; sie folgt also funktionalen Kriterien, denn jeder morphologische Typ hat eine bestimmte Funktion.[117]

Die Nummerierung entspricht der Reihenfolge der Teile in den einzelnen Kapiteln, in denen die Wortgruppen behandelt werden. Die Beispiele im auswertenden Teil werden fortschreitend nummeriert, der Übersichtlichkeit halber wird bei den einzelnen Bereichen mit je einer neuen Nummerierung angefangen und durch große Buchstaben A, B, C, D differenziert. Innerhalb des nominalen Bereichs wird zwischen adjektivisch-substantivischen (A) und den restlichen substantivischen Verbindungen (B) unterschieden. Die Markierung in den einzelnen Kapiteln erfolgt nach folgendem System:

A = 6.1, B = 6.2 – 6.4, C = 7, D = 8.

Die vorstehende Einteilung erhebt keinen Anspruch auf Vollständigkeit. Eine vollständige Bestandsaufnahme von allen im juristischen Wortschatz vorkommenden Verbindungstypen ist so gut wie unmöglich. Hier werden die grundlegenden und repräsentativen Strukturtypen angeführt, zu denen erweiterte Typen bestehen, die sich in einigen Fällen aus der begrifflichen Erweiterung ergeben. Solche erweiterte Wortgruppen werden im Zusammenhang mit dem jeweiligen Strukturtyp angeführt und behandelt.

---

116 Es handelt sich um Substantive im Akkusativ. Verbale Verbindungen mit substantivischem Dativ werden in der vorliegenden Arbeit nicht behandelt.

117 S. Kap. 1.

6 Wortgruppen im nominalen Bereich

Die Strukturtypen im nominalen Bereich lassen sich weiter in zwei Subgruppen unterteilen: adjektivisch-substantivische (6.1) und substantivische Wortgruppen (6.2 – 6.4).

6.1 Substantivische Wortgruppen mit der Grundstruktur `Adj + Subst`

Verbindungen von Adjektiven oder adjektivisch gebrauchten Wörtern mit Substantiven haben in den untersuchten Texten folgende Grundstruktur:

`Adj / PI / PII + Subst`

Das links stehende, d.h. dem Substantiv vorangestellte Attribut[118], kann ein Adjektiv oder ein Partizip sein, wobei es sich um ein Präsens- oder Perfektpartizip (weiter PI oder PII) handeln kann.
Die Strukturformeln werden in der ersten Übersicht durch Belege in ihrer Grundform und ohne Rücksicht auf die unterschiedlichen Stabilitätsstufen veranschaulicht.
Beispiele[119]:

`Adj + Subst`	*stille Abtretung, ungerechtfertigte Bereicherung, widerrechtliche Drohung, anfechtbare Erklärung, grobe Fahrlässigkeit, beschränkte Geschäftsfähigkeit, rechtlicher Grund, schlüssiges Handeln, rechtsgeschäftsähnliche Handlung, treuhänderisches Rechtsgeschäft, die guten Sitten, elterliche Sorge, arglistige Täuschung, zulässige Umdeutung, positive Vertragsverletzung, geheimer Vorbehalt, wirklicher Wille, ...*
`PI + Subst`	*aufschiebende Bedingung, überlebender Ehegatte, schädigendes Ereignis, mangelnde Geschäftsfähigkeit, dienendes Grundstück, ...*
`PII + Subst`	*vereinbarte Beschaffenheit, versteckter Einigungsmangel, entgangener Gewinn, belastetes Grundstück, gezogene Nutzungen, verdecktes Rechtsgeschäft, ...*

118 Ein Attribut wird hier im syntaktischen Sinne durch alle Wörter dargestellt, "die vor oder nach einem Satzglied stehen und mit diesem verschoben werden" (Helbig/Buscha 2001: 493). Obwohl sich das Attribut – morphologisch gesehen – auch auf Pronomina und Adverbien beziehen kann (vgl. ebd.: 502), wird es hier nur in Bezug auf Substantive betrachtet.

119 Die Beispiele werden alphabetisch nach dem ersten Buchstaben der substantivischen Komponente angeordnet.

Wörter wie *beschränkt, unerlaubt* werden der Wortart Adjektiv zugeordnet. Obwohl ihnen die verbale Herkunft noch anzusehen ist, weisen sie Merkmale auf, die nur bei Adjektiven vorkommen, wie z.B. die Präfigierung mit *un-*[120] (z.B. *unbeschränkt, unerlaubt*).
Durch Erweiterung des adjektivischen Attributs ergeben sich folgende Untergruppen:

[PräpGr + Adj/PI/PII] + Subst	*die im Verkehr erforderliche Sorgfalt, wegen Formmangels nichtiger Vertrag, der Gattung nach bestimmte Sache*
[Adj/Adv + Adj/PI/PII] + Subst	*beschränktes dingliches Recht, sittenwidrige vorsätzliche Schädigung, grob fahrlässige Unkenntnis, schwebend unwirksamer Vertrag, unvollständig beurkundeter Vertrag, ...*
[Adj/Adv + Adj/Adv] + Subst	*bestehende und künftige Ansprüche, alle billig und gerecht Denkende*[121]

Die gesamte Gruppe adjektivisch-substantivischer Verbindungen hat sich als am umfangsreichsten erwiesen. Allgemein ist die Attribuierung mit Adjektiven in den Fachsprachen sehr verbreitet.[122] Die zunehmende Produktivität der adjektivisch-substantivischen Verbindungen als Gegenstück zur Komposition ergibt sich aus ihrer terminusbildenden Funktion, auf Grund derer sie "dem Aufbau von fachsprachlichen Sätzen und Texten, durch die die entsprechende Fachkommunikation gewährleistet wird" (Ďuricová 2001:220), dienen.[123] Die Vorliebe für "einen verstärkten Zugriff auf das Adjektiv" stellt konkret für die Rechtssprache Jeand'Heur (1998:1288) fest.
Die Untersuchung der Ausdrücke auf ihre Erscheinungsformen hat, was den Festigkeitsgrad betrifft, mehrere Variationen ergeben, die oft mit dem Vorkommen in bestimmten Texten zusammenhängen. Diese Variationen werden in den folgenden Abschnitten illustriert.

---

120 Zu Merkmalen der "prototypischen Adjektive" im Rahmen der Kategorisierung deutscher Partizipien s. Lenz (1993:71-73). Zu lexikalisierten Partizipien vgl. auch Weinrich (2003:534f.).

121 Diese Wortgruppe geht wohl auf die feste Verbindung *recht und billig* zurück, die Rothkegel (1973:134) unter festen Syntagmen behandelt. Die Änderung der Reihenfolge wäre ein Untersuchungsgegenstand aus diachroner Sicht.

122 Die adjektivisch-substantivischen Verbindungen zählt Hoffmann (1988:99, 210) zu einem der produktivsten Typen komplexer Termini. Auf die zunehmende Produktion von Adjektiv/Substantiv-Kollokationen weist auch Wilss (1998:142) hin. Jürgens (1994:133) bezeichnet ebenfalls die adjektivische Attribuierung als die am häufigsten verwendete Attribuierungsart in allen Wissenschaften.

123 Vgl. Kißig (1992:225), die eine ähnliche Neigung nicht nur für die Mikroprozessortechnik, sondern für alle Fachsprachen (ebd.: 234) feststellt.

6.1.1 Absolut invariable Wortgruppen

Es handelt sich um eine sehr begrenzte Gruppe vom Typ `Adj + Subst`, bei der keine syntaktischen, lexikalischen und morphologischen Änderungen nachzuweisen sind:

Allgemeine Geschäftsbedingungen, der gute Glaube, die guten Sitten [124]

6.1.1.1 Strukturelle Eigenschaften

Syntaktisch gesehen ist die prädikative Verwendung des Adjektivs und dadurch eine Trennung an der Oberfläche unmöglich:

(A-1) *der gute Glaube → *der Glaube ist gut*

Genauso kann das Adjektiv weder ausgelassen noch anaphorisiert werden, auch wenn die ganze Verbindung mehrmals in einem (Kon)Text vorkommt:

(A-2) *der gute Glaube →* R**der Glaube* / R**dieser Glaube*

Auch auf der Ebene der Lexik sind keinerlei Ersetzungen möglich:

(A-3) *der gute Glaube →* R**der positive Glaube*

Die morpho-syntaktische Änderung dieser Wortgruppe

(A-4a) *im guten Glauben sein* → (A-4b) *gutgläubig sein*

ist durch die Einbettung in eine komplexe verbale Gruppe bedingt. Daher wird diese Variation unter den verbalen Wortgruppen näher besprochen.[125]

6.1.1.2 Morphologische Eigenschaften

Numerus

Fest sind diese Wortverbindungen auch hinsichtlich ihrer morphologischen Form, die sich aus ihrer Bedeutung ergibt. So ist bei dem o.g. Beispiel *der gute Glaube* keine Pluralform zulässig, weil das Substantiv als Abstraktum nur im Singular vorkommt (mehr dazu s. unten). Dem stehen die Verbindungen gegenüber, die nur im Plural verwendet werden:

(A-5) *die guten Sitten*, (A-6) *Allgemeine Geschäftsbedingungen*

Bei dem Ausdruck (A-6) *Allgemeine Geschäftsbedingungen* wird die Beständigkeit zusätzlich durch zwei Merkmale unterstrichen. Erstens wird das Adjektiv grundsätzlich groß geschrieben. Es haben sich zwar einige Belege mit Klein-

124 Auf die begriffliche Entwicklung der Wortverbindung *gute Sitten* bei der syntaktischen und lexikalischen Beständigkeit wurde in der Beschreibung der juristischen Fachsprache (3.4) hingewiesen.

125 Vgl. Kap. 7.2.7.

schreibung gefunden, von Juristen wurden diese aber als falsch bzw. als nicht terminologisch bewertet, vgl. (A-3a):

(A-7) *bei Verwendung allgemeiner Geschäftsbedingungen* (BGHZ 86:306)

Zweitens hat sich für die ganze Wortgruppe die Abkürzung AGB als Terminus eingebürgert. Die abgekürzte Form AGB wird hier nicht als eine Art Variation, sondern als parallel existierende Konkurrenzform betrachtet, die der Festigkeit des Ausdrucks nicht entgegensteht (vgl.(A-9)).[126]

Das Beispiel (A-7) ist hinsichtlich seiner Morphologie jedoch etwas abweichend, was mit seiner Bedeutung zusammenhängt. Die Wortgruppe (A-6) bezeichnet "alle für eine Vielzahl von Verträgen vorformulierten Vertragsbedingungen" (§ 305) und wird terminologisch als Begriff 'Allgemeine Geschäftsbedingungen' eingeführt und behandelt. Allerdings kann ein zu erörtender Sachverhalt die Singularform erfordern, die auch – wenngleich nur vereinzelt – belegt ist:

(A-8) *Eine solche als Allgemeine Geschäftsbedingung gestellte Laufzeitregelung* (NJW 2003:888)

(A-9) ... *liegt hier eine AGB vor* (Lb Köhler 2001:256)

Dieser Fall widerspricht der morphologischen Stabilität des Ausdrucks nicht, weil er nur ein Element einer komplexen Gruppe in einem konkreten Sachverhalt benennt. In sonstigen Fällen wird für den referenziellen Sammelbegriff die Benennung in der Plural-Form unabhängig von der Textsorte und vom Kontext gebraucht.

Die Festigkeit der oben angeführten Wortverbindungen spiegelt sich auch darin wider, dass sie meist mit bestimmten Verben bzw. ihnen entsprechenden Substantiven vorkommen:

(A-10) *gegen die guten Sitten verstoßen*

Auf das alternative Vorkommen zweier Verbalgruppen (A-4a) *in gutem Glauben sein* und (A-4b) *gutgläubig sein* wird, wie schon gesagt, erst später eingegangen. An dieser Stelle sei hinsichtlich der Festigkeit nur bemerkt, dass die Überführung der adjektivisch-substantivischen Verbindung in ein zusammengesetztes Adverbial unter Verwendung derselben Basismorpheme die lexikalische Stabilität bestätigt, vgl. *gutgläubig* unter (A-4b).

---

126 Im Recht werden für viele, v.a. für die am häufigsten angewendeten Gesetze (aus ihren Bezeichnungen) Abkürzungen gebildet. Da Allgemeine Geschäftsbedingungen gesetzesähnliche Geltung haben, verhält es sich hier ebenso. Entsprechend der Forderung an (wie auch dem Bemühen um) die Sprachökonomie werden diese Abkürzungen als terminologisierte Benennungen, d.h. als Doppeltermini, verwendet. Die Existenz von Abkürzungen als Dublettenelementen bejaht auch Thurmair (1995:275ff.). Zur Kürzung lexikalischer Einheiten als einer der Möglichkeiten, Neuwortschatz zu bilden vgl. Greule (1980:274). Zu Initialwörtern in Fachsprachen s. Arntz/Picht (1991:126).

Artikelgebrauch

Die genannten Wortverbindungen werden in der Regel mit dem bestimmten Artikel verwendet. Das entspricht der gemeinsprachlichen Regel, allgemein bekannte Gegenstände, Grundsätze oder Erscheinungen der Lebenswirklichkeit mit dem bestimmten Artikel zu determinieren. Der bestimmte Artikel wird in der Sprachwissenschaft als Signal dafür betrachtet, dass das Denotat auf Grund des Sprach- und Weltwissens (Weinrich 2003:417) allgemein bekannt ist. Der bestimmte (bei Weinrich (ebd.: 410) der anaphorische) Artikel trägt das Merkmal 'bekannt'; diese Bekanntheit kann sich weiterhin aus der textuellen Vorerwähntheit oder dem situativen Kontext ergeben (vgl. Weinrich ebd.: 415–417; Brinker 1997:29).[127] Diese Regel macht sich bei den mehrgliedrigen lexikalischen Einheiten bemerkbar, die v.a. in dieser Gruppe allgemein anerkannte Prinzipien oder Generalklauseln bezeichnen.

Die gelegentlich beobachteten Abweichungen erweisen sich in einigen Fällen als textsortenspezifisch. In den gesetzlichen Kommentaren können die Wortgruppen auch mit fehlendem Artikel auftreten. Diese Irregularität ist auf die Spezifik dieser Textsorte zurückzuführen, auf sehr beschränktem Raum möglichst viele Informationen zu vermitteln, was sich in einer stichwortartigen Ausdrucksweise widerspiegelt, vgl. *der gute Glaube* in (A-11a) und (A-11b):

(A-11a) *Der gute Glaube an die von der Kl.*[128] *abgeleitete Verfügungsbefugnis* (lexetius.com/2000/10/662, Rn 8)

(A-11b) *Guter Glaube an Befugnis zu lastenfreier Übereignung* (Kom Palandt 2003:§ 936, Rn 3)

Zum Teil ist der Artikelgebrauch auf formale Gründe zurückzuführen und/oder vom lexikalischen Umfeld abhängig. Die formalen Gründe bestehen in der Abstraktheit der Substantive wie 'Glaube' oder 'Sitten'. Der Nullartikel bei abstrakten Begriffen ist dabei keine rechtsspezifische Erscheinung; Abstrakta werden auch im allgemeinen Sprachgebrauch mit Nullartikel gebraucht (vgl. Weinrich 2003: 427). Bei den untersuchten fachsprachlichen Verbindungen, die als Benennungen von abstrakten Begriffen in der Regel mit dem bestimmten Artikel determiniert sind, ist der Nullartikel in bestimmten präpositionalen Gruppen zu finden:

(A-12) *bei gutem Glauben*, (A-13) *kraft guten Glaubens*,

(A-14) *in Allgemeinen Geschäftsbedingungen*

---

127 Ebenso rechnen Linke/Nussbaumer (2000:307) dem bestimmten Artikel mehrere Funktionen zu: als Signal der (innertextlichen) Vorerwähntheit, des (außertextlichen) Wissens oder der Einmaligkeit der Dinge, die sie in Dinge "der Welt" und Dinge "der Diskurswelt" einteilen (ebd.: 307).

128 In Urteilen übliche Abkürzung für Kläger, ähnlich Bekl. für Beklagter. Bei mehreren Parteien im Streit werden die einzelnen Kläger bzw. Beklagten durch Nummerierung 1, 2 usw. voneinander differenziert.

Der Wegfall des bestimmten Artikels hängt hier von dem Gebrauch der jeweiligen Präposition ab und wird ebenfalls bei anderen lexikalischen Einheiten (sowohl bei Wortgruppen als auch bei Komposita als ihren Parallelformen) festgestellt, z.B. *wegen Formmangels.*[129]
Da die Stabilität des adjektivisch-substantivischen Ausdrucks (*guter Glaube, Allgemeine Geschäftsbedingungen*) an sich durch die Einbettung in den präpositionalen Gruppen (A-12) – (A-14) nicht betroffen ist, soll die Auslassung des bestimmten Artikels bzw. der Gebrauch des Nullartikels bei Verwendung bestimmter Präpositionen nicht im Detail betrachtet werden.

6.1.1.3 Sonstige Eigenschaften

Diese festen Wortverbindungen können als Ausgangsbasis für die Bildung von weiteren lexikalischen Einheiten dienen. Dabei können sie zum einen in ihrer unveränderten lexikalischen und syntaktischen Form in andere komplexe Wortgruppen eingehen, vgl. (A-4a) *in gutem Glauben sein,* (A-10) *gegen die guten Sitten verstoßen.* Zum anderen werden die Grundmorpheme in unveränderter lexikalischer Verbindung zur Bildung von Ableitungen gebraucht, z.B. *gutgläubig* in *gutgläubiger Erwerb.*
Die so gebildeten Konstruktionen (analytisch oder synthetisch) können ihrerseits wiederum unterschiedlich stabil sein. So kann die Wortgruppe (A-15a) in das Kompositum (A-15b) transformiert sein:

(A-15a) *Verstoß gegen die guten Sitten* → (A-15b) *ein Sittenverstoß*

Es wird zwar eine der Komponenten weggelassen, die Ganzheitlichkeit des Begriffes *gute Sitten* jedoch beibehalten; das Merkmal 'gut' ist in dem Bestimmungswort *Sitten-* impliziert. Die so gebildeten Ausdrücke gehören den substantivischen Wortgruppen an, daher wird hier auf die Behandlung der oben angeführten Transformation wie auch des Verhältnisses zwischen diesen zwei Termini nicht eingegangen.
Semantisch gesehen benennen die Verbindungen dieser Gruppe allgemein anerkannte Rechtsfiguren oder -grundsätze und werden in beliebigen Texten und Kontexten in derselben Form verwendet. Bei dieser Festigkeitsstufe fällt auf, dass die Wortgruppen (mit Ausnahme von (A-6) *Allgemeine Geschäftsbedingungen*) je ein lateinisches Äquivalent haben, das die gleiche Struktur an der Oberfläche aufweist:

(A-1a) *der gute Glaube = bona fides*, (A-5) *die guten Sitten = boni mores*

Da dies aber nicht für alle Elemente der vorliegenden Gruppe gilt, wird es nicht als konstituierendes Merkmal betrachtet.
Die konkreten Beispiele lassen sich in allen Textsorten in unveränderter Form nachweisen und werden als absolut fest bewertet. In diese Festigkeitsstufe lässt sich

129 S. in Kap. 6.2.2.

auch die Verbindung *alle billig und gerecht Denkende* einordnen. Da es sich um die einzige Fügung einer solchen erweiterten Struktur handelt, zu der keine Abweichungen zu belegen sind, wurde sie im vorliegenden Abschnitt nicht behandelt.

6.1.2 Relativ invariable Wortgruppen

Eine zweite Gruppe vom Typ `Adj/PI/PII + Subst` bilden Verbindungen, die lexikalisch beständig sind, unter bestimmten Bedingungen aber geringe Änderungen aufweisen. Die Variationen sollen hier anhand einiger konkreter Beispiele dargelegt werden. In diese Gruppe gehören folgende Ausdrücke:

aufschiebende Bedingung, ungerechtfertigte Bereicherung, vereinbarte Beschaffenheit, widerrechtliche Drohung, zugesicherte Eigenschaft, grobe Fahrlässigkeit, beschränkte Geschäftsfähigkeit, entgangener Gewinn, dienendes Grundstück, unerlaubte Handlung, elterliche Sorge, arglistige Täuschung, schwebende Unwirksamkeit, gesetzliches Verbot, gesetzlicher Vertreter, geheimer Vorbehalt, rechtlicher Vorteil.

6.1.2.1 Lexikalische Eigenschaften

Wie bereits ausgeführt, kommen auf der Ebene der Lexik keine Variationsmöglichkeiten vor; zur Benennung einer Rechtsfigur, einer Person oder einer Handlung wird unabhängig vom Einzelfall stets dasselbe lexikalische Material verwendet. Die Beständigkeit der lexikalischen Besetzung lässt sich darin beobachten, dass die Grundmorpheme der Konstituenten stets zusammen auftreten:

a) in definitorischen oder explikativen Äußerungen:

(A-16) *arglistige Täuschung: Eine Täuschung liegt vor, wenn … Diese Täuschung muß arglistig sein* (RWb 1999:58)

(A-17) *entgangener Gewinn: Als entgangen gilt der Gewinn, welcher …* (§ 252)

(A-18) *aufschiebende Bedingung: die Bedingung kann aufschiebend [oder auflösend] formuliert sein* (Kom Palandt 2003:§ 2301, Rn 3)

(A-19) *beschränkte Geschäftsfähigkeit: Beschränkte Geschäftsfähigkeit. Ein Minderjähriger, der …, ist … in der Geschäftsfähigkeit beschränkt.* (§ 106)

b) Werden andere Sachverhalte der außersprachlichen Welt benannt, die mit dem Rechtsbegriff der jeweiligen Wortgruppe zusammenhängen, so werden für die Benennung dieselben Grundmorpheme verwendet, jedoch in eine andere Wortart überführt, d.h. es liegt eine formale Variante vor:

(A-20) *arglistige Täuschung: weil der Bekl. ihn arglistig darüber getäuscht habe, dass* (NJW 2000:2018)

(A-21) *entgangener Gewinn: … so daß ihm der entsprechende Gewinn aus … entgangen ist* (lexetius.com/2000/9/549, Rn 14)

(A-22) *aufschiebende Bedingung: ein aufschiebend bedingter Kauf* (RWb 1999:749)

(A-23) *beschränkte Geschäftsfähigkeit: wohl aber ein in der Geschäftsfähigkeit Beschränkter* (ebd.:1048)

c) Ähnlich wie unter b) werden dieselben Grundmorpheme für Transformationen innerhalb derselben Wortart verwendet:

(A-24a) *gesetzlicher Vertreter* → (A-24b) *gesetzliche Vertretung*

Oder sie werden gebraucht, um Komposita zu bilden, vgl.

(A-25) *entgangener Gewinn* → *Gewinnentgang*

(A-26) *letzter Wille* → *letztwillig*

(A-27) *grobe Fahrlässigkeit* → *grobfahrlässig*

Da die Schreibweise des von (A-27) gebildeten Adjektivs uneinheitlich ist und zwischen zusammengesetzter und getrennter schwankt, ist die Zuordnung zu den Komposita nicht eindeutig.[130] Bei getrennter Schreibweise *grob fahrlässig* würde es sich gleichzeitig um einen unter b) dargestellten Fall der formalen Variante handeln.
Die unter a) angeführten Beispielen (A-16) – (A-19) werden lediglich auf der metasprachlichen Ebene[131] verwendet und dürfen keinesfalls als Zerstörung oder Auflösung der syntaktischen Verbindung betrachtet werden.

6.1.2.2 Strukturelle Eigenschaften

Die einzig belegte strukturelle Änderung dieser Wortverbindungen ist die Auslassung einer Konstituente, was auf den Gebrauch innerhalb eines Textes oder eines eindeutigen Kontextes begrenzt ist:

(A-28a) *(1) Wer ... durch arglistige Täuschung* → (A-28b) *(2) Hat ein Dritter <u>die Täuschung</u> verübt, ...* (§ 123)

(A-29a) *so steht ihnen die elterliche Sorge ... zu* → (A-29b) *... <u>die Sorge</u> ...* (§ 1616)

(A-30a) *Wurde ... unter einem ... geheimen Vorbehalt erteilt, so ..., auch wenn der Geschäftsgegner* → (A-30b) *<u>den Vorbehalt</u> nicht kennt* (Lb Köhler 2001:78)

(A-31a) *ohne die ... Einwilligung des gesetzlichen Vertreters, so ... Genehmigung* → (A-31b) *<u>des Vertreters</u>* (§ 108)

(A-32a) *die Verbindlichkeiten aus einer unerlaubten Handlung, die ...* → (A-32b) *... wegen <u>einer solchen Handlung</u> ...* (§ 1441)

---

130 Zu Abgrenzungsproblemen zwischen adjektivischen Komposita und Wortgruppen vgl. Fleischer/Barz (1995:22).

131 Zum Begriff 'Metasprache' s. 3.6.

Die strukturelle Modifikation besteht in der Regel in der Auslassung des adjektivischen Attributs (vgl. (A-28b) – (A-31b)) bzw. in seiner Ersetzung durch Anaphorisierung (vgl. (A-32b)) im Rahmen der Wiederaufnahme des Ausdrucks. Anders verhält sich die Wortgruppe *der überlebende Ehegatte → der Überlebende*, in der die Variation durch die Weglassung der substantivischen Komponente *Ehegatte* entsteht, was mit einer Eigenschaft der adjektivischen Konstituente *überlebend*, morphologisch ein PI, zusammenhängt: Partizipien I in adjektivischer Funktion (vgl. Weinrich (2003:477), der sie der Wortklasse 'Adjektiv' zuordnet) weisen – ähnlich wie viele Adjektive – die Fähigkeit auf, "nominalisierbar zu sein" (ebd.: 540).[132] Da bei der Wortgruppe *überlebender Ehegatte* mit der Weglassung einer Konstituente in einigen Fällen Bedeutungsunterschiede verbunden sind, wird sie später (6.1.4.2) behandelt.
In allen anderen Beispielen (A-28b) – (A-32b) wird das Attribut in einem Kontext aus stilistischen oder pragmatischen Gründen weggelassen bzw. anaphorisiert (vgl. (A-32b)), z.B. um Wiederholungen zu vermeiden. Voraussetzung ist hier, ähnlich wie in der Gemeinsprache, die Vorerwähntheit innerhalb eines Textes. Dieses Verfahren entspricht der sog. anaphorischen Verdünnung von Wildgen (1982:240f.), der diese als einen der kompositionsrelevanten Makroprozesse bei der Bildung von Ad-hoc-Komposita versteht. Die häufigsten Fundstellen sind Gesetzestexte, oft innerhalb eines Paragraphen in aufeinander folgenden Sätzen. Der Ausdruck wird z.B. im Satz 1. bzw. Absatz I ersterwähnt und im Satz 2. (oder auch 3.) bzw. Absatz II (oder III) wieder verwendet. So ist z.B. die Auslassung der adjektivischen Konstituente *gesetzlich* als Attribut zu *Vertreter* ausschließlich in Gesetzestexten belegt (vgl. oben (A-31a), (A-32b)). Es muss sich jedoch nicht immer um unmittelbar anschließende (Ab)Sätze handeln. Genauso gut kann diese Wiederaufnahme ohne adjektivische Komponente im Verlauf eines Abschnittes zwischen räumlich abgetrennten Paragraphen erfolgen, wo aber der Gesamtkontext für Eindeutigkeit sorgt.[133] Hier muss juristisches Wissen aus inhaltlich zusammenhängenden Paragraphen herangezogen werden.
Die anaphorische Verdünnung ist weiterhin auch in Kommentartexten zu sehen, die den Inhalt des zu kommentierenden und unmittelbar vorangehenden Paragraphen erläutern:

(A-33a) *wer zur Abgabe einer Willenserklärung durch arglistige Täuschung oder widerrechtlich durch Drohung bestimmt worden ist, ...* (§ 123)

(A-33b)*..., wenn sich die Willensbildung frei von Täuschung und Drohung vollzogen hat* (Kom Palandt 2003:§ 123, Rn 1)

132 Zur Konversion von Adjektiven zu Nomina s. ebd.: 985ff.

133 Zum Unterschied zwischen Kotext (sprachliche Umgebung) und Kontext (nichtsprachliche Umgebung) vgl. 2.1, Anm. 1.

Die hier behandelte Wiederaufnahme bezieht sich auf die im zitierten § 123 verwendete adjektivisch-substantivische Verbindung *arglistige Täuschung*. Ähnlich verhält es sich im Fall der Wortgruppe *widerrechtliche Drohung*. Das Substantiv *Drohung* impliziert nämlich in allen Fällen, auf die § 123 (und ähnlich § 825) anzuwenden ist, das Merkmal *widerrechtlich*. Der Unterschied zur Verbindung *arglistige Täuschung* besteht lediglich darin, dass der Begriff der *widerrechtlichen Drohung* im BGB nicht in Form einer Verbindung `Adj + Subst`, sondern als eine komplexe adverbial-verbale Gruppe mit Präpositionalgruppe versprachlicht wird, vgl. *widerrechtlich durch Drohung bestimmt* [*worden sein*] in (A-33a). In einer solchen Formulierung wird das Bemühen des Gesetzgebers deutlich, jeden einzelnen Aspekt (*widerrechtlich*, *Drohung*) explizit auszuformulieren.
Die Weglassung einer Komponente kann unter Verwendung zusätzlicher lexikalischer Mittel erfolgen, wenn es die Absicht des Sprechers und der situative Kontext erfordern. Beim Ausdruck (A-34a) *gesetzliches Verbot* lässt sich beispielsweise innerhalb eines Urteilstextes folgende Entfaltung belegen:

(A-34a) *Verstoß gegen ein gesetzliches Verbot nach § ...* → (A-34b) *gegen <u>das Verbot des</u> Art. 1 §... verstoßen* (lexetus.com/2000/9/581, Leitsatz, Rn 21)[134]

Weitere ähnliche Beispiele:

(A-35a) *die elterliche Sorge* → (A-35b) *die Sorge nach § ...*

(A-36a) *die notarielle Urkunde* → (A-36b) *die nach § 311b erforderliche Urkunde*

Der in (A-36b) erwähnte § 311b verwendet dabei eine umschreibende Formulierung: "ein Vertrag bedarf notarieller Beurkundung".

(A-37a) *ungerechtfertigte Bereicherung* → (A-37b) *<u>die nach § 2021</u> herauszugebende <u>Bereicherung</u>* ... (§ 2022)

Zu vergleichen ist Wortlaut des § 2021, welcher auf die Vorschriften über die Herausgabe einer ungerechtfertigten Bereicherung verweist.
Das folgende Beispiel (A-38) entstammt einem Lexikonartikel:

(A-38) *Der Erbvertrag kann ...* (§ 2078, § 2079) *auch vom Erblasser wegen ..., Drohung ... angefochten werden* (RWb 1999:407)

Beispiele wie (A-35b) bis (A-37b) und (A-38) belegen ein spezifisches Merkmal der juristischen Fachsprache, die intertextuellen Relationen. Der textsortenspezifische Einsatz dieser Techniken wurde in Kap. 5.4 eingehend behandelt, hier werden sie in Verbindung mit den syntaktischen Variationen eines konkreten Beispiels nur exemplarisch erwähnt.

---

134 Der Gebrauch zusätzlicher lexikalischer Mittel greift hier in die lexikalische Ebene über. Wird der Sachverhalt in Verbindung mit einem konkreten Fall, d.h. in einem konkreten Text, besprochen, so handelt es sich nicht um eine lexikalische Variante. Denn durch den konkreten Bezug verliert der Begriff seine allgemeine Gültigkeit, er wird in eine konkretisierende Ebene verschoben und seine sprachliche Form ist eine freie Verbindung.

Die oben genannten Abänderungen eines Ausdrucks sind auf seine Semantik zurückzuführen und vom lexikalischen Umfeld und/oder dem Gesamtkontext abhängig. Am letzten Beispiel (A-38) lässt sich das Zusammenwirken dieser Faktoren wie auch beide Arten der Verweise darlegen. Als intratextueller Verweis innerhalb des Gesetzestextes wird hier der Beleg aus dem BGB betrachtet: Innerhalb eines Abschnittes, der einen engen Kontext bildet, beschreibt § 123 den Tatbestand des Begriffes als einen Umstand mit Hilfe einer erweiterten Verbalgruppe (vgl. obige Ausführungen zu (A-33a)):

Wer ... widerrechtlich durch Drohung bestimmt worden ist ... (§ 123)

Der unmittelbar darauf folgende § 124 definiert die Frist der Anfechtung ("nach § 123")

(A-39) *im Falle der Drohung* (§ 124),

was der bereits erwähnten anaphorischen Verdünnung (vgl. oben (A-28b) – (A-32b)) entspricht.
Ähnlich wird das Adjektiv innerhalb eines Gesetzestextes, aber in einem anderen Sachkontext, weggelassen:

(A-40) *Die Anfechtung ... wegen Irrtums, Drohung oder ...*(§ 318)

Hier wird der Textzusammenhang durch das Fachwissen, dass es in diesem Kontext eindeutig um die *widerrechtliche Drohung* geht, hergestellt, ohne dass das Merkmal 'widerrechtlich' explizit erwähnt wird.
Um einen textsortenübergreifenden Verweis handelt es sich im obigen Beispiel (A-38) aus einem Fachwörterbuchartikel. Das Adjektiv kann (ausgenommen die Fälle der Vorerwähntheit) weggelassen werden, wenn ein expliziter Hinweis auf den einschlägigen Paragraphen (*§ 2078* bzw. *§ 2079*) gegeben wird.
Die vorliegenden Beispiele zeigen, dass das Verhalten der Wortgruppe durch mehrere Faktoren bedingt ist. Sie wird nur bei Einfügung in einen Kontext modifiziert, nachdem sie vorerwähnt oder auf eine andere Weise evoziert wurde. Die Variation beschränkt sich jedoch auf einige Textsorten, meist Gesetzteskommentar und Fachlexikon. In den Urteilstexten wird in den Einführungen in den Streitgegenstand oder bei Zusammenfassungen in der Einführung in die Prozessvorgeschichte die ganze Wortgruppe erwähnt:

(A-41) *Die Widerbekl. fochten ... wegen widerrechtlicher Drohung an.*
(NJW 1988:2600)

Die Erscheinungsformen des Ausdrucks im Urteilstext hängen dann von dem darzustellenden Sachverhalt, dem Rechtsproblem und der kommunikativen Absicht des Sprechers (hier des Richters) ab. Sie erfolgen aber grundsätzlich auf der syntaktischen Ebene und werden deshalb an dieser Stelle erörtert.[135]

135 Besprechungen des Begriffs auf der metasprachlichen Ebene werden nicht berücksichtigt, ebenso die direkten Zitate der §§. Zu der ausschließlichen gesetzlichen Formulie-

Die Weglassung des Adjektivs *widerrechtlich* ist darüber hinaus regelmäßig in Verbindungen des Typs ⟨*Drohung mit* + NG⟩ zu beobachten:

(A-42) *wegen der Drohung des Kl. mit sofortigem Baustopp* (NJW 2001: 3779)

Sie erfolgt aus semantisch-logischen Gründen, denn bereits das Konkretisieren der *Drohung* mit Konkreta impliziert (aus rechtlicher Sicht) das Merkmal *widerrechtlich*. Durch diese inhaltliche Erweiterung werden neue Wortgruppen gebildet, die zu den nicht festen zählen und hier folglich nicht weiter betrachtet werden. In dieser Gruppe vom Typ `Adj + Subst` (*arglistige Täuschung*) sind andere Änderungen in der syntaktischen Struktur nicht nachgewiesen. Auflösung der Struktur, z.B. durch prädikativen Gebrauch des Adjektivs (PI / PII), ist in anderen als in den oben genannten Situationen (Definitionen) nicht möglich:

(A-43) *der gesetzliche Vertreter → *Der Vertreter war gesetzlich*

Auch morpho-syntaktische Änderungen sind nicht möglich:

(A-44) *die elterliche Sorge →* R**die Sorge der Eltern*

Vgl. mit der Wortverbindung *elterliche Zustimmung → Zustimmung der Eltern*, die nicht zu dieser Gruppe gehört.

6.1.2.3 Sonstige strukturelle Eigenschaften

Einen Sonderfall stellen Verbindungen mit PII als adjektivischer Komponente dar. Grammatisch gesehen kann das PII prädikativisch gebraucht werden:

(A-45a) *die vereinbarte Beschaffenheit →* (A-45b) *Die Beschaffenheit ist vereinbart* (*worden*)

Ähnlich in (A-21) *daß ihm der entsprechende Gewinn aus … entgangen ist.* Die Überführung in einen attributiven Nebensatz ist möglich:

(A-46) *der Gewinn, der entgangen ist*

(A-47) *die Beschaffenheit, die vereinbart worden ist*

Diese aufgelösten satzwertigen Formulierungen können jedoch höchstens als Paraphrasen, nicht aber als gleichwertige Alternativformen gelten. Als terminologische Bezeichnung für den nicht realisierten Vermögensvorteil (*entgangener Gewinn*), eine der sieben Arten der Sachmängel im Kaufrecht (*die vereinbarte Beschaffenheit*), gilt nur die adjektivisch-substantivische Wortgruppe, vgl.:

(A-48) *Ersatz des entgangenen Gewinns →* R**Ersatz des Gewinns, der entgangen ist*

(A-49) *die Sache … wenn sie bei Gefahrübergang die vereinbarte Beschaffenheit hat* (§ 434) → R**Die Sache hat bei Gefahrübergang die Beschaffenheit, die vereinbart wurde*

---

rung "widerrechtlich durch Drohung bestimmen", einer formalen Variante auf der morpho-syntaktischen Ebene, s. oben (A-33a).

Aus pragmatischer Sicht ist der Ausdruck *vereinbarte Beschaffenheit* insofern interessant, als er im Rahmen der Schuldrechtsreform 2002 den früheren Ausdruck (A-50) *zugesicherte Eigenschaft* ersetzt hat, jedoch nicht als sein Synonym gilt:

(A-50) *Die zugesicherte Eigenschaft* (§ 459 aF) *entspricht weitgehend der vereinbarten Beschaffenheit* (I S. 1), *aber mit geringeren Anforderungen* (*bloße Vereinbarung statt Zusicherung*). (Kom Palandt 2003:§ 434, Rn 1)

Die Beweggründe für den Ersatz von *Eigenschaft* durch *Beschaffenheit* sind fachlicher Natur und liegen deshalb außerhalb meines Interesses. Erwähnenswert in diesem Zusammenhang ist jedoch die Tatsache, dass die Struktur bei der Umbenennung beibehalten wurde: `PII + Subst`. Deshalb werden beide Ausdrücke in die Untersuchung einbezogen.[136]
In keinem der vorstehenden Fälle (A-16) – (A-19), (A-45a) oder (A-50) kann eine absolute Gültigkeit angenommen werden: Dass ein Ausdruck nicht terminologisiert und in den Ohren eines geübten Juristen neu und ungewöhnlich klingt, bedeutet noch nicht, dass er nirgends vorkommen kann. Dazu das folgende Beispiel:

(A-51a) *rechtlicher Vorteil* → (A-51b) R**Rechtsvorteil*

Das Kompositum findet sich nur in einem einzigen Urteil, nicht aber in anderen Textsorten. Da nicht alle Urteile auf diesen Ausdruck untersucht werden können, ist die Verwendung des Kompositums in einer anderen Gerichtsentscheidung nicht auszuschließen.[137] Weniger geläufige Komposita, die mit der entsprechenden Wortgruppe semantisch äquivalent sind, können mit Wildgen (1982:241) als Fälle der anaphorischen Komposition betrachtet werden (vgl. Delplanque (1999:105), der gelegentlich gebildete lexikalische Einheiten als "Autorenphraseme" bezeichnet).[138]

6.1.2.4 Sonstige Eigenschaften

Numerus

Einige Wortverbindungen lassen die morphologische Variation des Numeruswechsels vom Singular zum Plural zu, ohne dass sich ihre Bedeutung dadurch grundsätzlich ändert:

(A-52a) *aufschiebende Bedingung* → (A-52ba) *aufschiebende Bedingungen*

---

136 Da die Schuldrechtsreform erst kurz vor der empirischen Untersuchung in Kraft getreten ist, konnte der Ausdruck *vereinbarte Beschaffenheit* nur in einer gerichtlichen Entscheidung belegt werden. In anderen Textsorten lässt er sich jedoch ausreichend nachweisen, so dass er in die Untersuchung einbezogen und nach seiner Festigkeit bewertet werden konnte.

137 Es ist nicht überraschend, dass eine im Recht eher ungewöhnliche Form in einem Urteil vorkommt. Die Urteile zeichnen sich allgemein durch sprachliche Ausdrucksfreiheit aus, was auf das Bemühen der Richter zurückgeführt werden kann, ihre Entscheidungen möglichst gut zu begründen.

138 Zu Okkasionalismus als Gegenstück von Lexem vgl. auch Fleischer/Barz (1995:23f.), Erben (1993:65), Lauterbach (1993:175).

(A-53a) *unerlaubte Handlung* → (A-53b) *unerlaubte Handlungen*

Dies betrifft Bezeichnungen von Gegenständen, Personen, aber auch Handlungen, und hängt mit der allgemeinen Eigenschaft des jeweiligen Kernsubstantivs zusammen, Pluralformen zu bilden. Grundsätzlich gilt, dass die ganze Wortgruppe im Plural stehen kann, soweit das Kernwort, das in seiner Grundform im Singular vorkommt, den Plural bilden kann. Der Numerus wird, falls möglich, je nach den Erfordernissen des textuellen Umfelds und der kommunikativen Absicht gewählt. Auch hier gilt die gemeinsprachliche Regel, dass Abstrakta in der Regel "pluralfeindlich" (Weinrich 2003:339) sind[139]:

(A-54) *grobe Fahrlässigkeit* → **grobe Fahrlässigkeiten*

(A-55) *ungerechtfertigte Bereicherung* → **ungerechtfertigte Bereicherungen*

Seltenes Vorkommen des Wortes *Bereicherung* im Plural wird übrigens durch den expliziten Hinweis im gemeinsprachlichen Wörterbuch (Duden 1999:534) belegt.

Eine Besonderheit der Numerusänderungen besteht in der Rechtssprache darin, dass sie stark von der Bedeutung des (eingliedrigen oder mehrgliedrigen) Ausdrucks abhängen. So z.B. bildet das gemeinsprachliche Wort *Sorge* auch eine Pluralform, im rechtlichen Wortschatz kommt es in der Verbindung mit dem Adjektiv *elterlich* allein im Singular vor, vgl. die Verbindungen *finanzielle, berufliche Sorgen haben* (Duden 1999:3609) mit (A-56):

(A-56) *die elterliche Sorge* → R**die elterlichen Sorgen*

Diese fachsprachliche Inakzeptabilität der Pluralform hängt mit der Bedeutung des Wortes Sorge zusammen, das im Recht abstrakt 'Rechte und Pflichten' der Eltern bezeichnet. In den meisten Wortgruppen hängt die Pluralbildung eng mit den morphologischen Eigenschaften des bedeutungstragenden Kernwortes zusammen, deshalb möchte ich hier bei diesen wenigen Bemerkungen bleiben.[140]

Genus des Kernsubstantivs: Movierung

Eine weitere Besonderheit bezieht sich allein auf bestimmte Wortgruppen und ihre morphologische Gestaltung. Es handelt sich um die Bildung der weiblichen Form des Kernwortes, vgl. obiges Beispiel:

(A-57a) *gesetzlicher Vertreter* → (A-57b) *gesetzliche Vertreterin*

Diese Art von Änderung, die sog. Movierung (Weinrich 2003:331), ist grundsätzlich bei jedem Substantiv möglich, das eine Person(engruppe) benennt und damit die Zugehörigkeit zum Sexus 'Feminin' bezeichnet. Im juristischen Sprachgebrauch kommt die feminine Form als Kennzeichnung der weiblichen Perso-

139 Zu pluralunfähigen Abstrakta vgl. Helbig/Buscha (2001:252f.).

140 Mehr zum Numerus bei Weinrich (2003:336ff.), Helbig/Buscha (2001:251ff.).

nen eher selten, meist in Urteilen zu konkreten Fällen vor. Trotz der Tendenz der letzten Jahrzehnte, die geschlechtsbezogene Unterscheidung klar zu signalisieren (vgl. Helbig/Buscha 2001:245), wird für Bezeichnungen von Personen (Gruppen) überwiegend die maskuline Form verwendet. Helbig/Buscha (ebd.) sprechen im Zusammenhang mit Berufsbezeichnungen vom "generischen Maskulinum". Was sie jedoch auf die zeitlich bedingte Tendenz in der Gemeinsprache beschränken, gilt offensichtlich unbegrenzt für die juristische Fachsprache in Abhängigkeit von der Textsorte. In normativen Texten bezeichnet der Gesetzgeber mit dem Maskulinum "alle Personen, deren Geschlecht nicht bekannt und für den jeweiligen Zusammenhang unwichtig ist" (Creifelds 1999:1525). Obwohl auch die Juristen der Gleichberechtigung von Frau und Mann durch die sprachliche Anpassung Rechnung tragen wollen, haben die weiblichen Formen (z.B. durch Zusatz von "-Innen" zu männlichen Formen oder durch Ergänzung der expliziten Feminina) "in die Gesetzessprache noch keinen Eingang gefunden" (ebd.). Die Bevorzugung männlicher Formen ergibt sich m.E. nicht zuletzt aus platzökonomischen Gründen:

(A-58) *Schließt der Minderjährige einen Vertrag ohne die erforderliche Einwilligung <u>des gesetzlichen Vertreters</u>* (§ 108 I) →

(A-58)′ *Schließt der Minderjährige einen Vertrag ohne die erforderliche Einwilligung <u>des gesetzlichen Vertreters oder der gesetzlichen Vertreterin</u>*

Durch die hinzugefügte weibliche Form *gesetzliche Vertreterin* (in (A-58)′) mit Hilfe von *oder* wäre der Gesetzestext zu lang und unübersichtlich, vor allem dort, wo die Referenzpersonen durch Pronominalisierungen wiederaufgenommen werden (vgl. Brandt 1991:360f.). Auch in auslegenden Texten ohne Bezug auf eine konkrete Person sind keine Movierungen zu finden.
Die Movierung, ähnlich wie die Transformation innerhalb derselben Wortart (vgl. oben (A-24a), (A-24b)), widerlegt die lexikalische und syntaktische Stabilität des Audrucks nicht und soll daher hier nicht näher erörtert werden.

Attribuierbarkeit

An dieser Stelle möchte ich auf ein Merkmal eingehen, das die lexikalische Ebene und dadurch auch die Ebene der Struktur betrifft. Es handelt sich um die (Un)-Möglichkeit, diese adjektivisch-substantivischen Verbindungen (Typ *arglistige Täuschung*) zu erweitern.
Dabei ist zwischen zwei Gruppen zu unterscheiden. Die erste Gruppe bilden Verbindungen, die sich unabhängig vom Zusammenhang mit keinem anderen adjektivisch verwendeten Wort (Adjektiv, Partizip I / II, Adverb) erweitern lassen. Entweder besteht die Beschränkung in der Bedeutung des Adjektivs an sich (vgl. (A-59)) oder in der Bedeutung des juristischen Begriffes (vgl. (A-60)).

(A-59) *gesetzlicher Vertreter* → **absolut gesetzlicher Vertreter*

(A-60) *grobe Fahrlässigkeit* → **besonders grobe Fahrlässigkeit*

Zur Verdeutlichung der fachsprachlichen Restriktion in (A-60) soll der Vergleich mit einem anderen Ausdruck dienen, der nicht zu dieser Gruppe `Adj + Subst` gehört[141], in dem aber das Adjektiv erweiterbar ist:

(A-61a) *grobes Missverhältnis* → (A-61b) *ein besonders grobes Missverhältnis von Leistung und Gegenleistung* (Kom Palandt 2003:§ 826, Rn 34a)

Weitere Beispiele für Unerweiterbarkeit sind: (A-16) *arglistige Täuschung*, (A-19) *beschränkte Geschäftsfähigkeit.*
Andere Ausdrücke können dagegen mit einem (oder mehreren) adjektivisch verwendeten Wort (Wörtern) erweitert werden. Diese Erweiterung stößt jedoch insofern an lexikalische Restriktionen, als hier nur bestimmte Wörter in Frage kommen:

(A-62a) *elterliche Sorge* → (A-62b) *die alleinige* / (A-62c) *die gemeinsame* / (A-62d) *die gemeinschaftliche elterliche Sorge*

(A-63a) *unerlaubte Handlung* → (A-63b) *vorsätzliche* / (A-63c) *vorsätzlich begangene unerlaubte Handlung*

Eine solche Erweiterung vollzieht sich in den Beispielen (A-62b) – (A-62d) im Rahmen einer begrifflichen Determinierung; die Wortgruppe behält zwar ihren Inhalt, durch die Bestimmung entstehen aber kleine Nuancen. Anders gesagt: Diese Bestimmung ist an die Absicht gebunden, einen anderen oder zusätzlichen Aspekt zu betonen. Alle oben besprochenen Verbindungen werden hier als relativ fest eingestuft.

6.1.3 Strukturell und/oder morphologisch variable Wortgruppen

Eine andere Gruppe stellen Wortverbindungen dar, bei denen Änderungen in der Ausdrucksstruktur in Verbindung mit Änderungen in der Morphologie möglich sind. Die erste Subklasse stellen kompositionelle Transformationsprozesse (6.1.3.1) dar, die zweite Subklasse umfasst Verbindungen, die aus mehr als zwei Komponenten bestehen und strukturelle und/oder morphologische Änderungen (6.1.3.2, 6.1.3.3) aufweisen. Die Auslassung der adjektivischen Komponente als Folge der Wiederaufnahme des Ausdrucks im Rahmen eines Textes gehorcht den gleichen Bedingungen wie in der oben beschriebenen Gruppe (6.1.2, Typ *arglistige Täuschung*) und wird hier deshalb nicht weiter behandelt.

6.1.3.1 Wortgruppe vs. Kompositum

Beispiele der einfachen Grundstruktur `Adj + Subst`:

rechtlicher Grund, treuhänderisches Rechtsgeschäft, schädigendes Ereignis, wucherisches Rechtsgeschäft

---

141 Diese Verbindung, allerdings ohne adjektivisches Attribut, wird weiter unter den substantivischen Wortgruppen behandelt, vgl. 6.4.4.

Unter erweiterten Strukturen handelt es sich um Ausdrücke:

`[PräpGr + Adj`[142]`] + Subst:`

die im Verkehr erforderliche Sorgfalt, der Gattung nach bestimmte Sache

`[Adj/Adv + Adj] + Subst:`

beschränktes dingliches Recht, beschränkte persönliche Dienstbarkeit, sittenwidrige vorsätzliche Schädigung

Die Änderung geschieht im Bereich der Ausdrucksstruktur, wo neben der mehrgliedrigen Wortgruppe ein zusammengesetztes Wort mit denselben Basismorphemen existiert:

(A-64a) *rechtlicher Grund* → (A-64b) *Rechtsgrund*

(A-65a) *treuhänderisches Rechtsgeschäft* → (A-65b) *Treuhandrechtsgeschäft* / (A-65c) *Treuhandgeschäft*[143]

(A-66a) *wucherisches Rechtsgeschäft* → (A-66b) *Wuchergeschäft*

(A-67a) *schädigendes Ereignis* → (A-67b) *Schadensereignis*

(A-68a) *die im Verkehr erforderliche Sorgfalt* → (A-68b) *die verkehrserforderliche Sorgfalt*

Bei den Beispielen (A-64a) – (A-68a) bzw. (A-64b) – (A-68b) wird deutlich, dass es sich nicht um rein syntaktische Änderungen handelt, da sich auch ein Teil der Morphologie der ganzen Verbindung ändert. Das Beispiel (A-68a) → (A-68b) stellt einen Sonderfall dar, weil die Änderung nur die Struktur der attributivischen Komponente betrifft. Die Wortgruppe wird deshalb im Einzelnen weiter unten behandelt (6.1.3.4).

Das Gegenüberstehen von Komposita und Wortgruppen ist auch in der Gemeinsprache zu finden, wo zwischen Wortverbindungen und Komposita "mehr oder weniger ausgeprägte Äquivalenzbeziehungen bestehen" (Fleischer/Barz 1995: 10).[144] In Bezug auf gegenüberstehende Paare, Kompositum vs. Wortgruppe, bemerkt bereits Fleischer (1975:58), (der unter Wortgruppe freie syntaktische Wortverbindungen versteht), dass dem Bestimmungswort im Kompositum das Adjektiv der Wortgruppe entspricht. Dabei bietet die Wortgruppe den Vorteil, dass die

142 In der formelhaften Darstellung der Zusammensetzung wird hier zwischen der kategorialen Herkunft der adjektivischen Konstituente als Adjektiv oder Partizip nicht unterschieden.

143 Durch die Existenz der konkurrierenden Form *fiduziarisches Rechtsgeschäft* könnte man diesen Ausdruck als einen 'Mischtyp' bewerten. Der Austausch des deutschen Adjektivs gegen sein lateinisches Äquivalent betrifft die lexikalische Ebene und wird hier erst später (vgl. (A-100a/b) in 6.1.4.1) behandelt. Zur Kürzung von *Rechtsgeschäft* zu *Geschäft* s. weiter unten.

144 Zur Abgrenzung zwischen substantivischen Komposita und den gegenüberstehenden Wortgruppen vgl. ebd.: 22f.

semantischen Beziehungen der unmittelbaren Konstituenten deutlicher durch zusätzliche sprachliche Mittel ausgedrückt sind als in einer Zusammensetzung.[145] Mit Hilfe der Kommutationsprobe lässt sich feststellen, ob beide Konstruktionen als gleichwertig nebeneinander stehen und in jedem Kontext abwechselnd verwendet werden können:

(A-69a) *Kennt der Empfänger den Mangel des rechtlichen Grundes* (§ 819) →

(A-69b) *Kennt Empfänger den Mangel des Rechtsgrundes* (Kom Palandt 2003: § 819, Rn 6)

Verwendung der Konkurrenzformen

Bezüglich der Konkurrenzformen Wortgruppe vs. Kompositum fällt eine Textsortenspezifität auf, die den Gebrauch im BGB betrifft. Das BGB bevorzugt bei der Konkurrenz des Paares Adjektiv-Substantiv-Verbindung vs. Kompositum die Wortgruppe (z.B. *die im Verkehr erforderliche Sorgfalt*) oder verwendet das Kompositum nur in bestimmten Formen oder Konstruktionen (z.B. *der Rechtsgrund* als Subjekt oder in Verbindungen wie *aus einem anderen Rechtsgrund*). In den obigen Beispielen (A-69a/b) gehe ich davon aus, dass sich die im zitierten Kommentar verwendete Abkürzung "RGrd" auf das Kompositum Rechtsgrund bezieht. Es könnte natürlich sein, dass damit die Wortgruppe *rechtlicher Grund* gemeint ist. Zieht man aber eine andere Äußerung aus dem selben Kommentar zum vorangehenden Paragraphen heran, so scheint mir die erste Variante plausibel zu sein:

(A-69c) *Solange der Empf[änger] den Mangel des rechtl[ichen] Gr[un]des nicht kannte* (Palandt:§ 818, Rn 9)[146]

In den untersuchten Urteilen lässt sich abwechselnd die Wortgruppe oder das Kompositum finden, z.B. *die Nichterweislichkeit des fehlenden Rechtsgrundes* (lexetius.com/2003/1/158, Rn 9) / *das Fehlen eines Rechtsgrundes* (ebd.: Rn 11). Steht die Abkürzung des Kommentartextes (A-69b) "RGrd" tatsächlich für die adjektivisch-substantivische Wortgruppe *rechtlicher Grund*, so lässt sich zumindest auf eine Restriktion der lexikalischen Umgebung schließen. Diese bestünde dann in der Verbindbarkeit bzw. bevorzugten Verbindung der Wortgruppe mit bestimmtem Lexem, wie z.B. *Mangel*. Zusätzlich kann diese Bevorzugung auf nur bestimmte Textsorten beschränkt sein, wie hier das BGB und der Kommentar.

---

145 Zur unspezifischen Bezeichnung der Bedeutungsbeziehungen in Komposita vgl. auch Weinrich (2003:938). Auf der anderen Seite ist das Kompositum "'ökonomischer', 'rationeller' auch dort, wo in bezug auf den äußeren Umfang kein oder fast kein Unterschied zur Wortgruppe besteht" (Fleischer 1975:58).

146 Ich führe hier, anders als an anderen Stellen, die im Originaltext abgekürzten Wörter an und ergänze sie mit Hilfe von eckigen Klammern. Damit möchte ich den abkürzenden Stil illustrieren.

Die Univerbierung (Umformung in ein Kompositum) bringt bei bestimmten, an sich zusammengesetzten Grundsubstantiven morpho-lexikalische Abänderungen mit sich, wie es die Beispiele (A-65b), (A-66b) zeigen. So kann im Kompositum *Rechtsgeschäft* das Bestimmungswort *Recht-* ausgelassen werden; ein ähnliches Verfahren ist in mehreren Komposita oder in Wortgruppen mit diesem Wort zu beobachten. Dies könnte daran liegen, dass sich das Element *Recht-* erübrigt, weil die genaue Bedeutung der neugebildeten Einheit durch vor- oder nachgestellte Wörter bestimmt wird (konkrete Beispiele s. weiter unten). Solche Modifikationen eines Lexems entsprechen dem sog. Kürzungsverfahren, bei dem "der situative oder sprachliche Kontext [...] hier [gewährleistet], daß der Hörer das Lexem in der intendierten Bedeutung versteht" (Weinrich 2003:928).[147] Vollzieht sich diese Reduktion innerhalb eines Textes, so kann man darauf die sog. anaphorische Verdünnung von Wildgen (1982:240f.) übertragen.
Für die juristische Fachsprache kommt daneben das Fachwissen als weitere Voraussetzung hinzu; genauso wie beim Terminus *Willenserklärung*, der häufig auf *Erklärung* reduziert wird, muss der fertige oder angehende Jurist wissen, welche *Erklärung* damit gemeint ist. Umgekehrt gilt aber, dass nicht jedes *Geschäft* und nicht jede *Erklärung* in einem juristischen Kontext mit der entsprechenden fachsprachlichen Zusammensetzung gleichzusetzen sind.
In Bezug auf die Textsorten lässt sich über andere Textsorten feststellen: Während das Gesetz mit Rücksicht auf seine regulative Funktion eindeutig und explizit ist und in solchen Fällen zweier Konkurrenzformen die analytische verwendet, bevorzugt der palandtsche BGB-Kommentar überwiegend Komposita.[148] Bei den Textsorten Wörterbuch und Lehrbuch muss nach dem Sachkontext unterschieden werden: Werden ein Paragraph und seine Grundbegriffe[149] erläutert oder durch Verweise auf andere Rechtsquellen belegt, so wird die Wortgruppe verwendet. Das hängt sicherlich mit der Funktion der Textsorten Fachwörterbuch und Lehrbuch zusammen, in ein Thema einzuführen und/oder Fachbegriffe zu erklären. Wird aber der Begriff in einem anderen Zusammenhang verwendet (z.B. Aufzählung von Ansprüchen, Handlungen oder Gegenständen), so schwankt der Gebrauch zwischen beiden Möglichkeiten, ohne dass man auf eine eindeutige Tendenz schließen kann, wenn man von dem individuellen Stil der Autoren absieht. Ähnlich ist das Rechtswörterbuch Creifelds einerseits sehr explizit (§-Zitate), andererseits aber auch sprachökonomisch.

---

147 Zu verschiedenen Arten des Kürzungsverfahrens vgl. bei Weinrich (ebd.: 928-930).

148 Erben (1993:65) sieht in der Zusammensetzung "eine ökonomische Ausdrucksform, die anstelle sehr komplexer syntaktischer Verbindungen gebraucht [...] werden kann".

149 Das heißt nicht unbedingt, dass die Grundbegriffe in dem Paragraphen auch vorkommen: So lautet § 116 "sich insgeheim [...] vorbehalten" und in Bezug auf diesen wird stets über "geheimen Vorbehalt" gesprochen. Ähnlich das o.g. Beispiel *widerrechtliche Drohung*, dessen Begriff im Gesetz durch eine explizitere Form beschrieben wird.

Komposita als nicht reguläre Konkurrenzformen

Die oben genannten Beispiele (A-64a/b) – (A-68a/b) können als repräsentativ bezeichnet werden, denn beide Formen kommen regelmäßig alternativ vor. Diese Regelmäßigkeit kann nicht auf solche Ausdrücke bezogen werden, bei denen die zusammengesetzte Form nur vereinzelt gebildet und von Fachleuten als ungewöhnlich angesehen wird, wie

(A-70a) *notarielle Urkunde* → (A-70b) R**Notarurkunde*

oder das bereits angeführte Beispiel:

(A-51a) *rechtlicher Vorteil* → (A-51b) R**Rechtsvorteil*

Diese Belege stammen aus gerichtlichen Entscheidungen, die sich durch eine uneinschränkbare sprachliche Variabilität auszeichnen.
Die oben genannten Alternationen zwischen der Wortgruppe (A-64a) – (A-68a) und dem entsprechenden Kompositum (A-64b) – (A-68b) betreffen immer denselben Begriff ohne Änderung seiner Bedeutung. Vereinzelt können aber zwei solche Konkurrenzkonstruktionen parallel existieren, mit je eigener Bedeutung. Vgl. die Adjektiv-Substantiv-Verbindung

(A-71) *fremder Besitz*

(die unter dem Festigkeitsaspekt nicht zu dieser Gruppe gehört) mit dem Kompositum *Fremdbesitz*. Stellt man beide Ausdrücke ohne Kontext nebeneinander und vergleicht man sie nach den oben genannten Kriterien, so könnte man sagen, dass sie in einem ähnlichen Verhältnis zueinander stehen wie die oben aufgeführten Fälle (A-64a/b) – (A-68a/b). Auf den ersten Blick sind (A-71) *fremder Besitz* und das Kompositum *Fremdbesitz* gleichwertig, weil sie auf der lexikalischen Ebene aus gleichen Grundmorphemen gebildet werden und unter dem morphologischen Aspekt (als Abstrakta) keine Pluralform zulassen. Ein solches vergleichendes Verfahren ohne Einbeziehung des Kontextes ist aber sinnlos. In diesem Falle müssen nämlich das lexikalische Umfeld, der Sachzusammenhang und nicht zuletzt das Fachwissen mitberücksichtigt werden. Dann gelangt man zu dem Ergebnis, dass die adjektivisch-substantivische Verbindung nur in einer präpositionalen Verbgruppe vorkommt:

(A-72) *sich in fremdem Besitz befinden* (§ 810)

In dieser Wortgruppe stellt die analytische Wortgruppe einen sehr allgemeinen und abstrakten Begriff dar, der in Bezug auf einen Sachverhalt konkretisiert wird. Auf der sprachlichen Ebene vollzieht sich diese Konkretisierung dadurch, dass das Substantiv *Besitz* durch ein nachgestelltes Genitivattribut erweitert wird, was die Auslassung des Adjektivs *fremd* zur Folge hat:

(A-73) *sich im Besitz eines anderen befinden* (Kom Palandt 2003:§ 810, Rn 1)

In dieser Form kommt der Ausdruck in Texten (vor allem in Urteilen) vor, die konkrete Situationen bzw. Fallgruppen behandeln. Entscheidend ist dabei die

Bedeutung des Adjektivs *fremd*, wie die Untersuchungen zur präpositionalen Gruppe *in fremdem Namen*[150] gezeigt haben.
Das Kompositum *Fremdbesitz* dagegen ist ein Terminus des Sachenrechts, der einen Unterbegriff zu *Besitz* im Gegensatz zum *Eigenbesitz* darstellt und als solcher in verschiedenen Fügungen – aber immer nur als Kompositum – auftreten kann.[151]
Aus den obigen gegenüberstehenden lexikalischen Einheiten lässt sich folgern: Es gibt mehrere adjektivisch-substantivische Wortgruppen, die in Komposita ohne semantische Änderungen überführt werden können, wie dies nicht selten Urteilstexte belegen.[152] Daneben gibt es einige Fälle wie *fremder Besitz* und *Fremdbesitz*, in denen trotz der identischen lexikalischen Besetzung keine semantische Äquivalenz vorliegt. Auch in der Gemeinsprache können beide Benennungsformen zwar nebeneinander als semantisch äquivalent vorkommen (vgl. Fleischer/Barz 1995:91), in einigen Fällen stimmt jedoch die Bedeutung des Adjektivs mit der des Bestimmungswortes nicht überein (vgl. Fleischer 1975:58).
Nicht jedes Kompositum kann in eine analytische Fügung aufgelöst werden:

(A-74) R**rechtliches Geschäft* von *Rechtsgeschäft*

Ähnlich wie bei dem Paar *fremder Besitz* / *Fremdbesitz* ist das Verhältnis zwischen der Wortgruppe

(A-75) *rechtsgeschäftlicher Wille*

und dem Kompositum *Geschäftswille* zu beurteilen.
Das Kompositum stellt einen Terminus dar, mit dem die adjektivisch-substantivische Verbindung (A-75) nicht deckungsgleich ist. Im Vergleich zu (A-71) *fremder Besitz* zeichnet sich (A-75) *rechtsgeschäftlicher Wille* durch semantische und daraus folgend syntaktische Selbständigkeit aus.
An dieser Stelle möchte ich eine morphologische Besonderheit erwähnen, die sich ebenfalls auf der semantischen Ebene widerspiegelt und deswegen insbesondere im juristischen Fremdsprachenunterricht bzw. bei Übersetzungen berücksichtigt werden muss. Es handelt sich um den Numeruswechsel der oben nebeneinander gestellten Ausdrücke (A-64a) *rechtlicher Grund* und (A-64b) *Rechtsgrund*. Die Pluralform ist sowohl bei der Wortgruppe (A-64a) als auch bei dem Kompositum (A-64b) belegt. Sie wird aber in einem anderen sachlichen Zusammenhang und lexikalischen Umfeld verwendet. Die Wortverbindung im

150 Vgl. Kap. 8.2.2.

151 Zur begrifflichen Spezialisierung durch Komposita vgl. Erben (1993:42f.).

152 Auf die starke Neigung der Juristen, sich dieser sprachlichen Komprimierung nach eigenen Bedürfnissen zu bedienen, wie auch auf die Tendenz des Deutschen zur Komposition (dazu Erben 1993:22) allgemein, wird hier nicht näher eingegangen.

Plural wird überwiegend in Verbindung mit der Präposition *aus* in Bezug auf gerichtliche Geltendmachung von Ansprüchen benutzt:

(A-76a) *aus rechtlichen Gründen ... an der Geltendmachung des Unterhaltsanspruchs gehindert war* (§ 1613 II)

(A-76b) *Die Auffassung des BerGer*[153] *... aus Rechtsgründen ...nicht zu beanstanden* (NJW 1994:515) / *sich aus anderen Rechtsgründen ... auf ... beruft* (RWb 1999:402)

Der semantische Unterschied spiegelt sich auch darin wider, dass abwechselnd zu der analytischen und kompositorischen Form im Singular auch der lateinische Terminus 'causa' verwendet wird. Dieser ließ sich für den Plural in keinem der untersuchten Texte nachweisen.

6.1.3.2 Morphologisch variable Wortgruppen

Eine Untergruppe bilden einige Wortverbindungen, die eine morphologische Änderung aufweisen:

(A-77a) *beschränktes dingliches Recht* → (A-77b) *beschränkt dingliches Recht*

(A-78a) *beschränkte persönliche Dienstbarkeit* → (A-78b) *beschränkt persönliche Dienstbarkeit*

(A-79a) *sittenwidrige vorsätzliche Schädigung* → (A-79b) *vorsätzlich sittenwidrige Schädigung*

Die Wortverbindungen (A-77a/b) – (A-79a/b) bestehen jeweils aus drei Komponenten: aus einem Kernsubstantiv und zwei determinierenden adjektivischen Wörtern. Diese Komplexität liegt der oben erwähnten morphologischen Änderung zugrunde, da eines der Adjektive in jeweils zwei Funktionen belegt wurde. Das Adjektiv *beschränkt* tritt zum einen in der attributiven Funktion in (A-77a) zum Kernsubstantiv *Recht*, bzw. in (A-78a) zu *Dienstbarkeit* auf. Ähnlich verhält es sich mit *vorsätzlich* in (A-79a)[154] bzw. in (A-79a) in Bezug auf das Substantiv *Schädigung*. Zum anderen sind auch solche Fälle nachgewiesen, wo *beschränkt* (bzw. *vorsätzlich*) in der adverbialen Funktion wie in den obigen b-Varianten gebraucht wird.[155]

153 BerGer = Berufungsgericht

154 Auf die weiteren Änderungen in der Struktur des Ausdrucks (A-79a) wird in 6.1.3.3 noch genauer eingegangen.

155 Weinrich (2003:478f.) unterscheidet bei allen Adjektiven zwischen der attributiven und der applikativen (adverbialen) Funktion eines Adjektivs. Das determinierende Adjektiv, welches als Adverbial ein anderes Wort determiniert, wird als 'Applikat' bezeichnet. In einigen Grammatiken werden solche Adverbien adjektivischer Herkunft als Adjektivadverbien bezeichnet, vgl. Helbig/Buscha (2001:305).

Das Schwanken zwischen der attributiven und der adverbialen Verwendung von *beschränkt* in (A-77a), (A-78a) hat zwei Varianten mit identischer Bedeutung (A-77b), (A-78b) zur Folge. Die jeweils unterschiedlichen Determinationsfunktionen des Adjektivs *beschränkt* in semantisch identischen Ausdrücken führen nicht zu semantischen Unterschieden. Ob *beschränkt* als Adverbial oder als Attribut gebraucht wird, seine Bedeutung (zumindest die in der fachsprachlichen Wortgruppe) ändert sich nicht. In der Gemeinsprache bestünde zwischen (A-77a) und (A-77b) ein Unterschied im Fokus. Dieser ergibt sich daraus, dass in (A-77a) *beschränkt* das Substantiv *Recht* determiniert und mit dem Adjektiv *dinglich* eine koordinative Verbindung bildet. In (A-77b) dagegen bezieht sich *beschränkt* auf das Adjektiv *dinglich*, was aus gemeinsprachlicher Sicht als eine semantische Verschiebung zwischen beiden Ausdrücken zu betrachten wäre. Dies ist bei (A-77a) / (A-77b) nicht der Fall. Die semantische Identität wurde durch den Vergleich der Belege (z.B. des Paragraphen und eines anderen Textes, welcher auf ihn Bezug nimmt) bestätigt. Auch die befragten Juristen betrachten die Varianten (a) und (b) als identisch.

In meiner Sammlung sind nur wenige Beispiele des Strukturtyps mit zwei vorangestellten Attributen enthalten (vgl. unten (A-83a/b), (A-87a/b/c/d)); eindeutige und allgemein gültige Schlussfolgerungen sind daher schwer zu ziehen. Zum Vergleich kann ein anderer Ausdruck mit einem zweigliedrigen vorangestellten Attribut herangezogen werden. In diesem ist das erste Glied invariabel:

(A-80) *grob fahrlässige Unkenntnis* → **grobe fahrlässige Unkenntnis*

Bei (A-80) ist neben der getrennten noch die zusammengesetzte Schreibweise zu finden: *grobfahrlässige Unkenntnis.* Abgesehen von dieser schwankenden Schreibweise des linksstehenden Attributes lässt sich bei (A-80) keine weitere Änderung feststellen. Dies ist m.E. auf die Festigkeit der Adjektiv-Substantiv-Verbindung (vgl. (A-27) *grobe Fahrlässigkeit*) zurückzuführen. Im Gegensatz zu (A-80) ist ein anderer Ausdruck (A-81) nur mit der zusammengesetzten Form des Attributes belegt; dieses weist keine Modifikationen auf, was auf die feste Gefügtheit der zugrunde liegenden Komponenten *letzt-* + *will-* zurückgeht:

(A-81) *letztwillige Verfügung* → **letzte willige Verfügung* / **letzt willige Verfügung*

In den Verbindungen (A-77a/b) und (A-78a/b) bedingt die Bedeutung des Wortes *beschränkt*, dass es sich entweder auf das Grundsubstantiv oder auf das andere Adjektiv beziehen kann: z.B. (A-77a) *beschränktes dingliches Recht* (beschränkt ist das Recht) oder (A-77b) *beschränkt dingliches Recht* (das Recht ist beschränkt dinglich). Andere adjektivische Wörter beziehen sich dagegen in mehrgliedrigen nominalen Wortgruppen nur auf ein anderes Adjektiv. So verhält es sich auch bei dem adverbial verwendetem PI *schwebend* in Verbindung mit *unwirksam*, vgl.:

(A-82) *schwebend unwirksamer Vertrag* → R**schwebender unwirksamer Vertrag*

Hier muss gesagt werden, dass sich (A-82) hinsichtlich der strukturellen Gefügtheit von (A-77a) – (A-79a) unterscheidet. Die mehrgliedrige Adjektivphrase bei (A-82) wird nämlich nicht nur als vorangestelltes Attribut, sondern auch als Prädikatsteil gebraucht:

'der Vertrag ist schwebend unwirksam

Eine solche Auflösung der Gesamtstruktur ist bei den Wortgruppen (A-77a) – (A-79a) nicht zu finden. Hier wird der Ausdruck (A-82) eher als kontrastives Beispiel für die Brauchbarkeit einiger adjektivischer Wörter angeführt. In der ganzen Verbindung, die attributiv zum Substantiv *Vertrag* verwendet wird, bestimmt *schwebend* das Adjektiv (begrifflich das Merkmal) *unwirksam*. In einer mehrgliedrigen adjektivischen Gruppe tritt das PI nur als Adverbial zum nachfolgenden Adjektiv *unwirksam* auf. Eine adjektivische Verwendung des Wortes *schwebend* ist zwar möglich und grammatisch korrekt; dies zeigt letztendlich die feste Wortgruppe *schwebende Unwirksamkeit*, die die Festigkeitsstufe vom Typ *arglistige Täuschung* (6.1.2) aufweist. Der Gebrauch von *schwebend* in Funktion eines Attributes ist aber nur auf die unmittelbare Determinierung des entsprechenden Substantivs beschränkt. Die grammatische Restriktion von (A-82) ist semantisch bedingt; sie liegt darin, dass nicht der Vertrag, sondern seine 'Wirksamkeit' *schwebend* ist. Verträge sind entweder *schwebend wirksam* oder "bleiben [...] in der Schwebe" (RWb 1999:1581).

Verwendung der Konkurrenzformen

Interessant zu beobachten ist der Gebrauch des Wortes *beschränkt* in den untersuchten Textsorten. In Creifelds Rechtswörterbuch überwiegt die adjektivische Verwendung *beschränktes dingliches Recht* aus (A-77a). *Beschränkt* als adverbiale Erweiterung des Adjektivs *persönlich* ist in dem untersuchten Rechtswörterbuch seltener zu finden, jedoch nicht auszuschließen:

(A-83a) *Als → beschränkte persönliche Dienstbarkeit kann ... bestellt werden* (RWb 1999:1561)

(A-83b) *Unvererblich sind, ..., die beschränkt persönliche Dienstbarkeit* (§ 1090 II) (ebd.: 402)

Auffallend ist die Divergenz zwischen dem § 1093, in dem *beschränkt* adjektivisch gebraucht wird: "[...] Grunddienstbarkeit [...] (beschränkte persönliche Dienstbarkeit)" und dem Lexikonartikel (A-83b), welcher sich auf den Paragraphen 1090 bezieht. Der semantische Vergleich ergibt, dass es sich um denselben Sachverhalt handelt.

In Urteilen überwiegt der adjektivische Gebrauch von *beschränkt*. Innerhalb der Textsorte Kommentar ist ein Vergleichsversuch durch den stark abkürzenden Stil insofern erschwert, als man aus der Form *beschr* nicht auf eine eindeutige Wortartzugehörigkeit schließen kann:

(A-84) *Beschr dingl Recht an fremder bewegl Sache* (Kom Palandt 2003:§ 1204, Rn 1)

Die Variationsmöglichkeiten erweitern sich auf die Rechtschreibung, wenn man zum Vergleich einen anderen Kommentar hinzuzieht und feststellt, dass die adverbial-adjektivische Verbindung neben der getrennten Form auch wie folgt verschriftlicht wird:

(A-85) *die beschränkt-dinglichen Rechte* (Kom Erman 2000:Einl. § 854, Rn 2)

Es handelt sich allerdings um einen vereinzelten Beleg. Solche orthographischen Abweichungen betreffen einen anderen Aspekt, dessen genauere Betrachtung den Rahmen dieser Arbeit sprengen würde.
Bezüglich des Beispiels (A-77a) *beschränktes dingliches Recht* kann hier lediglich gesagt werden, dass die rein adjektivische Verbindung leicht überwiegt. Da der Ausdruck aber nicht explizit im Gesetz verwendet wird, wie uns ein Kommentar (Palandt 2003:Einf. § 854, Rn 2) lehrt, gibt es auch keine 'normierte' Form. Es ist deswegen schwer zu sagen, welcher Ausdruck als Ausgangsform und welcher als abweichende Form anzusehen ist. Anders verhält es sich beim Beispiel (A-78a) *beschränkte persönliche Dienstbarkeit*, wo sich die überwiegende Tendenz zur adjektivischen Form dadurch erklären lässt, dass der Ausdruck im Gesetz verwendet und definiert wird. Bei Betrachtung der konkurrierenden Ausdrücke in verschiedenen Textteilen einer Textsorte (in mehreren Artikeln eines Fachlexikons) lässt sich bei (A-77a) *beschränktes dingliches Recht* der adjektivische Gebrauch als tendenziell nachweisen, während bei (A-78a) *beschränkte persönliche Dienstbarkeit* keine eindeutige Tendenz festzustellen ist. Der Vergleich der sprachlichen Formulierung eines Sachverhaltes in Texten zweier unterschiedlicher Textsorten bestätigt erstens die semantische Äquivalenz der Konkurrenzformen, zweitens den nicht einheitlichen Sprachgebrauch (vgl. (A-83b) und den Hinweis auf den dort zitierten § 1090 II). Der Vergleich innerhalb der Textsorte Gesetzeskommentar ist in Bezug auf den Kommentar Palandt dadurch erschwert, dass Abkürzungen von *beschr* bis zu *bpDbk* verwendet werden:

(A-86) *sonst nur bpDbk nach § 1090* (Kom Palandt 2003:§ 1093, Rn 4)

6.1.3.3 Morphologisch und strukturell variable Wortgruppen

Neben der oben illustrierten morphologischen Modifikation treten in einer Wortgruppe zusätzlich Modifikationen an der Oberfläche auf, die mit der Komplexität der gesamten Wortgruppe zusammenhängen (vgl. (A-79a) und (A-79b), hier der Übersichtlichkeit halber mit neuer Nummerierung). Die morphologische Variation ist mit der strukturellen eng verbunden.
Die strukturellen Variationen werden im Folgenden deutlich:

(A-87a) *sittenwidrige vorsätzliche Schädigung*

(A-87b) *sittenwidrige, vorsätzliche Schädigung*

(A-87c) *vorsätzliche sittenwidrige Schädigung*

(A-87d) *vorsätzliche, sittenwidrige Schädigung*

Im Vergleich zu (A-87a) handelt es sich um geänderte Schreibweise (unter Verwendung des Kommas in (A-87b)), um geänderte Reihenfolge (vgl. (A-87c)) oder um eine Kombination, d.h. geänderte Reihenfolge mit Verwendung des Kommas (vgl. (A-87d)).
Zu den Varianten (A-87a) – (A-87d) tritt noch der Fall hinzu, in dem eine der adjektivischen Komponenten weggelassen wird (vgl. (A-88)). Die so reduzierte Wortgruppe wird durch andere lexikalische Mittel ergänzt, die auf den entsprechenden Paragraphen hinweisen, vgl.

(A-88) *einen Vertrag ... als sittenwidrige Schädigung im Sinne von § 826 anzusehen* (Lb Rüthers/Stadler 2001:30)

Durch den textsortenübergreifenden Verweis (Lehrbuch nimmt Bezug auf Gesetz) wird die Eindeutigkeit der Bedeutung des Ausdrucks sichergestellt: Es handelt sich um denselben Begriff, denn nach § 826 (vgl. unten) muss auch das zweite semantische Merkmal *vorsätzlich* erfüllt werden.
Der Begriff wird in keiner dieser Formen im BGB verwendet, sondern in § 826 durch eine verbale Gruppe dargelegt:

"Wer in einer gegen die guten Sitten verstoßenden Weise [...] vorsätzlich Schaden zufügt." (§ 826)

Der einschlägige Paragraph wird mit einer Überschrift S*ittenwidrige vorsätzliche Schädigung* (vgl. (A-87a)) versehen[156], in der die Reihenfolge der Komponenten derjenigen in der verbalen Phrase entspricht:

	Pos 1	**Pos 2**	**Subst**
Vb-Phr.	gegen die guten Sitten verstoßend	vorsätzlich	Schaden zufügen (§ 826)
	↓	↓	↓
Wortgr.	*sittenwidrige*	*vorsätzliche*	*Schädigung*

Man kann die morpho-syntaktische Form (A-87a) als Grundform ansehen, die von der verbalen Phrase in § 826 abgeleitet ist und von der die anderen (vgl. (A-87b) – (A-87c) bzw. (A-87d)) abweichen.
Die morphologische Variation, die oben erwähnt wurde, ist folgende:

(A-87e) *vorsätzlich sittenwidrige Schädigung*

Das Adjektiv *vorsätzlich* kann sich in Verbindung mit den Komponenten *sittenwidrig, Schädigung* auf das Substantiv *Schädigung* oder auf das Adjektiv *sittenwidrig* beziehen. In der zweiten Determinationsfunktion wird das Adjektiv *vorsätzlich*, ähnlich wie das Adjektiv *beschränkt* in (A-77a/b) und (A-78a/b), als Adverbial gebraucht.[157] Dieser Bezug ist von der Reihenfolge bzw. verglichen mit der Ausgangsform (A-87a) von der strukturellen Verschiebung abhängig;

156 Zu Überschriften vgl. 4.5.1.

157 Zu der sog. applikativen Funktion der Adjektive s. oben S. 86f.

lediglich in der ersten Position kann es in adverbialer Funktion zum Adjektiv *sittenwidrig* auftreten.
Wie die belegten Variationen zeigen, sind die morphologischen Änderungen, die strukturellen Verschiebungen und ihre Kombinationen begrenzt, was sich aus der Bedeutung der einzelnen Komponenten und schließlich des gesamten Begriffs ergibt.
Das Wort *vorsätzlich* begegnet in beiden Positionen und je nach Position auch in beiden Funktionen: In der ersten Position als Adverbial (A-87e) oder als Attribut, vgl. (A-87c) – (A-87d). In der zweiten Position tritt es nur als Attribut auf, vgl. auch (A-87a) und (A-87b). Dagegen ist *sittenwidrig* zwar in beiden Positionen, aber nur als Attribut nachzuweisen. In keinem der untersuchten Texte lässt sich *sittenwidrig* als adverbiale Determination des Adjektivs *vorsätzlich* (innerhalb der vorliegenden Verbindung) belegen:

(A-87a) **sittenwidrig vorsätzliche Schädigung.*

Das Wort *sittenwidrig* bestimmt nach meinen Belegen näher nur ein Verb, z.B. *handeln* in (82), aber kein anderes Adjektiv:

(A-88) *Sittenwidrig handelt nicht nur, wer ...* (Kom Palandt 2003:§ 826, Rn 8)

Solche Aussagen müssen jedoch mit äußerster Vorsicht formuliert werden, da sich der Sprachgebrauch im Recht in vielen Fällen als sehr willkürlich erweist.

Verwendung der Konkurrenzformen

Die oben erwähnte Willkür hat zur Folge, dass sich in den untersuchten Textsorten nur schwer Tendenzen feststellen lassen. In den Kommentartexten sind bis auf (A-87d) alle Formen belegt. Die ökonomische Ausdrucksweise, d.h. die häufige Verwendung abgekürzter Formen, lässt nicht in jedem Fall eine Aussage darüber zu, ob *vorsätzlich* in erster Position das nachfolgende Adjektiv oder das Kernsubstantiv determiniert:

(A-89) *eine vorsätzl sittenw Schädigg* (Kom Palandt 2003:§ 138, Rn 17)

(A-90) *die vor sittenw Schädig* (ebd.:§ 826, Rn 13)

In der Textsorte Urteil ist der Gebrauch der oben aufgelisteten Varianten nicht einheitlich. So sind zwei unterschiedliche Formen innerhalb eines Urteils (NJW 1986:1751) zu finden. Zwei konkurrierende Ausdrücke werden aber auch zwischen zwei Urteilen zu demselben Problem unterschiedlich verwendet, wobei auf ein früheres Urteil (NJW 1986:1751) in einem anderen, zeitlich späteren Urteil (ebd.: 2047) Bezug genommen wird.[158] Bei abweichenden Formen wird die sachliche Eindeutigkeit durch Verweise auf den anzuwendenden Paragraphen gewährleistet. Auf diese Weise wird auch die inhaltliche Gleichwertigkeit der alternativen Ausdrücke deutlich, vgl. oben Beispiel (A-88). Hier wird deutlich,

---

158 Dies betrifft wiederum die Verweistechnik, die hier nicht erörtert werden soll. Vgl. Kap. 4.4, S. 46.

dass die juristischen Wortgruppen unter einem besonderen Gesichtspunkt betrachtet werden müssen. Denn aus gemeinsprachlicher Sicht unterscheiden sich die Verbindungen *vorsätzliche sittenwidrige Schädigung* und *vorsätzlich sittenwidrige Schädigung* durch den Bezug des Adjektivs *vorsätzlich*. Unter dem Aspekt der juristischen Terminologie besteht zwischen den zwei Ausdrücken kein semantischer Unterschied (vgl. ähnliche Feststellung bei (A-77a/b)).
Der unten angeführte Ausdruck (A-91) bestätigt zwar die Stabilität der lexikalischen Verbindung aller drei Komponenten, ist aber dennoch mit der untersuchten Wortgruppe semantisch nicht gleichzusetzen:

(A-91) *das vorsätzlich und sittenwidrig schädigende Verhalten der Beklagten* (lexetius.com/2001/12/66, Rn 15)

Diese und ähnliche lexikalische Änderungen ergeben sich aus der Notwendigkeit, einen bestimmten Aspekt eines komplexeren Begriffes hervorzuheben; in (A-91) wird ein konkretes Verhalten einer konkreten Person bezeichnet. Im Mittelpunkt meines Interesses steht jedoch die Wortgruppe, deren Bedeutung trotz struktureller und/oder morphologischer Modifikationen unverändert bleibt und die als Terminus auf verschiedene Fälle angewendet werden kann.

6.1.3.4 Sonstige Fälle der Variationen

Partielle oder vollständige Komposition

Die Modifikationen der folgenden Wortverbindungen beziehen sich sowohl auf die Ausdrucksstruktur als auch auf die morphologische Gestaltung. Es handelt sich um Ausdrücke der gedehnten Struktur:

[PräpGr + Adj] + Subst	*die im Verkehr erforderliche Sorgfalt,* *der Gattung nach bestimmte Sache,* *der wegen Formmangels nichtige Vertrag*

Die Variationen hängen mit der komplexen Struktur dieser Wortgruppen zusammen und sind unterschiedlicher Art, deshalb werden sie im Weiteren einzeln behandelt. Auf die Auslassung des linksstehenden Attributs soll hier nicht näher eingegangen werden; sie geschieht innerhalb eines Textes oder Kontextes aus denselben Gründen wie bei einfachen adjektivisch-substantivischen Gruppen.[159] Der einzige Unterschied zu diesen ergibt sich aus der Komplexität der präpositional-adjektivischen Zusammensetzung. Dabei kann das gesamte Attribut *im Verkehr erforderlich* oder nur seine präpositionale Komponente *im Verkehr* ausgelassen werden. Die Auslassungen müssen nicht unbedingt in dieser Reihenfolge erfolgen.

159 Vgl. 6.1.2.2.

So kann in einem Urteil zuerst die Wortgruppe in der Form `Adj + Subst` *die erforderliche Sorgfalt* ohne präpositionale Komponente auftreten, und erst dann die vollständige Verbindung in der Zusammensetzung `[Präp + Adj] + Subst` verwendet werden. Zur Verdeutlichung werden die Beispiele in Originalsätzen zitiert und in der dem Originaltext entsprechenden Reihenfolge wiedergegeben:

(A-92a) *auch ein ... mit der erforderlichen Sorgfalt unterhaltenes Werk nicht standzuhalten vermag. ... bb) Zwar gehört es zur Wahrung →*

(A-92b) *der im Verkehr erforderlichen Sorgfalt, daß* (NJW 1993:1783)

Wie bei anderen Beispielen findet sich auch hier in einer gerichtlichen Entscheidung die Ausnahme, die die Regel bricht: Im Zusammenhang mit der Anwendung desselben Paragraphen wird die hier behandelte Wortgruppe in einem Text folgendermaßen variiert:

(A-93a) *daß der Handelnde ... die im Verkehr erforderliche Sorgfalt außer acht ließ* (NJW 1992:2418)

(A-93b) *keine ... Begründung für ein Außerachtlassen der notwendigen Sorgfalt* (ebd.: 2419)

Aus dem Gesamtkontext und dem lexikalischen Umfeld ergibt sich, dass es um ein und denselben Begriff geht. Im unmittelbaren lexikalischen Umfeld tritt das von demselben Verb abgeleitete Deverbativum auf, das in dem betreffenden Paragraphen verwendet wird, der die vollständige Wortgruppe enthält. Die lexikalische Variation in (A-93b) stellt keine regelmäßige Parallelform, sondern einen Fall der expliziten Wiederaufnahme (Brinker 1997:31) dar. Die regelmäßig auftretende strukturelle Konkurrenzform ist folgende:

(A-94a) *die im Verkehr erforderliche Sorgfalt* → (A-94b) *die verkehrserforderliche Sorgfalt*

Ihr paralleles Vorkommen ist in einigen Kommentar- und Urteilstexten zu finden. Die Kommutationsprobe macht die semantische Identität beider Ausdrücke deutlich:

(A-95a) *Grobe Fahrlässigkeit liegt vor, wenn die verkehrserforderliche Sorgfalt in besonders schwerem Maße verletzt wird* (Kom Palandt 2003:§ 277, Rn 5)

(A-95b) *Grobe Fahrlässigkeit liegt vor, wenn die im Verkehr erforderliche Sorgfalt in besonders schwerem Maße verletzt worden ist* (ebd:§ 276, Rn 14)

Die morpho-syntaktische Änderung, hier Univerbierung, kann sogar das Kernsubstantiv einbeziehen, wie das Beispiel (A-96a) zeigt. Neben der analytischen Wortgruppe mit der Struktur `[PräpGr + Adj] + Subst` steht das Kompositum, das nur die zwei Grundmorpheme verwendet:

(A-96a) *der Gattung nach bestimmte Sache* → (A-96b) *Gattungssache*

Semantisch sind beide Ausdrücke identisch; im Kompositum fehlt jedoch der Aspekt des Verfahrens *bestimmen*, der in der expliziteren Wortgruppe zum Ausdruck kommt. In der Wortgruppe wird außerdem häufig (aber nicht immer) das Merkmal 'Bestimmtsein' durch die Partikel *nur* abgegrenzt, die auch keinen Ausdruck in dem Kompositum finden kann: *nur der Gattung nach bestimmte Sache* (§ 243). Die inhaltliche Reduziertheit ist aber nicht ausschlaggebend, wie die höhere Frequenz des Kompositums in fast allen Textsorten deutlich zeigt. Die einzige Textsorte, in der das Kompositum nicht auftritt, ist das BGB. Schon seine Funktion setzt eine explizite Ausdrucksweise voraus, die alle Fälle betrifft, in denen zwei syntaktisch konkurrierende Formen parallel existieren (ähnlich verhält es sich mit (A-94a) und (A-94b)).
Während das Kompositum in den untersuchten Texten keine lexikalischen Änderungen aufweist, ist in der adjektivisch-substantivischen Verbindung eine Modifizierung der präpositionalen Komponente nachgewiesen:

(A-97) *eine <u>gattungsmäßig</u> bestimmte Sache* (Lb Medicus II 2003:84)

Obwohl der Austausch auf der lexikalischen Ebene in dem betroffenen Text noch einmal – in Form einer verbalen Gruppe *gattungsmäßig bestimmt werden* – belegt ist, handelt es sich nicht um eine übliche Konkurrenzform.

Strukturell und lexikalisch variable Wortgruppe

In einem Beispiel dieses Strukturtyps `[PräpGr + Adj] + Subst` sind neben syntaktisch-morphologischen auch lexikalische Modifikationen belegt. Die Änderung der Ausdrucksstruktur erfolgt durch Univerbierung innerhalb der adjektivischen Gruppe:

(A-98a) *der wegen Formmangels nichtige Vertrag* → (A-98b) *der formnichtige Vertrag*

Beide Formen benennen ein und denselben Begriff; in dieser Variante werden auch bei Auslassung zweier Komponenten die Grundmorpheme beibehalten. Die lexikalische Modifikation wird hier nicht ausführlich behandelt. Sie beruht darauf, dass das Adjektiv *nichtig* allgemein häufig durch das sachverwandte Adjektiv *unwirksam* ersetzt wird; in dieser Wortgruppe sogar unabhängig von ihrer Form:

(A-99a) *unwirksam wegen eines Formmangels* → (A-99b) *formunwirksam*

Die präpositional-adjektivische bzw. die adjektivische Gruppe wird in (A-96a) und (A-98a) auf der Satzebene auch als Prädikatsteil verwendet, wodurch sich beide Wortgruppen von den anderen bis jetzt betrachteten Adjektiv-Substantiv-Verbindungen stark unterscheiden.
Die drei oben behandelten Wortgruppen *die im Verkehr erforderliche Sorgfalt, die der Gattung nach bestimmte Sache, der wegen Formmangels nichtige Vertrag* kann man als 'halbfest' einordnen. Alle oben beschriebenen Änderungen beziehen sich lediglich auf die Ebene der Struktur oder Morphologie, bzw. auf

ihre Kombinationen, d.h. sie erfolgen unter Beibehaltung der Grundmorpheme. Die gelegentlich belegten lexikalischen Varianten (vgl. (A-97) werden nicht als regelmäßige Alternativen betrachtet.

6.1.4 Lexikalisch variable Wortgruppen

Im Folgenden werden Fälle beschrieben, bei denen die Komponenten lexikalischen Änderungen unterworfen sind. Es kann entweder die substantivische oder die adjektivische Komponente durch ein anderes Wort ersetzt werden.

6.1.4.1 Austauschbarkeit der adjektivischen Komponente

Das Adjektiv bzw. PI/PII kann gegen ein sachverwandtes Wort ausgetauscht werden:

(A-100a) *treuhänderisches Rechtsgeschäft* → (A-100b) *fiduziarisches Rechtsgeschäft*[160]

(A-101a) *schlüssiges Handeln* → (A-101b) *konkludentes Handeln*

(A-102a) *verdecktes Rechtsgeschäft* → (A-102b) *dissimuliertes Rechtsgeschäft*

(A-103a) *wirklicher Wille* → (A-103b) *wahrer Wille* → (A-103c) *tatsächlicher Wille* → (A-103d) *realer Wille*

Diese Variationsmöglichkeiten sind auf die Synonymität zurückzuführen, die sich aus der Sonderbeziehung der Rechtssprache erstens zur Gemeinsprache und zweitens zum Latein ergibt.[161]

Kontextunabhängige lexikalische Austauschbarkeit

In den Beispielen (100a) – (102a) können die deutschen Adjektive gegen ihre Äquivalente lateinischer Herkunft ausgetauscht werden.[162] Auf Grund der schon erwähnten historischen Beziehung des Lateinischen zum Deutschen überrascht diese Art der Doppelterminologie nicht. Bis heute werden lateinische Ausdrücke und Wendungen verwendet, die sich aus der antiken Zeit erhalten haben und häufig von Juristen gebraucht werden, z.B. *pacta sunt servanda* (Verträge müssen eingehalten werden). Eine Ausnahme stellt in dieser Hinsicht das BGB dar. Es ist die einzige Textsorte, wo im Falle der deutsch-lateinischen Dubletten das deutschsprachige Dublettenelement verwendet wird. Der auch von Thurmair (1995:250) beobachtete hohe Bestand an deutschen Termini in der

---

160 Die Synonymität der Adjektive wird durch die Verbindungen mit Unterbegriffen von *Rechtsgeschäft* bestätigt: *eine fiduziarische / treuhänderische Abtretung*.

161 Zu der zweiten, geschichtlich gegebenen Beziehung vgl. Kap. 3.3.

162 In einem ähnlichen Äquivalenzverhältnis steht *gegenseitiger Vertrag* zu *synallagmatischer Vertrag*. Interessanterweise kommt die Verbindung im deutschen Recht nicht sehr häufig vor.

juristischen Fachsprache geht also auf gesellschaftlich-geschichtliche Gründe zurück. Sobald sich aber Juristen in ihren Äußerungen (der auslegenden oder der Handlungsebene) an Juristen wenden, schwankt der Gebrauch sowohl in Urteilen als auch in Kommentaren und ist meist auf den persönlichen Stil zurückzuführen.[163] Beim ausschließlichen Gebrauch des lateinischen Terminus wird bei den Rezipienten meist "von vornherein die Kenntnis der juristischen Fachausdrücke [...] vorausgesetzt" (Larenz 1997:84f.). Meine Annahme einer Textsorten- und daher Zielgruppenabhängigkeit wird durch den Vergleich mit anderen Textsorten bestätigt, die nicht nur an ausgebildete, sondern auch (wenn nicht mehr) an angehende Juristen oder nicht juristische Laien gerichtet sind. Das lateinische Äquivalent wird in Lehrbüchern und Rechtswörterbüchern in der Regel erst nach dem deutschen Wort eingeführt, entweder folgt es ihm unmittelbar in Klammern, in Anführungszeichen oder mit dem Ausdruck "so genannt" (bzw. seiner geläufigen Abkürzung sog.). Dieses Verfahren ist in der ganzen Rechtssprache zu beobachten und erstreckt sich auf Einzelwörter genauso wie auf Wortgruppen, unabhängig von ihrer Wortart: *Zession*, *kontrahieren*, *c.i.c.*[164]
Beim Beispiel (A-101a), (A-101b) ist eine interessante Erscheinung zu beobachten: Beide Adjektive gelten in der Rechtssprache als Fachsynonyme, so dass *Handeln* als Unterbegriff von *Verhalten* mit beiden Adjektiven verbindbar ist. Dagegen lässt sich die Bezeichnung des übergeordneten Begriffs *Verhalten* nur in Verbindung mit dem Adjektiv *schlüssig* nachweisen. Diese Erkenntnis gilt hier aber nur bezüglich der von mir untersuchten juristischen Texte. Denn den Aussagen von Juristen zufolge klingt die Verbindung *konkludentes Verhalten* nicht ungewöhnlich; sie wird sogar in der Erklärung des Adjektivs *konkludent* in einem Fremdwörterbuch (Duden Fremdwörterbuch 1994:756) als Beispiel angeführt. Allerdings ist in meinem Textkorpus eine solche Verbindung nicht belegt. Daraus lässt sich auf eine bevorzugte Kombination schließen, die wohl auf folgende Tatsachen zurückgeht: Beide (gemeinsprachliche) Substantive sind semantisch verwandt, aber nicht identisch. Das Wort *Handeln* trägt das Merkmal des Tätigseins, während das Wort *Verhalten* (zumindest im rechtlichen Wortschatz) auch passives *Unterlassen* ausdrücken kann. Die begrenzte Kombinierbarkeit des Adjektivs *konkludent* kann daher mit der Semantik beider Substantive zusammenhängen. Wahrscheinlich auf Grund der möglichen Passivität von *Verhalten*

163 Auf der Grundlage der Theorie der Schichten in den Fachsprachen, die sich durch unterschiedliche fachsprachliche Register auszeichnen, lässt sich in Bezug auf die juristische Ausdrucksweise aussagen, dass die Fremdwörter als einem höheren Register angehörig gelten. Zur vertikalen Schichtung und zur Wahl eines fachsprachlichen Registers vgl. Thurmair (1995:248).

164 Die Abkürzung für den sehr verbreiteten Terminus '*culpa in contrahendo*' hat sich inzwischen voll etabliert. Damit kann sie als ein fremdsprachliches Dublettenelement betrachtet werden. Über Abkürzungen als besonderen Fall der Doppelterminologie vgl. Thurmair (1995:275). Zur Kürzung als möglicher Bildung des Neuwortschatzes s. auch Greule (1980:274f.).

wird im juristischen Kontext die Verbindung mit dem Adjektiv *konkludent* vermieden. Um eindeutige Schlüsse ziehen zu können, wäre jedoch eine umfangreiche Untersuchung von mehreren Texten verschiedener Textsorten (z.B. Kommentare verschiedener Verlage, Lehrbücher, Fachwörterbücher) nötig. Hilfreich wäre auch eine empirische Untersuchung in Form einer Befragung von praktizierenden Juristen. Dies ist im Rahmen der vorliegenden Arbeit leider nicht möglich. Es können nur beide Wortgruppen in den verglichenen Texten verschiedener Textsorten betrachtet werden, wo sie in ähnlich strukturierten Umgebungen vorkommen. Dies lässt sich schematisch wie folgt darstellen:

`durch + [Adj + Subst] + Vb`

Darüber hinaus sind beide Wortverbindungen in einem ähnlichen sachlichen Zusammenhang zu finden: *Genehmigung durch schlüssiges Verhalten / schlüssiges Handeln*, wo neben den zwei abwechselnd verwendeten Lexemen *Handeln / Verhalten* ein drittes vorkommt: *Handlung*. In allen drei Fällen sind die Substantive in Verbindung mit dem Adjektiv *schlüssig* nachgewiesen.
Zusammenfassend kann man sagen, dass der tatsächliche Sprachgebrauch von der theoretisch möglichen Kombinierbarkeit abweicht. Obwohl beide Substantive mit beiden Adjektiven Verbindungen eingehen können, ist dies in den untersuchten juristischen Texten nur bei einem Substantiv ⟨*Handeln*: *schlüssig / konkludent*⟩ auch empirisch belegt. Für die Wortgruppe *schlüssiges Verhalten* lässt sich nur eine theoretische Austauschbarkeit feststellen.
Einen vereinzelten Fall stellt das Beispiel (A-103a) dar. Die Austauschbarkeit der adjektivischen Komponente in *wirklicher Wille* ergibt sich aus der gemeinsprachlichen Synonymität der Adjektive: *wirklich / wahr / tatsächlich / real.*[165] Die Untersuchung hat ergeben, dass die Austauschbarkeit sowohl von der Textsorte als auch von der Funktion der Äußerung abhängt, in der die Wortgruppe auftritt.
Ein Beispiel für die Textsortenabhängigkeit liefert das BGB, das konsequent nur die Wortverbindung *wirklich + Wille* verwendet.
Die Abhängigkeit von der Funktion der Aussagen, in denen die Verbindungen *wirklich / tatsächlich / wahr + Wille* belegt sind, kann nicht getrennt von der Textsortenfunktion gesehen werden. Während die lexikalisch verfestigte Wortverbindung im Gesetz einen Sachverhalt direkt benennt, dienen die anderen Wortverbindungen in der Regel[166] dazu, diesen zu erklären, zu beschreiben oder näher zu bestimmen. Der Verdeutlichung halber werden Aussagen mit vergleichbaren Inhalten zitiert, in denen der Ausdruck in einem ähnlichen sprachlichen Kontext vorkommt:

(A-104) *Bei der Auslegung einer Willenserklärung ist <u>der wirkliche Wille</u> zu erforschen* (§ 133)

---

165 Zu gemeinsprachlichen Wörtern im Recht vgl. 3.6.

166 Im juristischen Sprachgebrauch kann ein abweichender Gebrauch nicht ausgeschlossen werden.

(A-105) *Die Testamentauslegung hat zum Ziel, den wirklichen (realen)Willen des Erblassers zu erforschen* (Kom Palandt 2003:§ 2084, Rn 1)

(A-106) *Zur Schließung dieser Lücke ... hält sich die ergebende Testamentauslegung an den realen Willen des Erblassers* (ebd., Rn 8)

(A-107a) *Je nach ... hat die Auslegung entweder auf den wahren Willen des Erklärenden abzustellen, sog. natürliche Auslegung. ...* →

(A-107b) *Die natürliche Auslegung hat im Wortlaut des § 133 ("wirklicher Wille") ihre Grundlage* (ebd.:§ 133, Rn 7)

Mehrere Variationen zu der Wortgruppe sind innerhalb eines Textes zu finden:

(A-108a) *Nach § 133 BGB ist der wirkliche ... Wille des Erklärenden ... zu ermitteln ...* → (A-108b) *Wird der tatsächliche Wille des Erklärenden bei ... festgestellt, ..., dann bestimmt dieser Wille den* (lexetius.com/2002/4/26, Rn 18)

(A-109a) *ist ... der wirkliche Wille zu erforschen. Wenn damit auch nicht der innere ... Wille,* → (A-109b) *sondern der wahre, erklärte Wille gemeint ist* (RWb 1999:126)

Der Gebrauch der Alternativformen im Rahmen der Erklärungen oder Beschreibungen wird vom Einsatz anderer, nichtsprachlicher Mittel, wie z.B. Anführungszeichen oder Klammern (*der wirkliche (reale) Wille* / *der "tatsächliche" Wille*) mit oder ohne Hinweis auf das entsprechende Gesetz (vgl. (A-105), (A-107b)), begleitet.
Aus dem Vergleich der Sätze (A-105) – (A-109b) ergibt sich, dass die adjektivische Konstituente in anderen Textsorten als im Gesetz gegen ihre gemeinsprachlichen Synonyme austauschbar ist. Wird aber direkt auf den anzuwendenden Paragraphen Bezug genommen, benutzt man das dort verwendete Adjektiv (A-107b). Das bedeutet, dass hier mehrere Parallelformen bestehen; durch den konsequenten Gebrauch im Gesetz hat sich aber nur eine als lexikalisiert durchgesetzt. Ihre Lexikalisierung wird zusätzlich bestätigt durch:

1) morphologische Varianten: *das wirklich Gewollte* / *das wirklich gewollte Geschäft* / *ein ... in Wahrheit wirklich gewolltes Geschäft* und
2) Äußerungen wie: *wirklicher Wille im Sinne des § ...* / *im Wortlaut des § ("wirklicher Wille") Grundlage haben*, mit Hinweis auf den Paragraphen, in welchem die Wortgruppe vorkommt.

Kontextabhängige Austauschbarkeit

Einen Sonderfall stellt die kontextabhängige Austauschbarkeit dar. Hier können zwei adjektivisch verwendete Partizipien nebeneinander stehen, denen zwei verschiedene Verben mit absolut verschiedenen Bedeutungen zugrunde liegen:

(A-110a) *dienendes Grundstück* → (A-110b) *belastetes Grundstück*

Es handelt sich nicht immer etwa um zwei grundsätzlich unterschiedliche Begriffe und damit auch zwei unterschiedliche Termini, wie die folgenden Beispiele zeigen:

(A-111) *Für den gutgläubigen Erwerb der subjektiv-dinglichen Rechte ist dabei maßgebend der Inhalt des Grundbuchs für das belastete (dienende) Grundstück* (NJW-RR 1987:790)

(A-112) *Bei Grunddienstbarkeiten stehen sich zwei Grundstücke gegenüber, ein belastetes, das "dienende", und* das ... (Lb Schwab/Prütting 2000:404)

Die vorliegenden Belege haben mich zur näheren Betrachtung der Synonymieverhältnisse zwischen den beiden Ausdrücken veranlasst. Das BGB verwendet ausschließlich das PII in der attributivischen Funktion, das PI kommt nur in einer Überschrift des einschlägigen Paragraphen (§ 1026, Palandt 2003) vor. Im Hinblick darauf, was über die Überschriften in verschiedenen BGB-Ausgaben gesagt wurde (Kap. 4.5.1), kann dies nicht als Maßstab gelten. Aussagekräftiger ist der Kontext als sachlicher Zusammenhang, der Restriktionen bedingt. Nur in Bezug auf bestimmte Fälle (Kontext der Dienstbarkeit, wie der Beleg (A-112) aus dem Lehrbuchtext verdeutlicht) werden beide Partizipien (und damit Wortgruppen) als Fachsynonyme verwendet. Außerhalb dieses Kontextes stehen sie in einem Verhältnis der Überordnung, für die folgendes gilt: Nicht jedes *belastete Grundstück* ist gleichzeitig als *dienend* einzuordnen, aber jedes *dienende Grundstück* ist gleichzeitig *belastet*. Es liegt hier also eine Art kontextbedingter partieller Synonymie[167] vor.
Ein weiterer Unterschied besteht in den formalen Eigenschaften, weil das PII als Attribut auch in seiner prädikativischen Form auftreten kann. In Ausführungen bezüglich eines konkreten Falles kann nach Bedarf die Belastung semantisch erweitert werden:

(A-113)′ *X veräußerte das so belastete Grundstück* → R**X veräußerte das so dienende Grundstück*

Die Erweiterung in (A-113) entsteht aber in Abhängigkeit von einem konkreten Fall und seiner textuellen Realisierung, wo die vortextuelle Information eine Rolle spielt. Eine Transformation in einen Nebensatz ist möglich, allerdings nur für PII:

(A-114)′ *X veräußerte das Grundstück, das so belastet wurde* → R**X veräußerte das Grundstück, das dient*

Auf Grund der obigen Überlegungen gelangt man zu der Schlussfolgerung, dass beide Wortgruppen innerhalb eines Sachzusammenhangs synonym sein können. Abgesehen von diesem einen Kontext handelt es sich um zwei unterschiedliche Termini, deren Benennungen unterschiedlich fest sind. *Dienendes Grundstück*

167 Die partielle Synonymie als eine unbestrittene fachsprachliche Erscheinung wird bei Thurmair (1995:247-8) "als starke Ähnlichkeit von Bedeutung und daraus folgend die Vertauschbarkeit in zumindest einigen Kontexten" verstanden.

ist strukturell invariabel, weil nicht erweiterbar, *belastetes Grundstück* kann unter bestimmten Umständen erweitert (A-113) oder modifiziert werden (A-114).

Sonstige lexikalische Änderungen

Der abwechselnde Gebrauch der Adjektive *rechtsgeschäftsähnlich* und *geschäftsähnlich* in der Verbindung mit dem Substantiv *Handlung* wird hier nicht als lexikalische Änderung betrachtet:

(A-115a) *rechtsgeschäftsähnliche Handlung* → (A-115b) *geschäftsähnliche Handlung*

Die Verkürzung des Adjektivs ist nämlich auf die Kürzung des Substantivs *Rechtsgeschäft* auf *Geschäft* zurückzuführen, die als Kürzungsverfahren bereits oben besprochen wurde (vgl. 6.1.3.1). Ähnlich verhält sich das Basismorphem in Verbindung mit anderen Lexemen, wenn es als Substantiv auftritt, vgl. *verdecktes Rechtsgeschäft / Geschäft*. In bestimmten Komposita wird dagegen nur die kürzere Form *-geschäft* verwendet: *Scheingeschäft*, *Kausalgeschäft*, vgl. **Scheinrechtsgeschäft*, **Kausalrechtsgeschäft*. Da in der Beispielsammlung keine weiteren Adjektiv-Substantiv-Verbindungen mit *rechtsgeschäftsähnlich* bzw. *rechtsgeschäftlich* untersucht wurden und (A-115a) zu dem relativ festen Typ (6.1.2) gehört, sind hier keine weiteren Ausführungen erforderlich.

6.1.4.2 Austauschbarkeit der substantivischen Komponente

In einigen Fällen variiert an der Stelle des Kernsubstantivs das deutsche Wort und sein lateinisches Äquivalent:

(A-116a) *versteckter Einigungsmangel* → (A-116b) *versteckter Dissens*

(A-117a) *stille Abtretung* → (A-117b) *stille Zession*

Die Tatsache, dass der Austausch beim Substantiv seltener zu finden ist als beim Adjektiv, hat hier keinerlei Bedeutung. Der Austausch der substantivischen Komponente generell ist auf die gleiche Erscheinung wie bei adjektivischen Fachsynonymen zurückzuführen. Grundsätzlich gilt, wenn ein deutsches Substantiv ein lateinisches Äquivalent hat und mit Hilfe von adjektivischen Attributen Unterbegriffe bilden kann, so kann für die Benennung ein und desselben Begriffes entweder das deutsche oder das lateinische Substantiv verwendet werden:

(A-118) ... *liegt versteckter Dissens* (§ 155) *vor* (Kom Palandt 2003:§ 119, Rn 8)

(A-118)′ ... *liegt versteckter Einigungsmangel* (§ 155) *vor*

Dies lässt sich an einem Lexikoneintrag verdeutlichen:

(A-119) *Liegt dagegen ein versteckter Einigungsmangel – sog. versteckter Dissens*[168] *– vor* (RWb 1999:1439)

---

168 In dem zitierten Satz wird die zweite Wortgruppe in Kursivschrift gesetzt.

Ähnlich verhält es sich mit der Austauschbarkeit der Substantive *Abtretung* und *Zession* (A-117a) und (A-117b). Beide Substantive, sowohl das deutsche als auch das lateinische, sind abwechselnd mit dem Adjektiv *still* belegt, ohne dass sich die Bedeutung des gesamten Begriffes ändert. Etwas anders stellt sich der Gebrauch in Komposita dar, wo als Grundwort ausschließlich *Zession* zu finden ist: *Globalzession, Mantelzession.*[169]
Bei obigen Parallelformen (A-116a/b) und (A-117a/b) handelt es sich unter semantischem Aspekt um Begriffe der Rechtstheorie, was sie vom Gebrauch im BGB ausschließt. In anderen Textsorten, z.B. in Kommentartexten, überwiegt die Verbindung mit dem Substantiv lateinischer Herkunft; diese Tendenz ist auch in den untersuchten Urteilen zu beobachten. Dies gilt allerdings dann nicht, wenn nur die 'Abtretung', also der Oberbegriff von '*stiller Abtretung*', thematisiert wird.[170] Beide Formen, sowohl die mit dem deutschen als auch die mit dem lateinischen Substantiv, gelten als terminologische Benennungen, die – außer dieser lexikalischen Modifikation – keine strukturellen Änderungen aufweisen:

(A-120) *auch im Falle des versteckten Dissenses* (Kom Palandt 2003:§ 119, Rn 8) → R**auch im Falle des Dissenses, der versteckt ist* → R**auch im Falle des dort versteckten Dissenses*

Sonderfall der lexikalisch-morphologischen Änderung

In der Wortgruppe *überlebender Ehegatte* ist von den Modifikationen ebenfalls das Substantiv betroffen; sie beruhen jedoch auf anderen Prinzipien. Innerhalb eines Textes sind mehrere Änderungen zu finden:

(A-121a) der Pflichtteil des überlebenden Ehegatten ... bestimmt sich in diesem Falle → (A-121b) *nach dem nicht erhöhten gesetzlichen Erbteil des Ehegatten* (§ 1371 II)

Die Wortgruppe wird im hier zitierten Paragraphen auf das Substantiv *Ehegatte* infolge der Einführung durch den Vortext reduziert, was im Weiteren nicht mehr erwähnt wird.[171] Außerdem sind folgende Änderungen belegt:

(A-122a) *Die Vermögenslosigkeit des überlebenden Ehegatten ... dem zunächst* → (A-122b) *alleinerbenden Überlebenden* (Kom Palandt 2003:§ 2269, Rn 8)

Diese Modifikation ist auch in Urteilstexten nachgewiesen, wo sie an textuelle Gegebenheiten (Einbettung in eine Argumentationskette) gebunden ist. Sie ist (ähnlich wie die innertextuelle Auslassung des adjektivischen PI *überlebend* und

169 Diese Tendenz führt Thurmair (1995:261) auf einen formalen Grund zurück: Auf Grund der Kürze des Fremdwortes im Vergleich zum deutschen Wort geht nur das erstere Komposita ein.

170 Ob das lateinische *Zession* in mehrgliedrigen Bezeichnungen, das deutsche *Abtretung* dagegen in seiner prädikativen Bedeutung als Deverbativum bevorzugt wird, kann nur im Rahmen einer empirischen Untersuchung geklärt werden.

171 Zur Erklärung vgl. 6.1.2.2.

die Verkürzung auf *der Ehegatte*) an einen klaren Kontext gebunden, die Änderung der Struktur ist auf die morphologischen Eigenschaften des adjektivisch verwendeten Partizips I zur Beschreibung von Personen zurückzuführen.[172] In Fällen wie (A-123) wird die auf das substantivische Partizip I reduzierte Wortgruppe ohne semantische Änderung verwendet:

(A-123) *Haben die Ehegatten … bestimmt, dass nach dem Tode des Überlebenden* (§ 2269)

Hier ist das sprachliche Umfeld durch das vorerwähnte Substantiv *Ehegatten* geprägt, was semantische Eindeutigkeit und Identität gewährleistet.
Zu vergleichen ist aber folgender Satz:

(A-124) *Ehegatten oder Lebenspartner … nach dem Tode des Überlebenden* (§ 2280),

in dem der sprachliche Kontext eine große Rolle spielt, weil das substantivische Partizip sich zusammenfassend auf zwei ähnliche Subjekte (*Ehegatte* und *Lebenspartner*) bezieht. Dies bedeutet eine semantische Verschiebung im Sinne einer Begriffserweiterung.
Ausdrücke wie *der überlebende Teil* oder *der überlebende Ehepartner* stellen weitere, weniger übliche Varianten dar. Diese betreffen die lexikalische Ebene und sind auch an einen Text, genauer gesagt an die Vorerwähntheit der Wortgruppe *überlebender Ehegatte* oder zumindest des Substantivs *Ehegatte* gebunden (dadurch unterscheiden sich diese Varianten von lexikalischen Modifikationen in (A-116a/b) und (A-117a/b)):

(A-125) *Wollen Ehegatten, …, dass … das Vermögen … dem überlebenden Teil verbleiben soll* (Kom Palandt 2003:§ 2269, Rn 1)

(A-126) *nach dem Tode des zuerst versterbenden Ehegatten zwar eine Rechtsstellung, die sich aus der Bindung des überlebenden Ehepartners …* (NJW 1998:543)

Weitere zu dieser Wortgruppe belegte Variationen sind ebenfalls an die innertextuelle Wiederaufnahme der Verbindung *der überlebende Ehegatte* gebunden: *der längstlebende Ehegatte / der Längstlebende / der Längerlebende*. Da sie aber ein anderes semantisches Merkmal tragen, werden sie nicht einzeln besprochen.
Auf Grund der Variationen des Ausdrucks *der überlebende Ehegatte* mit dem gleichen Grundmorphem *überlebend*, die nur innerhalb eines Text(teil)es auftreten, wird die Wortgruppe als 'halbfest' bewertet. Wird die Wortgruppe als terminologische Benennung verwendet, so lassen sich keine syntaktischen Auflösungen feststellen:

(A-127) *bei einer Wiederverheiratung des überlebenden Ehegatten* (RWb 1999: 1544) → R**bei einer Wiederverheiratung des Ehegatten, der überlebt hat*

172 Die Nominalisierbarkeit der PI, die der Transformation von (A-122a) zu (A-122b) zugrunde liegt, wurde bereits in 6.1.2.2 behandelt.

Kontextabhängige Austauschbarkeit der substantivischen Komponente

Die folgenden Wortgruppen stellen den Fall der kontextbedingten Synonymie und daher der kontextbedingten Austauschbarkeit des Kernsubstantivs dar[173]:

(A-128a) *positive Vertragsverletzung* → (A-128b) *positive Forderungsverletzung*

In dem untersuchten Rechtswörterbuch sind diese Lemmata als Stichworte zu finden:

(A-129) *Forderungsverletzung* → *positive Vertragsverletzung* (RWb 1999:473)

(A-130) *positive Vertragsverletzung (Forderungsverletzung, Schlechterfüllung)*[174] (ebd.:996)

Das dritte Fachwort *Schlechterfüllung* in (A-130) wird hier als Ein-Wort-Terminus außer Betracht gelassen. Das als Fachsynonym angeführte Äquivalent *Forderungsverletzung* kommt in (A-129) zwar ohne Attribut vor, tatsächlich heißt es aber *positive Forderungsverletzung*. Trotz der begrifflichen Verwandschaft von *Forderungsverletzung* und *Vertragsverletzung* handelt es sich nicht um gleichbedeutende Termini. Sie stehen in einem nicht gleichwertigen Verhältnis; der Begriff 'der positiven Forderungsverletzung' (pFV) ist semantisch umfassender und wurde als solcher statt 'positiver Vertragsverletzung' (pVV) bis zur Schuldrechtsreform 2002 gebraucht, "da er alle Fälle einer Verletzung von Schuldverhältnissen einschließt" (http://www.juralink.de/default.htm).[175] Daraus ergibt sich nur eine kontextbeschränkte Austauschbarkeit in Verbindung mit dem Adjektiv *positiv*: Handelt es sich um Verletzung einer vertraglichen Verpflichtung, so können beide Termini verwendet werden. Werden Pflichten aus anderen als vertraglichen Verhältnissen verletzt, so darf nur der umfassendere Terminus *positive Forderungsverletzung* benutzt werden:

(A-131) *Die Bekl. hafte jedoch aus positiver Forderungsverletzung* (NJW 1995:250)

In dem Fall, auf den sich (A-131) bezieht, handelt es sich um eine Vollmacht, was den Gebrauch von *positive Vertragsverletzung* ausschließt.
Es liegt hier eine 'scheinbare' Synonymie (ähnlich wie diejenige (A-110a) *dienendes* / (A-110b) *belastetes Grundstück*) vor, die stark vom Kontext abhängt. Beide Wortgruppen sind in dieser Arbeit insoweit von Interesse und werden

173 Vgl. (A-110a) und (A-110b) als kontextbedingten Austausch der adjektivischen Komponente.

174 Bei echten Doppeltermini dient die gewählte Reihenfolge der Intention des Autors, einen Terminus entweder zu erklären oder als neu zu einzuführen (vgl. Thurmair 1995:262). Dies erfolgt in der Regel unter Verwendung von weiteren Mitteln, z.B. Klammern. Zu den sog. expliziten Indikatoren der Doppelterminologie vgl. bei Thurmair (ebd.: 265–270).

175 Seit der Schuldrechtsreform 2002 werden "die bisherigen Fälle von p[ositiver] V[ertrags]V[erletzung] (= p[ositive]F[orderungs]V[erletzung]) in § 280 Abs. 1 und § 282 geregelt" (http://www.juralink.de/default.htm).

exemplarisch angeführt, als sie in dem oben (A-129), (A-130) zitierten Nachschlagewerk (den Autoren zufolge auch an Laien gerichtet) als quasi-synonymisch behandelt werden, was zur Verwirrung bei Nichtjuristen (unabhängig von der sprachlichen Herkunft) führen könnte. Ein ähnlich täuschender Eindruck kann durch die Arbeit mit einem Lehrbuch (Medicus 2003) entstehen, in dessen Stichwortverzeichnis zu *positive Forderungsverletzung* der Verweis auf einen Absatz steht, in dem aber nur *positive Vertragsverletzung* thematisiert wird. Bei einem solchen Mangel an Konsequenz und Exaktheit ist es die Aufgabe von Lexikographen und/oder Pädagogen, (mutter- oder fremdsprachliche) Jurastudenten auf kontextabhängige Unterschiede aufmerksam zu machen. In Anbetracht der begrifflichen Unterschiede zwischen *Forderungsverletzung* und *Vertragsverletzung* lässt sich über die oben verglichenen Wortgruppen sagen, dass jede für sich eine feste Wortverbindung (Typ *arglistige Täuschung*, 6.1.2) darstellt.

6.1.5 Partiell auflösbare Wortgruppen

Einige Verbindungen des Typs `PII + Subst` sind lexikalisch fixiert, strukturell aber nur teilweise stabil:

(A-132) *gezogene Nutzungen*, (A-133) *vereinbarter Kaufpreis*

(A-134) *erbrachte Leistung*

Die partizipial-substantivische Verbindung geht auf die Stabilität der lexikalischen Kombination zur Bezeichnung der jeweiligen Bezugshandlung im Bereich der jeweils zugrunde liegenden Verb-Substantiv-Gruppen zurück.[176] Das Partizip bildet eine enge Verbindung mit dem Substantiv; es kann in einigen Fällen ausgelassen werden, ohne dass sich die Bedeutung des Kernsubstantivs ändert.[177] Die Wortgruppe kann als morphologische Transformation betrachtet werden, die aus sprachökonomischen Gründen an Stelle von attributiven Nebensätzen verwendet wird:

(A-135) *die gezogenen Nutzungen herauszugeben* (§ 346) → (A-135)′ *die Nutzungen herauszugeben, die gezogen werden*

Trotz dieser Möglichkeit der Transformation handelt es sich um eine – durch den Gebrauch – lexikalisierte Verbindung. Auf einer bestimmten Abstraktionsstufe, d.h. in allgemeinen Zusammenhängen, kann das Partizip ohne semantische Unterschiede verwendet oder ausgelassen werden:

(A-135) *die gezogenen Nutzungen herauszugeben* (§ 346) → (A-135)′ *die Nutzungen herauszugeben*

---

176 Vgl. Kap. 7.1.2 Wortgruppen im verbalen Bereich.

177 Darin unterscheiden sich die vorliegenden Verbindungen von den terminologisierten, auf nur eine Konstituente reduzierbaren Wortgruppen des Typs *arglistige Täuschung* (vgl. 6.1.2); vgl. auch *Minderung des Kaufpreises* (6.2.2.2).

Die Auslassung des Partizips ist meist dann belegt, wenn die gesamte Wortgruppe innerhalb eines Textes vorerwähnt ist. Als ein solcher Fall können die – wenngleich nicht unmittelbar – nacheinander angereihten Paragraphen angesehen werden, die zu einem Titel des BGB gehören:

(A-136) *Die Verpflichtung zur Herausgabe erstreckt sich auf die gezogenen Nutzungen* (§ 818)

(A-137) *zur Herausgabe von Nutzungen ist er insoweit nicht verpflichtet, als …* (§ 820)

Wird über eine Art von Ansprüchen gesprochen, ist für die Bezeichnung des Anspruchs meist die Wortgruppe mit dem PII-Attribut zu finden. Dass im BGB das Substantiv regelmäßig durch das PII attribuiert wird, ist auf den hohen Anspruch an Explizität zurückzuführen. In anderen Texten hängt der Gebrauch bzw. der Nichtgebrauch der PII von der kommunikativen Absicht, von dem Grad der Bezogenheit auf einen konkreten Fall oder vom Bemühen des Sprechers, gesetzesähnlich explizit zu sein, ab. Häufig handelt es sich tatsächlich darum, das semantische Merkmal 'gezogen-sein' hervorzuheben: Die *Herausgabe* setzt voraus, dass *die Nutzungen gezogen* worden sind. Hierin kann man eine Besonderheit der juristischen Fachsprache sehen, in der besondere Beweggründe bestehen, warum bestimmte Aspekte ausgedrückt werden müssen, die einem Laien nicht immer einleuchtend erscheinen.

Die Besonderheit dieser Wortgruppen mit Partizip II als adjektivischer Komponente wird deutlicher, wenn man zwei ähnlich aufgebaute Wortgruppen mit demselben adjektivischen Teil vergleicht, z.B. (A-133) *vereinbarter Kaufpreis* und *vereinbarte Beschaffenheit.*

Der Ausdruck *vereinbarte Beschaffenheit* gehört zu dem unter 6.1.2 behandelten Typ: Die Auslassung des PII *vereinbart* ist nicht möglich, weil dadurch die begriffliche Ganzheit verletzt wird, was sich auf die Handlungsebene auswirken kann. Die *Beschaffenheit* (einer Sache) muss nämlich *vereinbart* worden sein, damit eine der Vertragsparteien bestimmte Ansprüche geltend machen kann.

In (A-133) *vereinbarter Kaufpreis* ändert sich dagegen durch die Weglassung des PII die Bedeutung des Kernwortes nicht, vgl.:

(A-138) *der Käufer ist verpflichtet, … den vereinbarten Kaufpreis zu zahlen* (§ 433 II) → (A-138)′ *der Käufer ist verpflichtet, … den Kaufpreis zu zahlen*

Darüber hinaus kann die ganze Wortgruppe in einen Nebensatz umgeformt werden:

(A-139) *verpflichtet, den vereinbarten Kaufpreis zu zahlen* (§ 433 II) →
(A-139)′ *verpflichtet, dem Verkäufer den Kaufpreis zu zahlen, den er mit diesem vereinbart hat*

Die attributive Verwendung des Partizips ist jedoch ökonomischer und wird daher bevorzugt. Theoretisch lässt sich die Wortgruppe *vereinbarte Beschaffenheit* auch zerlegen, verliert damit aber den Status der terminologischen Einheit (und

wird daher als juristisch nicht akzeptabel markiert): *die Beschaffenheit, die vereinbart wurde.*[178]
Der Vergleich zweier ähnlich strukturierter Wortgruppen mit dem adjektivisch verwendeten PII *vereinbart* zeigt, dass auch hier die Kontexteinbeziehung bzw. -unabhängigkeit eine Rolle spielt: Während die Wortgruppe *vereinbarte Beschaffenheit* im Kontext 'Kaufrecht' auch unabhängig vom Kontext ein fester Ausdruck ist, fehlt dem Beispiel *der vereinbarte Kaufpreis* diese kontextfreie Selbständigkeit. Auch innerhalb eines Textes hängt es von der Absicht des Sprechers ab, ob der Aspekt der *Vereinbarung* auszudrücken ist oder ausgelassen werden kann. Ähnliche Tendenzen sind bei mehreren Verbindungen des Typs `PII + Subst` zu beobachten. Da sie lexikalisch fest, strukturell aber teilweise auflösbar sind, zählen sie zu den halbfesten Wortgruppen.

6.1.6 Freie Wortgruppen

6.1.6.1 Relativ freie erweiterte Wortgruppen

Im Schnittbereich zwischen halbfesten und freien Verbindungen liegen Wortgruppen, die eine lexikalische und damit strukturelle Erweiterung zu einfachen adjektivisch-substantivischen Fügungen darstellen[179]:

> (A-140) *bestehende und künftige Ansprüche* / (A-141) *Forderungen* /
> (A-142) *Verbindlichkeiten*

Die Wortgruppe (A-140) (und ähnlich (A-141), (A-142)) ist in mehreren Urteilstexten in folgender sprachlicher Umgebung zu finden:

> (A-143) *die Bürgschaft für alle bestehenden und künftigen Ansprüche der Kl.* (NJW 1998:2284)

> (A-144) *verbürgte sich die Bekl. ... für alle bestehenden und künftigen Forderungen* (ebd. 1997:3230)

Es liegt hier offensichtlich eine bevorzugte Formulierungsweise vor, die im Zusammenhang mit Bürgschaften zur Lexikalisierung neigt. Dennoch ist auch eine andere Formulierung möglich, wie ebenfalls Urteilstexten zu entnehmen ist:

> (A-145) *zur Sicherung aller gegenwärtigen und zukünftigen Ansprüche der Bank* (NJW 1984:1186)

Dass es um keine feste Wortgruppe geht, bestätigen folgende Belege aus Texten anderer Textsorten:

> (A-146) *zur Sicherung des Darlehens einer Bank – an diese* <u>*sämtliche*</u> *bestehenden und künftigen Forderungen des Schuldners* (RWb 1999:20)

---

178 Die terminologische Inakzeptabilität einer solchen – sprachlich akzeptablen – Transformation wird in Kap. 6.1.2.3 an (A-49) gezeigt; vgl. auch (A-45a), (A-45b).

179 Vgl. weiter (A-154) bzw. (A-155), (A-156).

Die (besonders in Urteilen zu ähnlichen Fallgruppen) häufig wiederholte Formulierung ist wohl auf die Formelhaftigkeit von juristisch relevanten (Bürgschafts-) Erklärungen zurückzuführen. Dabei ist nicht die Häufigkeit der so modifizierten Wortgruppen von Interesse, sondern die Notwendigkeit, eine der vorstehenden Verbindungen (A-140) – (A-146) zu verwenden. Die lexikalisierte (und lexikalisch modifizierbare) Fügung von zwei koordinativ angereihten Adjektiven und des entsprechenden Substantivs (A-140) – (A-142) ist meist im Umfeld von bestimmten Lexemen (*Sicherung* bzw. *sichern*, *Bürgschaft* bzw. *sich verbürgen für*) zu finden. In anderen lexikalischen Kontexten sind weitere Variationen belegt:

(A-147) *des Sicherungsvertrags ..., der sowohl bestehende als auch künftige Ansprüche aus ... erfaßt* (lexetius.com/2001/9/114, Rn 15)

(A-148) *alle gegenwärtig und künftig auf Grund des Geschäftsverhältnisses bestehenden Ansprüche* (NJW 1985:1218)

Weder die Adjektive *gegenwärtig*, *(zu)künftig* noch das adjektivisch gebrauchte PI *bestehend* gehören zur Bedeutung von *Anspruch* (bzw. *Forderung*, *Verbindlichkeit*). Das PI *bestehend* kann z.B. mit *Anspruch* ebenso eine andere, im Singular stehende Verbindung eingehen (vgl. (A-149a)). In dem unten angeführten Satz, der aus allgemeinen Ausführungen zur Verjährung in einem Lehrbuch stammt, hat *Anspruch* eine allgemeinere Bedeutung als im Kontext der Bürgschaften. Darüber hinaus ist eine syntaktische Auflösung des erweiterten Partizipialattributes möglich:

(A-149a) *sich gegenüber einem einwandfrei bestehenden Anspruchs auf Verjährung zu befreien* (Lb Köhler 2001:288) →

(A-149b) *sich gegenüber einem Anspruch auf Verjährung zu befreien, der einwandfrei ist* →

(A-149c) *sich gegenüber einem einwandfreien Anspruch auf Verjährung zu befreien*

Obwohl die (mehrfach variierte) Wortgruppe (s. oben) nicht fest und ihre Einordnung als Fertigteil der juristischen Terminologie ausgeschlossen ist, lässt sich anhand der zitierten Beispiele (A-143) – (A-148) nicht abstreiten, dass zwischen den Adjektiven bzw. adjektivisch gebrauchten Partizipien und den durch sie determinierten Substantiven ein gewisser Grad der Abhängigkeit besteht.[180] Eine gewisse Erstarrung beweist nicht zuletzt der ausschließliche Gebrauch der Pluralform. Die Beispiele (A-143) – (A-148) machen deutlich, dass es sich nicht um ad-hoc-Bildungen handelt. Diese werden "aus einem momentanen Bedarf heraus

---

180 Auch Coulmas (1985:253) bemerkt bezüglich der Frage nach dem Status von syntaktischen Gefügen als lexikalischen Einheiten, dass das Grundproblem darin liegt, "daß es zu jedem gegebenen Zeitpunkt Ausdrücke gibt, deren lexikalischer Status unklar ist." Diese Aussage, die sich auf alle syntaktischen Gefüge, d.h. auch auf Komposita, bezieht, lässt sich m.E. auf Wortgruppen im Sinne dieser Arbeit übertragen.

nach produktiven Wortbildungsregeln produziert" und gehören "nicht zum dauerhaften Bestandteil des Lexikons" (Bußmann 2002:405). Die Verbindungen (A-140) – (A-142) (und ihre Varianten) werden im Recht jedoch durch gewisse Kontexte ⟨Bürgschaft, Sicherung⟩ und ihre sprachliche Realisierung evoziert. Besonders unter Berücksichtigung der Festigkeit und auf Grund des Vergleichs mit anderen festen Wortgruppen können die oben behandelten Wortverbindungen als relativ frei eingeordnet werden, weil sie sich im Übergangsbereich zu einer kontextbedingten bevorzugten Formulierung befinden.[181] Freie Wortgruppen, v.a. die aus mehr als zwei Konstituenten bestehenden, werden also nach produktiven syntaktischen Regeln gebildet. Aus ihrer Situationsgebundenheit (s. obiges Beispiel) ergibt sich so eine "Konvention", die zur endgültigen Verfestigung führen kann.[182]

6.1.6.2 Freie Wortgruppen

Auf einer anderen Variabilitätstufe stehen Wortgruppen mit der einfachen Aufbaustruktur `Adj + Subst`. Die erste Untergruppe stellen dabei Verbindungen eines Substantivs mit einem Präsens- oder Perfektpartizip dar. Exemplarisch soll hier folgendes Beispiel behandelt werden:

(A-150) *mangelnde Geschäftsfähigkeit*

Der Ausdruck lässt sich lexikalisch variieren, weil das PI *mangelnd* infolge der gemeinsprachlichen Synonymität gegen *fehlend* (wenn es der situative Rahmen oder die kommunikative Absicht des Sprechers verlangt und erlaubt) ausgetauscht werden kann:

(A-151a) *die wichtigsten Fälle sind mangelnde Geschäftsfähigkeit* (RWb 1999: 910) → (A-151b)′ *die wichtigsten Fälle sind fehlende Geschäftsfähigkeit*

Diese Austauschmöglichkeit gilt nicht in allen Verbindungen. Die Verbindung *mangelndes Urteilsvermögen* lässt eine solche Variation nicht zu:

(A-152) *mangelndes Urteilsvermögen* → R**fehlendes Urteilsvermögen*[183]

---

181 Coulmas (1985:252) spricht (verweisend auf Jespersen) von "Formeln", deren Formelhaftigkeit auch nur in ihrer beschränkten Modifizierbarkeit besteht. Das ist hier der Fall: Modifizierbar sind sie lexikalisch und strukturell; erstarrt sind sie morphologisch durch den festgelegten Numerusgebrauch (Plural). Dementsprechend ginge es bei diesen Verbindungen um "lexikalisierte Morphemsequenzen, die regulär strukturiert sind" (ebd.: 265f.).

182 Zieht man in Betracht, welchen Status die Sprache im Recht hat (Juristen entscheiden je nach den Erfordernissen der Zeit über die Ausdrucks- und Inhaltsseite eines Begriffs), kann man eine erzwungene Verfestigung einer Wortgruppe (wie auch eines Einzelwortes) nie ausschließen.

183 Es handelt sich bei (A-152) um eine morpho-syntaktische Variante der präpositionalen Substantiv-Gruppe *Mangel an Urteilsvermögen* (vgl. 6.4.3.2), mit der sie sich als seman-

Die obige Wortgruppe (A-151b) *fehlende Geschäftsfähigkeit* wird in Verbindung mit einem konkreten Fall wiederholt oder durch das fachliche Kompositum *Geschäftsunfähigkeit* ersetzt. Der Ausdruck (A-151b) *fehlende Geschäftsfähigkeit* tritt auch unter terminologischem Aspekt nicht als eine feste Einheit (vgl. (A-152)), sondern nur als paraphrasierender Ausdruck eines anderen Terminus auf. Auflösbarkeit als Gegenteil von Festigkeit lässt sich also auch aus der terminologischen (Un)Gültigkeit erschließen.
Zu den hier als frei bewerteten Verbindungen gehören viele andere, in denen das Partizip *fehlend* auftritt: *fehlende Einwilligung, fehlende Vertretungsmacht.*
Sie entstehen in der Regel spontan aus der kommunikativen Situation heraus, in der sie erweitert werden können:

(A-153) *die in ähnlichen Fällen fehlende Vertretungsmacht*

Das Merkmal 'frei' betrifft also sowohl die strukturelle als auch die lexikalische und damit die semantische Ebene. Die Auflösbarkeit ist an der Ableitung aus dem zugrunde liegenden Verb sichtbar: *die Vertretungsmacht fehlt.*
Dagegen ist bei als fest eingestuften Verbindungen weder die Erweiterung (aus terminologischen Gründen) noch Transformation des PI in ein Prädikat (aus grammatischen Gründen) möglich, vgl.:

(A-18) *aufschiebende Bedingung* → R**die in solchen Fällen aufschiebende Bedingung* → **die Bedingung schiebt auf*[184]

Auflösbar sind auch Verbindungen mit dem semantisch entgegengesetzten PI *bestehend.* Dieses ist häufig in der Verbindung mit den Lexemen *Anspruch, Forderung, Verbindlichkeit* belegt, die demselben Wortfeld (Rechte bzw. Pflichten aus Schuldverhältnissen) angehören:

(A-154) *bestehende Ansprüche,* (A-155) *bestehende Forderungen,*

(A-156) *bestehende Verbindlichkeiten*

In die zweite Untergruppe der freien Wortgruppen gehören Verbindungen eines Substantivs und eines Adjektivs bzw. deren syntaktische Ausdehnungen, wie z.B.:

bloße Entäußerung, anfechtbare Erklärung, fehlerhaftes Rechtsgeschäft, grundlose Annahmeverweigerung, zulässige Umdeutung, unvollständig beurkundeter Vertrag.

---

tisch identisch erweist und aus stilistischen Gründen abwechselnd verwendet wird. Warum sich im juristischen Wortschatz in Verbindung mit *Urteilsvermögen* zum Ausdruck des Fehlens das PI *mangelnd* und nicht *fehlend* durchgesetzt hat, ist eine im Rahmen dieser Arbeit nicht zu klärende Frage, deren Beantwortung einer eingehenden Untersuchung bedürfte.

184 Vgl. 6.1.2.

Das Merkmal 'frei' ergibt sich aus der Auflösbarkeit auf der syntaktischen Ebene:

a) Überführung des Attributes in den Prädikatsteil:

(A-157a) *die anfechtbare Erklärung* → (A-157b) *die Erklärung ist anfechtbar*

(A-158a) *das fehlerhafte Rechtsgeschäft* → (A-158b) *das Rechtsgeschäft ist fehlerhaft*

(A-159a) *ein unvollständig beurkundeter Vertrag* → (A-159b) *ein Vertrag ist unvollständig beurkundet worden*

b) Überführung des Attributes in andere syntaktische Glieder:

(A-160a) *die bloße Entäußerung* → (A-160b) *nichts als Entäußerung*

(A-161a) *eine grundlose Annahmeverweigerung* → (A-161b) *eine Annahmeverweigerung ohne einen Grund*

(A-162a) *das fehlerhafte Rechtsgeschäft* → (A-162b) *das Rechtsgeschäft ist mit einem Fehler bzw. mit Fehlern behaftet*

c) (und/oder als Folge aus 2.) Möglichkeit einer anderen Formulierung:

(A-163a) *eine grundlose Annahmeverweigerung* → (A-163b) *eine ohne einen Grund erfolgte Annahmeverweigerung* (vgl. (A-161b)

(A-164a) *das fehlerhafte Rechtsgeschäft* → (A-164b) *das mit einem Fehler bzw. mit Fehlern behaftete Rechtsgeschäft* (vgl. (A-162b))

Vergleicht man die unter c) angeführten möglichen Varianten (A-163b), (A-164b) mit den Ausgangsbeispielen (A-163a), (A-164a), so wird an deren formaler Gestaltung deutlich, dass sie unübersichtlicher wirken. Ob eine sprachökonomische (z.B. (A-163a)) oder eine strukturbelastende Form (z.B. (A-163b)) gewählt wird, hängt von der jeweiligen Situation ab. Die unter b) durchgeführten Modifikationen haben sich im Rahmen der Ersatzproben als akzeptabel erwiesen, was aber der Heranziehung des jeweiligen Sprachkontextes bedurfte:

(A-165) *die bloße Entäußerung seitens des Erklärenden* → (A-165)'*Der Erklärende hat bloß die Entäußerung / nur eine Entäußerung / nichts als Entäußerung getätigt*

Dies bedeutet eine starke (Kon-)Textgebundenheit der freien Fügungen. Dagegen lassen feste Wortverbindungen vom Typ *arglistige Täuschung* (vgl. 6.1.2) in jedem Kontext nur eine Form zu. Lexikalische und morpho-syntaktische Variation wäre als fachlich nicht richtig zu bewerten, auch wenn sie nach produktiven syntaktischen Regeln gebildet wäre:

R**arglistig durchgeführte Täuschung.*

6.1.7 Zusammenfassung Kapitel 6.1

Die Wortgruppen des Typs `Adj + Subst` (bzw. der gedehnten Struktur) lassen sich in drei große Festigkeitsbereiche einteilen: feste, halbfeste und freie Wortverbindungen. Innerhalb jeder dieser drei Gruppen gibt es Untergruppen. Die Klasse der festen Wortverbindungen lässt sich in absolut feste und in relativ feste Verbindungen differenzieren. ***Absolut fest*** sind solche, die in jedem Text und Kontext in derselben Form reproduziert werden (Typ *guter Glaube*). ***Relativ feste*** (Typ *arglistige Täuschung*) erlauben dagegen die Weglassung der bestimmenden (adjektivischen) Komponente (*arglistig*), jedoch nur im Rahmen eines Textes bzw. zweier Texte, die kontextuell miteinander verbunden sind (*die Täuschung*). Beide Untergruppen dieses Stabilitätsgrades gelten im juristischen Wortschatz als Termini. Der niedrigere Stabilitätsgrad der weiteren Stufe, d.h. der halbfesten Wortgruppen, beruht auf deren partiellen Variabilität. Diese weisen ihrerseits unterschiedliche Variationen auf. Als ***halbfest*** gelten danach solche, deren formale Seite sich modifizieren lässt (Typ *rechtlicher Grund / Rechtsgrund*), wie auch diejenigen, deren eine Komponente gegen ein anderes Wort unter Behaltung der Bedeutung ausgetauscht werden kann (*versteckter Einigungsmangel / versteckter Dissens*). Auch mehrfach modifizierbare Wortgruppen mit erweitertem Attribut werden als halbfest bewertet (*sittenwidrige vorsätzliche Schädigung*). Von halbfesten Wortgruppen zu unterscheiden, jedoch nicht ganz eindeutig abzugrenzen sind freie Wortverbindungen. Vor allem ***relativ freie*** Verbindungen werden zwar in Abhängigkeit von einer Situation gebildet, jedoch durch diese Situation (bzw. den situativen Rahmen) als typisch festgelegt (*bestehende und künftige Ansprüche*). Mit dem Merkmal 'Relativität' wird hier also die partielle Lexikalisierung der Wortgruppen in einem bestimmten Kontext ausgedrückt. ***Freie*** Verbindungen vom Typ `Adj + Subst` sind Verbindungen von Adjektiven oder adjektivisch verwendeten Wörtern mit Substantiven, die im Laufe des Sprechaktes produziert werden. Sie lassen sich sowohl lexikalisch als auch strukturell variieren (*fehlerhaftes Rechtsgeschäft*).

6.2 Substantivische Wortgruppen mit der Grundstruktur `Subst + Subst`$_G$

In diesem Typ stellt eine substantivische Konstituente das Kernwort der Verbindung dar, welches durch ein Genitivattribut erweitert wird. Syntaktisch handelt es sich um die Verbindung von zwei Nominalgruppen. Die Wortgruppen werden hier in ihrer Grundform präsentiert, d.h. unabhängig von ihrer Satzgliedposition in einer satzgleichen Äußerung, wobei das Lexem in der Rolle des Genitivattributes mit G gekennzeichnet wird.[185]

---

185 Die als `Subst` markierte Komponente ist das Kernsubstantiv der Wortgruppe, welches in der Grundform im Nominativ steht. Der Nominativ wird in der formalen Darstellung nicht gekennzeichnet.

Beispiele[186]:

`Subst + Subst`$_G$	*Abgabe der Willenserklärung, Abschluss des Vertrags, Annahme des Kindes, Befriedigung des Gläubigers, Besitz der Sache, Ersatz des Schadens, Erbringung der Leistung, Genuss der Früchte, Herabsetzung des Kaufpreises, Herausgabe der Sache, Mangel der Form, Minderung des Kaufpreises, Unmöglichkeit der Leistung, Verfügung eines Nichtberechtigten, Wandelung des Kaufvertrags, ...*

Als Subgruppen werden Verbindungen mit dem erweiterten Genitivattribut betrachtet:

`Subst + [Adj + Subst]`$_G$	*Geschäfte des täglichen Lebens, Umdeutung eines nichtigen Rechtsgeschäfts, ...*

Aus den aufgelisteten Wortgruppen ist ersichtlich, dass es sich bei Kernsubstantiven in den meisten Fällen um Deverbativa handelt, die an sich stets eine Erweiterung, in diesem Fall in Form des Genitivattributes, erfordern.[187] Die Frage, ob die als Genitivattribut funktionierende Nominalgruppe eine – fakultative oder weglassbare – Ergänzung oder eine Angabe darstellt, soll hier nicht erörtert werden (vgl. Helbig/Buscha 2001:517).[188]
Im Folgenden werden lexikalische und strukturelle (daher auch morphologische) Änderungen und ihre Kombinationen betrachtet.

6.2.1 Relativ invariable Wortgruppen

6.2.1.1 Strukturelle Eigenschaften

Bei keinem der untersuchten Ausdrücke dieser Struktur ist Stabilität auf allen drei Ebenen, d.h. in Lexik, Struktur und Morphologie, festzustellen.[189] Bei allen Ausdrücken ist innerhalb eines Textes (bzw. eines eindeutigen Kontextes) die Weglassung des Genitivattributes belegt, was infolge der Vorerwähntheit innerhalb eines Textes oder Bekanntheit durch den Gesamttext geschieht:

186 Die Beispiele werden alphabetisch nach dem ersten Buchstaben der Kernkomponente `Subst` angeordnet.

187 Zur Notwendigkeit, die Objektergänzung der zugrunde liegenden Verben in nominalen Ausdrücken als Genitivattribut der Kernsubstantive zu realisieren, vgl. Lauterbauch (1993:88). Die (Nicht)Erwähnung der obligatorischen Ergänzung des Ausgangsverbs in Form eines Genitivattributes wird auf die Ableitungsbasis und das Ableitungsmuster zurückgeführt (vgl. Duden 1998:515).

188 Vgl. auch Lauterbach (1993:57f.).

189 Vgl. mit den adjektivisch-substantivischen Wortgruppen in Kap. 6.1.1.

(B-1a) *Unmöglichkeit der Leistung* → (B-1b) *die Unmöglichkeit* (§ 2171)

(B-2a) *Verfügung eines Nichtberechtigten* → (B-2b) *die Verfügung* (§ 185)

Das Genitivattribut kann also nur unter bestimmten (kon)textuellen Bedingungen fehlen, denn – wie oben gesagt – abstrakte Gattungsnamen als Ableitungen von Verben (*Verfügung*) bzw. Adjektiven (*Unmöglichkeit*) erfordern allgemein eine Ergänzung.[190] Da die Weglassbarkeit (kon)textbedingt ist und demselben Prinzip wie die Auslassung des adjektivischen Attributes folgt, wird diese Art struktureller Modifikation in den weiteren Ausführungen nicht mehr erwähnt.[191] In den vorstehenden Verbindungen sind keine lexikalischen Änderungen festzustellen. Im Folgenden werden die strukturellen Eigenschaften der Wortgruppen behandelt. Dabei wird auf Abweichungen in Abhängigkeit von der Textsorte und der Funktion des konkreten Ausdrucks hingewiesen. Strukturell und lexikalisch stabil sind die Ausdrücke:

Unmöglichkeit der Leistung, Verfügung eines Nichtberechtigten, Abgabe der Willenserklärung.

Dies ist auch bei dem erweiterten Strukturtyp mit dem adjektivisch erweiterten Genitivattribut zu beobachten: *Geschäfte des täglichen Lebens*[192]
In der Wortgruppe *Unmöglichkeit der Leistung* wird der genitivische Bestandteil nicht nur in den oben erwähnten Wiederholungsfällen ausgelassen. Er kann dann weggelassen werden, wenn die Kernkomponente *Unmöglichkeit* mit Hilfe eines adjektivischen Attributes im Rahmen der begrifflichen Determinierung erweitert wird:

(B-3a) *Unmöglichkeit der Leistung* → (B-3b) *anfängliche / nachträgliche, Unmöglichkeit* (Kom Palandt 2003:§ 275, Rn 4-6) → (B-3c) *anfängliche Unmöglichkeit der Leistung* (ebd.: § 311a, Rn 1)

Durch die Linkserweiterung in (B-3b) bzw. (B-3c) entstehen jeweils neue lexikalische Einheiten, wobei es zu einer semantischen Verschiebung kommt. Diese ist in der Regel an einen klaren Kontext gebunden, welcher die Auslassung des Genitivattributes *Leistung* möglich, jedoch nicht obligatorisch macht (vgl. (B-3c). Solche attribuierten Verbindungen gehören zu einem anderen Strukturtyp, sie wurden nicht untersucht und werden hier nicht weiter behandelt.

---

190 Dies gilt besonders für Abstrakta, denen bestimmte Prädikationen zugrunde liegen: Objekt-Prädikats-Verhältnis *Willenserklärung abgeben*, Subjekt-Prädikats-Verhältnis *ein Nichtberechtigter verfügt*, Sein-Verhältnis mit Adjektiv als Prädikatsteil *die Leistung ist unmöglich* (vgl. Helbig/Buscha 2001:498).

191 Zu diesem Prinzip als Parallele der anaphorischen Verdünnung von Wildgen (1982:240) vgl. 6.1.2.2.

192 Austausch des Kernwortes durch ein sachverwandtes Wort ist zwar möglich, führt aber zu einer semantischen Verschiebung bzw. Begriffserweiterung: *Angelegenheiten des täglichen Lebens*.

Eine Umstellung der Reihenfolge der Konstituenten ist nicht möglich. Das Genitivattribut kann nicht attribuiert werden, ohne dass sich der Ausdruck semantisch ändert:

(B-4) *Unmöglichkeit der Leistung* → R**Unmöglichkeit der fälligen Leistung*

(B-5) *Verfügung eines Nichtberechtigten* → R**Verfügung eines anderen Nichtberechtigten*

(B-6) *Abgabe der Willenserklärung* → R**Abgabe der eigenen Willenserklärung*

Wie den Beispielen anzusehen ist, handelt es sich nicht um eine sprachliche, sondern eine terminologisch bedingte Restriktion. Durch die Attribuierung entsteht eine andere Wortgruppe, die lediglich dem Muster der festen Verbindung folgt. Dementsprechend wird hier von der relativen Stabilität der Ausdrucksstruktur gesprochen.
Die Umformung in ein Kompositum ist nicht zu belegen:

(B-7) *Unmöglichkeit der Leistung* → R**Leistungsunmöglichkeit*

(B-8) *Verfügung eines Nichtberechtigten* → **Nichtberechtigtenverfügung*

(B-9) *Abgabe der Willenserklärung* → **Willenserklärungsabgabe*

Diese Verbindungen sind zu den wenigen Fällen zu rechnen, die die Univerbierung nicht zulassen, denn im Deutschen können Komposita die genitivisch ausgedrückten Relationen fast immer wiedergeben (vgl. Lauterbach 1993:172).
Die vorliegenden Wortgruppen lassen außerdem keine Überführung des Genitivs in eine *von*-Phrase zu, die häufig als Ersatzform des Genitivs gebraucht wird (vgl. Helbig/Buscha 2001:500)[193]:

(B-10) *Unmöglichkeit der Leistung* → **Unmöglichkeit von Leistung*

(B-11) *Verfügung eines Nichtberechtigten* → **Verfügung von Nichtberechtigtem*

(B-12) *Abgabe der Willenserklärung* → **Abgabe von Willenserklärung*

6.2.1.2 Morphologische Eigenschaften

Numerus

Da es sich um die Verbindung zweier Substantive handelt, wird der Numeruswechsel bei jeder substantivischen Komponente betrachtet.
Allein der Ausdruck *Unmöglichkeit der Leistung* weist keine Numerus-Modifikationen, weder beim Kernsubstantiv noch bei seinem Genitivattribut, auf. Der auf den Singular festgelegte Gebrauch des Kernwortes *Unmöglichkeit* hängt

193 Bei Weinrich (2003:703ff.) wird vom suppletiven *von* im Genitiv-Paradigma gesprochen. Lauterbach (1993:78ff.) dagegen spricht nicht von der Ersetzung, sondern der "Realisation einer syntaktischen Relation" (ebd.: 78). Die *von*-Form, dem Genitiv gleichgesetzt, bezeichnet er als "'analytischen' Genitiv" (ebd.).

damit zusammen, dass es als Abstraktum keine Pluralform bildet (zur "Pluralfeindlichkeit" der Abstrakta vgl. den Hinweis auf Weinrich in Kap. 6.1). Das Wort *Leistung* bildet nur in der vorliegenden Verbindung keine Pluralform:

(B-13) R**Unmöglichkeit der Leistungen*

Es handelt sich um eine terminologisch bedingte Beschränkung, die auf die Fachbedeutung des Lexems *die Leistung* in diesem sachlichen Zusammenhang zurückgeht. Das polyseme Wort wird in verschiedenen Zusammenhängen durch die Rechtslehre unterschiedlich definiert. Im Kontext des vertraglichen Schuldrechts, aus dem die ganze Wortgruppe stammt, bedeutet es ungefähr 'Erfüllung von vertraglichen oder gesetzlich geregelten Pflichten einer Partei' (Erklärung von befragten Juristen). *Die Leistung* ist als ein abstrakter Sammelbegriff zu verstehen, was sekundär aus dem bestimmten Artikel *die* zu erschließen ist. Die Tatsache, dass der unbestimmte Artikel hier nicht gebraucht wird, obwohl es sich um einen allgemein gültigen abstrakten Begriff handelt (vgl. die Ausführungen ad (B-1a), (B-2a)), hängt mit der Allgemeingültigkeit des Begriffs zusammen: Die Handlung ist zwar nicht als eine konkrete bestimmt, der Bereich solcher Handlungen aber fachlich abgegrenzt. Die Besonderheit der Gesetzessprache besteht laut Busse (1992:63) in der "textsortenspezifischen Ausdrucksweise, welche Bezugsgegenstände der §§ als kontextuell immer schon gegeben behandelt". Diese Tatsache geht offensichtlich über die Textsorte 'Gesetz' hinaus. Denn Lexeme wie *die Sache, der Gläubiger* sind auch in anderen Textsorten als bekannt gegeben markiert, weil sie dem Gesetzeswortlaut folgen.
Bei der Kernkonstituente der folgenden Wortgruppe ist keine Pluralform nachzuweisen:

(B-14) *Abgabe der Willenserklärung* → **Abgaben der Willenserklärung*

Dem stehen Pluralformen im Sinne von Abgabe von 'Geldleistung' oder 'Steuer' gegenüber, die sogar die üblichere Form darstellen: *hohe Abgaben* (Duden 1999:77), ähnlich im wirtschaftlichen Gebrauch in der spezifischen Bedeutung von 'Verkauf', z.B. *größere Abgaben an der Börse* (ebd.). In der Bedeutung 'etwas äußern' ist das Lexem als Deverbativum in der Verbindung mit dem Substantiv *Willenserklärung* jedoch nur im Singular nachzuweisen.[194] Das in der vorliegenden Wortgruppe betrachtete Kernsubstantiv *Abgabe* ist nicht als bloße nominale Form des Verbs *abgeben* anzusehen, die innertextlich gebildet wird, um durch den nominalen Ausdruck einer Handlung bzw. eines Zustandes die lexikalische Information des Verbs hervorzuheben (vgl. Weinrich 2003:958f.).
Die Numerusbeschränkung betrifft das Substantiv im Genitivattribut:

(B-15) *Abgabe der Willenserklärung* → R**Abgabe der Willenserklärungen*

---

194 Deverbativa mit der Endung -e können "sowohl abstrakte Gattungsnamen als auch Sachbezeichnungen" (Weinrich 2003:964) sein. Ähnliches lässt sich bei einigen Deverbativa mit *-ung* beobachten (ebd.: 961).

Die Pluralform ist grammatisch richtig und kann gebildet werden, wenn innerhalb eines Textes die substantivische Kernkomponente als ein Prädikatsausdruck betrachtet wird, welcher den Vorgang ausdrückt und in diesem Text auf das zugrunde liegende Verb zurückgeführt werden kann. Unter terminologischem Aspekt ist die abstrakte Bezeichnung einer Wirksamkeitsvoraussetzung auf den Singular festgelegt.

Etwas anders verhält es sich beim Ausdruck *Verfügung eines Nichtberechtigten.* Die Überführung in den Plural ist, wenn es die Situation erfordert, möglich, weil sich damit an der Bedeutung des Wortes *Verfügung* nichts ändert:

(B-16) *Fälle der Konvaleszenz von Verfügungen eines Nichtberechtigten* (Kom Palandt 2003:§ 185, Rn 1)

Die Pluralform der attributivischen Komponente ist sprachlich richtig, für die Bezeichnung des allgemein zu betrachtenden Begriffes jedoch nicht geläufig:

(B-17) R(?)*Verfügungen von Nichtberechtigten* (Kom Palandt 2003:§ 816, Rn 1)

Auf Grund der stark abgekürzten Formulierungsweise im untersuchten Kommentartext (*Nichtberecht*; Fundstelle von (B-17)), lässt sich schwer sagen, ob es sich um die Singular- oder Pluralform handeln soll. Man kann hier zwar – von der Verbindung mit der Präposition *von* ausgehend – die Pluralform annehmen. Aber auch dann lässt sich über (B-17) nicht behaupten, es sei eine auf unbestimmte Fallgruppen anwendbare Bezeichnung, zumal es sich um einen vereinzelten Beleg handelt.[195]

Anders verhält sich in Bezug auf den Numerusgebrauch die Wortgruppe *Geschäft des täglichen Lebens.* Hier sind Numerusänderungen möglich und auch belegt. Dies ist auf den allgemeinen Charakter des Begriffes zurückzuführen, dessen sprachliche Form für eine Fallgruppe steht und sich dem zu bezeichnenden Sachverhalt anpasst. Eine Besonderheit besteht darin, dass die Wortgruppe im Plural häufiger zu belegen ist. Wird allgemein auf die einschlägigen BGB-Bestimmungen verwiesen oder über Ansprüche aus diesen Rechtsgeschäften gesprochen, so wird die Pluralform und nicht die Singularform mit unbestimmtem Artikel verwendet:

(B-18) *Regelungen über Geschäfte d.t.L.*[196] / *Ansprüche aus Geschäften d.t.L.*

(B-19) *es handelt sich um ein typisches Geschäft d.t.L.* (NJW 1980:2532)

---

195 Hier stoße ich wieder auf den Fall der relativen Gültigkeit meiner Feststellungen, die sich nur auf die von mir untersuchten Texte beziehen können. Nur in groben Zügen kann man bei der Numerusbeschränkung von Tendenzen sprechen (vgl. (B-16), (B-17)).

196 Aus Gründen der Platzersparnis wird hier das mehrmals vorerwähnte Genitivattribut *des täglichen Lebens* abgekürzt.

Artikelgebrauch

Innerhalb der Wortgruppe ist der Artikelgebrauch (d.h. Artikel der attributiven Komponente) in *Unmöglichkeit der Leistung* auf den bestimmten Artikel festgelegt. Dies hängt – ähnlich wie der Numerusgebrauch – mit der Allgemeinbedeutung des Substantivs *Leistung* zusammen, obwohl sprachlich auch der unbestimmte Artikel möglich ist:

(B-20) R**Unmöglichkeit einer Leistung*

In der Wortgruppe *Geschäfte des täglichen Lebens* ist der Gebrauch des bestimmten Artikels auf die Bedeutung des Substantivs *Leben* zurückzuführen, welches als Abstraktum durch den bestimmten Artikel determiniert wird [197]:

(B-21) *Geschäfte des täglichen Lebens* → R**Geschäfte eines täglichen Lebens* / R**Geschäfte täglichen Lebens*

In der Wortgruppe *Verfügung eines Nichtberechtigten* wechselt der Artikel des Genitiv-Attributes, wobei dies mit der Konkretisierung zusammenhängt. Wie (B-22) zeigt, kann sich diese Konkretisierung aus der sprachlichen Umgebung ergeben:

(B-22) *Wird die Verfügung des Nichtberechtigten erst durch Genehmigung des Berechtigten wirksam, ...* (Kom Palandt 2003:§ 816, Rn 5)

In diesem Falle handelt es sich um ein komplexes innertextuelles Verfahren, weil im Vortext *der Nichtberechtigte* bzw. der Verfügende bereits erwähnt ist (ebd.), wenngleich nicht als Bestandteil der hier betrachteten Wortgruppe. Dabei muss die Vorerwähntheit bzw. die Wiederholung der Wortgruppe innerhalb eines Textes nicht automatisch einen Wechsel vom unbestimmten auf den bestimmten Artikel beim Genitivattribut zur Folge haben. Sie führt häufiger zu der oben erwähnten Weglassung des ganzen Genitivattributes (B-2b). Nur wenn *der Nichtberechtigte*, oder ein anderer denselben Referenzträger bezeichnender Ausdruck, im Vortext zuerst erwähnt und näher bestimmt wird, kann statt des unbestimmten der bestimmte Artikel auftreten. Umgekehrt muss *ein Nichtberechtigter* im Vortext nicht explizit erwähnt werden. In einem der untersuchten Urteilstexte wird im Argumentationsteil die Wortgruppe *die Verfügung des Nichtberechtigten* mit dem bestimmten Artikel verwendet, wobei es sich bei der Genitivkomponente nicht um explizite Vorerwähntheit handelt:

(B-23) *Ein solches eingeschränktes Verständnis der Genehmigung der Verfügung des Nichtberechtigten ist für die Anwendung des § 816 I seit langem anerkannt* (NJW 1991:696)

Der bestimmte Artikel drückt hier eher den Bezug des Rechtsinstituts auf die geschilderte Handlung und dadurch auf die Person aus, deren Handlung Gegenstand

197 Zur Konkretisierung von Abstrakta im Singular durch den unbestimmten Artikel vgl. Weinrich (2003:427).

der dort formulierten Argumentationen ist. Zieht man darüber hinaus in Betracht, dass fachsprachliche Wortgruppen in Urteilsbegründungen bzw. in Kommentarerläuterungen zu Fallgruppen auch zur Formulierung von theoretischen Grundsätzen verwendet werden, kann in solchen Fällen wie (B-23) *der Nichtberechtigte* als eine abstrakte, jedoch konkretisierte Benennung aller Personen gelten, die eventuell in eine solche Situation geraten könnten.

6.2.1.3 Sonstige Eigenschaften

Eine weitere Folge der Konkretisierung in Bezug auf einen konkreten Fall ist die lexikalische Variation:

> (B-24) *Verfügung des nichtberechtigten Verkäufers V* (Kom Palandt 2003:§ 816, Rn 17)

> (B-25) *Die von den Beklagten als Nichtberechtigte getroffene Verfügung* (NJW 1997:190)

In den Fällen (B-24) und (B-25) handelt es sich aber um eine semantische Verschiebung, weil die Wortgruppe nicht mehr als abstrakter Sammelbegriff für eine Fallgruppe mit Status eines Terminus gilt. Daher werden diese lexikalischen bzw. morpho-lexikalischen Änderungen nicht als Zerstörung der Stabilität der ganzen Wortgruppe, sondern als deren inhaltliche und damit lexikalische Erweiterungen betrachtet, die ihrerseits freie Wortgruppen darstellen (dazu weiter unten). Andererseits deuten Äußerungen wie (B-24) und (B-25) auf die tatsächliche lexikalische Fixierung der Basiselemente *Verfügung* und *nichtberechtigt.* Die verfestigte Verbindung der Konstituenten wird nämlich dadurch bestätigt, dass die Grundmorpheme in morpho-syntaktischen Varianten verwendet werden. Zur Verdeutlichung wird der Textbeleg noch einmal – in erweiterter Version – wiedergegeben:

> (B-25) *Die von den Bekl. als Nichtberechtigte getroffene Verfügung über ...*
> *Die Verfügung über ..., die die Bekl. als Nichtberechtigte getroffen haben* (NJW:a.a.O.)

Diese lexikalische Fixiertheit der hier behandelten Verbindung wird auch durch Äußerungen des Typs (B-26), die sich auf einen konkreten Fall beziehen, bestätigt:

> (B-26) *War ein Teilhaber ..., so ist die Verfügung des ... Teilhabers als Verfügung eines Nichtberechtigten nur schwebend unwirksam* (NJW 1994:1471)

In Aussagen wie (B-26) zur Bezeichnung einer konkreten Handlung des Typs: *Handlung H stellt ... dar / ist ... wirksam* wird der terminologische Status der Wortgruppe deutlich. Die Betrachtung unter dem Aspekt der Strukturinvariabilität (z.B. (B-4), (B-5), (B-6)) ergibt die Zuordnung dieser Verbindung, zusammen mit den Ausdrücken *Unmöglichkeit der Leistung*, *Abgabe der Willenserklärung*, zu den relativ festen Verbindungen.

Einen Sonderfall stellt die Verbindung *Herausgabe des Erlangten* dar. Es handelt sich dabei um einen Allgemeinbegriff, dessen Ausdrucksseite stabil ist: Lässt man die Auslassung des Genitivattributes als anaphorische Verdünnung außer Betracht, ist keine strukturelle Modifikation, wie z.B. die Komposition

(B-27) *Herausgabe des Erlangten* → **Erlangtenherausgabe*[198],

wie auch keine morpho-lexikalische Änderung des Typs

(B-28) *Herausgabe des Erlangten* → **Herausgabe vom Erlangten*

möglich. Genauso kann die lexikalische Ausfüllung nicht geändert werden:

(B-29) R**Herausgabe der erlangten Sachen*

Die Formulierung (B-29) ist zwar grammatisch richtig und ihr Erscheinen ist nicht auszuschließen, semantisch entspräche sie jedoch nicht demselben abstrakten Begriff.

Der Ausdruck *Herausgabe des Erlangten* kann als Oberbegriff betrachtet werden, der Unterarten der 'Herausgabe' abdeckt. Seine Stabilität ist an den allgemeinen Gebrauch einer bestimmten Abstraktionsebene[199] gebunden und daher relativ; durch die Erweiterung wird die Struktur aufgelöst. Darin ist eine Besonderheit dieser Wortgruppe zu sehen. Je nach dem behandelten Sachverhalt wird nämlich *das Erlangte* auf Grund seiner morphologischen Eigenschaften (substantivisch gebrauchtes Partizip II, welches einen gewissen Grad der Lexikalisierung aufweist) präzisiert:

(B-30) *Herausgabe des <u>aus der Erbschaft</u> Erlangten* (RWb 1999:402)

(B-31) *Herausgabe des <u>durch die Verfügung</u> Erlangten* (§ 816)

Ob es sich um eine feste Wortgruppe oder ihre vereinfachte Variante handelt, hängt von dem konkreten Fall und dem anzuwendenden Paragraphen ab, vgl. den Wortlaut des § 812:

> "Wer durch die Leistung eines anderen oder [...] etwas <u>erlangt</u>, ist ihm zur <u>Herausgabe</u> verpflichtet."

Auf Grund der gesetzlichen Formulierung in § 812 wird der geltend zu machende Anspruch mit der Wortgruppe *Herausgabe des Erlangten* bezeichnet, wie es der Kommentar zum § 812 belegt:

(B-32) *Der Benachteiligte kann vom Bereicherten* ***Herausgabe des Erlangten***[200] *... verlangen.* (Kom Palandt 2003:§ 812, Rn 101)

---

198 Partizipien II als Erstglied substantivischer Komposita erscheinen relativ selten (vgl. Fleischer/Barz 1995:106). In den wenigen Fällen (z.B. *Gebrauchtwagen*) drücken sie eine bestimmte Eigenschaft des substantivischen Grundwortes aus (ebd.). Hier dagegen würde das Bestimmungswort *Erlangten-* dem Objekt des zugrunde liegenden Verbs *herausgeben* entsprechen.

199 Vgl. 4.3.

200 Fettdruck im Original.

Dies ist die Form, in der die Wortgruppe in den Texten der Rechtsprechung zu finden ist (der Übersichtlichkeit halber wird die Wortgruppe unterstrichen):

(B-33) *Primär ist der Herausgabeanspruch nach § 812 I (in allen Varianten) auf Herausgabe des Erlangten selbst gerichtet. Es sind keine Anhaltspunkte dafür ersichtlich, daß im vorliegenden Fall ein Anspruch auf Herausgabe des Erlangten wegen der Beschaffenheit oder aus sonstigen Gründen nicht möglich sein sollte.* (NJW 1995:55)

Da das Lexem *das Erlangte* an sich ein Sammelbegriff ist und sich auf unterschiedliche Fälle beziehen kann, bedarf es jedoch einer Präzisierung. Die Eindeutigkeit wird durch das nicht-sprachliche Mittel '§' und die Zahl erreicht:

(B-34) *Der ... kann ... nach § 667 Herausgabe des Erlangten verlangen.* (Lb Köhler 2001:282)

Neben dem expliziten Verweis auf den einschlägigen Paragraphen deutet häufig auch der Gesamtkontext auf die begriffliche Eindeutigkeit (vgl. (B-32)). In dem aus einem Lehrbuch zitierten Beispiel (B-34) wird ein Anspruch erörtert, der aus der Geschäftsbesorgung beim Auftrag entsteht. Dadurch ist die Verwechslung mit einem ähnlichen Anspruch, z.B. aus einer Erbschaft, ausgeschlossen, obwohl dieser genauso bezeichnet wird (hierbei kommt das implizite Fachwissen zum Einsatz, nämlich das Wissen vom Inhalt des anzuwendenden Paragraphen). Die Wortgruppe könnte folgendermaßen ergänzt werden:

(B-34)′ *Der ... kann ... nach § 667 Herausgabe des [aus der Geschäftsbesorgung] Erlangten verlangen*

Zu vergleichen ist eine terminologisch nicht akzeptable Ergänzung

(B-34) R**Der ... kann ... nach § 667 Herausgabe des [aus der Erbschaft] / [durch die Verfügung] Erlangten verlangen*

Die Festigkeit des Ausdrucks ist also von einem bestimmten Kontext abhängig und damit relativ. Der situative Kontext der ungerechtfertigten Bereichung in Verbindung mit § 812 (B-32) erfordert keinerlei Ergänzungen. Ein anderer Faktor kann die Entscheidung des Autoren sein, in einem anderen situativen Zusammenhang (z.B. Geschäftsbesorgung beim Auftrag) eine zusätzliche Information explizit oder implizit hinzuzufügen. Explizit kann die Information dadurch ausgedrückt werden, dass die Art und Weise des *Erlangens* ausformuliert wird. Die implizite Information hat die Form eines Verweises auf den anzuwendenden Paragraphen. Wird nur mit nicht lexikalischen Mitteln (Zeichen §, Zahl) auf den Paragraphen verwiesen, so setzt der Sprecher bei seinem Adressaten das notwendige Fachwissen voraus, auf Grund dessen dieser die implizite Nebeninformation erschließt. Die erweiterten Wortgruppen (B-30) und (B-31) sind ihrerseits keine freien Verbindungen. Sie implizieren nämlich je eine bestimmte Gruppe von Sachverhalten und bilden begriffliche Einheiten auch unabhängig von einer aktuellen Redesituation. Im folgenden Fall handelt es sich dagegen um eine freie Wortgruppe:

(B-35) *Der Anspruch des Kl. auf Herausgabe der die ... Tätigkeit des Bekl. betreffenden Akten richtet sich nach § 667 ...* (NJW 1990:510)

Diese letzte Wortgruppe ist offensichtlich nach dem gleichen Muster wie der feste Ausdruck *Herausgabe des Erlangten* gebildet. (B-35) wird hier angeführt, um den Unterschied zwischen der festen terminologischen Wortgruppe *Herausgabe des Erlangten* und einer freien Formulierung[201] zu verdeutlichen, in der an der Stelle des abstrakten *das Erlangte* konkrete Lexeme[202] auftreten. Auf Grund von deren Eigenschaften werden die oben behandelten Verbindungen als relativ fest bewertet.

6.2.2 Strukturell variable Wortgruppen

Eine weitere Gruppe bilden Ausdrücke, bei denen unter Verwendung derselben Grundmorpheme bestimmte Strukturmodifikationen belegt sind:

Abschluss des Vertrags, Ersatz des Schadens, Früchte eines Rechts, Genuss der Früchte, Herabsetzung des Kaufpreises, Herausgabe der Sache, Mangel der Form, Minderung des Kaufpreises, Wandelung des Kaufvertrags

Die Modifikationen lassen sich weiter differenzieren, da sie von der Bedeutung der einzelnen Wortgruppen abhängen. Die Auslassung des Attributes (hier des Genitivattributes) innerhalb eines Textes (oder klaren Kontextes) unterliegt denselben Bedingungen wie bei den in den Kapiteln 6.1.2, 6.2.1 behandelten Verbindungen und wird deshalb nicht weiter besprochen.

6.2.2.1 Wortgruppe vs. Kompositum

Eine sehr häufig beobachtete Erscheinung ist die parallele Existenz der zusammengesetzten Form. Es handelt sich um ein Kompositum, dessen Grundwort dem Kernsubstantiv und dessen Bestimmungswort dem Genitivattribut entspricht:

(B-36a) *Abschluss des Vertrags* → (B-36b) *Vertragsabschluss*

(B-37a) *Ersatz des Schadens* → (B-37b) *Schadensersatz*

(B-38a) *Früchte eines Rechts* → (B-38b) *Rechtsfrüchte*

(B-39a) *Genuss der Früchte* → (B-39b) *Fruchtgenuss*

(B-40a) *Mangel der Form* → (B-40b) *Formmangel*

---

201 Zu freien Wortgruppen vgl. 6.2.4.

202 "Der Begriff des erlangten 'etwas' wird nicht immer einheitlich definiert" (NJW 1995:54).

Obwohl die Frequenz nicht im Mittelpunkt dieser Arbeit steht und sie nicht mit statistischen Instrumenten ermittelt wurde, ist bei einigen Ausdrücken nicht zu übersehen, dass das Kompositum überwiegt[203]:

(B-37b) *Schadenseratz*, (B-39b) *Fruchtgenuss*, (B-38b) *Rechtsfrüchte*

Auf Grund dieser Prädomination lässt sich nicht eindeutig sagen, ob die Wortgruppe als 'Ausgangsausdruck' für das Kompositum oder eher als eine explizitere Variante zu diesem existiert. Setzt man nämlich ihr Vorkommen mit Textsorten in Verbindung, so stellt man fest, dass die analytische Wortgruppe meist in den Gesetzestexten vorkommt. Im Falle des Paars (B-37a) *Ersatz des Schadens* / (B-37b) *Schadensersatz* gilt jedoch das Kompositum als normierte Form und somit als Terminus. Zum Kompositum *Schadensersatz* muss hier gesagt werden, dass es eine der zwei orthographischen Varianten darstellt: eine mit und eine ohne -s-Fuge. In meinen zivilrechtlichen Texten ist nur das Kompositum mit der -s-Fuge belegt, was auf den spezifischen Gebrauch innerhalb eines Fachgebietes hindeutet.[204] Allgemein ist die -s-Fuge in den Bestimmungswörtern mit der Genitivendung -ns oder -ens- nur bei wenigen maskulinen oder neutralen Substantiven zu beobachten, deren Genitiv Singular -ns lautet, vgl. Weinrich (2003:935).

Verwendung der Konkurrenzformen

In dieser Klasse besteht zwischen der Wortgruppe und dem Kompositum kein semantischer Unterschied; man kann sie als identisch bewerten und abwechselnd verwenden. Vgl.

(B-41) *den Genuss der Früchte ... zu gewähren* (§ 581)

(B-41)′ *den Fruchtgenuss gewähren*

In bestimmten Zusammenhängen kann jedoch das lexikalische Umfeld die ausschließliche Verwendung nur einer der beiden Formen bestimmen.
Das Kompositum (B-40b) *Formmangel* kommt zwar auf den ersten Blick häufiger vor als die analytische Wortgruppe (B-40a); dies ist aber nicht nur auf sprachökonomische Gründe, sondern auch auf seine lexikalische Umgebung zurückzuführen. Das Kompositum wird regelmäßig in einer komplexen Wortgruppe in Verbindung mit der Präposition *wegen* oder als Genitivattribut des Wortes *Heilung* verwendet:

(B-42) *wegen Formmangels (nichtig)* (Kom Palandt 2003:§ 139, Rn 2)

(B-43) *Heilung des Formmangels* (ebd.: § 518, Rn 8)

---

203 Zum Vorteil der Komposition des Typus Subst + Subst als ökonomische Wortform vgl. Erben (1993:65).

204 Das Kompositum *Schadensersatz* findet sich im allgemeinen Sprachwörterbuch Duden (1999:3309) nur als verweisendes Stichwort. Als Hauptstichwort wird dort die Variante ohne -s- *Schadenersatz* als der Rechtssprache zugehörig (allerdings mit explizitem Hinweis auf die Paralellform des BGB: *Schadensersatz*) angeführt.

Die Bevorzugung des Kompositums in (B-43) hängt wohl mit der Absicht zusammen, eine Häufung der Genitive zu vermeiden, was alle Belege zu dieser Wortgruppe beweisen (wobei freilich in Urteilen wieder Abweichungen gefunden werden könnten). Nur vereinzelt wird der Begriff auf das Kernlexem *der Mangel* reduziert, weil es der sprachliche Kontext erlaubt:

(B-44) *Ein ohne Beachtung der erforderlichen Form geschlossener Grundstückskaufvertrag wird jedoch durch Heilung* ***des Mangels***[205] *(→ ex nunc) wirksam* (RWb 1999:595)

In Verbindung mit anderen Lexemen und/oder bei Einbettung in andere Kontextumgebungen ist keine weitere Tendenz festzustellen. Der Ausdruck *mangelnde[...] Form* (Kom Palandt 2003:§ 766, Rn 3; RWb 1999:910) ist nicht als eine gängige Alternativform zu betrachten. Auch ohne Kommutationsprobe, die die Austauschbarkeit der Wortgruppe gegen das Kompositum an anderen Stellen bestätigt hat, wird im Falle der Verbindung `PI + Subst` ein Unterschied im kommunikativen Aspekt deutlich, der auf die Prädikativität des PI und die Betonung des Lexems *Form* zurückzuführen ist. Die Hervorhebung von *Form* betrifft v.a. den Beleg aus dem Fachwörterbuch Creifelds, wo durch die analytische Wortgruppe auf das Stichwort mit Hilfe eines nicht sprachlichen Mittels verwiesen wird:

(B-45) *mangelnde → Form des R[echtsgeschäfts]* (RWb 1999:910)

Die Verbindung *Mangel der Form* bzw. die kompositorische Konkurrenzform zeichnet sich durch lexikalische Stabilität aus. Trotzdem sind einzelne Abweichungen nicht auszuschließen. Grundsätzlich ist die Ersetzung der Konstituenten nicht zu belegen, obwohl dies sprachlich möglich wäre:

(B-46) ^{R*}*Fehler der Form*,

im Einzelfall sogar nachweisbar ist:

(B-47) ^{R*}*Formfehler* (Kom Palandt 2003:§ 125, Rn 27; NJW 1996:1064).[206]

Diese zwei Formen werden im zivilrechtlichen Kontext von Juristen als nicht geläufig betrachtet. Die kompositorische, lexikalisch modifizierte Form (B-47) ist in Kommentartexten und im Urteil belegt, also in zwei Textsorten, in denen die meisten Verstöße gegen die sonst normierte Ausdrucksweise vorkommen.

In den Verbindungen *Abschluss des Vertrags* (B-36a), *Ersatz des Schadens* (s. oben (B-36a/b), (B-37a/b)) ist eine Tendenz zur Univerbierung zu beobachten. Analytische Formen überwiegen nur im BGB, in allen anderen Textsorten sind häufiger Komposita zu finden. Aber auch hier wird das Kompositum in bestimmten Fällen mit Rücksicht auf die lexikalische Umgebung (vgl. (B-48),

---

205 Fettdruck im Original.

206 Es handelt sich um Einzelfälle, die als Belege nicht relevant sind und meine Argumentation nicht beeinträchtigen.

(B-49)) verwendet, und zwar, wenn es als Bestandteil einer anderen, komplexeren Wortgruppe auftritt:

(B-48) *Verschulden bei Vertragsschluss*

(B-49) *Schadensersatz wegen Nichterfüllung*

Es handelt sich um Wortgruppen eines anderen Typs, die in Kap. 6.4.2 behandelt werden.
Der sprachliche Kontext kann also durch eine feste substantivische Wortgruppe, wie die oben zitierten Beispiele (B-48) und (B-49) zeigen, oder durch eine nicht feste Gruppe mit der gleichen Struktur gestaltet werden:

(B-50) *Schadensersatz wegen unterlassener Schönheitsreparaturen* (NJW 1998:981)

Daraus lässt sich auf die Regel schließen, dass das Kompositum dann bevorzugt wird, wenn die sich anschließende Präpositionalgruppe durch die Präposition *wegen* eingeführt wird.
Auch in Verbindung mit bestimmten verbalen Wortgruppen ist das Kompositum und nicht die Wortgruppe üblich; letztere kann ihrerseits frei (B-51) oder fest (B-52) sein:

(B-51) *Schadensersatz in Höhe von … [begehren]* (NJW 1995:250)

(B-52) *Schadensersatz leisten*[207]

Wo keine lexikalischen Restriktionen auftreten, können beide Formen gebraucht werden, z.B. in Äußerungen wie:

(B-53a) *bei dem Abschluss des Vertrags* (§ 178) → (B-53b)′ *bei Vertragsabschluss*

(B-54a) *zum Ersatz des Schadens verpflichtet sein* (RWb 1999:1327) →

(B-54b)′ *zum Schadensersatz verpflichtet sein*

Das Kompositum wird jedoch bevorzugt, weil es sprachökonomischer ist, v.a. in Kommentaren bei Auflistungen möglicher Ansprüche:

(B-55) *Minderung (§...),* <u>*Schadensersatz*</u> *(§...),* … (Kom Palandt 2003:§ 536c, Rn 11)

Dem Gebrauch des Kompositums steht in bestimmten Fällen die gemeinsprachliche Regel entgegen. Das ist der Fall, wenn das genitivische Attribut *der Vertrag* bzw. *der Schaden* an sich näher bestimmt wird, was auf der sprachlichen Ebene durch lexikalische Erweiterung zum Ausdruck kommt. Dies gilt allgemein bei Verbindungen mit Deverbativa, von denen Substantive abhängen, die durch weitere Attribute erweitert werden (vgl. Weinrich 2003:983).

---

207 Zur verbalen Verbindung vgl. weiter in Kap. 7.1.1.

Eine solche Erweiterung erfolgt entweder

a) mit Einbettung in ein Kompositum, wobei das abhängige Substantiv zum Grundwort wird:

(B-56) *nach Abschluß des Kaufvertrags* (NJW 1998:2362)

(B-57) *Ersatz des Vertrauensschadens* (Kom Palandt 2003:§ 1937, Rn 16),

b) mit einem linksstehenden oder rechtsstehenden Attribut:

(B-58) *Abschluss eines neuen Vertrags* (Kom Palandt 2003:§ 312, Rn 5)

(B-59) *Ersatz des hierdurch entstehenden Schadens verlangen* (§ 281)

(B-60) *Abschluss eines Vertrages zu Gunsten Dritter* (NJW 2002:2238),

c) oder durch einen rechtsstehenden Nebensatz:

(B-61) *Ersatz des Schadens, den ... zufügt* (§ 832).

Diese erweiterte Bestimmung erfordert logischerweise eine analytische und nichtkompositorische Ausdrucksweise und ist mit einer Bedeutungsänderung verbunden. Gleiches ist bei der Wortgruppe *Genuss der Früchte* belegt. Ihre kompositorische Alternativform *Fruchtgenuss* ist üblicher als die Wortgruppe[208]; in Äußerungen, wo auf Grund der explikativen Absicht des Autors eine der Komponenten hervorgehoben und/oder näher beschrieben werden soll, ist die Komposition jedoch nicht möglich:

(B-62) *Genuß derjenigen Früchte, die ...* (Lb Medicus II 2003:90)

Hier geht es nicht um die Benennung des Sachverhaltes, sondern um die metasprachliche Behandlung einer der Konstituenten, so dass die Wortgruppe nicht mehr in ihrer allgemeinen Bedeutung verwendet wird.
Während es sich beim Beispiel (B-57) um eine feste Wortverbindung handelt, zu der keine Komposition nachzuweisen ist (ähnlich (B-60)), kann im Beispiel (B-56) ein dreigliedriges Kompositum nicht völlig ausgeschlossen werden:

(B-56)' *Kaufvertragsabschluss*

Auf solche Begriffserweiterungen und ihre Folgen muss insbesondere im Rahmen des fachlichen Fremdsprachenunterrichts hingewiesen werden. In (B-59) *Ersatz des hierdurch entstehenden Schadens* dient das eingeschobene Partizip der Hervorhebung einer bestimmten Prädikativität und der Ausdruck wäre auch

---

208 Die morphologische Änderung des Bestimmungswortes *Früchte* → *Frucht-* in dem Kompositum im Vergleich zur Pluralform in der Wortgruppe liegt im Bereich der Wortbildung. Vgl. auch *Erwerb der Früchte* → *Fruchterwerb*. *Frucht* gehört zu Substantiven, die als Erstglieder substantivischer Komposita an das Grundwort nicht selten mit der -0-Fuge ohne Pluralzeichen angefügt werden können (vgl. Fleischer/Barz 1995:139f.). Zur Tilgung der Fugenelemente als nicht notwendiger Flexionszeichen in Komposita vgl. Fleischer (1975:55-56).

nach Auslassung des adjektivischen Attributes allgemein gültig. Im Unterschied dazu bezeichnet die Wortgruppe mit erweitertem Genitivsubstantiv (B-61) einen bestimmten Fall(kreis – es handelt sich um ein Beispiel aus einem Paragraphen) und kann semantisch mit der Wortgruppe *Ersatz des Schadens* bzw. der Alternativform *Schadensersatz* nicht verglichen werden.
Eine der betrachteten Wortgruppen ist die Verbindung *Abschluss des Vertrags* und als strukturelle Variante das Kompositum *Vertragsabschluss.* Hier sei auf die Möglichkeit einer zweiten Variante *Vertragsschluss* aufmerksam gemacht. In der kompositorischen Alternativform sind beide Grundmorpheme, sowohl *Abschluss* als auch *Schluss* abwechselnd belegt.[209]
Diese Alternativen sind jedoch nicht uneingeschränkt. Im Vergleich zu den Komposita (vgl. (B-36a), (B-36b)) ist als Kernlexem der Wortgruppe nur das präfigierte *Abschluss*, nicht aber das unpräfigierte *Schluss* zu verwenden:

(B-63) *Abschluss des Vertrags* → **Schluss des Vertrags*[210]

Die oben angesprochene Regel der Austauschbarkeit von (B-36a) und (B-36b), genauer gesagt der morpho-lexikalischen Reduzierung des Präfixes *ab-*, bezieht sich jedoch nicht auf solche Fälle, in denen das Kompositum als Komponente bestimmter fester Wortgruppen auftritt:

(B-64) *Verschulden bei Vertragsschluss* → R* *Verschulden bei Vertragsabschluss*[211]

Artikelgebrauch

Morphologisch gesehen ist der Artikelgebrauch innerhalb der Wortgruppe, d.h. die Determinierung der attributiven Komponente, auf den bestimmten Artikel festgelegt:

Abschluss des Vertrags, Ersatz des Schadens, Mangel der Form

Diese Festlegung bringt den Status der analytischen Wortgruppe als mehrgliedriger Terminus zum Ausdruck. Sprachlich ist zwar auch der unbestimmte Artikel möglich, dies ist jedoch mit der Verschiebung in eine konkrete bzw. konkretisierende Ebene verbunden:

(B-65a) *Abschluss des Vertrags* (§ 109) → (B-65b) *Abschluss eines Vertrags* (§ 305)

(B-66a) *Ersatz des Schadens* (§ 826) → (B-66b) *Ersatz eines auf der Grundlage ... berechneten Schadens* (lexetius.com/2002/4/151, Rn 21)

---

209 Zu den alternativ verwendbaren Stammverben *abschließen / schließen* vgl. (C-62a/b)ff. in 7.1.3. Im Vergleich zu Restriktionen im nominalen Bereich sind beide Morpheme in der verbalen Form *schließen* und *abschließen* in Verbindung mit dem Lexem *Vertrag* nachgewiesen.

210 Vgl. jedoch *Schließung des Vertrags* (§145), welches der einzige Beleg dieser deverbativen Form im BGB ist und hier nicht als Alternativform betrachtet wird.

211 Zu (B-64) vgl. auch Kap. 6.4.5.

Der unbestimmte Artikel ist bei folgender Verbindung sprachlich akzeptabel, in meinem Korpus jedoch nicht belegt:

(B-67a) *Mangel der Form* (§ 125) → (B-67b)' *Mangel einer Form*

Im Vergleich zu (B-65a) – (B-66a) mit dem bestimmten Artikel sind die Formen mit dem unbestimmten Artikel ((B-65b), (B-66b)) zum Teil als Nominalisierungen von (lexikalisch stabilen) Verbalphrasen anzusehen. Der bestimmte Artikel in Verbindungen mit derselben Struktur und lexikalischen Besetzung (z.B. (B-65a)/(B-65b): *Abschluss*, *Vertrag*) signalisiert die Allgemeingültigkeit des Genitivattributes, vgl. (B-65a) *der Vertrag*, und daher der gesamten Wortgruppe. Dies kann sich auf die Varianten (b) nicht beziehen, was an der Erweiterung in (B-66b) zu sehen ist.
Im Falle von *Genuss der Früchte* würde an Stelle des unbestimmten Artikels im Plural die Ersatz-Form mit *von* auftreten: (B-39c) *Genuss von Früchten.*
Die vorliegenden Wortgruppen gelten nur solange als stabil, wie sie auf einer bestimmten Abstraktionsebene, ohne Bezug auf einen aktuellen Sachverhalt, gebraucht werden. Unter solchen Bedingungen lässt sich von einer vollen lexikalischen, aber nur teilweise strukturellen Stabilität sprechen. Aus den oben genannten Gründen sind diese Wortgruppen als halbfest einzuordnen.

6.2.2.2 Lexikalisierte Nominalisierungen

Ein Teil der exzerpierten Ausdrücke des Typs `Subst + Subst`$_G$ sind bezüglich ihres Stabilitätsstatus schwer einzuordnen:

Befriedigung des Gläubigers, Erbringung der Leistung, Errichtung des Testaments

Einerseits sind sie Wortgruppen wie *Abschluss des Vertrags*, *Ersatz des Schadens* (vgl. Ausführungen zu (B-36a), (B-37a)ff.) durch ihren morpho-syntaktischen Aufbau ähnlich, andererseits zeichnen sie sich – terminologisch gesehen – nicht durch dieselbe Autonomie aus. Ihnen liegen verbale Gruppen zugrunde: *den Gläubiger befriedigen, die Leistung erbringen, das Testament errichten.* Trotz der lexikalischen Stabilität der Grundmorpheme und einer hohen Frequenz werden die nominalisierten Verbindungen nicht als feste substantivische Fügungen des Typs *Verfügung eines Nichtberechtigten* betrachtet. Andererseits ist es nicht begründet, *die Errichtung des Testaments* lediglich als formale Variante der festen verbalen Gruppe *das Testament errichten* anzusehen. Eine bestimmte Stabilität lässt sich nicht bestreiten, wie das mehrmals belegte Kompositum zeigt:

(B-68a) *Errichtung des Testaments* (Kom Palandt 2003:§ 2229, Rn 1) →
(B-68b) *Testamentserrichtung* (ebd.: Rn 2; RWb 1999:127)

Davon zu unterscheiden, in einigen Fällen ebenso schwer abzugrenzen, sind solche Verbindungen, die in beiden morphologischen Bereichen als terminologische Benennungen existieren:

(B-69a) *Herausgabe der Sache* (§ 985) → (B-69b) *die Sache heraus[zu]geben* (§ 999)

(B-69a) ist einerseits als Bezeichnung eines Anspruchs zu belegen:

(B-70) *Anspruch auf Herausgabe der Sache* (§ 870, § 931)

In bestimmten Kontexten kann (B-69a) auch als Nominalisierung der verbalen Gruppe *die Sache herausgeben* betrachtet werden, die infolge der sprachlichen Umgebung bevorzugt wird, um die durchzuführende Handlung zu benennen:

(B-71) *Der Finder wird durch die Herausgabe der Sache an den ... befreit.* (§ 969)

Ähnliches lässt sich für Abgabe einer Willenserklärung (zu *Abgabe der Willenserklärung* vgl. 6.2.1.) behaupten:

(B-72) *die Einwilligung ... Sie erfolgt durch Abgabe einer Willenserklärung* (Lb Köhler 2001:152)

Nominale Verbindungen wie *Herausgabe der Sache, Abgabe der Willenserklärung, Errichtung des Testaments* sind lexikalisiert worden, indem sie im Laufe der Zeit als Benennungen für Ansprüche, Bedingungen, Merkmale oder Voraussetzungen für bestimmte rechtlich relevante Handlungen festgelegt worden sind oder sich auf dem Weg zur Festlegung befinden (vgl. Coulmas (1985:253), der vom unklaren Status mehrgliedriger lexikalischer Einheiten spricht). Sie sind in ihrer terminologischen Funktion von ihrer ursprünglichen verbalen Bedeutung als Nomen actionis befreit. Das Problem der nicht ganz eindeutigen Grenze zwischen einer terminologischen und einer lexikalisierten[212] Nominalisierung kann unter Betrachtung des Artikels wohl wie folgt geklärt werden: Zu terminologischen Wortgruppen, denen verbale Gruppen zugrunde liegen, können die meisten zugeordnet werden, deren substantivisches Genitivattribut mit dem bestimmten Artikel determiniert und damit im juristischen Kontext als allgemein bekannt markiert ist: *Abgabe der Willenserklärung, Herausgabe der Sache, Errichtung des Testaments.* Dies trifft nicht auf alle Fälle zu, vgl. z.B. (B-2) *Verfügung eines Nichtberechtigten*, wo der unbestimmte Artikel Merkmal der festen normierten Wortgruppe ist.
In (B-72) kann die nominale Gruppe *Abgabe einer Willenserklärung* zwar in eine Verbalphrase transformiert werden, aufgrund des terminologischen Status (der auf den Nominalstil zurückzuführen ist) wäre eine solche Formulierung (juristisch) unüblich und auch schwerfällig:

(B-72)' *erfolgt dadurch, dass eine Willenserklärung ... abgegeben wird*

Weinrich (2003:988) charakterisiert die nominale Ausdrucksweise als typisch für die Fachsprachen, wobei er die Konversion (ebd.: 916) eines Substantivs aus einem Verb als "überproportional häufig" (im Vergleich zu anderen Arten der nominalen Wortbildung) beurteilt (vgl. ebd.).

---

212 Nicht jede lexikalisierte Verbindung ist zugleich terminologisiert: so wird z.B. *Schaden zufügen* im BGB als lexikalisierte Verbindung verwendet, sie ist jedoch nicht terminologisch abgegrenzt.

Die Überlegungen zu dieser morphologischen Erscheinung sollen hier nicht weiter fortgeführt werden. Hinsichtlich der fremdsprachlichen Fachkommunikation ist dazu noch zu bemerken, dass die Nominalisierung zu Missinterpretationen führen könnte: Vgl. (B-70) und (B-71), wo eine Wortgruppe mit Verbalsubstantiv als Kernwort terminologischen Status hat (B-70) und von der bloßen Nominalisierung (B-71) abzugrenzen ist. Hier sind wiederum Fachkenntnisse notwendig, um Termini von Nominalisierungen unterscheiden zu können.[213]
Die vorliegenden Wortgruppen weisen zwar Variationen auf, die sowohl die Struktur (Weglassung, Komposition) als auch den morphologischen Bereich (Artikelgebrauch, Numeruswechsel des Genitivattributes) betreffen. Lexikalisch sind sie jedoch verfestigt. Dem steht der folgende Beleg aus einem Fachlexikon (also einer Textsorte der auslegenden Ebene) gegenüber:

(B-73) *Mit der Vollendung (Abgabe) der Willenserklärung darf nicht deren Wirksamwerden verwechselt werden.* (RWb 1999:1548)

Die *Vollendung der Willenserklärung* ist in diesem Falle nur eine freie nominalisierte Verbalphrase. Ein solches Nebeneinandererscheinen von zwei Lexemen ist für Doppeltermini charakteristisch: Die Poststellung in Klammern dient entweder der erklärenden oder der benennenden Intention des Sprechers. Obwohl die Lexeme *Vollendung* und *Abgabe* unmittelbar hintereinander folgen und das in Klammern nachgestellte *Abgabe* als Fachwort eine bestimmte Handlung benennt, kann es mit *Vollendung* nicht gleichgestellt werden. Daher wäre es falsch, wenn ein Nichtjurist beide Lexeme als Synonyme betrachten würde, wozu ihn ein solches Verfahren verleitet. Im Kontext der 'Willenserklärungen' liegt kein Beleg vor, wo das Verfahren des 'Abgebens' als *Vollendung* bezeichnet wird. Mit *Vollendung* soll in (B-73) – im Hinblick auf die wissensvermittelnde Funktion der Textsorte Fachwörterbuch – die Differenzierung von einem anderen Sachverhalt, dem 'Wirksamwerden', hervorgehoben und der eigentliche juristische Terminus *Abgabe* eingeführt werden (ein etwas ungeschicktes Verfahren, wenn man es aus der Sicht eines Laien betrachtet).

6.2.2.3 Partiell auflösbare Wortgruppen

Eine kleine Gruppe von Verbindungen zeichnet sich durch eine Änderung aus, indem das Substantiv im Genitiv weggelassen werden kann. Dabei handelt es sich nicht um eine innertextlich bedingte Weglassung, die eingangs (6.2.1) vorweggenommen wurde. Bei den unten angeführten Wortgruppen ergibt sich die Weglassbarkeit des Genitivattributes aus der Semantik des Kernwortes:

(B-74a) *Minderung des Kaufpreises* → (B-74b) *Minderung*

---

213 Gleiches gilt für Wortgruppen anderer Grundstrukturen, z.B. *Schadensersatz wegen Nichterfüllung* in Sätzen des Typs 'von X ... verlangen können', wo ein Nicht-Muttersprachler ohne Fachkenntnisse die Präposition *wegen* an das Verb *verlangen* binden könnte. Zur substantivischen Wortgruppe in Kap. 6.4.2.

(B-75a) *Wandelung*[214] *des Kaufvertrags* → (B-75b) *Wandelung*

In den obigen Wortverbindungen ist keine der Komponenten gegen ein anderes Wort austauschbar, dafür aber auslassbar, ohne dass sich die Bedeutung des Begriffes ändert. Hier sei betont, dass diese Wortgruppen auf zwei Ebenen betrachtet werden müssen: auf der allgemeinsten Abstraktionsebene und auf der Ebene der Anwendung. Von großer Bedeutung ist diese Unterscheidung insbesondere für Wortgruppen wie *die Lasten der Sachen*, *Umdeutung eines nichtigen Rechtsgeschäfts*. In diesen ist die Stelle des Genitivattributes von den abstrakten Sammelbegriffen *die Sache* bzw. *ein nichtiges Rechtsgeschäft* ausgefüllt, die ebenso weggelassen werden können, weil dies sprachlich akzeptabel ist:

(B-76a) *die Lasten der Sache* → (B-76b)′ *die Lasten*

(B-77a) *die Umdeutung eines nichtigen Rechtsgeschäfts* → (B-77b)′ *die Umdeutung*[215]

Nicht berücksichtigt werden hier solche Fälle, wo die gesamte Wortgruppe um die Genitivkomponente im Verlauf einer thematischen Entfaltung auf Grund der (kon)textuellen Klarheit reduziert wird. Das substantivische Genitivattribut kann auch deswegen weggelassen werden, weil es semantisch im Kernsubstantiv inbegriffen ist.

Die Weglassung oder Verwendung des Genitivattributes ist eng an den Sachkontext gebunden, was am Beispiel der Wortgruppen (B-74a) und (B-75a) verdeutlicht wird.

Innerhalb des Kaufrechts wird von *der Minderung* gesprochen und es ist klar, dass *der Kaufpreis gemindert* wird. Ähnlich bezieht sich *die Wandelung* immer auf *den Kaufvertrag* als Objekt.

Die Berücksichtigung des sachlichen Kontextes und seine Abgrenzung auf das Kaufrecht spielen für den Ausdruck *die Minderung* eine größere Rolle als für *die Wandelung*. Letzterer kommt nämlich in keinem anderen Rechtsgebiet vor, daher ist die Genitivkomponente eher auslassbar, auch ohne Einbettung in den entsprechenden Zusammenhang (Kauf- oder Werkvertragsrecht), die Bedeutung des Wortes *Wandelung* an sich gewährleistet die Eindeutigkeit. Die häufig belegte zweiteilige Wortgruppe (v.a. in bestimmten Urteilsteilen) zeigt aber einen gewissen Grad der Verbindungsfestigkeit beider Elemente. Das ist ein Grund, warum es hier als eine Wortgruppe mit Auslassungsmöglichkeit behandelt wird.

---

214 Die Schreibweise wechselt zwischen *Wandelung* und *Wandlung*. Diese Uneinheitlichkeit spielt für die Wortgruppe keine Rolle. Die hier verwendete Schreibweise geht von der Form aus, die als erster Beleg gefunden wurde. Wird die Alternativform angeführt, so handelt es sich um ein Zitat. Darüber hinaus wird die Form *Wandelung* auch im gemeinsprachlichen Wörterbuch Duden (1999:4420) als fachsprachlich markiert.

215 Zu sonstigen Variationen s. (B-80) – (B-82).

Im Vergleich dazu zeichnet sich das Lexem (*die*) *Minderung* durch eine niedrigere terminologische Selbständigkeit aus. Der Grund ist in der Bedeutung des Wortes zu suchen: In der Gemeinsprache ist sein Gebrauch lexikalisch weniger begrenzt als im juristischen Kontext. Außer Betracht werden hier Verbindungen anderer Rechtsgebiete, wie z.B. 'Minderung der Erwerbsfähigkeit' des Arbeits- bzw. Sozialrechts, gelassen. In der Gemeinsprache können zwar auch andere Substantive als Objekt des Verbs *mindern* auftreten. Zum Ausdruck eines zivilrechtlichen Anspruchs ist ihre Anzahl jedoch beschränkt: 'die Vergütung' bzw. 'der Werklohn' im Werkvertrag oder 'die Miete' im Mietvertrag. Neben dem fachlichen Zusammenhang ist für die begriffliche Eindeutigkeit also auch Fachwissen notwendig.
In allgemeinen Zusammenhängen – außerhalb des Kaufrechts – ist die ganze Wortgruppe erforderlich, um den Referenzanspruch von anderen Minderungsansprüchen abzugrenzen. Dies zeigen die folgenden Äußerungen aus Urteilen:

(B-78) *... hat der Beklagte den Vertrag ... angefochten und Minderung des Kaufpreises verlangt.* (NJW 1998:2360)

Darüber hinaus ist zu der Wortgruppe *Minderung des Kaufpreises* – als einziger Verbindung dieses Typs – die kompositorische Alternativform belegt, deren lexikalische Besetzung mit derjenigen der Wortgruppe übereinstimmt:

(B-79a) *Minderung des Kaufpreises* (NJW 1998:2360) → (B-79b) *Kaufpreisminderung* (ebd.: 2361)

Zu anderen Wortgruppen dieses Typs ist im untersuchten Korpus kein Beleg für die kompositorische Verbindung zu finden, vgl. (B-75a) *Wandelung des Kaufvertrags* → (?)*Kaufvertragswandelung*.
Die größere begriffliche Selbständigkeit des Terminus *Wandelung* verdeutlicht auch der selbständige Eintrag im gemeinschprachlichen Wörterbuch Duden (1999:4420) mit der Kennzeichnung "Rechtsspr." Zur Erläuterung des Begriffes wird dort aber auf die verbale Variante *wandeln* verwiesen (ebd.).[216]
Dagegen besteht im gemeinsprachlichen Wörterbuch zu *Minderung* kein selbständiger Eintrag mit Fachsprachezugehörigkeit, lediglich als morphologische Transformation zu dem Verb *mindern* bzw. zu der reflexiven Form *sich mindern*.
Ähnlich semantisch umfangreich ist der Begriff *Umdeutung* (vgl. (B-77a)), der zwei semantische Merkmale innehat: Zum einen das semantische Merkmal 'ein Rechtsgeschäft' und zum anderen das Merkmal 'der Nichtigkeit des Rechtsgeschäfts' (auf Grund dessen der Begriff hier behandelt wird). So ist statt der ganzen Wortgruppe auch die Verbindung ohne adjektivisches Attribut belegt, weil *die Nichtigkeit* zu den Erfordernissen der Umdeutung gehört:

216 Die fachsprachliche Definition des substantivischen Begriffes befindet sich in einer der älteren Ausgaben (Duden, 1989:1709).

(B-80a) *Umdeutung eines nichtigen Rechtsgeschäfts* → (B-80b) *Umdeutung eines Rechtsgeschäfts* (RWb 1999:1313) → (B-80c) *die Umdeutung* (Kom Palandt 2003:§ 140, Rn 1)

Neben der Weglassung des Adjektivs in der attributiven Nominalgruppe (B-80b) und der Reduzierung auf ein Simplex (B-80c) ist auch eine morphologische Änderung – der Numeruswechsel beim Genitivattribut – möglich:

(B-80a)′ *Umdeutung von nichtigen Rechtsgeschäften*

Die Wortgruppe als Benennungsform für den allgemeinen Begriff begegnet überwiegend im gesetzlichen und im rechtstheoretischen Verwendungsbereich, weil in der Praxis konkrete Rechtsgeschäfte, z.B. eine unwirksame Bürgschaft, in andere wirksame Rechtsgeschäfte *umgedeutet* werden (können), vgl. (B-81):

(B-81) *Umdeutung einer formunwirksamen Bürgschaftserklärung in einen formlos wirksamen Schuldbeitritt* (NJW 1988:3022)

Die oben angeführten Modifikationen (B-80b), (B-80c) sind gelegentlich in Gerichtsentscheidungen mit dem Verweis auf die einschlägige Bestimmung verbunden:

(B-82) *eine Umdeutung im Sinne des § 140* (lexetius.com/2001/5/100, Rn 20),

obwohl es keine andere *Umdeutung* im bürgerlichen Recht gibt.[217] Trotz dieser Auflösung der Wortgruppe kann man von einer gewissen inneren Festigkeit des Ausdrucks sprechen. Dafür spricht nicht zuletzt die Tatsache, dass als Überschriften oder als Stichwort im untersuchten Rechtswörterbuch (Creifelds 1999: 1313) in Sachverzeichnissen nicht nur das Kernwort, sondern auch die substantivische Verbindung angeführt wird.
Auf Grund der oben beschriebenen Merkmale lassen sich die Wortgruppen (B-74a) – (B-77a) als halbfest einstufen.

6.2.3 Lexikalisch und/oder strukturell variable Wortgruppen

Bei einigen Wortgruppen besteht eine partielle Variation darin, dass eine der Komponenten gegen ein anderes Lexem austauschbar ist. Im folgenden Falle handelt es sich um den Austausch des Kernwortes:

(B-83a) *Annahme des Kindes* → (B-83b) *Adoption des Kindes*

Die lexikalische Verbindung von (B-83a) weist darüber hinaus eine morphosyntaktische Änderung in Form von Univerbierung auf:

(B-83c) *Kindesannahme*

217 Der Begriff hat ein lateinisches Äquivalent (*Konversion*), welches seinerseits im Recht polyvalent ist. Die anderen Bedeutungen von Konversion, z.B. im Kontext des Wertpapierrechts, sind in dieser Arbeit irrelevant.

Dagegen ist keine Zusammensetzung mit ausgetauschten Grundmorphemen (B-83b) zu belegen:

(B-83b) *Adoption des Kindes* → **Kindesadoption*

Vor dem Hintergrund des Fremdsprachenunterrichts ist es erforderlich, auf die semantischen Unterschiede zwischen den Wörtern *Adoption* und *Annahme* hinzuweisen, denn daraus ergibt sich die (Un)Möglichkeit, das eine oder das andere Wort mit anderen Lexemen zu verbinden. Das Lexem *Adoption* ist im Vergleich zu *Annahme* ein Terminus, der in Lexika als selbständiges Lemma existiert. Im Rechtswörterbuch Creifelds (1999:26) z.B. steht bei dem Stichwort *Adoption* der synonymische Terminus *Annahme als Kind*, der aber einen anderen terminologischen Status als *Annahme des Kindes* hat.[218] Auf Grund seiner semantischen Eigenständigkeit kann *Adoption* auch ohne Genitivattribut verwendet werden (auf die kontext- oder kotextgebundene syntaktische Eigenständigkeit der jeweils als Kernwort auftretenden Substantive wurde eingangs Kap. 6.2 hingewiesen). In einigen Fällen tritt das Genitivattribut zu dem Wort *Adoption* hinzu, weil es der Kotext erfordert:

(B-84) *Die e.[lterliche] S.[orge] endet außerdem durch Tod ... oder Adoption des Kindes* (§ 1765) (RWb 1999:381)

Aus dem Gesamtkontext des Eintrags *Elterliche Sorge* geht hervor, dass die elterliche Sorge *das Kind* betrifft. Das Genitivattribut *des Kindes* bezieht sich gleichzeitig auf mehrere Sachverhalte, die sprachlich durch angereihte Substantive bezeichnet werden: *Tod, Volljährigkeit, Adoption.*
Wird das Rechtsinstitut in einem anderen Kontext erwähnt, wo das Objekt des *Adoptierens* ohne Interesse ist, so wird es nicht versprachlicht:

(B-85) *Die Stellvertretung ist ... ausgeschlossen im Familien- und Erbrecht, ... insbes. bei ... der Einwilligung zur → Adoption* (RWb 1999:1212)

Das Lexem *Adoption* kann das einheimische Äquivalent *Annahme* jedoch nicht in jeder Verbindung mit *Kind* ersetzen, z.B. in der festen Verbindung *Annahme als Kind* → **Adoption als Kind*.[219]
Das Wort *Annahme* ist im Gegensatz zu *Adoption* mehrdeutig, tritt im Recht in verschiedenen Zusammenhängen auf und bedarf daher einer näheren Bestimmung: *Annahme des (Vertrags)Angebots* (im Vertragsrecht als eine der zwei Voraussetzungen des Zustandekommens des Vertrags, sog. *Vertragsannahme* oder *Akzept*, vgl. Kap. 6.3.3), *Annahme der Erbschaft* (im Erbrecht Terminus für

---

218 Im gemeinsprachlichen Wörterbuch Duden (1999) besteht ebenfalls ein Lemma *Adoption* (ebd.: 137), gleichwohl ohne Erläuterung, sondern nur mit dem Verweis auf das verbale Stichwort *adoptieren*. Unter dem Stichwort *Annahme* (ebd.: 231) findet sich der Hinweis auf den früher gebräuchlichen Terminus *Annahme an Kindes statt*, der synonym mit *Adoption* war.

219 Vgl. 6.3.

"eine formlose, nicht empfangsbedürftige Erklärung, Erbe sein und die Erbschaft behalten zu wollen" (RWb 1999:64)). Es ließen sich noch mehr Beispiele anführen, sie betreffen aber mehr die vielfältigen Anwendungsmöglichkeiten des Wortes *Annahme* außerhalb des hier betrachteten semantischen Feldes des *Adoptierens*.[220]

Betrachtet man die Wortgruppe (B-83a) *Annahme des Kindes* als einen textsortenspezifischen Ausdruck (im BGB) und vergleicht man sie mit der Verbindung (B-83b) *Adoption des Kindes*, gelangt man in Bezug auf diese substantivische Verbindung zu dem Schluss, dass es mehr um eine morphologischeVariante der festen verbalen Gruppe *ein Kind annehmen* geht. Die substantivische Wortgruppe weist eine bestimmte lexikalische Änderbarkeit auf, gehört in meiner Betrachtung zu den halbfesten Nominalisierungen und wird aus stilistischen Gründen synonymisch zum eingliedrigen Terminus *Adoption* gebraucht.

Gelegentlich können zwei Lexeme in zwei verschiedenen morpho-syntaktischen Verbindungsarten verbunden werden. Die Substantive *Besitz*, *Sache* treten sowohl in der Struktur `Subst + Subst`$_G$ als auch in `Subst + Präp + Subst` auf:

(B-86a) *Besitz der Sache* → (B-86b) *Besitz an der Sache*

Durch den Einschub der Präposition *an* ändert sich die Bedeutung des Sachverhaltes zwar nicht wesentlich, es kommt jedoch zu einer Verschiebung. Diese hängt mit den voneinander abweichenden Bedeutungen des Substantivs *Besitz* in (a) und (b) zusammen. Während die rein substantivische Wortgruppe (B-86a) einen Zustand 'des Besitzens' ausdrückt, wird durch die Präposition *an* in (B-86b) der Besitz als ein Recht in einer bestimmten Art konkretisiert, was nicht zuletzt mit der partitiven Bedeutung der Präposition *an* zusammenhängt.[221] Deswegen handelt es sich bei (B-86a) und (B-86b) nicht um austauschbare Varianten, die semantisch identisch sind. Um diese Nuance zu verdeutlichen, werden im Folgenden die sprachlichen Kontexte verglichen, in denen (B-86a) und (B-86b) vorkommen. Zuerst wird die Verwendung der Wortgruppe ohne Präposition (B-86a) in Sätzen illustriert:

(B-87a) *Der Nießbraucher ist zum Besitz der Sache berechtigt* (§ 1036)

(B-87b) *wenn der Erwerber den Besitz der Sache erlangt* (§ 936)

(B-87c) *wenn der Eigentümer … den Besitz der Sache aufgibt* (§ 959)

---

220 Für die Zwecke des juristischen Deutsch-als-Fremdsprache-Unterrichts wäre es sicherlich interessant, die Mehrdeutigkeit des Substantivs *Annahme* und seine Verbindbarkeit mit anderen Substantiv ausführlicher zu behandeln, weil diese Verbindungen jeweils unterschiedliche lexikalische und morpho-syntaktische Modifikationen eröffnen. Dies ist im Rahmen der vorliegenden Arbeit leider nicht möglich; es ist jedoch denkbar, solche Wortgruppen in die Vorbereitung von Lehreinheiten einzubeziehen.

221 Durch die präpositionale Struktur ⟨Recht + an + Subst⟩ wird allgemein der Bezug eines Rechtes zu einem Objekt der Realität ausgedrückt, z.B. *Recht am eigenen Bild.*

(B-87d) *Ist der Erwerber im Besitz der Sache, so* ... (§ 929)

Vergleich mit Äußerungen mit der Präposition *an*:

(B-88a) *daß der Besitz an der Sache ... dem Widerkläger zustehe* (Lb Schwab/ Prütting 2000:57)

(B-88b) *Der Käufer hat ... ein Recht zum Besitz an der Sache* (RWb 1999:721)

(B-88c) *Will der ... Eigentümer den unmittelbaren Besitz an der Sache nicht aufgeben* (ebd.: 356)

Der Vergleich der obigen Sätze ergibt, dass die Möglichkeit, Notwendigkeit oder Unzulässigkeit, die Präposition zu verwenden, auf das sprachliche Umfeld zurückgeht. Nur in einigen Fällen sind (B-86a) und (B-86b) frei austauschbar, vgl. die Ersetzungsproben zu (B-87a) bis (B-87c):

(B-87a)′ ... *ist zum Besitz an der Sache berechtigt*

(B-87b)′ ... *den Besitz an der Sache erlangt*

(B-87c)′ ... *den Besitz an der Sache aufgibt*

Die kommutierten (B-87a)′ – (B-87c)′ stellen grammatisch und auch semantisch akzeptable Äußerungen dar. Von Juristen werden sie jedoch als unüblich betrachtet. Ähnlich ließe sich an der Stelle der präpositional verbundenen Wortgruppe *Besitz an der Sache* in (B-88a) die Wortgruppe ohne Präposition einsetzen, was aber als wenig gebräuchliche Formulierung anzusehen wäre:

(B-88a)′ *daß der Besitz der Sache ... dem Widerkläger zustehe*

Als restriktiv erweist sich das sprachliche Umfeld in verbalen Gruppen des Typs (B-87d):

(B-87d)′ **im Besitz an der Sache sein*[222]

oder in Form des vorangestellten Attributes (B-88c):

(B-88c)′ R**den unmittelbaren Besitz der Sache nicht aufgeben*

Die Restriktion in (B-88c)′ ist fachlich, nicht wie in (B-87d)′ sprachlich bedingt.
Mit derselben lexikalischen Besetzung wie (B-86a), also unter Verwendung der Grundmorpheme *Besitz* und *Sache*, lässt sich zwar die kompositorische Form *Sachbesitz* bilden:

(B-89) *Besitz (Sachbesitz) ist die ... Herrschaft* (Kom Palandt 2003: Übl. § 854, Rn 1)

Das Kompositum ist in meinem Textkorpus jedoch nur einmal belegt und den wenig üblichen Gebrauch bestätigen auch die befragten Juristen. Deshalb wird es nicht als konkurrierende Variante zu der vorliegenden Wortgruppe bewertet.

222 Zur verbalen Gruppe *im Besitz sein* (B-87d) s. Kap. 7.2.6.

Dagegen spricht nicht zuletzt der semantische Wert und die eher erläuternde Funktion (s. die Poststellung in den Klammern) des Lexems.
Die Verbindung *Besitz der Sache* ist keine feste Wortgruppe. Das Substantiv *Besitz* als Bezeichnung für "die tatsächliche Herrschaft einer Person über eine Sache" (Creifelds 1999:205) kann – grammatisch und lexikalisch – auch ohne Genitivattribut verwendet werden. Wird im Kontext des Sachenrechts allgemein vom Besitz gesprochen, so ist *die Sache* im *Besitz* inbegriffen, denn sprachlich bezieht sich 'der Besitz' in jedem Fall auf ein Objekt der außersprachlichen Wirklichkeit. Das Lexem *Sache* geht die Verbindung als Ergänzung ein, wo es als der allgemeinste Begriff für alle denkbaren (juristisch nur "körperlichen"!) Sachen existiert. In bestimmten Verwendungskontexten ist zur Bezeichnung des zugrunde liegenden Begriffes die Wortgruppe regelmäßig belegt. Dies ordnet sie den halbfesten Wortgruppen zu.

6.2.4 Freie Wortgruppen

Eine Subgruppe bilden die nicht terminologisierten Nominalisierungen wie *Verbindlichkeit des Nichterklärten* oder *Vollendung der Willenserklärung* (vgl. oben (B-73)).
Die Kernkomponente geht – wie in den oben behandelten Wortgruppen – entweder auf ein Verb oder ein Adjektiv zurück. Das zugrunde liegende Lexem bildet mit dem Substantiv, der genitivischen Komponente der Wortgruppe, erst im Laufe des Redeaktes eine sprachliche Einheit.
Eine zweite Teilgruppe bilden Ausdrücke, die nach dem gleichen Muster wie die festen oder halbfesten Wortgruppen gebildet werden:

Herausgabe des Schranks, Unmöglichkeit der Lieferung, Verfügung des nichtberechtigten Verkäufer.

Vergleicht man die vorstehenden Ausdrücke mit den gleich strukturierten festen Wortgruppen, so stellt man fest, dass es um Konkretisierungen der letzteren geht:

(B-90) *Herausgabe des Schranks* (Lb Köhler 2001:250) (nach dem Muster (B-69a) *Herausgabe der Sache*),

(B-91) *Verfügung des nichtberechtigten Verkäufers* (Kom Palandt 2003:§ 816, Rn 17) (nach dem Muster (B-2a) *Verfügung eines Nichtberechtigten*).

Feste oder halbfeste Wortgruppen können auf zwei Arten konkretisiert werden:

a) Die substantivische Konstituente, die an der Stelle des Genitivattributs steht, wird durch ein Konkretum[223] ersetzt: *Schrank* als Konkretisierung *der Sache* in (B-90) *Herausgabe des Schranks*. Ein ähnliches Beispiel dieser Struktur ist:

(B-92) *Unmöglichkeit der Lieferung* (lexetius.com/2000/12/164, Rn 72),

223 Unter Konkreta werden hier "Bezeichnungen für sinnlich wahrnehmbare Erscheinungen" (Helbig/ Buscha 2001:206) verstanden.

in dem *Lieferung* die *Leistung* (vgl. oben (B-1a) *Unmöglichkeit der Leistung*) konkretisiert. In diesem Falle handelt es sich nicht um ein Konkretum wie in (B-90), sondern um ein deverbales Abstraktum, welchem jedoch ein Sachverhalt der außersprachlichen Realität entspricht.

b) Der Allgemeinbegriff einer (halb)festen Wortgruppe wird durch eine Attribuierung konkretisiert. So gebildete Wortgruppen stellen den Strukturtyp `Subst + [Adj + Subst]`$_G$ dar: in (B-91) *der nichtberechtigte Verkäufer* als Konkretisierung von *ein Nichtberechtigter*. Die Determination durch ein vorangestelltes Attribut kann sich als eine allgemeine Bestimmung des Substantivs unter einem besonderen Aspekt vollziehen:

(B-93) *die Unmöglichkeit der dem Schuldner obliegenden Leistung* (lexetius.com/2001/12/130, Rn 12), (vgl. mit (B-1a) *Unmöglichkeit der Leistung*).

Wie die angeführten Verbindungen zeigen, werden diese in Abhängigkeit von einer Situation gebildet und haben im Vergleich zu den festen bzw. halbfesten keine allgemeine Gültigkeit. Für die Beurteilung der Stabilität ist also neben der Variabilität auf der lexikalischen und/oder der strukturellen Ebene der terminologische Aspekt und der Bezug auf die Referenzobjekte von Bedeutung. Solche variable Verbindungen, die von einer Situation oder einer kommunikativen Absicht abhängen, werden hier als freie Wortgruppen eingestuft.

6.2.5 Zusammenfassung Kapitel 6.2

Die Stabilitätsstufen der Wortgruppen des Typs `Subst + Subst`$_G$ bzw. der gedehnten Struktur lassen sich wie folgt zusammenfassen: Absolute Festigkeit lässt sich bei keiner Wortgruppe dieses Strukturtyps nachweisen. Als höchste Festigkeitsstufe erweist sich die ***relative Festigkeit***. Sie wird durch einige Verbindungen (Typ *Unmöglichkeit der Leistung*) vertreten, deren attributive Komponente (*die Leistung*) im Rahmen eines Textes bzw. zweier kontextuell zusammenhängender Texte ausgelassen werden kann (*die Unmöglichkeit*). Diese Wortgruppen gelten im juristischen Vokabular als Termini. Auf einer niedrigeren Stufe befinden sich Verbindungen, die jeweils verschiedenartige Variationen aufweisen: strukturelle Variationen in Form von Komposition (*Abschluss des Vertrags → Vertragsabschluss*), Weglassbarkeit der attributiven Komponente infolge des semantischen Umfangs des Kernsubstantivs (*Minderung (des Kaufpreises)*), im Einzelfall lexikalische Ersetzung (*Annahme / Adoption des Kindes*) oder strukturelle Änderung (*Kindesannahme)*. Terminologisch gesehen zählen sie zum festen Bestandteil des juristischen Begriffsystems und werden infolge ihrer Variabilität als ***halbfest*** eingeordnet. Als schwer einzustufen erweisen sich Verbindungen, die in zwei morphologischen Bereichen (im nominalen und im verbalen Bereich) Lexikalisierung(stendenz) erkennen lassen (*Errichtung des Testaments*). Sie liegen im Grenzbereich zwischen Festigkeit und Halbfestigkeit und könnten als usuelle terminologische Nominalisierungen bezeichnet werden.

Wortgruppen, deren Bildung an die Kommunikationssituation gebunden ist, werden als ***freie*** Verbindungen klassifiziert. Es handelt sich um paraphrasierende Nominalisierungen von Verbalphrasen (*Vollendung der Willenserklärung*) bzw. Adjektivphrasen (*Verbindlichkeit des Erklärten*) oder um Wortgruppen, die strukturelle Erweiterungen und/oder semantische Konkretisierungen von festen bzw. halbfesten Verbindungen darstellen (*Verfügung des nichtberechtigten Verkäufers*).

6.3 Koordinative Wortgruppen mit der Grundstruktur `Subst und Subst`

Einen kleinen Teil der untersuchten Wortgruppen stellen solche dar, in denen zwei nominale Konstituenten koordinativ verbunden sind.[224] Man kann daher kaum von einer Kernkomponente sprechen.
Beispiele[225]:

`Subst und Subst`	*Angebot und Annahme, Einigung und Übergabe, Grund und Boden, Leistung und Gegenleistung, Treu und Glauben, ...*

Die Grundstruktur `Subst und Subst` lässt Erweiterungen einer der oder beider Komponenten zu, was formal mit runden Klammern signalisiert wird:

`Subst (+SubstG)` `und Subst (+SubstG) (+PräpGr)`	*Abgabe und Zugang der Erklärung,* *Auflassung und Eintragung im Grundbuch ...*

6.3.1 Absolut invariable Wortgruppen

Hierher gehören die Verbindungen *Grund und Boden, Treu und Glauben,* die auf allen Ebenen in jedem situativen und sprachlichen Kontext beständig sind. Diese Beständigkeit wird im Folgenden zusammenfassend dargestellt.

6.3.1.1 Morpho-strukturelle Eigenschaften

Eine Vertauschung der Konstituenten ist nicht möglich:

(B-94) *Grund und Boden* → **Boden und Grund*

(B-95) *Treu und Glauben* → **Glauben und Treu*[226]

---

224 Nur eine Wortgruppe besteht aus zwei durch eine Adjunktion verbundenen Substantiven: *Annahme als Kind*. Sie erweist sich als eine feststehende Einheit und wird daher hier nicht behandelt.

225 Die Beispiele werden nach dem ersten Buchstaben der ersten Komponente angeordnet.

226 Die Komponenten der koordinativen Wortgruppen haben dagegen bei Wüster (1966:19) keine feste Reihenfolge. Der Festigkeit nach differenziert er zwischen stehenden Wortgruppen und Gelegenheitsbildungen (ebd.), wobei unklar ist, auf welche Art von Verbindungen sich die Behauptung bezieht.

Innerhalb einer komplexen Struktur kann die koordinative Beziehung nicht aufgelöst werden:

(B-96) *die mit dem Grund und Boden fest verbundenen Sachen* (§ 94) → **mit dem Grund und mit dem Boden fest verbunden …*

(B-97) *wider Treu und Glauben* (§ 162 I) → **wider Treu und wider Glauben*

Die Verbindung *Treu und Glauben* tritt in Sätzen oder satzgleichen Äußerungen in verschiedenen Kasus auf, ohne dass sich ihre morphologische Grundform ändert:

(B-98) *den Inhalt von Treu und Glauben mitbestimmen* (Kom Palandt 2003: § 242, Rn 12) → **Inhalt der Treu und des Glaubens*

Man kann auch sagen, dass nur solche Kasus zulässig sind, die mit keiner Änderung der morphologischen Form verbunden sind: Nominativ wie in (B-99), Dativ wie in (B-98) oder Akkusativ wie in (B-97). Der Genitiv ist – wie am Beispiel (B-98) gezeigt wird – regelmäßig durch die Präposition *von* und dem Dativ ersetzt; eine morphologische Veränderbarkeit als Ausdruck des Genitivs ist in den untersuchten zivilrechtlichen Texten nicht belegt.
Der Ausdruck *Grund und Boden* wird in juristischen Texten in der Regel im Dativ, regiert von der Präposition *mit*, verwendet: *Verbindung/verbunden mit Grund und Boden*. Nur selten ist in auslegenden Texten ein anderer Kasus (Akkusativ) zu finden: *Rechtsverkehr über Grund und Boden* (Lb Köhler 2001:335). Die Festlegung auf bestimmte Präpositionen (und damit Kasus) ist an den juristischen Kontext gebunden und mit ihr hängt auch die morphologische Beständigkeit zusammen: Der gemeinsprachliche Gebrauch erlaubt auch eine Formulierung wie "der Wert meines G.[rundes?] und Bodens" (Duden 1999:1601).

6.3.1.2 Morphologische Eigenschaften

Artikelgebrauch

Mit der Beschränkung im Bereich der Kasus hängt der Artikelgebrauch zusammen. Die vorliegenden Wortgruppen werden nur ohne Artikel gebraucht:

(B-99) *wie Treu und Glauben … es erfordern* (§ 157) → **wie die Treu und der Glauben es erfordern*

Dies schlägt sich in der oben behandelten Kasuseinschränkung nieder: In bestimmten sprachlichen Umgebungen wird die Funktion der Wortgruppe als eines Attributes nicht durch den Genitiv, sondern durch seine Ersatzform mit '*von*' ausgedrückt, wie bereits im Zusammenhang mit (B-98) bemerkt wurde:

(B-100) *Gebote von Treu und Glauben* (§ 275) / *Grundsatz von Treu und Glauben* (NJW 1998:2682)[227] → **Gebote / *Grundsatz der Treu und des Glaubens*

227 Ähnliche Konstruktionen sind in juristischen Texten zu finden, die andere Themen behandeln, wie z.B. im Fachbuch über Textsorten Bericht, Gutachten und Urteil (Sattelmacher/Sirp 1983:4): "Maßstäbe der guten Sitten oder von Treu und Glauben".

Rothkegel (1973:75) stellt diese Ausklammerung des Genitivs im Falle der koordinativen festen Syntagmen als ein spezifisches Merkmal dieser lexikalischen Einheiten in der Gemeinsprache fest. In der Rechtssprache werden Ausdrücke wie *Grundsatz*, *Generalklausel*, *Gebot* im Allgemeinen dazu verwendet, den semantischen Wert der Verbindung zu betonen: "dem das gesamte Rechtsleben beherrschenden Grundsatz von Treu und Glauben" (RWb 1999:1168). Sekundär helfen diese Lexeme (z.B. *Grundsatz*), formale Relationen innerhalb komplexer Satzteile auszudrücken: "unter Beachtung [...] der Gebote von Treu und Glauben" (§ 275).
Die Verbindung *Grund und Boden* wird in einer präpositionalen Phrase entweder ohne Artikel, z.B. (B-96), oder mit dem fakultativen bestimmten Artikel verwendet:

(B-101) *mit dem Grund und Boden* (§ 94)

Die Unauflösbarkeit der kontinuierlichen Reihenfolge erlaubt aber nicht die Determinierung jedes Substantivs: **mit dem Grund und dem Boden.* Die präpositionale Gruppe (B-97) mit *wider* entspricht der allgemeinen Regel, dass in Wendungen mit dieser Präposition der Nullartikel verwendet wird: *wider Willen*, *wider alle Vernunft* (vgl. Helbig/Buscha 2001:388; Schröder 1986:222).

Numerus

Der Gebrauch des Numerus ist auf den Singular beschränkt:

(B-102) *Grund und Boden* → **Gründe und Böden*

(B-103) *Treu und Glauben* → **Treuen und Glauben*

Während in (B-103) der Numerus mit der Abstraktheit der Substantive *Treu*, *Glauben* zusammenhängt, ist er bei den Komponenten von (B-102) nur auf diese Verbindung festgelegt. Sowohl *Grund* als auch *Boden* können an sich im Plural stehen: *Böden*, *Gründe*[228].
Aus den oben dargestellten morphologischen Beschränkungen ergibt sich, dass die Substantive weder determinierbar noch auf eine andere Weise attribuierbar sind:

(B-104) *Verstoß gegen Treu und Glauben* (RWb 1999:788) → **Verstoß gegen diese* / **solche Treu und Glauben* / **Verstoß gegen gültige Treu und Glauben*

Die Festgefügtheit des Gesamtausdrucks *Treu und Glauben* hängt mit dem terminologischen Status, dem einer Generalklausel, zusammen. Darüber hinaus ist die Stabilität der Formseite beider Wortgruppen (*Grund und Boden*, *Treu und Glauben*) Ausdruck ihres idiomatischen Charakters. Solche als feste Paare auf-

228 Vgl. "Diese Böden sind für den Weinbau nicht geeignet" (Duden 1999:632). Das Substantiv *Grund* begegnet im Plural jedoch nur in der Bedeutung 'Umstand oder Motiv': "taktische ... Gründe" (ebd.: 1601). In der Bedeutung 'Erdboden, Oberfläche, Boden' wie in der oben behandelten Wortgruppe bildet es lediglich die Singularform (vgl. ebd.).

gefasste Verbindungen zweier gleichartiger Sprachzeichen mit idiomatischer Bedeutung gehören zu den sog. Zwillingsformeln[229], die ursprünglich in der Rechtssprache gebräuchlich waren (vgl. Weinrich 2003:802).[230] Beide Wortgruppen werden hier als absolut fest eingeordnet.

6.3.2 Relativ invariable Wortgruppen

Eine andere Gruppe dieser Struktur stellen koordinative Verbindungen dar, die nur in einem spezifischen Kontext als fest gelten:

Rechte und Pflichten, Leistung und Gegenleistung, Einigung und Übergabe

6.3.2.1 Strukturelle Eigenschaften

Ihre Lexikalisierung hängt mit dem Gebrauch in einem fachlichen Kontext und in bestimmten lexikalischen Umgebungen zusammen:

(B-105) *Träger von Rechten und Pflichten* (Lb Köhler 2001:299) (Kontext der Rechtssubjekte und ihrer Rechtsfähigkeit)

(B-106) *ein Missverhältnis zwischen Leistung und Gegenleistung* (Kom Palandt 2003:§ 826, Rn 3) (Kontext der wucherischen Rechtsgeschäfte)

(B-107) *Übereignung durch Einigung und Übergabe* (§ 929 S.1) (Kontext der Eigentumsübertragung)

Für diese Verbindungen gelten einige Restriktionen, die den strukturellen Aufbau betreffen.
Vertauschung der Konstituenten wäre ungewöhnlich:

(B-108) *Träger von Rechten und Pflichten* → R(?)*Träger von Pflichten und Rechten*

(B-109) *Missverhältnis zwischen Leistung und Gegenleistung* → R(?)*Missverhältnis zwischen Gegenleistung und Leistung*

(B-107) *Einigung und Übergabe* ist der sprachliche Ausdruck einer Voraussetzung, die aus zwei Handlungen besteht. Obwohl auf der Handlungsebene die Rechtslehre auf keiner festen Reihenfolge besteht, erweist sich ihre Realisierung auf der sprachlichen Ebene als fest. Der Austausch ist zwar belegt, jedoch relativ selten:

(B-110) *dort werden die Leistungshandlungen vorgenommen (Übergabe und Einigung nach § 929)* (Lb Medicus 2002:82f.)

---

229 Auf die Diskussion über die terminologische Bezeichnung dieser Einheiten (Paarformel, Binomiale) wird hier nicht eingegangen. Zur begrifflichen Unterscheidung s. Bußmann (2002:127). Ich verwende hier die in den Grammatiken der deutschen Sprache übliche Terminologie, vgl. Helbig/Buscha (2001:343) oder Weinrich (2003:802). Zu deren Behandlung aus phraseologischer Sicht vgl. Busse (2002:409f.).

230 Der Hinweis auf die historisch belegte rechtssprachliche Herkunft des Ausdrucks *Grund und Boden* findet sich auch im gemeinsprachlichen Wörterbuch Duden (1999:1601).

Innerhalb dieser Wortgruppen ist die Auflösung der koordinativen Beziehung nicht nachweisbar:

(B-111) *Träger von Rechten und Pflichten* → **Träger von Rechten und Träger von Pflichten*

(B-112) *Übereignung durch Einigung und Übergabe* → **Übereignung durch Einigung und durch Übergabe*

Zwar ist auch die Verbindung *Träger der Rechte* bezeugt:

(B-113) *Träger der Rechte aus dem Kaufvertrag* (NJW 1998:1080)

Dieser Ausdruck bezieht sich aber auf einen konkreten Sachverhalt, der zu einem anderen fachlichen Kontext gehört. Für die vorliegenden Wortgruppen (B-105) – (B-107) ist dabei die Gebundenheit an einen bestimmten Fachkontext eines der Rahmenmerkmale ihrer Gefügtheit. Die Unauflösbarkeit von *Leistung und Gegenleistung* in der präpositionalen Gruppe ergibt sich aus der Präposition *zwischen*, die nie zwischen den zwei von ihr regierten Substantiven stehen kann, die koordinativ mit der Konjunktion *und* verbunden sind:

(B-114) *zwischen Leistung und Gegenleistung* → **zwischen Leistung und zwischen Gegenleistung*

Diese Wortgruppe wird aber auch in anderen Verbindungen in dem gleichen situativen Kontext nicht aufgelöst:

(B-115) *Vergleich von Leistung und Gegenleistung* (Kom Palandt 2003: § 138, Rn 32b) → **Vergleich von Leistung und von Gegenleistung*

6.3.2.2 Morphologische Eigenschaften

Auf der morphologischen Ebene sind einige Restriktionen bezüglich des Numerus und des Artikels zu beobachten.

Numerus

Der Numerusgebrauch ist auf den Singular beschränkt:

(B-116) *Einigung und Übergabe* → **Einigungen und Übergaben*

Die Substantive *Leistung, Gegenleistung* bilden an sich Pluralformen und auch deren koordinative Verbindung ist sprachlich akzeptabel und könnte im juristischen Kontext vorkommen:

(B-117)′ *Leistungen und Gegenleistungen*

Diese Verbindung wird hier als hypothetisch mit ′ versehen, denn zur Bezeichnung des Missverhältnisses, welches hier den Kontextrahmen bildet, befindet sich in meinem Textkorpus kein Beleg:

(B-117) R(?)*Missverhältnis zwischen Leistungen und Gegenleistungen*

Die Pluralform ist einmal nachgewiesen, weil sie kontextuell erforderlich ist:

(B-118) *dass zwischen der Summe der Leistungen und der Gesamthöhe der Gegenleistungen ein auffälliges Mißverhältnis besteht* (Kom Palandt 2003:§ 138, Rn 66)

Wird aber eines der Merkmale des wucherischen Rechtsgeschäfts benannt, so begegnen die Substantive *Leistung, Gegenleistung* als eine begriffliche Einheit im Singular. Nur die Singularform gilt als feste terminologische Einheit.
Die Konstituenten treten nur im Plural auf in:

(B-119) *Träger von Rechten und Pflichten* → R**Träger eines Rechtes und einer Pflicht*

Eine solche Formulierung ist sprachlich zulässig, würde aber eine freie Wortfügung darstellen und dem juristischen Begriff nicht mehr entsprechen, vgl.:

(B-120) *die den Eltern eines minderjährigen Kindes obliegende Pflicht und dem entsprechend das … übertragbare Recht* (RWb 1999:379)

Der komplexe Ausdruck (B-120) stellt im Vergleich zu (B-105) eine semantische Änderung und eine andere Wortgruppe dar, die – nicht zuletzt auf Grund des satzähnlichen Charakters – hier nicht untersucht wurde.

Artikelgebrauch

In allen drei Wortgruppen ist der Artikelgebrauch auf Verwendung ohne Artikel beschränkt, was auch mit der nicht auflösbaren Struktur zusammenhängt:

(B-121) *mittels Einigung und Übergabe* (RWb 1999:605) → **mittels der Einigung und Übergabe*

(B-122) *zwischen Leistung und Gegenleistung* → **zwischen der Leistung und der Gegenleistung*

Tritt die Wortgruppe *Einigung und Übergabe* als nachgestelltes Attribut auf, wird die formale Beziehung in der Regel durch die Präposition *von* ausgedrückt (vgl. oben (B-100) *von Treu und Glauben*):

(B-123) *Gleichzeitigkeit von Einigung und Übergabe* (Kom Palandt 2003: § 929, Rn 7)

In der Regel trifft dies auch für *Träger von Rechten und Pflichten* zu, jedoch nicht uneingeschränkt, vgl. weiter (B-126).
Der fehlende Artikel ist immer dort zu beobachten, wo beide Konstituenten als eine Einheit, z.B. eine Voraussetzung in (B-121), betrachtet werden. Wenn die Konstituenten auch eigenständig zu finden sind, tritt regelmäßig der bestimmte Artikel auf. Zu vergleichen ist z.B. das Substantiv *Übergabe* in folgender Äußerung: *unter Einschluß der Übergabe gem. § 929 S. 1 BGB* (NJW 1999:425). Dass

die koordinative Verbindung (B-106) eine Begriffseinheit darstellt, zeigen folgende Aussagen:

(B-124a) ***Einigung und Übergabe***[231] *zusammen sind für den Eigentumsübergang erforderlich* (Kom Erman 2000:§ 929, Rn 1)

(B-124b) *Erforderlich ist ... / Voraussetzung ist Einigung und Übergabe* (ebd.: Rn 20, Rn 26)

Der bestimmte Artikel wird gebraucht, wenn die Substantive attribuiert sind:

(B-125) *Das BerGer. bejaht ein grobes Missverhältnis zwischen der Leistung des Kl. und der Gegenleistung der Bekl.* (NJW 2002:3166)

Der bestimmte Artikel in (B-125) deutet auf einen semantischen Unterschied hin, was durch den Zusatz von Genitivattributen als Bezeichnungen von Personen (*des Klägers, der Beklagten*) zum Ausdruck kommt. Das so gebildete Syntagma ist als freie Verbindung zu bewerten.

Die Wortgruppe *Rechte und Pflichten* wird grundsätzlich auch mit Nullartikel gebraucht. Sie stellt den einzigen Fall dar, in dem die Beziehung zwischen dem Substantiv *Träger* und der Nominalphrase entweder durch den Genitiv oder seine Umschreibung mit *von* ausgedrückt werden kann. Nur im reinen Genitiv wird der bestimmte Artikel für beide Substantive gebraucht:

(B-126) *Träger der Rechte und Pflichten* (Lb Köhler 2001:299)

Nicht belegt ist aber *'Träger der Rechte und der Pflichten,* was die Festgefügtheit und Begriffseinheit bestätigt. Dies kann man als Übertragung der gemeinsprachlichen Regel betrachten, nach der im Falle von zwei Substantiven, die ein Objekt der Realität bezeichnen, das Artikelwort nur vor dem ersten Substantiv steht (vgl. Helbig/Buscha 2001:320).

Aus der allgemeinen Gültigkeit des Begriffes und auch des Gesamtausdrucks ergibt sich, dass sie weder durch qualitative noch durch relative Adjektive determiniert werden. Die einzige Determinierung ist die mit Possessivartikel[232]:

(B-127) *Die Rechtsfähigkeit des Menschen endet mit ... Seine Rechte und Pflichten erlöschen* (Lb Köhler 2001:269)

Diese Determinierung ist an die Vorinformation gebunden, d.h. sie ist innertextlich bedingt. Sie ist in jedem Text möglich, in dem eine Person als Träger im Vortext eingeführt wird.

Der teilweise feste Charakter der oben beschriebenen Wortgruppen ist primär von der handlungsbezogenen Ebene bestimmt und spiegelt sich auf der sprachli-

231 Fettdruck im Original.

232 Ich verzichte auf den traditionellen Terminus Possessivpronomen (vgl. Helbig/Buscha, 2001:210f.). Auf Grund des Unterschiedes zwischen Pronomen und Artikel bevorzuge ich den textlinguistischen Begriff, "nach dessen Anweisung für ein bestimmtes Nomen eine Determinante im Bereich der Gesprächsrollen zu suchen ist" (Weinrich, 2003:432ff.).

chen Ebene durch die Gebundenheit an ein bestimmtes lexikalisches Umfeld wider (s. (B-105) – (B-107)). In den oben dargelegten Kontexten und Bedeutungen sind keine lexikalischen Änderungen nachzuweisen, die Konstituenten sind nicht durch Adjektive oder adjektivisch gebrauchte Wörter erweiterbar.
Die Wortgruppe *Rechte und Pflichten* kommt – abgesehen von (B-105) – auch im Kontext der vertraglichen und nichtvertraglichen (z.B. ehelichen) Verhältnisse vor, in dem die zweite substantivische Komponente gegen ihr Fachsynonym austauschbar ist:

(B-128a) *Rechte und Verpflichtungen* (RWb 1999:540) → (B-128b) *Rechte und Verbindlichkeiten* (ebd.: 539)

Hier ist eine gewisse Tendenz zu beobachten. Im allgemeinen Kontext der Schuldverhältnisse behält die Wortgruppe in der Regel ihre lexikalische Stabilität. Die häufigste Ersetzung des Typs (B-128a) ist im Kontext des Gesellschaftsvertrags zu finden. Aus den Belegen lässt sich auf die Absicht schließen, das Wesen der *Pflichten* durch die Ersetzung mit *Verpflichtungen* zu verstärken. Auch im Familien- oder Erbrecht kommt das semantische Merkmal des 'Verpflichtet-Seins' durch das Wort *Verbindlichkeiten* in Verbindung mit einem Genitivattribut stärker zum Ausdruck:

(B-129) *Rechte und Verbindlichkeiten des überlebenden Ehegatten* (§ 1487)

Als semantisch unterschiedlich gehört (B-129) nicht in diese Festigkeitsstufe.
Die vorliegenden Wortgruppen *Rechte und Pflichten*, *Leistung und Gegenleistung*, *Einigung und Übergabe* zeichnen sich in bestimmten Fachkontexten durch strukturelle, lexikalische und überdies auch morphologische Stabilität aus. Auf Grund der oben ausgeführten Merkmale, die kontextbedingt sind, werden diese Verbindungen als halbfeste Wortgruppen eingestuft. Man könnte aber auch von einer Art der relativen Festigkeit sprechen, die an einen bestimmten Verwendungskontext gebunden ist.

6.3.3 Relativ freie Wortgruppen

Ein Teil der koordinativen substantivischen Wortgruppen ist strukturell und/oder lexikalisch variabel:

Angebot und Annahme, *Pfändung und Versteigerung*

Die Konstituenten der Wortgruppen mit einfacher Grundstruktur können selbständig existieren (dadurch unterscheiden sie sich nicht wesentlich von den Konstituenten der Wortgruppen 6.3.2) und nur in Abhängigkeit von einem Sachverhalt zwei zusammenfallende oder nacheinander durchgeführte Handlungen benennen. Sie können zwar in einem bestimmten Kontext immer wieder in dieser koordinativen Verbindung vorkommen; das deutet aber noch nicht auf einen festen Charakter hin. Vielmehr handelt es sich hier um eine logische, sich aus dem Wesen der darzustellenden Sachverhalte ergebende Verknüpfung: z.B. setzt ein Vertragsabschluss voraus, dass zuerst *ein Angebot* gemacht und dann *eine Annahme* erklärt wird. Werden also die Erfordernisse des Vertragsabschlusses besprochen, werden beide Begriffe thematisiert. An diesem Beispiel ist zu sehen, dass die Grenze zwischen halbfesten und freien Wortgruppen fließend ist. Denn genauso wie *Einigung und Übergabe* (vgl. 6.3.2) ist auch *Angebot und Annahme* von einem Situationskontext abhängig. Erst durch die gleichzeitige bzw. unmittelbar aufeinander folgende Durchführung der Referenzhandlungen und dementsprechend durch die Verbindung der Lexeme auf der sprachlichen Ebene entfalten sich weitere Rechtsfolgen, vgl. (B-107) *Eigentumsübertragung durch Einigung und Übergabe* und

(B-130) *durch Angebot und Annahme zustande kommen* (Lb Köhler 2001:111)

Die zwei Wortgruppen unterscheiden sich voneinander vor allem durch die Möglichkeiten ihrer sprachlichen Realisierung. Während in der Benennung der Erfordernisse einer Eigentumsübertragung in (B-107) keine Änderungen möglich sind, können die Voraussetzungen des Zustandekommens eines Vertrags auf mehrere Weisen ausgedrückt werden. Derselbe Sachverhalt ließe sich – in nominalisierter Form – wie folgt ausdrücken:

(B-130)′ *Zustandekommen eines Vertrags durch Annahme des Angebots*

Zu vergleichen ist (B-107) *Einigung und Übergabe* (Kap. 6.3.2), wo keine strukturelle oder lexikalische Modifikation nachzuweisen ist: **mit der Einigung der Übergabe / *durch die Einigung der Übergabe / *durch Einigung und Abgabe.* Die Wortgruppe *Angebot und Annahme* weist dagegen auch lexikalische Varianten auf:

(B-131) *Mit der Annahme des Antrags kommt der Vertrag zustande* (Lb Köhler 2001:117)

Dem Austausch von *Angebot* gegen *Antrag* liegt die fachsprachliche Synonymität beider Lexeme zugrunde. Im BGB wird übrigens im Zusammenhang mit Vertragsschluss nur das Lexem *Antrag* verwendet. Auch die lexikalisch variierte Wortgruppe kann formal auf mehrere Weisen gestaltet werden: *Antrag und Annahme*, *Annahme des Antrags.* Neben dieser Dublette gibt es noch ein drittes Fachsynonym, *Offerte.* Unter dem Aspekt der Doppelterminologie stellt *Offerte* den fremdsprachigen Terminus dar, der einem höheren fachsprachlichen Register als sein deutsches Äquivalent angehört (vgl. Thurmair 1995:249). Trotz der eindeutigen Äquivalenz (bewiesen durch Stichwörter in Fachwörterbüchern, z.B. Creifelds 1999:1439) kommt der fremdsprachige Terminus in der koordinativen (bzw. subordinativen) Wortverbindung nicht vor, vgl.:

(B-132a) *Angebot und Annahme* (Lb Köhler 2001:111) → (B-132b) *Antrag und Annahme* (Kom Palandt 2003:§ 145, Rn 6) → **Offerte und Annahme*

Eine ähnliche Restriktion der Vereinbarkeit ist beim Fachwort *Akzept* zu beobachten, welches als fachliches Synonym von *Annahme* existiert. In den untersuchten Texten ist keine Verbindung mit einem der deutschen Äquivalente belegt:

(B-133) *Angebot und Annahme → *Angebot und Akzept / *Akzept des Angebots*

Diese Unverbindbarkeit liegt wohl in der terminologischen Extension der fremdsprachigen Termini begründet, die begriffliche Eindeutigkeit leistet: Unter *Offerte* wird allgemein *Vertragsangebot* ("Vertragsantrag" RWb 1999:939), unter *Akzept* "die Annahme eines Angebots zu einem Vertrag" (ebd.: 36) verstanden.[233] Dagegen sind Wörter wie *Annahme, Angebot* polysem und daher auf die Bestimmtheit durch andere Lexeme verwiesen, durch die sie zu Fachwörtern werden.[234] In diesem Falle bestimmen sie sich gegenseitig.
Damit wird noch einmal ersichtlich, dass *Angebot* und *Annahme* als vertragsrechtliche Begriffe auf der Sachebene zusammengehören; der niedrigere Grad der Festigkeit – z.B. im Vergleich zu *Einigung und Übergabe* – äußert sich lediglich in der Variabilität ihrer sprachlichen Form. Andere Beispiele dieser Art sind: *Pflichten und Lasten, Pfändung und Versteigerung*. In Bezug auf den Grad der Festigkeit können sie allerdings nicht eindeutig zugeordnet werden. Einerseits sind sie strukturell und teilweise lexikalisch variabel und terminologisch ohne Bezug auf einen Rechtsbegriff. Andererseits benennen sie Handlungen, die häufig gleichzeitig oder unmittelbar nacheinander durchgeführt werden, und werden daher häufig gleichzeitig thematisiert. Aus diesem Grund werden sie nicht als frei, sondern höchstens als relativ frei betrachtet.
Wortgruppen, die unter formalem Aspekt eine Erweiterung der Grundstruktur darstellen, werden im Rahmen dieser Arbeit nicht im Einzelnen behandelt. Es handelt sich um Verbindungen wie *Erklärung des Berechtigten und Löschung im Grundbuch, Auflassung und Eintragung im Grundbuch, die Leistung des Klägers und die Gegenleistung der Beklagten*, die sich in folgenden Strukturtyp einfügen lassen:

$\mathtt{Subst(+Subst_G)\ und\ Subst(+Subst_G)\ (+PräpGr)}$

In beiden Fällen der koordinativ verbundenen Nominalgruppen kann ein Substantiv oder eine attributive Phrase vom Typ $\mathtt{Subst + Subst_G}$ vorliegen oder die ganze koordinative Verbindung durch eine Präpositionalgruppe des Typs `Präp + Subst` erweitert werden. In dieser durch Erweiterung entstandenen Subklasse ist keine Wortgruppe mit fester bzw. halbfester Struktur zu finden. Die untersuchten Wortgruppen zeichnen sich durch Merkmale aus, die freien Wortgruppen zugesprochen werden: Änderung der Reihenfolge der Konstituenten

233 Verwechslung mit der zweiten Fachbedeutung 'Wechselakzept' des Terminus *Akzept* begegnet kaum, weil die situativen und damit auch sprachlichen Kontexte unterschiedlich sind.

234 Zur Begriffsübertragung bei Wortgruppen s. Wüster (1966:76).

innerhalb der Wortgruppe, Abhängigkeit der Zusammenfügung von der Kommunikationssituation.[235] Da im Vordergrund der vorliegenden Arbeit feste oder halbfeste Wortverbindungen stehen und freie Wortgruppen nur zu deren Abgrenzung durch Vergleiche herangezogen werden, erübrigt sich in dieser Untergruppe eine ausführliche Behandlung derartiger Beispiele dieser Konstruktion.

6.3.4 Zusammenfassung Kapitel 6.3

Die koordinativ aufgebauten substantivischen Wortgruppen begegnen in der juristischen Terminologie relativ selten. Sie lassen sich zusammenfassend folgendermaßen charakterisieren: Die Stufe der ***absoluten Festigkeit*** kommt durch eine Invariabilität im lexikalischen, strukturellen und auch morphologischen Bereich zum Ausdruck und ist an keinen Kontext gebunden. Sie wird durch Zwillingsformeln wie *Treu und Glauben, Grund und Boden* konstituiert.
Eine weitere Stufe stellen solche Verbindungen dar, die in der Übergangszone zwischen festen und halbfesten Wortgruppen stehen. Sie sind nur in bestimmten Kontexten lexikalisch, strukturell und teilweise auch morphologisch invariabel (*Leistung und Gegenleistung*). Abhängig vom jeweiligen Kontext besitzen sie auch semantische Stabilität, wodurch sie als lexikalisiert gelten können. Ihre Zuordnung zu einer der Festigkeitsstufen ist also nicht eindeutig. Es lässt sich entweder von ***halbfesten*** Wortgruppen sprechen, da sie außerhalb eines Verwendungskontextes auflösbar sind. Oder sie können, weil sie eben in einem Kontext invariabel sind, als ***relativ fest*** betrachtet werden.
Eine dritte Stufe wird durch diejenigen Verbindungen konstituiert, die ebenfalls von einem situativen Kontext abhängig sind, in diesem jedoch strukturelle und/ oder lexikalische Änderungen aufweisen (*Annahme und Angebot*) und daher als ***relativ frei*** eingeordnet werden.

6.4 Substantivische Wortgruppen mit der Grundstruktur `Subst + Präp + Subst`

Bei dieser Grundstruktur handelt es sich um die Verbindung von zwei Substantiven durch eine Präposition. Unter syntaktischem Aspekt liegt hier also eine präpositionale Verknüpfung von zwei Nominalgruppen vor. Die zweite Nominalgruppe kann Erweiterungen aufweisen, was zur Bildung von Subklassen führt. In den folgenden Ausführungen wird der Aspekt der Festigkeit jedoch gemeinsam für die Grundstrukturtypen und für ihre Subklassen betrachtet.

---

235 Vgl. Kap. 9.3.

Beispiele[236]:

Subst + Präp + Subst	*Anspruch auf Schadensersatz, Entschädigung in Geld, Erwerb vom Nichtberechtigten, Geschäftsführung ohne Auftrag, Gewährleistung für Sachmängel, Irrtum im Beweggrund, Kauf auf Probe, Mangel an Vermögensurteil, Mangel im Recht, Recht zum Besitz, Schadensersatz wegen eines Mangels, Schadensersatz wegen Nichterfüllung, Verschulden bei Vertragsschluss, Vertrag zugunsten Dritter, Vertragsschluss durch Minderjährige, Zug um Zug, ...*

Durch Erweiterungen der nominalen Konstituenten gebildete Untertypen:

Subst + Präp + [Adj+Subst]	*Anspruch aus ungerechtfertigter Bereicherung, Bürgschaft auf erstes Anfordern, Recht am eigenen Bild*
Subst + Präp + [Subst+Subst$_G$]	*Anspruch auf Herausgabe der Sache, Irrtum über den Inhalt der Erklärung, ...*
Subst + Präp + [Subst und Subst]	*Missverhältnis zwischen Leistung und Gegenleistung*

6.4.1 Absolut invariable Wortgruppen

In der Strukturgruppe `Subst + Präp + Subst` erweist sich nur die Verbindung *Zug um Zug* als auf allen Ebenen stabil. Diese Wortgruppe gehört zu den sog. Zwillingsformeln[237] und zählt deshalb zu den festen Verknüpfungen. Sie wird hier deshalb als fachsprachliche Wortverbindung eingeordnet, weil sie durch den Gebrauch in bestimmten Wortgruppen, z.B. in Verbindung mit Lexemen wie *Erfüllung*, *Leistung* (vgl. (B-134)ff.), die ihrerseits unterschiedlich fest sind, eine terminologische Funktion übernimmt:

(B-134) *Erfüllung Zug um Zug* (§ 322)

Die einzige Modifikation innerhalb der Zwillingsformel betrifft die Schreibweise:

(B-135) *Erfüllung Zug-um-Zug* (Kom Palandt 2003:Überschrift § 348)[238]

(B-136a*) Verurteilung zur Leistung Zug um Zug →*

(B-136b) *Verurteilung zur Leistung Zug-um-Zug* (ebd.: Überschrift § 322)

---

236 Die Beispiele werden entsprechend der alphabetischen Anordnung der ersten Komponente angeführt.

237 Zu Zwillingsformeln vgl. in Verbindung mit koordinativen Wortgruppen *Treu und Glauben*, *Grund und Boden* (Kap. 6.3.1).

238 Ähnlich in BGB Beck 2002. In dem anderen, zum Vergleich herangezogenen Kommentar Erman befinden sich keine §-Überschriften.

Ist die Wortverbindung in mehrgliedrige komplexe Wortgruppen eingebettet, so sind auch strukturelle Änderungen dieser komplexen Gebilde belegt:

(B-137a) *Verurteilung Zug-um-Zug* (Kom Palandt 2003:§ 322, Rn 3)

(B-137b) *Zug-um-Zug-Verurteilung* (BGHZ 116:248)

Man könnte weitere Varianten anführen, die die Verbindung der Zwillingsformel *Zug um Zug* mit den Grundmorphemen *Verurteilung* und *Leistung* betreffen. Hier steht jedoch die Doppelformel und nicht Wortgruppen, deren typischer Bestandteil sie ist, im Vordergrund.
Die Schreibweise mit Bindestrich kommt v.a. in Kommentartexten vor. In den Paragraphentexten des BGB ist sie nicht nachzuweisen, was nicht zuletzt mit der Funktion der Gesetze und den entsprechenden expliziten Formulierungen der Paragraphen zusammenhängt. Eine solche Schreibweise ist regelmäßig in den Paragraphenüberschriften in denjenigen BGB-Ausgaben zu beobachten, die den Textteil mit Überschriften versehen.[239] Im BGB begegnet diese Wortgruppe nicht nur in Verbindung mit Substantiven wie in (B-134), (B-136a), sondern ist auch in Verbalgruppen eingebettet:

(B-138) *Die … Verpflichtungen … sind Zug um Zug zu erfüllen* (§ 348)

Die stichwortartige Zusammenschreibung mit Bindestrich bleibt nicht nur den Paragraphenüberschriften vorbehalten; sie ist auch in anderen Textsorten, z.B. in Urteilen, zu finden (vgl. oben (B-137b)). Durch die Einbettung in andere Wortgruppen ändert sich die Bedeutung der Verbindung nicht. Die beschränkte Anzahl der Wörter, mit denen diese Wortgruppe verbunden werden kann (*Leistung, Erfüllung*), und deren Zugehörigkeit zu einem bestimmten semantischen Bereich zeigen die Verfestigung im juristischen Fachwortschatz. Zusätzlich spricht für die fachliche Relevanz der Wortverbindung die fakultative Angabe des Typs *gegen* ⟨Handlung⟩, die in fallbezogenen Äußerungen vorkommt:

(B-139) *Wird nämlich die Bekl. zur Zahlung an den Kl. Zug um Zug gegen Auflassung verurteilt, so …* (BGHZ 116:248)

Häufig kommt die Verbindung in Urteilstexten in Formulierungen vor, die den Anspruch einer Streitpartei zum Ausdruck bringen:

(B-140) *in Fällen, in denen der Kl. eine Verurteilung des Bekl. zu einer Zug um Zug zu erbringenden Leistung begehrt* (NJW 2000:2664)

Wie bereits gesagt, betreffen weitere Modifikationen, wie z.B. geänderte Reihenfolge in Verbindung mit einem anderen Lexem, nicht allein die Fügung *Zug um Zug* an sich, deshalb werden sie hier nicht weiter behandelt. Die Wortgruppe zeichnet sich durch eine totale Invarianz aus und wird hier als absolut fest eingestuft.

239 Zu diesem textsortenspezifischen Verfahren vgl. in Kap. 4.5.1.

6.4.2 Relativ invariable Wortgruppen

Folgende präpositional-substantivische Verbindungen behalten ihre Stabilität sowohl in der Struktur als auch in der Lexik:

> *Irrtum im Beweggrund, Geschäftsführung ohne Auftrag, Kauf auf Probe, Kauf nach Probe, Kauf zur Probe, Schadensersatz wegen Nichterfüllung, Vertrag zugunsten Dritter*[240], *Vertretung ohne Vertretungsmacht*

In der Gruppe mit erweiterter Struktur lässt sich bei den folgenden beiden Ausdrücken strukturelle wie auch lexikalische Festigkeit feststellen:

> *Bürgschaft auf erstes Anfordern, Recht am eigenen Bild*

Die Auslassung der bestimmenden Komponente innerhalb eines Text(abschnitt)es bzw. eines Kontextes wird hier nicht behandelt.[241]

6.4.2.1 Strukturelle Eigenschaften

Die Anordnung der Konstituenten bleibt unabhängig vom sprachlichen Umfeld unverändert:

> (B-141) *Verlangt der Empfänger Schadensersatz wegen Nichterfüllung, ist* ... (§ 338)

> (B-142) *daß der Kl. ein Anspruch auf Schadensersatz wegen Nichterfüllung in Höhe von ...nicht zusteht.* (NJW 1996:1963)

Eine Änderung der Reihenfolge ist nicht belegt:

> (B-143a) R* *Verlangt der Empfänger* <u>*wegen Nichterfüllung Schadensersatz*</u>, ...

> (B-143b) R**daß der Kl. 1* <u>*wegen Nichterfüllung*</u> *Anspruch auf* <u>*Schadensersatz*</u> ... *zusteht*

Die strukturelle Festigkeit ist auch daran sichtbar, dass die Reihenfolge sogar bei Einbettung der Konstituente *Schadensersatz* in ein Kompositum eingehalten wird:

> (B-144) *Zeitpunkt, in dem sich der auf Vornahme der Schönheitsreparaturen gerichtete Erfüllungsanspruch gem. § 326 I 2 BGB in einen* <u>*Schadensersatzanspruch wegen Nichterfüllung*</u> *umgewandelt hat* (NJW 1998:981)

In dieser lexikalischen Besetzung, *Anspruch, Schadensersatz wegen Nichterfüllung*, ist in meinem Korpus die Wortgruppe wie in (B-142) üblicher; das attribuierte Kompositum (B-144) wird hier nicht weiter behandelt.[242]

---

240 Die Präposition 'zugunsten' wird hier in der zusammengesetzten Form angeführt, da sie so exzerpiert wurde und sich auch sonst in dieser Form belegen lässt. Zur schwankenden Rechtschreibung zwischen Zusammensetzung und Trennung bei einigen sog. sekundären Präpositionen s. Helbig/Buscha (2001:354f.).

241 Vgl. Kap. 6.1.2.2.

242 Im Prinzip ist das Bestimmungswort eines Kompositums nicht attribuierbar. Es gibt jedoch einige Beispiele, wie z.B. (B-144), die dieser Regel widersprechen (vgl. Lauterbach 1993:183).

Auch bei folgender Verbindung ist keine Umstellung der Reihenfolge bezeugt:

(B-145) *einen Vertrag zugunsten Dritter schließen* → ^{R}**zugunsten Dritter einen Vertrag schließen* / ^{R}**Dritten zugunsten einen Vertrag schließen*[243]

Morphologisch gesehen lassen sich keine Restriktionen in der Flektierbarkeit der ersten Konstituente feststellen.

6.4.2.2 Morphologische Eigenschaften

Numerus

Der Gebrauch der Numeri beider Komponenten ist auf einen Numerus beschränkt:

(B-146) *Irrtum im Beweggrund* → ^{R}**Irrtum in Beweggründen*

(B-147) *Kauf zur Probe* → **Kauf zu den Proben*

(B-148) *Geschäftsführung ohne Auftrag* → ^{R}**Geschäftsführung ohne Aufträge*

(B-149) *Recht am eigenen Bild* → **Rechte am eigenen Bild* / **Recht an eigenen Bildern*

Zu der Wortgruppe *Vertrag zugunsten Dritter* ist folgende Form zu finden:

(B-150a) *Da der Empfänger ... Rechte erwirbt, ist der Frachtvertrag i.d.R. ein* → *Vertrag zugunsten eines Dritten* (§ 328) (RWb 1999:479)

(B-150b) *Durch* ***Vertrag zugunsten eines Dritten***[244] *kann ein Anspruch für ... begründet werden* (§ 328 I) (Kom Erman 2000:§ 241, Rn 2)

Der Paragraph 328, auf den in (B-150a/b) Bezug genommen wird, lautet: "... eine Leistung an einen Dritten ... bedungen werden, dass der Dritte unmittelbar das Recht erwirbt, die Leistung zu fordern."

Hier muss der gesamte Kontext und die Funktion der Äußerung betrachtet werden: In (B-150a) handelt es sich um Übertragung des Paragraphen auf einen Vertragstyp, in (B-150b) um eine Paraphrase des Gesetzeswortlautes. In beiden steht aber *ein Dritter* als Einzelperson im Vordergrund, die vom Sprecher hervorgehoben werden soll. Der Verweis auf den einschlägigen Paragraphen (in dem, wie auch im ganzen BGB, die Wortgruppe nirgends vorkommt) ist sehr wichtig, denn er macht deutlich, dass der Autor möglichst nah am Wortlaut des Paragraphen bleiben will und die strukturell und lexikalisch feste Wortgruppe nur morphologisch modifiziert hat. (B-150a/b) stellt keine Alternativform, son-

---

243 Die Festigkeit der Wortgruppe wird besonders durch den Vergleich mit der Gemeinsprache deutlich, wo die Nachstellung mit geänderter Kasusrektion möglich ist, vgl. die Präposition in *zugunsten / zu Gunsten des Freundes – dem Freund zugunsten / zu Gunsten* (Helbig/Buscha 2001:358).

244 Hervorhebung im Original.

dern eine Abweichung dar, die der kommunikativen Absicht des Sprechers (Autor des Lexikonsartikels bzw. Kommentator) dient. Dafür spricht sowohl die Tatsache, dass nur zwei solche Belege zu finden sind, als auch die Zugehörigkeit der Fundstelle zur auslegenden Ebene. Demgegenüber hat der Begriff als Bezeichnung einer Vertragsart in allen anderen Fällen eine feste Ausdrucksform. Nicht als Ausnahmen, sondern als freie Wortgruppen, die nach einem bestimmten Muster gebildet werden, gelten Ausdrücke wie *Vertrag zugunsten der Gläubiger*, *Vertrag zugunsten der Mitglieder der Tarifvertragsparteien* u.ä. Sie werden im Zusammenhang mit konkreten Fällen bzw. Fallgruppen verwendet.

Der Ausdruck *Vertrag zugunsten Dritter* kann sich darüber hinaus auf eine Vielzahl von ähnlich gestalteten Verträgen beziehen, so dass auch der Plural der ersten Komponente zulässig ist, wenn es der situative Kontext erfordert:

> (B-151) *habe die Bekl. ... der Pauschalreiseverträge als Verträge zu Gunsten Dritter ... übernommen* (NJW 2002:2238)

Dies ist die einzig belegte morphologische Änderung. Sie geht auf die Fähigkeit des Substantivs *Vertrag* zurück, eine Pluralform zu bilden. Semantisch gesehen betrifft die Pluralform die Wortgruppe als Ganzes; die Präpositionalphrase bleibt dabei unverändert. Auch in der folgenden Wortgruppe kann die erste Konstituente im Plural stehen:

> (B-152) *Bürgschaft auf erstes Anfordern* → (B-152)′ *Bürgschaften auf erstes Anfordern*

Artikelgebrauch

Zu den morphologischen Restriktionen gehört auch der Artikelgebrauch in der Präpositionalgruppe, wie folgende Beispiele illustrieren. Dabei ist das Substantiv in einigen Fällen an den Nullartikel:

> *Kauf auf Probe, Vertretung ohne Vertretungsmacht, Schadensersatz wegen Nichterfüllung, Bürgschaft auf erstes Anfordern,*

in anderen an den bestimmten Artikel:

> *Irrtum im Beweggrund, Kauf zur Probe, Erwerb vom Nichtberechtigten*

gebunden. Die regelmäßige Verschmelzung des Artikels mit der Präposition wird in Verbindung mit (B-156)ff. besprochen.
Zu vergleichen ist folgendes Beispiel:

> (B-153) *ist der ... Anspruch ... gerechtfertigt, weil er von ihr Schadensersatz wegen eines Mangels im Recht gem. den §§ 437, ... verlangen könnte.* (NJW 1990:1107)

und der Ausdruck aus einem bereits angeführten Beispiel:

> (B-141) *Schadensersatz wegen Nichterfüllung*

In (B-153) handelt es sich um eine freie Fügung der Lexeme *Schadensersatz* und *Mangel*, die die gleiche Struktur wie die feste Verbindung aufweist, wobei letzteres mit *im Recht* eine Wortgruppe bildet. Daran sieht man, dass freie Fügungen den gleichen Mustern folgen wie feste. Die Präpositionalgruppe mit der Präposition *wegen* tritt in (B-153) als fakultative Ergänzung gemäß der verbalen Phrase *verlangen etwas wegen ...*auf, während sie in (B-141) fester Bestandteil einer substantivischen Wortgruppe ist.
Eine rein morphologische Modifikation bezüglich des Artikels ist mehrfach bei der Wortgruppe *Verschulden bei(m) Vertragsschluss* festzustellen. Die Bedeutung ändert sich dabei nicht, was sich durch im Kontext erfasste Belege nachweisen lässt und durch Aussagen von den befragten Fachleuten bestätigt wurde.[245] Dies wurde durch Belege in ihrem Kontext und durch Aussagen der Fachleute bewiesen, vgl.:

(B-154a) *bei Haftung aus → Verschulden bei Vertragsschluß u.a.* (RWb 1999:1116)

(B-154b) *u.U. Haftung aus Verschulden beim Vertragsschluß* (ebd.: 1355)

Die Beispiele (B-154a) und (B-154b) stammen aus zwei unterschiedlichen Einträgen in einem Rechtswörterbuch. Sie verdeutlichen die Gleichwertigkeit der zwei morphologisch unterschiedlichen Ausdrücke. Obwohl die Wortgruppe mit dem bestimmten Artikel am häufigsten in einem Fachwörterbuch zu finden ist, kann man nicht auf einen textsortenspezifischen Gebrauch schließen. Das unten angeführte Beispiel (B-155) stammt nämlich aus einem Urteilstext, wobei es sich um den einzigen Fund in dieser Textsorte handelt:

(B-155) *wonach dem Kl. weder ... noch ein Verschulden beim Vertragsschluß zur Last fällt* (NJW 1992:302)

Eine ähnliche morphologische Variation ist bei der Wortgruppe *Verschulden bei den Vertragsverhandlungen* belegt, die begrifflich sachverwandt und ähnlich aufgebaut ist.[246] Unter den übrigen Wortgruppen dieses Typs lässt sich eine solche Variation nicht feststellen:

(B-156) *Irrtum im Beweggrund → *Irrtum in Beweggrund*

(B-157) *Kauf zur Probe → *Kauf zu Probe*

(B-158) *Erwerb vom Nichtberechtigten →* R**Erwerb von dem Nichtberechtigten*

In (B-156), (B-157) und (B-158) dient als Merkmal der Stabilität die Verschmelzung der Präposition *zu / in / von* mit dem bestimmten Artikel: *zur*, *im*, *vom*. Diese Präpositionen werden mit dem schwach betonten bestimmten Artikel

245 Lexikalische Änderungen und ihre Folgen werden in 6.4.5 behandelt.

246 Zu ihrer semantischen Ähnlichkeit auf Grund der fachspezifischen Begriffsnähe s. (B-204)ff. in 6.4.5.

regelmäßig zusammengezogen und die entsprechenden zusammengezogenen Formen als gemeinsprachliche Norm anerkannt.[247] Vergleicht man die reihenbildende Verwendung des Wortes *Kauf* in anderen juristischen Verbindungen wie *Kauf auf Probe, Kauf nach Probe,* so ist sichtbar, dass dort die Zusammenziehung formal nicht möglich ist.
In den Beispielen (B-156) – (B-158) wäre es möglich, die Präposition und den Artikel unverschmolzen zu lassen:

(B-156) R**Irrtum in dem Beweggrund*

(B-157) R**Kauf zu der Probe*

(B-158) R**Erwerb von dem Nichtberechtigten*

Diese Formen sind zwar formal akzeptabel, müssen aber mit R* als terminologisch nicht richtig markiert werden.[248] Sie lassen sich auch in meinem ganzen Textkorpus nicht nachweisen.
In (B-158) *Erwerb vom Nichtberechtigten* sind keine morphologischen Änderungen – wie z.B. Artikelwechsel in der substantivischen Verbindung *Verfügung eines Nichtberechtigten* in (B-22) *des Nichtberechtigten* – nachzuweisen. *Nichtberechtigter* wird als Sammelbegriff für alle möglichen Personen in dieser Wortgruppe (B-158) stets mit dem bestimmten Artikel determiniert.
Bei (B-156) *Irrtum im Beweggrund* ist ebenfalls auf die Allgemeingültigkeit der Konstituente *der Beweggrund* zu schließen, denn der unbestimmte Artikel ist nicht nachzuweisen:

(B-159) *Irrtum im Beweggrund* → R**Irrtum in einem Beweggrund*

Die Existenz des synonymischen Kompositums *Motivirrtum* widerspricht nicht der Festigkeit von *Irrtum im Beweggrund.* Es liegen hier zwei gleichbedeutende Benennungen für ein Rechtsinstitut vor, die sich als Doppeltermini bezeichnen lassen. Ihre Bedeutungsähnlichkeit geht auf die Synonymie der Substantive *Beweggrund* und *Motiv* zurück, die ihrerseits den prototypischen Fall von Dubletten darstellen, wobei einem einheimischen ein Fremdwort gegenübersteht.[249] Das Kompositum mit dem Bestimmungswort lateinischer Herkunft *Motivirrtum* wird in einigen Fällen mit der Determinante 'sogenannt' bzw. ihrer Abkürzung 'sog.' versehen, besonders in Texten der auslegenden Ebene, vgl. (B-161), nicht aber in komplexen Wortgruppen wie *anfechten wegen Motivirrtums.* Das Kom-

247 Zu den Möglichkeiten der Zusammenziehung des bestimmten Artikels mit der Präposition im allgemeinen Sprachgebrauch s. Helbig/Buscha (2001:348-350).

248 Zum Unterschied zwischen der verschmolzenen und der getrennten Form vgl. Helbig/Buscha (2001:349); vgl. auch Weinrich (2003:615f.).

249 Mehr dazu bei Thurmair (1995:249-251).

positum tritt als ein Dublettenelement (Thurmair 1995:262) hinter (B-160), gelegentlich vor (B-161) der Wortgruppe auf:

(B-160) *Demgegenüber handelt es sich bei dem … Kalkulationsirrtum um einen … Irrtum im Beweggrund (Motivirrtum)* (NJW 1998:3193)

(B-161) *Nur in diesem Zusammenhang ist der sog. Motivirrtum, d.h. der Irrtum im Beweggrund beachtlich.* (RWb 1999:57)

Zur Wahl zwischen einem der beiden synonymen Termini kann hier nur gesagt werden, dass es im Grunde genommen vom Sprecher abhängt, welche der zwei Formen er wählt. Lediglich für Urteilstexte ist nachweisbar, dass in Verbindungen des Typs *Anfechtung / anfechten wegen ...* das Kompositum gebraucht wird. Dies ist wiederum auf die Präposition *wegen* zurückzuführen (vgl. ad (B-190)ff. in 6.4.3.1.2). Eine weitere Diskussion der Doppelterminologie ist an dieser Stelle nicht möglich, weil sie über die Behandlung der Stabilität von *Irrtum im Beweggrund* hinausginge.[250] Hier sei bezüglich beider Ausdrücke bemerkt, dass sie an sich sowohl strukturell (**Irrtum in dem Beweggrund*) als auch lexikalisch (**Irrtum im Motiv / *Beweggrundirrtum*) fest sind. Besonders die Zusammensetzung des Kompositums bestätigt die Feststellung von Thurmair (1995:251) über die Doppelterminologie in Fach- und Wissenschaftssprachen: Bei zwei Termini einer Dublette werden Komposita mit dem kürzeren Fremdwort gebildet.[251]

6.4.2.3 Sonstige Eigenschaften

Wird durch das Kernsubstantiv eine Handlung bezeichnet, so erweist sich die Festigkeit durch Vorkommen derselben Lexeme auch zur Bezeichnung einer Person als des Trägers der jeweiligen Rechtsfigur:

(B-162a) *Geschäftsführung ohne Auftrag* → (B-162a) *Geschäftsführer ohne Auftrag*

(B-163a) *Vertretung ohne Vertretungsmacht* → (B-163b) *Vertreter(In) ohne Vertretungsmacht*

Zu (B-162a) lässt sich eine Parallelform belegen:

(B-164) *auftragslose Geschäftsführung* (Lb Medicus II 2003:295),

nicht aber zu der Bezeichnung der männlichen Person als Nomen agentis:

(B-165) *Geschäftsführer ohne Auftrag* → R**auftrag(s)loser Geschäftsführer*

Trotz der nachweisbaren Belege wird die Form (B-164) mit dem abgeleiteten Adjektiv an Stelle der präpositionalen Ergänzung von befragten Fachleuten als

---

250 Näher dazu bei Thurmair (1995:247-280).

251 Im juristischen Wortschatz ist dies auch bei anderen Begriffspaaren nachweisbar, vgl. *Abtretung* vs. *Zession*, wo i.d.R. nur *Zession* in Komposita auftritt (z.B. *Globalzession*).

juristisch nicht gebräuchlich betrachtet. Eine ähnlich gebildete Parallelform besteht zu *Vertretung ohne Vertretungsmacht* und auch zu der formalen Variante (B-163b), d.h. sowohl zum Nomen actionis als auch zum Nomen agentis:

(B-166a) *vollmachtlose Vertretung* → (B-166b) *vollmachtloser Vertreter(In)*

Wie der Vergleich zwischen den präpositionalen Substantivgruppen (B-163a) bzw. (B-163b) und den Adjektiv-Substantiv-Verbindungen (B-166a) bzw. (B-166b) zeigt, ist die Modifizierung der attributiven Konstituente mit einer teilwiesen lexikalischen Änderung verbunden: *ohne Vertretungsmacht* → *vollmachtlos.*
Dieser Änderung liegt das Hyperonym-Hyponym-Verhältnis zwischen den Substantiven *Vertretungsmacht* und *Vollmacht* zugrunde, was auf eine geringe Bedeutungsverschiebung hinweist. Semantisch umfangreicher, d.h. Hyperonym, ist hier das Substantiv *Vertretungsmacht.* Dagegen stellt *Vollmacht* als eine Art der Vertretungsmacht das Hyponym dar, welches spezifische Merkmale innehat. Die adjektivisch-substantivischen Parallelausdrücke werden in ähnlichen sachlichen Zusammenhängen wie die untersuchten präpositionalen Substantiv-Verbindungen gebraucht, vgl. Auszüge aus Urteilen (U.1, U.2.):
U.1.

> *Geschäftsbesorgerin bei Abschluß mangels wirksam erteilter Vollmacht als Vertreterin ohne Vertretungsmacht gehandelt hat* (§ 177 Abs. 1 BGB).
>
> ... *bb) Die durch die vollmachtlose Vertreterin abgeschlossenen Darlehensverträge sind* ... (§§ 177 Abs. 1, ...). (lexetius.com/2003/1/222, Rn 22, 28)

U.2.

> *Die Haftung des Vertreters ohne Vertretungsmacht ist eine gesetzliche Garantiehaftung, die dem Vertreter das verschuldensunabhängige Risiko auferlegt, seine Erklärung, er habe die erforderliche Vertretungsmacht, sei richtig. Das Einstehenmüssen des vollmachtlosen Vertreters für die Rechtsfolgen dieser Erklärung beruht somit auf einer im Interesse der Verkehrssicherheit geregelten Vertrauenshaftung. Der andere Teil kann den Mangel der Vertretungsmacht in der Regel nicht erkennen.* (NJW 2000:1408)

Auf Grund der Textvergleiche könnte (B-166b) ⟨*vollmachtlos* + Subst⟩ als Alternativform zu der 'Ausgangsform' (B-166a) betrachtet werden. Dafür spricht auch der Wortlaut des in U.1. erwähnten § 177: "Schließt jemand ohne Vertretungsmacht im Namen eines anderen einen Vertrag, so ...". Nach Aussagen der befragten Juristen sind die adjektivisch-substantivischen Formen jedoch nicht als gleichwertige Termini zu bewerten. Der Ausdruck *vollmachtloser Vertreter* kann nur dort als Synonym an die Stelle des *Vertreters ohne Vertretungsmacht* treten, wo es sich nachweisbar um eine *Vollmacht* handelt (s. im obigen Urteilsbeispiel U.1.). Als Fachsynonyme gelten sie also nur dort, wo es der sachliche Zusammenhang erlaubt.[252]

Vergleicht man auch die Äußerungen, in denen (B-163a), (B-166a) und die Varianten (B-163b) und (B-166b) auftreten, d.h. ihre sprachlichen Umgebungen und ihre semantische Funktionen, so kann man feststellen, dass in qualifizierenden Aussagen des Typs ⟨als (juristische Benennung einer Person) handeln⟩ in der Regel die präpositionale Wortgruppe mit *ohne Vertretungsmacht* vorkommt. Die adjektivisch-substantivische Verbindung kann wohl eher als eine beschreibende Alternativform angesehen werden. Dass die verglichenen Wortgruppen aus terminologischer Sicht nicht gleichwertig sind, ergibt sich nicht zuletzt aus den Hinweisen auf die entsprechenden Bestimmungen:

(B-167) *Vorschriften über die Geschäftsführung ohne Auftrag* (§ 539) → R**die Vorschriften über die auftragslose Geschäftsführung*

(B-168) *die Regeln über die Vertretung ohne Vertretungsmacht* (Rüthers/ Stadler 2001:408) → R**die Regeln über die vollmachtlose Vertretung*

Auch als Lemmata in den herangezogenen Fachwörterbüchern werden nur die jeweiligen präpositional-substantivischen Verbindungen angeführt. Dies lässt auf eine besondere Art fachlicher Bedeutungsähnlichkeit schließen, die innerhalb der juristischen Terminologie ihre Grenzen hat.

Die Wortgruppen, deren Eigenschaften an den Beispielen (B-141) – (B-168) illustriert wurden, weisen bestimmte Änderungen auf, u.a. die Auslassung der Präpositionalgruppe innerhalb eines Kontextes, worauf hier nicht explizit eingegangen wurde. Sie werden als relativ fest bewertet.

6.4.3 Strukturell variable Wortgruppen

6.4.3.1 Wortgruppe vs. Kompositum

Einige Wortgruppen mit der Struktur `Subst + Präp + Subst` weisen eine strukturelle Änderung auf, die sich als Univerbierung vollzieht:

(B-169a) *Entschädigung in Geld* → (B-169b) *Geldentschädigung*

(B-170a) *Recht zum Besitz* → (B-170b) *Besitzrecht*

(B-171a) *Gewährleistung für Sachmängel* → (B-171b) *Sachmängelgewährleistung*

(B-172a) *Irrtum über den Inhalt der Erklärung* → (B-172b) *Irrtum über den Erklärungsinhalt*[253] → (B-172c) *Inhaltsirrtum*

---

252 Zum Paar *Vertreter ohne Vetretungsmacht / vollmachtloser Vertreter* teilten mir die befragten Juristen mit, dass die Ausdrücke grundsätzlich zu 99% synonym seien. Auf Grund des Ober-Unterbegriff-Verhältnisses zwischen *Vertretungsmacht* und *Vollmacht* kann in bestimmten Fällen jedoch eine Unterscheidung erforderlich sein.

253 Die nur einmal belegte lexikalische Variante *Irrtum über die Erklärungsbedeutung* wird hier nicht behandelt.

Zwischen der analytisch aufgebauten Wortgruppe und der Zusammensetzung mit denselben Grundmorphemen besteht kein semantischer Unterschied.[254] Jedoch ist – besonders in der fremdsprachlichen Fachkommunikation – in Bezug auf die Komposita mit denselben Komponenten äußerste Vorsicht geboten. Kommen nämlich dieselben Basismorpheme sowohl in einer Zusammensetzung als auch in einer Wortgruppe vor, so bedeutet dies nicht unbedingt die semantische Identität beider Ausdrücke, vgl.

(B-173) *Recht zum Namensgebrauch ≠ Namensrecht*

(B-174) *Kauf auf Probe ≠ Probekauf*

In diesen beiden Beispielen besteht zwischen der Wortgruppe und dem Kompositum keine semantische Äquivalenz; die analytische Verbindung stellt ein Hyponym im Verhältnis zu dem jeweiligen Kompositum dar. Die analytische Verbindung der substantivischen Konstituenten mittels Präpositionen (*zu, auf*) bringt die semantischen Beziehungen zwischen den beteiligten Teilen deutlicher zum Ausdruck.[255]

Die substantivischen Komponenten der Wortgruppe stehen in bestimmten Relationen zueinander, die durch die präpositionale Konstituente angegeben werden. Deshalb unterliegt die Wahl zwischen der Wortgruppe und dem semantisch äquivalenten Kompositum verschiedenen Restriktionen (vgl. weiter unten).

6.4.3.1.1 Morphologische Eigenschaften

Numerus

Morphologisch gesehen ist der Plural nur beim Kompositum belegt, obwohl die Pluralform der Wortgruppe, d.h. des Kernsubstantivs *Mangel*, sprachlich akzeptabel wäre:

(B-175) *die Vorschriften über Rechtsmängel* → (B-175)′ *die Vorschriften über Mängel im Recht*

Ähnlich ist die Pluralform für *Besitzrecht* als alternativer Ausdruck zu *Recht zum Besitz* üblicher:

(B-176) *die Besitzrechte an der Fischkammer … geltend machen* (NJW 1984:1961)

---

254 Da hier beide Benennungsarten, sowohl die Wortgruppe als auch das Kompositum, aus terminologischer Sicht betrachtet werden, wird hier von der unterschiedlichen Darstellung der semantischen Relation zwischen den Komponenten abgesehen.

255 Zu unterschiedlich ausgedrückten semantischen Beziehungen in Komposita und in Wortgruppen vgl. Fleischer/Barz (1995:89).

Da die Substantive *Mangel*, *Recht* pluralfähig sind, kann man die Pluralform in dieser Verbindung in anderen, von mir nicht untersuchten Texten nicht völlig ausschließen: *'Mängel im Recht*, *'Rechte zum Besitz*.
Die folgende Verbindung kann nicht als mit der präpositionalen Substantivgruppe bedeutungsgleich beurteilt werden:

(B-177) *... kann der Käufer ... den Mangel seines Rechts ... nachweisen* (Lb Medicus 2003:9)

Es handelt sich um eine nicht übliche Form, die in Abhängigkeit von der kommunikativen Absicht gebildet wird.

6.4.3.1.2 Strukturelle und sonstige Eigenschaften

Attribuierbarkeit

Über die oben betrachteten Wortgruppen (B-169a) – (B-172a) lässt sich bezüglich der Attribuierung feststellen, dass innerhalb der Wortgruppe keine Erweiterung vorkommt:

(B-178) *Entschädigung in Geld* → **Entschädigung in seinem Geld*

(B-179) *Mangel im Recht* → R**Mangel in solchem Recht*

(B-180) *Recht zum Besitz* → R**Recht zum mittelbaren Besitz*

Die Invariabilität in (B-178) geht auf die sprachliche Restriktion zurück; im Vergleich dazu wäre in (B-179) und (B-180) die Verletzung der Ausdrucksstruktur aus sprachlicher Sicht möglich. Eine so erweiterte Wortgruppe wäre nicht als feste terminologische Einheit zu betrachten. Der situative Kontext kann jedoch die Erweiterung des Kernsubstantivs erfordern:

(B-180a) *zu dem Recht der Kl. zum Besitz* → (B-180b) *ihr Recht zum Besitz* (NJW 91:2421)

(B-180a) illustriert die verfestigte Musterstruktur von *Recht zum Besitz*; dabei handelt es sich um eine konkretisierende freie Wortgruppe.
Die Attribuierung ist für beide konkurrierende Formen belegt:

(B-181a) *eine billige Entschädigung in Geld* (§ 253 II) → (B-181b) *eine höhere Geldentschädigung* (NJW 1996:984) → (B-181c) *eine fühlbare Geldentschädigung* (ebd.: 985)

(B-182a) *den vom Verkäufer bestrittenen Mangel im Recht* (lexetius.com/ 2001/1/157, Rn 16) →

(B-182b) *wegen eines ihm nicht bekannten Rechtsmangels* (NJW 1990:1106)

(B-183a) *ein dingliches, ... Recht zum Besitz* (Kom Erman 2000:§ 986, Rn 1) → (B-183b) *ein gegenüber jedem wirkendes dingliches Besitzrecht* (Kom Palandt 2003:§ 929, Rn 41)

Dabei ist festzustellen, dass das Attribut nicht in gleicher Weise mit beiden Konkurrenzformen verbindbar ist. So lässt sich z.B. das Adjektiv *billig* nur mit der Wortgruppe *Entschädigung in Geld*, aber nicht mit dem Kompositum nachweisen. Vergleicht man die Adjektive, die sich jeweils mit der Wortgruppe und mit dem Kompositum verbinden (*billig* vs. *höher*), so lässt sich im Falle von (B-181a) *billige Entschädigung in Geld* auf eine terminologische Verfestigung schließen.
Im folgenden Fall lässt sich nur das Kompositum, nicht aber die Wortgruppe mit einem Attribut nachweisen:

(B-184) *erweiterter Inhaltsirrtum* (Kom Palandt 2003:§ 119, Rn 17)

Weder für die Wortgruppe *Gewährleistung für Sachmängel* noch für das parallel auftretende Kompositum *Sachmängelgewährleistung* ist in meinem Korpus eine Attribuierung belegt. Durch die Attribuierungen in obigen Beispielen entsteht je eine neue Wortgruppe, die ihrerseits wiederum mehr (B-181a) oder weniger (B-182a), (B-182b) stabil ist. Nicht in jedem Fall sind beide Formen mit dem gleichen Attribut belegt, vgl. (B-182a) und (B-182b). Dies liegt daran, dass es um verschiedene Sachverhalte geht, wie auch um das sich daraus ergebende Bedürfnis, den jeweiligen Begriff näher zu bestimmen. Die Erweiterungen der Parallelformen mit dem gleichen Attribut deuten auf eine lexikalisierte Attribuierung. Da die Ausdrücke mit dem linkserweiterten Kernsubstantiv nicht als selbständige Gruppe untersucht wurden, werden sie hier nicht weiter besprochen.

Verwendung der Konkurrenzformen

Das BGB bevorzugt die explizitere Ausdrucksweise, d.h. die analytisch aufgebaute Wortgruppe. Das Kompositum ist dort nirgends zu finden. Dagegen tritt es häufig in Urteilen, Kommentaren und Lehrbüchern auf. In letzteren sind dann solche Fälle als Ausnahmen zu bewerten, in denen auf den Paragraphen, in dem die Wortgruppe vorkommt, Bezug genommen und/oder dieser Paragraph wörtlich wiedergegeben wird:

(B-185) *Um den Geschädigten nicht leer ausgehen zu lassen, bestimmt § 251 I die Pflicht zur Entschädigung in Geld ...* (Lb Medicus 2002:270)

Zu vergleichen ist der Wortlaut des erwähnten § 251 I, in dem der Sachverhalt durch eine verbale Gruppe ausgedrückt wird: "Soweit ..., hat der Ersatzpflichtige den Gläubiger in Geld zu entschädigen."
Es kann häufig der sprachliche Kontext sein, der die Verwendung einer der beiden Formen bedingt. In Verbindung mit der präpositionalen Gruppe *für immaterielle Schäden* oder *für Nichtvermögensschäden* ist nur das Kompositum *Geldentschädigung*, nicht aber die Wortgruppe *Entschädigung in Geld* belegt. Eine solche Formulierung kann – in Anbetracht der mehrmals festgestellten Willkür des Sprachgebrauchs im Recht – nicht völlig ausgeschlossen werden. Die Untersuchung hat ergeben, dass die Wahl zwischen dem Kompositum und der Wortgruppe tatsächlich von dem nachfolgenden Lexem, nicht zuletzt von seiner

Struktur, abhängt. In Verbindung mit einem Kompositum (z.B. *Nichtvermögensschaden*) ist die Verwendung der Wortgruppe möglich, bei einer adjektivisch-substantivischen Gruppe (z.B. *immaterieller Schaden*) wird dagegen die Zusammensetzung aus Gründen der Übersichtlichkeit bevorzugt, vgl.

(B-186) *Geldentschädigung für immaterielle Schäden* (Kom Palandt 2003: § 253, Rn 2) → R**Entschädigung in Geld für immaterielle Schäden*

Ähnlich verhält es sich bei den Konkurrenzformen *Schadensersatz in Geld* und *Geldersatz*. Diese werden als Fall partieller Synonymie[256] in Kap. 6.4.5, (B-219)f. erwähnt.
Bei einigen Verbindungen ist das Kompositum geläufiger als die Wortgruppe:

(B-187a) *Mangel im Recht* (§ 523) → (B-187b) *Rechtsmangel* (Kom Palandt 2003:§ 523, Rn 1)

Obwohl hier keine systematische quantitative Ermittlung der Vorkommenshäufigkeit durchgeführt wurde, fällt die Frequenz des Kompositums (B-187b) *Rechtsmangel* auf. Daraus lässt sich folgern, dass die üblichere Form für die Bezeichnung des juristischen Begriffes das Kompositum ist. Dazu folgendes Beispiel aus einem Kommentartext:

(B-188) *Begriff des Rechtsmangels. Ein solcher liegt vor, wenn* (Kom Palandt 2003:§ 435, Rn 5)

In demselben Kommentartext ist sogar eine noch mehr komprimierte Verbindung der Basismorpheme *Begriff*, *Mangel*, *Recht* belegt: *Der Rechtsmangelbegriff (§ 434 aF*[257]*) ist im wesentlichen derselbe geblieben* (ebd.: § 435, Rn 1).
Die alternativen Ausdrücke (B-187a), (B-187b) gehen auf die Fähigkeit des Wortes *Mangel* zurück, mit bestimmten Wörtern feste Verbindungen und parallel zu diesen Komposita einzugehen, vgl. (B-40a) *Mangel der Form* → (B-40b) *Formmangel*.[258]
Dies trifft aber nur auf die Bedeutung 'Fehler', nicht auf 'Nichtvorhandensein' zu, wie in der Wortgruppe *Mangel an Vermögensurteil*, die eine andere Transformation erfährt[259] und bei der die Zusammensetzung **Vermögensurteilsmangel* nicht nachzuweisen ist.

---

256 Zum Begriff vgl. 6.1.4.1, Anm. 167.

257 aF = alte Fassung des BGB, in der dieselbe Wortgruppe auftritt, mit einem geringen morphologischen Unterschied: *Mangel im Rechte*. Diese Änderung ist darauf zurückzuführen, dass die Kennzeichnung des Dativs bei einsilbigen Substantiven mit konsonantischem Auslaut nicht mehr gefordert wird. Zum obligatorischen Dativ-*e* s. Helbig/Buscha (2001:211).

258 Vgl. Kap. 6.2.2.1.

259 S. (B-198b) in 6.4.3.2.

Im Grunde genommen kann man sagen, dass das Kompositum in den meisten Fällen aus sprachökonomischen Gründen verwendet wird[260], in einigen Fällen auch mit Rücksicht auf den sprachlichen Kontext, wie z.B. die Nähe eines ähnlichen Elements derselben Kategorie:

(B-189a) *bei Sach- und Rechtsmangel* (§§ 523, 524) (Kom Palandt 2003:§ 526, Rn 1)

(B-189b) *Der Sachmangel ist in ..., der Rechtsmangel in ... definiert* (ebd.: § 433, Rn 21)

Als Bestandteil einer mehrgliedrigen Wortgruppe:

(B-190) *Gewährleistung wegen Rechtsmängeln* (Kom Palandt 2003:§ 2385, Rn 4), vgl. mit dem kommentierten § 2385: *Gewährleistung wegen eines Mangels im Recht.*

Betrachtet man die Kontexte, in denen abwechselnd das Kompositum und die Wortgruppe vorkommen, ergibt sich Folgendes:
In präpositionalen Fügungen mit *wegen* tritt häufiger, aber nicht ausschließlich, das Kompositum auf. Zu vergleichen sind folgende Sätze aus einem Urteil:

(B-191a) *Das Berufungsgericht hat ... angenommen, daß dem Kl. ... Schadensersatzansprüche wegen eines Rechtsmangels der Transfers zustehen.* (NJW 1990:1107)

(B-191b) *ist der ... Anspruch ... gerechtfertigt, weil er von ihr Schadensersatz wegen eines Mangels im Recht gem. den §§ 437,... verlangen könnte* (ebd.: 1107)

Ähnlich verhält es sich bei Substantivgruppen des Typs $\texttt{Subst + Subst}_G$ in Verbindung mit der Präposition *wegen*: *wegen Formmangels*, *wegen Inhaltsirrtums*, *Gewährleistung wegen Sachmängeln*.
Das mit dem Wort *Mangel* synonyme Wort *Fehler* ist in der Verbindung mit dem Substantiv *Recht* nicht nachzuweisen: R**Fehler im Recht*. Dagegen ist *Rechtsfehler* als Kompositum zwar belegt, jedoch auf den verfahrensrechtlichen Wortschatz beschränkt, d.h. mit einer Bedeutungsverschiebung verbunden: "Diese Ausführungen ... sind nicht frei von Rechtsfehlern" (NJW 1998:2362).
Der Gebrauch von bzw. die Wahl zwischen der Wortgruppe einerseits und dem Kompositum andererseits kann vom Individualstil des Sprechers abhängen. Eine Begründung, dass die Wortgruppe in solchen Aussagen verwendet wird, die auf den einschlägigen Paragraphen verweisen, hält einer näheren Betrachtung des Textes nicht stand, in dem beide Formen abwechselnd verwendet werden. Zu vergleichen sind folgende Aussagen aus einem Urteilstext:

(B-192a) *Es lag auch kein Inhaltsirrtum vor (§ 119 I). Ein Inhaltsirrtum kann allerdings darin gesehen werden, daß ... →*

(B-192b) *bei einer ... Erbschaftsannahme einen Irrtum über den Erklärungsinhalt annehmen, weil in jenem Fall die Erbin ... Bei der Erbschaftsannahme ... →*

---

260 Vgl. Fleischer (1975:58). Zur Univerbierung der Wortgruppe vgl. Fleischer/Barz (1995:90).

(B-192c) *kann ein Irrtum über den Inhalt der Erklärung in Betracht kommen (§ 119 I), wenn … ein Unterschied darin, daß die Tatsachen, die zur Subsumtion des Inhaltsirrtums herangezogen werden können* (NJW 1988:1271, 1272)

Die Analyse des Gesamttextes ergibt, dass die Wortgruppe meist dann verwendet wird, wenn die einzelnen Komponenten als Aspekte im Rahmen einer Argumentation oder Auslegung hervorgehoben werden sollen.
Ein anderer Fall sind (überwiegend in auslegenden Texten vorkommende) Äußerungen des Typs:

(B-193) *nicht nur der Irrtum über … und über den Erklärungsinhalt* (RWb 1999:55),

in denen die Anreihung von ähnlichen Elementen derselben Kategorie und desselben Musters die Zerlegung der Ausdrucksstruktur erfordert bzw. im Interesse der Sprachökonomie erlaubt. Dass die Musterstruktur eines gleichartigen Rechtsbegriffes als sprachlicher Faktor eine Rolle spielen kann, illustriert folgender Satz aus dem Kommentar:

(B-194) *Das BGB gestattet dies in 4 Fällen, beim Irrtum in …, beim Irrtum über den Erklärungsinhalt, beim …* (Kom Palandt 2003:§ 119, Rn 1)

Unter pragmatisch-kommunikativem Aspekt wird hier ein Bemühen um Explizitheit deutlich, denn es handelt sich um Erläuterungen zum Paragraphen, welcher den Referenzbegriff (*Irrtum über …*) festlegt.
Für die terminologische Selbständigkeit der alternativ vorkommenden Komposita spricht auch die Tatsache, dass sie nicht selten selbständige Lemmata in Fachwörterbüchern darstellen, vgl. für *Rechtsmangel* und *Inhaltsirrtum* im Rechtswörterbuch Creifelds (1999:1050,667).[261]
Semantische Äquivalenz trifft auf das Paar *Recht zum Besitz* und *Besitzrecht* zu. Beide Formen besitzen – semantisch und auch terminologisch – den gleichen Status, vgl. den § und den zugehörigen Kommentar:

(B-195a) *der mittelbare Besitzer, von dem er sein Recht zum Besitz ableitet, dem Eigentümer gegenüber zum Besitz berechtigt ist* (§ 986 I)

(B-195b) *Ein Besitzrecht iSv § 986* (Kom Palandt 2003:§ 986, Rn 1)

Während in (B-195a) der Gebrauch der analytischen Wortgruppe in dem Bemühen der Gesetzgeber um Explizitheit begründet ist, wird das Kompositum in Kommentartexten aus mehreren Gründen verwendet: Sprachökonomie, unmittelbare Nähe von dem und/oder Verweis auf den einschlägigen Paragraphen.

261 In dem hier untersuchten Rechtswörterbuch Creifelds existiert das Kompositum *Inhaltsirrtum* zwar als selbständiges Stichwort, wird aber unter einem anderen Lemma behandelt. Dies ist auf die Praxis der Autoren zurückzuführen, bestimmte Begriffe in einem breiteren Kontext zu erläutern. In einem anderen Fachlexikon (Münchener Lexikon 1987), welches für Erläuterungszwecke herangezogen wurde, wird der Begriff dagegen unmittelbar unter dem Stichwort *Inhaltsirrtum* erläutert.

Zu der Wortgruppe *Recht zum Besitz* ist (vereinzelt) eine weitere Modifikation zu finden:

(B-196) *wenn dem Schuldner gegenüber Recht auf Besitz besteht* (Kom Palandt 2003:Übl. § 854, Rn 1)

(B-197) *das im Eigentum enthaltene Recht auf Besitz und Nutzung* (ebd.: § 929, Rn 41)

In (B-196) hängt die Variation mit der Semantik und der Rektion des Wortes *Recht* zusammen. Darüber hinaus ist im juristischen Kontext unkorrekter Sprachgebrauch sowie Abwechslung aus stilistischen Gründen nie auszuschließen. Im Falle von *Recht auf Besitz* handelt es sich um eine wenig übliche Formulierung, die terminologisch nicht richtig ist. Die Möglichkeit, die Präpositionen in Abhängigkeit von der kommunikativen Absicht auszutauschen, ist auf die Rektion des Wortes *Recht* zurückzuführen, welches mehrere Präpositionen regiert: *auf, zu, an*. Dabei muss sich die Bedeutung des regierenden Wortes *Recht*, v.a. in Verbindung mit den Präpositionen *auf, zu*, nicht ändern.[262] Die Wahl der Präposition geht auf die Bedeutung des nachfolgenden Substantivs zurück. Das Wort *Besitz* tritt nicht nur im Sinne von *Zustand des Besitzens* (Duden 1999:555), sondern auch als Sammelbegriff für *(materielle) Güter, die jmd. geerbt oder erworben hat* (ebd.: 554)[263] auf. Daraus ergibt sich für das Wort *Besitz* die Alternative, durch eine der beiden Präpositionen *zu, auf* regiert zu werden. In der Wortgruppe *Recht zum Besitz* hat es die Bedeutung des *Besitzens* als eines berechtigten Zustandes und wird daher von der Präposition *zu* regiert. Die Variation des Ausdrucks in dieser Bedeutung ist als Abweichung zu sehen, die mit dem sprachlichen Umfeld zusammenhängt: *das Recht auf Besitz und Nutzung*. Sie ist wohl durch die Nähe eines Substantivs mit unterschiedlichem Genus und unterschiedlicher Bedeutung verursacht, obwohl hier die Möglichkeit bestünde, für beide Substantive die Präposition *zu* zu verwenden: *'das Recht zu Besitz und Nutzung*.

6.4.3.2 Morpho-strukturell variable Wortgruppe

Die folgende morpho-syntaktische Modifikation ist als Einzelfall zu bewerten:

(B-198a) *Mangel an Urteilsvermögen* → (B-198b) *mangelndes Urteilsvermögen*

Sie ist auf die Bedeutung der Konstituente *Mangel* 'Fehlen von etwas' zurückzuführen (vgl. in der Verbindung *Mangel der Form, Mangel im Recht*), die auch in anderen Verbindungen durch das attributive PI ausgedrückt werden kann: *mangelnde Geschäftsfähigkeit*. Dass die beiden Varianten im juristischen Kontext

262 Anders als in der Gemeinsprache, wo "der Gebrauch unterschiedlich regierter Präpositionen in Einzelfällen auch Bedeutungsdifferenzierungen erkennen lässt (die Freude an/ auf/ über)" (Helbig/Buscha 2001:269).

263 Allerdings wird in diesem gemeinsprachlichen Wörterbuch die spezielle juristische Bedeutung des Wortes Besitz explizit erklärt: "das, worüber jmd. die tatsächliche (nicht unbedingt aber die rechtliche) Herrschaft hat" (ebd.: 555).

gleichwertig sind und die sprachliche Umgebung so gut wie keine Rolle spielt, zeigen folgende Beispiele:

(B-199a) *Ausbeutung des ..., Mangels an Urteilsvermögen* (§ 138) →

(B-199b) *Ausbeutung des mangelnden Urteilsvermögens* (Lb Köhler 2001:223)/ *Ausnutzung ... des mangelnden Urteilsvermögens* (Kom Palandt 2003:§ 138, Rn 35)

Noch deutlicher wird die semantische Äquivalenz durch den Vergleich zweier ähnlicher Aussagen aus einem Urteilstext:

(B-200a) *wenn der Begünstigte sich nur der Einsicht verschließe, daß sich der andere Teil auf die für ihn ungünstigen Vertragsbedigungen nur aus Mangel an Urteilsvermögen einlasse ...* →

(B-200b) *wenn sich der Begünstigte lediglich grob fahrlässig der Erkenntnis verschließt, daß sich die andere Vertragspartei nur aus mangelndem Urteilsvermögen ... auf den ... Vertrag eingelassen hat, ...* (lexetius.com/2001/3/159, Rn 18)

Die wechselnde Ausdrucksweise kann hier entweder in der Absicht des Autors gesehen werden, je einen anderen Aspekt hervorzuheben, oder stilistisch begründet sein. Begrifflich unterscheiden sich die zwei Wortgruppen jedoch nicht; das folgende Beispiel zeigt, dass sogar die morpho-syntaktische Variante Gegenstand der Definition sein kann:

(B-201) *Mangelndes Urteilsvermögen liegt vor, wenn* (Kom Palandt 2003:§ 138, Rn 72)

Bei den in 6.4.3 besprochenen Verbindungen handelt es sich um halbfeste Wortgruppen.

6.4.4 Lexikalisch variable Wortgruppe

Nur bei einer Wortgruppe ist der Austausch einer Komponente ohne semantische Änderungen belegt. Die sonstigen präpositional-substantivischen Verbindungen weisen lexikalische Änderungen auf, die mit semantischen Änderungen verbunden sind oder als nicht geläufig (vgl. oben (B-196)) gelten. Im vorliegenden Fall handelt es sich um den Austausch der Präposition *zwischen* gegen die Präposition *von:*

Missverhältnis zwischen Leistung und Gegenleistung → Missverhältnis von Leistung und Gegenleistung

Der Austausch der Präpositionen ist in folgendem Beispiel belegt:

(B-202a) *führt ein auffälliges Mißverhältnis zwischen Leistung und Gegenleistung nicht allein zur Nichtigkeit* (Kom Palandt 2003:§ 138, Rn 34) →

(B-202b) *das Vorliegen eines auffälligen Mißverhältnisses von Leistung und Gegenleistung* (lexetius.com/2001/3/159, Rn 19)

Von der niedrigeren Frequenz der Wortgruppe mit der Präposition *von* kann man ableiten, dass die Verbindung mit der Präposition *zwischen* die üblichere ist, die auch treffender das Merkmal 'Missverhältnis' ausdrückt. Der Austausch der Präpositionen ist dagegen in paraphrasierenden Sätzen aus Gründen der grammatischen Richtigkeit nicht möglich:

(B-203) *Der Kreditvertrag ist sittenwidrig, wenn zwischen Leistung und Gegenleistung ein auffälliges Mißverhältnis besteht* (Kom Palandt 2003: § 138, Rn 25)
→ **wenn von Leistung und Gegenleistung ein … Mißverhältnis besteht*

Hier stellt die Syntax des Satzes – die Spitzenstellung der Präpositionalgruppe zum Zweck der semantischen Hervorhebung – eine Restriktion dar, deren Verletzung zur grammatischen Unrichtigkeit führt. Die Wortgruppe *Missverhältnis zwischen Leistung und Gegenleistung* repräsentiert als einzige diesen Strukturtyp. Da sich zu ihr keine weiteren Modifikationen nachweisen lassen und sie als halbfest gilt, wird sie nicht weiter behandelt.[264]

6.4.5 Kontextabhängige Austauschbarkeit einer Komponente

Der Austausch einer Konstituente gegen ein anderes Lexem bringt semantische Verschiebungen mit sich, die hier beschrieben werden. In einigen Fällen kann es sich um für Muttersprachler (für Fachleute ohnehin) einleuchtende Tatsachen handeln; vor dem Hintergrund der fremdsprachlichen Fachkommunikation halte ich ihre kurze Behandlung jedoch für sinnvoll. Sie treten nämlich häufig in ähnlichen sprachlichen Kontexten auf und können dadurch verwechselt werden. Das kann sowohl in der Rezeption als auch in der eigenen Produktion zu inhaltlichen Fehlern führen.
Das Problem kann in der gleichen Struktur und einer ähnlichen lexikalischen Besetzung liegen:

(B-204) *Verschulden bei Vertragsschluss*[265]

(B-205) *Verschulden bei Vertragsverhandlungen*

Zum falschen Verständnis kann die Existenz des lateinischen Ausdrucks *culpa in contrahendo* (im Recht allgemein auch als *c.i.c.* bzw. *cic* bekannt) führen, der als Oberbegriff beide Wortgruppen abdeckt. Trotzdem sind die zwei deutschen Unterbegriffe semantisch nicht äquivalent. Problematisch kann die Rezeption mit Hilfe von fremdsprachigen Nachschlagewerken sein:

(B-206) *Verschulden beim Vertragsschluß* (*culpa in contrahendo*) (RWb 1999:1422;1441)

---

264 Zur relativen Festigkeit der koordinativen substantivischen Verbindung vgl. Kap. 6.3.2.

265 Diese Wortgruppe wird in Kap. 6.4.2 behandelt. Dort wird auf die morphologische Modifikation *bei* → *beim* bzw. *bei* → *bei den* hingewiesen, vgl. (B-154a), (B-154b).

(B-207) *das Rechtsinstitut der culpa in contrahendo (Verschulden bei Vertragsverhandlungen)* (Lb Köhler 2001:110)

Das Auftreten beider Wortgruppen mit demselben lateinischen Oberbegriff ohne Heranziehung eines breiteren Zusammenhangs macht den begrifflichen Unterschied also nicht deutlich. Dazu kommt noch die Tatsache, dass in allen untersuchten Einträgen des Rechtswörterbuchs der andere Ausdruck, d.h. (B-207), gar nicht vorkommt, so dass man sich seiner Existenz nicht bewusst wird.[266] Auf der theoretischen Ebene, d.h. in der auslegenden Literatur, wird meist auf keinen konkreten Fall Bezug genommen (mit Ausnahme der Beispielfälle und der Verweise auf Fundstellen von Urteilen); hier hilft die Verwendung in einem konkreten situativen Kontext, den Unterschied zu erkennen. Z.B. wird (B-204) in Ausführungen verwendet, die allgemein den Verbraucherschutz beim Vertragsschluss behandeln.
Wie zu (B-206) und (B-207) bereits gesagt wurde, kann bei fehlendem Kontext der irrige Eindruck entstehen, es handle sich um synonyme Ausdrücke. Auf der theoretischen Ebene ist auch in einem allgemeinen Zusammenhang kaum ein Unterschied festzustellen, wie folgender Satz aus einem Fachwörterbuchartikel zeigt:

(B-208) *Ferner sind die Vorschriften über Verschulden beim Vertragsschluß ... ausgeschlossen* (RWb 1999:563)

Im vorstehenden Satz könnte auch *Vorschriften über Verschulden bei Vertragsverhandlungen* stehen. Der Unterschied ist für den zitierten Lexikoneintrag nämlich ohne Belang. Darüber hinaus wird der Referenzbegriff, d.h. das Rechtsinstitut, in den erwähnten "Vorschriften" des BGB nicht explizit benannt. Wird das Problem aus der Perspektive der sprachlichen Produktion, d.h. aus juristischer Sicht, betrachtet, so muss jedoch der gesamte Kontext (d.h. die Sachlage) mit berücksichtigt werden, um den richtigen Ausdruck zu verwenden. Fragt man einen Juristen nach dem genauen Äquivalent der Formel *culpa in contrahendo*, so macht dieser seine Antwort vom konkreten Fall und dem jeweiligen Zeitpunkt abhängig. Die häufigste Antwort lautet ungefähr so: "Es kommt darauf an, ob der Vertrag bereits abgeschlossen oder über den Vertragsgegenstand erst verhandelt wurde." (transkribierte verallgemeinernde Antwort der befragten Juristen). Einem fremdsprachigen Rezipienten muss dieser Unterschied aber nicht bewusst werden, wenn er in der Erklärung zu dem Stichwort *Verschulden beim Vertragsschluss* in einem der bekanntesten Rechtswörterbücher Folgendes liest:

(B-209) *gilt ganz allgemein, daß bereits bei Eintritt in Vertragsverhandlungen – auch schon vor einem bindenden → Vertragsangebot und ohne Rücksicht auf einen etwaigen späteren Vertragsabschluß – zwischen den Beteiligten ein vertragsähnliches Vertrauensverhältnis entsteht, bei dessen schuldhafter Verlet-*

266 Zur ähnlichen Erscheinung der Scheinäquivalenz vgl. (A-128a) *positive Vertragsverletzung* und (A-128b) *positive Forderungsverletzung* in Kap. 6.1.4.2.

zung (Verschulden) der Betreffende auf Schadensersatz haftet. ... Die Haftung für V.b.V. entspricht der Haftung aus einem Schuldverhältnis (RWb 1999:1422)

Aus der Lektüre anderer Einträge in dem betreffenden Fachwörterbuch ergibt sich, dass die Autoren nach der Ersteinführung des Stichwortes als Lemmazeichen für dieses im weiteren Text in der Regel den bzw. die Anfangsbuchstaben der Wortgruppenglieder benutzen, z.B. *Verschulden bei Vertragsschluss*. Da (B-209) aus der Erläuterung zum Stichwort *Verschulden beim Vertragsschluß* stammt, kann man annehmen, dass das zweite *V.* in der Abkürzung *V.b.V.* dem Lexem *Vertragsschluss* entspricht. Diese Annahme wird dadurch gestützt, dass die Wortgruppe (B-205) mit dem Substantiv *Vertragsverhandlungen* im ganzen Rechtswörterbuch kein einziges Mal vorkommt.

Das lexikalische Umfeld allein bewirkt keine Restriktionen, weil beide Wortgruppen mit den gleichen lexikalischen Partnern (in unterschiedlichen Texten) zu finden sind:

(B-210) *Zwar wird die Vorschrift ... auch für Ansprüche wegen Verschuldens bei Vertragsschluß herangezogen* (NJW 1990:1659)

(B-211) *Ansprüche wegen Verschuldens bei Vertragsverhandlungen gegen den Bekl. zu 2 kommen ... nicht in Betracht* (ebd.: 1908)

Die Austauschbarkeit der Komponenten, die kontextbedingt ist und dadurch nur zur partiellen Äquivalenz führt, lässt sich bei einigen anderen Wortgruppen beobachten:

(B-212) *Erwerb vom Nichtberechtigten* vs. (B-213) *Erwerb vom Nichteigentümer*

(B-214) *Gewährleistung für Sachmängel* vs. (B-215) *Haftung für Sachmängel*

(B-216) *Entschädigung in Geld* vs. (B-217) *Schadensersatz in Geld*

Falsches Verständnis bzw. Verwechslung der Ausdrücke kann auch hier dadurch verursacht werden, dass beide Wortgruppen die gleiche Struktur haben, die teilweise mit den gleichen Wörtern ausgefüllt wird. Darüber hinaus kann durch die Verweise zwischen einzelnen Text(sort)en der Eindruck der falschen Synonyme entstehen: Der Kommentartext zum § 932, der in einigen BGB-Ausgaben mit der Überschrift *Erwerb vom Nichtberechtigten* (B-212) versehen ist, verwendet in Auslegungen zu diesem Paragraphen die Wortgruppe (B-213) *Erwerb vom Nichteigentümer*. Der Unterschied zwischen den Wortgruppen geht auf den semantischen Unterschied zwischen den Substantiven zurück: *Nichtberechtigter* ist nicht mit dem *Nichteigentümer* gleichzusetzen, weil das erste Substantiv semantisch umfassender als das zweite ist. Ähnliches ergibt sich aus dem Vergleich der anderen zwei nebeneinander stehenden Verbindungen; in (B-214) und (B-215), (B-216) und (B-217) handelt es sich um das Hyperonym-Hyponym-Verhältnis. Besonders in der fremdsprachlichen Kommunikation muss der jeweilige Kontext stets berücksichtigt werden, um die semantischen Verhältnisse zwischen den Einwortlexemen und damit den so gebildeten Wortgruppen richtig entschlüsseln und verwenden zu können. Trotz der unterschiedlichen Bedeutungen der Komponenten können die Wortgruppen in einem Text abwechselnd verwendet werden. Es sind aber Fachkenntnisse notwendig, um zu wissen, dass dies nur in einem bestimmten Kontext (im Falle (B-212) und (B-213) im Eigentumsrecht) aus stilistischen Gründen möglich ist. Diese semantischen Nuancen finden ihren Niederschlag auf der sprachlichen Ebene, wenn freie Wortgruppen nach dem gleichen Muster wie die festen gebildet werden:

(B-218) *Erwerb vom nichtberechtigten Erben* (RWb Creif 1999:405) → **Erwerb vom Nichteigentümer Erben*

Dieser Restriktion liegt die morphologische Eigenschaft des Wortes *Nichtberechtigter* zugrunde, das ein substantivisch gebrauchtes Adjektiv ist, aber auch als echtes Adjektiv in attributivischer Funktion verwendet wird. Zu dem Unterschied in der Bedeutung tritt also auch der Unterschied der morphologischen Eigenschaft hinzu. Weitere Folgen der Bedeutungsunterschiede zwischen den Komponenten werden in Verbindungen mit anderen Lexem(grupp)en deutlich. Vgl. folgende Beispiele:

(B-219) *Entschädigung in Geld für nutzlos aufgewendete Urlaubszeit* (Kom Palandt 2003:§ 651f, Rn 6) → R**Schadensersatz in Geld* / R**Geldersatz für nutzlos aufgewendete Urlaubszeit*

Die jeweilige Bedeutung des Substantivs (z.B. *Entschädigung* oder *Ersatz*) erlaubt oder verbietet die Erweiterung, vgl.:

(B-220) *Die Tierhalterhaftung umfaßt ... den Ersatz des immateriellen Schadens in Geld* (Kom Erman 2000:§ 253, Rn 1) → R**die Entschädigung des immateriellen Schadens in Geld*

In (B-220) R* ist aus semantischen Gründen im Falle von *Entschädigung*, wenn es um *Sachen* geht, eine Attribuierung nicht möglich, weil als Genitivergänzung des Substantivs (bzw. Akkusativergänzung des zugrunde liegenden Verbs) nur eine Personenbezeichnung möglich ist. Ebenfalls aus semantischen Gründen kann z.B. nur eine der beiden gegenüberstehenden Strukturen mit bestimmten Adjektiven attribuiert werden:

(B-221) *eine billige Entschädigung in Geld* (§ 253) → R**ein billiger Schadensersatz*

Mit einigen Lexemen können beide Ausdrücke eine Verbindung eingehen, weil dort keine semantischen Restriktionen bestehen. Es handelt sich v.a. um die Reihenbildungen mit dem Lexem *Anspruch*, vgl.

(B-222) *Anspruch auf Geldersatz*

(B-223a) *Anspruch auf Entschädigung in Geld* → (B-223b) *Anspruch auf Geldentschädigung*

Die weiteren Varianten dieser Verbindungen sprengen die Grenze der Wortgruppe *Entschädigung in Geld* an sich, weil dadurch neue Benennungen unterschiedlicher Stabilität entstehen.

6.4.6 Strukturell variable Verbindungen des Typs `Anspruch auf + NG`

An dieser Stelle sei auf die Verbindungen des Lexems *Anspruch* eingegangen. Sie zeichnen sich durch mehrere jeweils spezifische Eigenschaften aus, die im Weiteren getrennt besprochen werden. Zur ersten Subklasse gehören typische Fügungen wie

(B-224a) *Anspruch auf Schadensersatz* → (B-224b) *Schadensersatzanspruch*

In solchen Verbindungen handelt es sich um teilweise lexikalisierte Reihenbildungen mit dem Wort *Anspruch*. Ihre Lexikalisierung beruht auf der semantischen Verfestigung von *Anspruch* mit bestimmten Basismorphemen, z.B. *Ersatz*, *Schaden*, die ihrerseits mit der terminologischen Abgrenzung des referentiellen Gesamtbegriffs zusammenhängen. Der Referenzbegriff hat auf der sprachlichen Ebene zwei Ausdrucksformen ((B-224a), (B-224b)). Die analytische Wortgruppe ist dabei für die Textsorte Gesetz (in dieser Arbeit vertreten durch das BGB) typisch, das Kompositum (B-224b) *Schadensersatzanspruch* begegnet dort nur einmal, wo es im Rahmen der impliziten Wiederaufnahme vorkommt (§ 281). Diese Regel trifft nur für die Singular-, nicht für die Pluralform zu, vgl. § 199 II, III: *Schadensersatzansprüche*. Die Art der syntaktischen Verbindung der Grundmorpheme hängt von dem Bezugssachverhalt und daraus folgend von dem sprachlichen Kontext ab:

(B-225) *der Anspruch auf höheren Schadensersatz* (Kom Palandt 2003:§ 340, Rn 7) → R**der höhere Schadensersatzanspruch*

Die Verbindung (B-224a) besitzt einen relativ hohen Lexikalisierungsgrad und steht den strukturell variablen terminologischen Wortgruppen (s. 6.4.3) sehr nah, ist jedoch nicht eindeutig auf derselben Festigkeitsstufe als halbfest einzuordnen, v.a. wegen der Verletzung der Struktur (s. (B-225)). Hier ist eine Unterteilung der halbfesten Wortgruppen in halbfeste terminologische und halbfeste usuelle Wortgruppen angebracht.[267]

Ähnliches lässt sich über weitere Reihenbildungen mit *Anspruch* sagen:

(B-226a) *Anspruch auf Herausgabe der Sache* → (B-226b) *Herausgabeanspruch*

(B-227a) *Anspruch aus ungerechtfertigter Bereicherung* → (B-227b) *Bereicherungsanspruch*

Die Stelle des Präpositionalobjektes des Substantivs *Anspruch* wird je nach Situationskontext von den Lexemen *Herausgabe*, *ungerechtfertigte Bereicherung*, die mittels unterschiedlicher Präpositionen an das Kernsubstantiv gebunden werden (vgl. (B-226a) und (B-227a)), besetzt. Unter dem Aspekt der strukturellen Transformation haben die Wortgruppen (B-226a), (B-227b) gemeinsam, dass durch die Univerbierung eine Komponente (das Attribut des präpositionalen Objektes) wegfällt. Ihr semantisches Merkmal, in (B-226a) versprachlicht durch

267 Zu dieser Differenzierung vgl. Kap. 9.2.

Sache, in (B-227a) durch *ungerechtfertigt*, ist in dem entsprechenden Kompositum ((B-226b), (B-227b)) impliziert. Die Wortgruppe (B-226b) zeichnet sich zusätzlich durch eine Besonderheit aus: Das Kompositum ist mit der Wortgruppe nicht in jedem Kontext voll semantisch äquivalent. Da das Substantiv *Herausgabe* reihenbildend ist und die Stelle des Genitivattributes durch weitere Lexeme (*Gegenstand, das Erlangte*)[268] besetzt werden kann, ist der Kontext von großer Bedeutung. Dies bedeutet, dass das Kompositum ein Oberbegriff ist, welcher in einem eindeutig festgelegten Kontext (z.B. Herausgabe der Sache) die analytische Wortgruppe als komprimierte Form ersetzt.

Die gleiche Struktur kann mit unterschiedlichem lexikalischem Material ausgefüllt werden, vgl. (B-227a) und (B-228), wobei solche gleichstrukturierte Verbindungen nicht immer ähnliche Transformationen aufweisen, vgl. (B-227a) → (B-227b) und:

(B-228) *Anspruch aus unerlaubter Handlung* → **Handlungsanspruch*,

was mit dem Lexikalisierungsgrad der einzelnen Fügungen zusammenhängt. Der Unterschied ist darin zu sehen, dass (B-227a) auch ohne weitere Ergänzungen semantisch eigenständig – weil terminologisiert – ist, dagegen tritt in (B-228) die Präpositionalgruppe in der Regel als dritte Konstituente zu *Anspruch auf Schadensersatz* bzw. *Schadensersatzanspruch* (vgl. (B-224a), (B-224b)) auf:

(B-229a) *Anspruch auf Schadensersatz aus einer unerlaubten Handlung wird nicht dadurch ausgeschlossen* (RWb 1999:1328) →

(B-229b) *Schadensersatzanspruch aus einer unerlaubten Handlung verjährt in drei Jahren* (ebd.: 1329)

Damit repräsentieren präpositionale Substantivgruppen des Typs ⟨*Anspruch aus* (Handlung)⟩ eine zweite Subklasse. Die Präpositionalgruppe *aus unerlaubter Handlung* (der morphologische Unterschied im Artikelgebrauch spielt hier keine Rolle) unterscheidet sich von *auf Schadensersatz* durch den Fixierungsgrad an das Kernwort *Anspruch*.[269]

Verbindungen vom Typ *Anspruch auf* (*Schadensersatz, Geldentschädigung*), *Anspruch aus* (*ungerechtfertigter Bereicherung*) gehören zu den halbfesten Wortgruppen. Strukturelle Änderung (Univerbierung) lässt sich nur bei einigen nachweisen, wobei diese Erscheinung wohl mit dem terminologischen Status und der Häufigkeit der jeweiligen lexikalischen Einheit zusammenhängt.

---

268 Hier sind nur terminologische, im juristischen Wortschatz lexikalisierte Verbindungen und nicht freie Wortgruppen gemeint, vgl. (B-90) in 6.2.4.

269 Entsprechend der Valenztheorie repräsentieren Präpositionalgruppen mit *aus* fakultative Aktanten des Substantivs *Anspruch*. Dieses gehört zu den sog. mehrwertigen Substantiven, welche mehrere Leerstellen öffnen: *auf, aus, wegen*. Ähnliches gilt für Deverbativa wie *Haftung auf, aus, für*.

6.4.7 Freie Wortgruppen

Im Zusammenhang mit den oben behandelten Wortgruppen wurden bereits einige Wortgruppen erwähnt, die zwar als typisch gelten, jedoch weder zu den festen noch zu den halbfesten Verbindungen gehören (vgl. (B-228)).
Zu den freien Verbindungen zählen Erweiterungen der festen bzw. halbfesten Wortgruppen, die (diese Erweiterungen) entweder nach dem Muster der festen Wortgruppen oder nach den produktiven Sprachregeln gebildet werden, um den aktuellen Sachverhalt sachgemäß zu benennen:

> (B-230) *Vertrag zugunsten des Empfängers* (Kom Palandt 2003:§ 328, Rn 9) (vgl. (B-145) *Vertrag zugunsten Dritter*)
>
> (B-231) *Schadensersatz wegen eines Mangels* (vgl. (B-141) *Schadensersatz wegen Nichterfüllung*)
>
> (B-232) *Recht des Klägers an seinem Bild* (vgl. (B-149) *Recht am eigenen Bild*)
>
> (B-233) *Besitzrechte an der Fischkammer* (NJW 1984:1961) (vgl. Recht an ...[270])

Hierher gehören auch Verbindungen, die an keine konkrete kommunikative Situation (d.h. keinen konkreten Fall) gebunden sind, deren Bildung sich jedoch (nach den Regeln der Gemeinsprache) aus dem momentanen Bedarf ergibt, z.B. *Vertragsschluss durch Minderjährige*.
Ein Merkmal der freien substantivisch-präpositionalen Verbindungen ist die Änderungsmöglichkeit der Reihenfolge innerhalb eines Satzes bzw. einer satzwertigen Einheit:

> (B-234) *Schadensersatz wegen eines Mangels verlangen* (NJW 1990:1107) →
>
> (B-234)′ *wegen eines Mangels Schadensersatz verlangen*

Zu vergleichen ist (B-141) *Schadensersatz wegen Nichterfüllung verlangen* → R**wegen Nichterfüllung Schadensersatz verlangen*, wo die Präpositionalphrase von dem Substantiv *Schadensersatz* abhängig ist und mit diesem einen Terminus bildet.[271] Den hier angeführten Beispielen ist eine ähnliche Tendenz zu entnehmen, wie den substantivischen Wortgruppen ohne präpositionale Komponente: Die freien Verbindungen entstehen dadurch, dass die Konstituente, die semantisch einen abstrakten Begriff darstellt, durch ein Konkretum ersetzt wird oder durch ein Attribut näher bestimmt bzw. durch dieses konkretisiert wird. Vgl. (B-218): *Erwerb vom nichtberechtigten Erben* als Konkretisierung von (B-158) *Erwerb vom Nichtberechtigten*.[272] Die Unbeständigkeit dieser Verbindungen ist

---

270 In diesem Fall handelt es sich um keine feste zugrunde liegende Wortgruppe, sondern um eine lexikalisierte Präpositionalfügung des Substantivs *Recht* und der regierten Präposition *an*.

271 Zu weiteren Festigkeitsmerkmalen s. 6.4.2.

272 Vgl. 6.2.4.

dadurch überprüfbar, dass sie innerhalb des Textes, in dem sie vorkommen, auflösbar oder paraphrasierbar sind. Da die vorliegende Arbeit nicht auf die Variierbarkeit von freien Wortgruppen abzielt, wird ihren Paraphrasierungsmöglichkeiten nicht weiter nachgegangen.

6.4.8 Zusammenfassung Kapitel 6.4

Abschließend lassen sich die Wortgruppen der Struktur `Subst + Präp + Subst` (bzw. der gedehnten Strukturen) unter dem Aspekt der Festigkeit folgendermaßen einteilen:
Nur eine Wortgruppe (*Zug um Zug*) erweist sich als ***absolut fest***, wobei der Stabilitätsgrad von dem idiomatischen Charakter dieser Verbindung nicht zu trennen ist. Weitere Wortgruppen sind als ***relativ fest*** einzuordnen (Typ *Schadensersatz wegen Nichterfüllung*). Für diese ist die Weglassbarkeit der Präpositionalgruppen innerhalb eines Textes oder eines Verwendungskontextes charakterisierend. Sie haben den Status von Termini.
Eine weitere Stufe der Stabilität bilden Verbindungen, die als strukturelle Variation die Univerbierung (Typ *Entschädigung in Geld*), im Einzelfall eine lexikalische Variation (*Missverhältnis zwischen Leistung und Gegenleistung*) aufweisen. Diese ebenfalls zur juristischen Terminologie gehörenden Wortgruppen werden infolge ihrer Variabilität als ***halbfest*** eingestuft. Auf der Stufe der Halbfestigkeit befinden sich Verbindungen, die nicht als terminologisch festgelegte Einheiten existieren, jedoch zum fachlichen Vokabular gehören. Um sie von den halbfesten Termini zu unterscheiden, wird hier die Kategorie ***halbfeste usuelle*** Wortgruppen eingeführt (*Anspruch auf Schadensersatz*).
Die dritte, niedrigste Festigkeitsstufe repräsentieren Wortgruppen, die nicht syntaktisch oder lexikalisch verfestigt sind und/oder als Ergebnis der aktuellen Situation entstehen; diese werden dem Bereich der freien Wortgruppen zugeordnet. Die Grenzen lassen sich nicht eindeutig ziehen; in der Übergangszone zu halbfesten usuellen Wortgruppen stehen z.B. Reihenbildungen bestimmter juristischer Termini (*Anspruch aus unerlaubter Handlung, Schadensersatz wegen eines Mangels*). Als ***frei*** werden diejenigen eingestuft, die strukturelle Erweiterungen von gegebenen Mustern darstellen (*Vertrag zugunsten des Empfängers*) und/oder die momentane kommunikative Absicht des Sprechers widerspiegeln (*Vertragsschluss durch Minderjährige*).

7 Wortgruppen im verbalen Bereich

Die Wortgruppen im verbalen Bereich bestehen aus mindestens zwei Konstituenten, einer verbalen und einer nichtverbalen. Die nichtverbale Konstituente ist ein Substantiv mit oder ohne Präposition (Kap. 7.1, 7.2) oder ein adverbialer Ausdruck (Kap. 7.3). Die kategoriale Zusammensetzung lässt sich formal mit folgenden Grundstrukturen darstellen:

```
Vb + Subst
Vb + Präp + Subst
Vb + Adv (+ Subst)
```

Bei allen Verbindungen der oben angeführten Strukturtypen wird das Verhalten sowohl der verbalen als auch der nichtverbalen Komponenten wie auch ihr gemeinsames Erscheinen auf der Satzebene betrachtet. Die gewonnenen Untersuchungsergebnisse werden für jede der strukturellen Subklassen in getrennten Abschnitten dargestellt. In allen untersuchten Wortgruppen handelt es sich bei den verbalen Komponenten um finite Verben, weshalb deren Konjugation nicht als eine Modifikation oder Abweichung betrachtet wird. Hat eine verbale Form eine spezifische Eigenschaft, so wird darauf im Einzelnen hingewiesen.

7.1 Verbale Wortgruppen mit der Grundstruktur `Vb + Subst`

In diesem Kapitel werden solche Verbindungen beschrieben, in denen die substantivische Komponente ein Substantiv im Akkusativ ist. Da andere Kasus der auftretenden Substantive als nicht relevant ausgeschlossen wurden[273], wird der Kasus in dem formalisierten Strukturschema nicht markiert.
Beispiele[274]:

`Vb + Subst`	*Willenserklärung abgeben, Vertrag abschließen, Erbschaft ausschlagen, Gläubiger befriedigen, Leistung erbringen, Testament errichten, Schaden ersetzen, Eigentum erwerben, Schadensersatz leisten, Sicherheit leisten, Nutzungen ziehen, Schaden zufügen, …*

In den ersten Abschnitten 7.1.1, 7.1.2 handelt es sich um Ausdrücke, in denen keine lexikalischen Modifikationen nachzuweisen sind. Davon möchte ich solche

273 S. Kap. 5.3, Anm. 116.

274 Die Beispiele werden alphabetisch nach dem ersten Buchstaben der verbalen Kernkomponente angeordnet, wobei entsprechend der lexikographischen Praxis zuerst der nominale und dann der verbale Teil angeführt wird.

Fälle ausschließen, in denen Komposita wie *Schadensersatz* und *Willenserklärung* in einem semantischen Kontextbereich oder in einem Text auf das Grundwort *Erklärung, Ersatz* gekürzt werden,[275] zu diesem Verfahren vgl. Kap. 6.1.3.1.

7.1.1 Invariable Wortgruppen

Folgende Wortgruppen zeichnen sich sowohl durch lexikalische als auch durch strukturelle Invariabilität aus:

Schadensersatz leisten, Sicherheit leisten

Wie bereits erwähnt, wird die Konjugation der verbalen Komponente nicht als Verletzung der Stabilität betrachtet und in den folgenden Ausführungen nicht besprochen.
Verbal-substantivische Einheiten, die im Satz die prädikative Funktion erfüllen, werden in der Linguistik häufig, aber nicht einheitlich behandelt.[276]
V. Polenz (1987:170) nennt alle Verbindungen dieses Typus "zunächst nur Nominalisierungsverbgefüge (NVG)" (ebd.) und die dort verwendeten Verben "zunächst allgemein Nominalisierungsverben (NV)" (ebd.). Bei der weiteren Behandlung unterscheidet er jedoch von den Nominalisierungsverbgefügen die Funktionsverbgefüge (FVG), in denen die verbale Komponente eine Eigenbedeutung trägt.[277] Der prädikative Beitrag des Funktionsverbs (FV) innerhalb des Verbgefüges kann dabei in der Aktionsart, z.B. inchoativ in *in Verzug kommen*, bestehen oder "eine bestimmte Art von Prädikationskomplex" sein (v. Polenz 1987:172).

7.1.1.1 Strukturelle Eigenschaften

Die Anordnung der Konstituenten hängt von der Struktur des Satzes ab, in dem die Wortgruppe vorkommt. Anders als bei Adjektiv-Substantiv-Verbindungen oder bei rein substantivischen Wortgruppen muss hier die inhaltliche Gefügtheit nicht auch durch die Struktur zum Ausdruck kommen:

(C-1) *sich von ihrer Bürgschaft dadurch zu befreien, daß sie Sicherheit nicht wie üblich ..., sondern als ... leistet* (NJW 1986:1039)

---

275 Der Gesamtkontext spielt hier eine große Rolle, denn kontextuelle oder vortextuelle Informationen können Indizien dafür liefern, ob 'Ersatz' tatsächlich mit 'Schadensersatz' gleichzusetzen ist. Wird nämlich über 'entgangene Dienste' gesprochen, so ist das Einfachwort im Sinne von 'Ersatz für entgangene Dienste' auszulegen.

276 Zu uneinheitlichen Auffassungen im Bezug auf Funktionsverbgefüge in der Germanistik vgl. Köhler (1985:16f.), v. Polenz (1987:170f.), unter phraseologischem Aspekt auch Fleischer (1997:134ff., 253f.).

277 Wie v. Polenz bemerkt, beziehen andere Autoren den Terminus FVG auf alle Substantiv-Verb-Verbindungen dieser Art, vgl. Helbig-Buscha (2001:68), Duden-Grammatik (1998:112f.). Zum textlinguistischen Ansatz vgl. Weinrich (2003:45).

(C-2) *Wird ... die Erwerbsfähigkeit ...vermindert, so ist der Schadensersatz in Form einer Geldrente ... zu leisten* (§ 843) (RWb 1999:1328)

In den untersuchten Gesetzestexten wird in der morphologischen Form ⟨sein + zu + Inf⟩ in keinem der Belege die Anordnung der nominalen und der verbalen Komponente unterbrochen. Vgl. den in (C-2) zitierten § 843:

(C-3) *so ist dem Verletzten durch Entrichtung einer Geldrente Schadensersatz zu leisten* (§ 843)

Ähnliches lässt sich in Bezug auf den Gebrauch der Verbindung *Sicherheit leisten* in dieser morphologischen Form im BGB (und seiner wörtlichen Wiedergabe) feststellen.
Die Aussagen (C-2) und (C-3) sind semantisch ähnlich. In (C-3), also in der gesetzlichen Formulierung, wird die substantivische Komponente ohne Artikel gebraucht[278] und die Adverbialbestimmung *durch Entrichtung* bezieht sich auf die ganze Verbalgruppe. Die Art und Weise des *Schadensersatzes* im Lexikonartikel (C-2) wird durch eine lexikalisch variierte Bezeichnung in adverbialer Funktion ausgedrückt, die dem Substantiv *Schadensersatz* nachgestellt wird. Es fällt auf, dass bei der nachgestellten Adverbialbestimmung das Substantiv *Schadensersatz* in (C-2) mit dem bestimmten Artikel *der* determiniert wird. Was aber die Reihenfolge betrifft, so wäre eine Änderung sprachlich möglich und juristisch akzeptabel, hätte jedoch die Verlagerung der Betonung zur Folge:

(C-2) *ist der Schadensersatz in Form einer Geldrente zu leisten* →

(C-2)′ *ist in Form einer Geldrente der Schadensersatz zu leisten*

(C-3) *ist ... durch Entrichtung einer Geldrente Schadensersatz zu leisten* →

(C-3)′*..., so ist Schadensersatz in Form einer Geldrente zu leisten*

Die obigen Beispiele geben ein anderes Merkmal zu erkennen: die Erweiterbarkeit der betrachteten Verbindung. Sowohl in (C-2) als auch in (C-3) wird die Verbalphrase *Schadensersatz leisten* durch Adverbialbestimmungen (*in Form / durch* ...) erweitert.[279]
Zu weiteren Merkmalen der hier behandelten Wortgruppen gehört, dass die Pronominalisierung nicht möglich ist:

(C-4) *Die Bekl. ... habe sie dem Kl. Sicherheit zu leisten* (NJW 2002:435) → **Die Bekl habe ~~sie~~ dem Kl. zu leisten*

(C-5) *Wenn der Bekl. Schadensersatz an den Kl. leistet* (ebd. 2001:3192) → **Wenn der Bekl. ~~ihn~~ an den Kl. leistet*

---

278 Das Fehlen des Artikels, welches vom Nullartikel zu trennen ist, kann häufig bei 2-teiligen Verben mit nominalem Teil beobachtet werden, vgl. dazu Weinrich (2003:430).

279 Hoffmann (1985:134) zufolge ist für die "(wissenschaftlich-technische) Fachprosa" typisch, dass verbale Phrasen häufig durch Adverbialbestimmungen präzisiert werden.

Die **Negierung** ist in diesen Wortgruppen möglich:

(C-6a) *wenn X Sicherheit leistet* → (C-6b) *wenn K keine Sicherheit leistet*

Unter Veränderung des obigen Beispielssatzes (C-1) wird auch die Negierungsmöglichkeit deutlich:

(C-7a) *daß sie Sicherheit nicht wie üblich ..., sondern als ... leistet* (NJW 1986: 1039) → (C-7b) *daß sie Sicherheit nicht wie üblich leistet, sondern als ...*

Es können beide Negationen *nicht / kein* verwendet werden:

(C-8a) *Wenn der Bekl. Schadensersatz an den Kl. leistet,* (NJW 2001:3192) →

(C-8b) *Wenn der Bekl. keinen Schadensersatz an den Kl. leistet*

(C-8c) *Wenn der Bekl. Schadensersatz an den Kl. nicht leistet* (ebd.)

Die Wahl der Negation hängt jedoch von den lexikalischen Partnern ab und ihre Position im Satz kann zu geringen Bedeutungsnuancen führen, da es sich entweder um die Sonder- oder um die Satznegation[280] handelt, vgl. (C-8b), (C-8c) und (C-9):

(C-9) *Wenn der Bekl. Schadensersatz nicht an den Kl. leistet, ...*

7.1.1.2 Morphologische Eigenschaften

Passiv

Die Passivbildung ist möglich:

(C-10) *wenn die Gegenleistung bewirkt oder Sicherheit für sie geleistet wird* (§ 321)

(C-11) *daß Schadensersatz geleistet werden muß, wenn ...* (Lb Medicus I 2002:267)

Die Akzeptabilität der passivischen Formulierungen bedeutet jedoch nicht ihren tatsächlichen Gebrauch. Für die fremdsprachigen Lerner oder Übersetzer ist wichtig zu wissen, dass die Passivform zwar möglich, jedoch wenig gebräuchlich ist. Vielmehr werden die Passivparaphrasen ⟨sein + zu + Inf⟩: *Schadensersatz ist zu leisten / Sicherheit ist zu leisten* oder ⟨haben + zu + Inf⟩ verwendet. Letztere wird meistens dann bevorzugt, wenn ein Agens zu benennen ist[281]: *jemand hat Schadensersatz zu leisten.* Dies hängt auch mit dem Gebrauch der hier betrachteten Wortgruppen zusammen, die hauptsächlich zum Ausdruck einer Verpflichtung dienen. Vor allem in Gesetzestexten werden Verpflichtungen zu bestimmten Handlungen ausschließlich durch diese Konstruktionen ausge-

---

280 Zur Satznegation bei lexikalisierten Verbverbindungen vgl. Helbig/Buscha (2001:90).

281 Allgemein kann in passivischen Konstruktionen ein Agens mit Hilfe der Präpositionen *von* oder *durch* angeschlossen werden (s. Helbig/Buscha 2001:165). In den untersuchten Texten lässt sich jedoch kein Beleg dafür finden.

drückt.[282] Das Beispiel für die Passivform (C-11) stammt aus einem Lehrbuchtext, der gesetzliche Vorschriften auslegt und dabei die gesetzliche Formulierung paraphrasiert. Allgemein ist die Doppelinterpretation von ⟨sein + zu + Inf⟩ im Sinne von *können* oder von *müssen* im juristischen Kontext sehr beschränkt; in der Regel handelt es sich um den Ausdruck der Notwendigkeit.[283]
In diesen Wortgruppen ist weder die Auslassung noch die Pronominalisierung der substantivischen Konstituente möglich:

(C-12) *wenn Sicherheit geleistet wird* → **Wenn [-] geleistet wird.*

(C-13) *so ist dem Verletzten Schadensersatz zu leisten* → **so ist dem Verletzten [-] zu leisten*

Anders ist es in Sätzen vom Typ *X hat / braucht nicht / zu leisten* wie: *braucht er [der Schuldner: Z.K.] nach § 275 I nicht zu leisten* (RWb 1999:509). Das Verb *leisten* ist im rechtlichen Kontext polysem. Der Satz ist sowohl grammatisch als auch semantisch richtig (im juristischen Kontext), die Eliminierung des nominalen Teils verursacht aber eine Bedeutungsveränderung. Das Verb *leisten* bedeutet im Kontext der Schuldverhältnisse in etwa 'das Bewirken von bestimmten Handlungen als Vertragserfüllung' und anders als in der Gemeinsprache kommt es auch ohne Akkusativobjekt vor. Dadurch unterscheidet sich das Verb *leisten* in den hier betrachteten Verbgruppen als bedeutungsentleert von *leisten*, welches als Vollverb verwendet wird.

Artikelgebrauch

Die Verbindungen zeichnen sich durch den fehlenden Artikel aus[284]:

(C-14) *Sicherheit leisten* → **eine Sicherheit leisten*

Hiervon sind Fälle zu unterscheiden, wo im Rahmen der Wiederaufnahme innerhalb eines Textes (in der Regel eines Paragraphen) der bestimmte Artikel im Sinne von 'diese eine' gebraucht wird:

(C-15a) *Wer Sicherheit zu leisten hat, kann dies bewirken durch* ... (§ 232 I) →

(C-15b) *Kann <u>die Sicherheit</u> nicht in dieser Weise geleistet werden,* ... (ebd. II),

---

282 Zum gelegentlichen Gebrauch der Modalverben *müssen* und *sollen* als Ausdruck der Verpflichtung vgl. auch Busse (1992:112). Wie er aber zugleich zeigt, werden die Passivparaphrasen ⟨sein + zu + Inf⟩ häufiger in Paragraphen verwendet, mit denen fachlich tätigen Juristen, z.B. Richtern, "Anweisungen zur Anwendung gesetzlicher Bestimmungen" gegeben werden, als in Paragraphen, die das Handeln der fachunkundigen Bürger bestimmen. Zu weiteren Ausdrucksweisen der Modalitätsarten vgl. ebd.: 113f.

283 Zum semantischen Potential der Passiv-Paraphrasen mit Modalfaktor s. Helbig/Buscha (2001:165).

284 Zur überwiegenden Artikellosigkeit in den Verbalsubstantiv-Fügungen als Zeichen von Lexikalisierung vgl. Köhler (1985:23), Weinrich (2003:46).

und *Sicherheit* durch den sprachlichen Kontext identifiziert wird. Einen solchen Artikelwechsel räumen Helbig/Buscha (2001:89) den "nicht-lexikalisierten FVG" ein, deren Substantive sich durch Referenzfähigkeit auszeichnen (vgl. ebd.: 85). Ist das fachsprachliche Substantiv *Sicherheit* auch referenzfähig (eben wegen des fachlichen Inhalts), so steht seine Determinierung in diesem Falle mit der Referenzfähigkeit nicht in Verbindung. Der Artikelgebrauch ist nämlich nicht von einem Referenzobjekt, sondern von bestimmten textuellen Bedingungen abhängig.
Eine vergleichbare Tendenz lässt sich für die Wortgruppe *Schadensersatz leisten* nicht belegen. Der einzige Beleg mit dem bestimmten Artikel ist das Beispiel (C-2) aus einem Fachwörterbuch, wo der sprachliche Kontext den Artikelgebrauch erfordert.
Der nominale Teil wird in der Wortgruppe *Sicherheit leisten* nicht durch eine adjektivische Attribuierung erweitert. Bei der Wortgruppe *Schadensersatz leisten* ist z.B. folgende Attribuierung zu finden:

(C-16) *der Verkäufer ... muß ... vollen Schadensersatz leisten* (Kom Palandt 2003:§ 280, Rn 18)

Außerdem kann *Schadensersatz* mittels Präpositionalgruppen attribuiert werden: *Schadensersatz wegen / in Höhe des (von)*. Der nominale Ausdruck *Schadensersatz wegen Nichterfüllung* wird bei den substantivischen Verbindungen behandelt und als feststehender Begriff eingeordnet, da es sich um eine terminologisch bedingte Attribuierung handelt.[285]

Numerus

Zu den morphologischen Merkmalen dieser Verbindungen gehört die Beschränkung des nominalen Teils auf den Singular:

(C-17) *Sicherheit leisten* → **Sicherheiten leisten*

(C-18) *Schadensersatz leisten* → **Schadensersätze leisten*

Dies hängt mit den semantischen Eigenschaften der substantivischen Komponenten zusammen. In den hier beschriebenen Wortgruppen treten nur Verbalabstrakta auf, was typisch für diesen Typus von Verbfügungen ist[286]. Während das Substantiv *Schadensersatz* als Abstraktum keine Pluralform bildet, ist außerhalb meines Korpus bei dem Substantiv *Sicherheit* auch Pluralgebrauch bezeugt. Im Unterschied zu meinen Belegen kann das Substantiv *Sicherheit* sogar in Verbindung mit dem Verb *leisten* im Plural stehen, wenn es im fachspezifischen Kontext konkrete Dinge, etwa hinterlegtes Geld oder Wertpapiere, bezeichnet (vgl. Duden 1999:3552).

---

285 Vgl. 6.4.2.

286 Vgl. auch Helbig/Buscha 2001:69. Ähnliches stellt v. Polenz (1987:171) für die echten FVG fest.

An der letztgenannten Eigenschaft und schließlich an der gesamten obigen Beschreibung hat sich bestätigt, dass die Substantiv-Verb-Verbindungen die Merkmale der Verbindungen erfüllen, die als Funktionsverbgefüge (Helbig/Buscha 2001:69), bei anderen als Nominalisierungsverbgefüge (v. Polenz 1987:170) bezeichnet werden. Auf diese terminologische Uneinheitlichkeit soll hier nicht näher eingegangen werden (vgl. oben in 7.1.1). Die hier betrachteten Verbgefüge stehen dem variierend bezeichneten Verbtypus zum einen aus struktureller Sicht durch die Gebundenheit auf der Satzebene nah. Zum anderen ist die lexikalische Bedeutung des Verbs auf die substantivische Komponente verlagert und sie trägt die wichtigsten semantischen Merkmale der Verbindung. Die Einzelbedeutung des in meinen Verbalgruppen verwendeten Verbs *leisten* geht jedoch nicht völlig verloren[287], sondern wird nur reduziert; sein Anteil an der Gesamtbedeutung des Verbgefüges besteht im Ausdruck des Aspektes. Eine semantische Ausdruckskraft steht bei v. Polenz (1987:170) nur den Funktionsverben in den Funktionsverbgefügen (z.B. die inchoative Aktionsart) zu. Die hier behandelten Wortgruppen würden – wie bereits gesagt – nach v. Polenz (ebd.) als NVG, in denen das Verb keine eigene Bedeutung trägt, eingestuft.[288] Trozdem sehe ich im Verb eine bestimmte semantische Leistung, die auf den fachsprachlichen Aspekt zurückgeht. Da der Ausdruck der Aktionsart in juristischen Äußerungen einen besonderen Wert hat, wird hier von einer reduzierten Bedeutung des betroffenen Verbs ausgegangen.
In Bezug auf die Subklassifizierungen von Helbig/Buscha (2001:85) sind die oben beschriebenen Verbalgruppen als "lexikalisierte FVG" einzuordnen. Lexikalisierung und zugleich Terminologisierung werden u.a. durch erklärende Aussagen wie die folgende bestätigt:
"Schadensersatz zu leisten bedeutet, dass ..." (Lb Rüthers/Stadler 2001:30)
Die vorliegenden Wortgruppen sind also invariabel und haben den Status terminologischer Einheiten. Daher werden sie als feste verbale Verbindungen eingeordnet. Die geringen Abweichungen im Vergleich zur Gemeinsprache (z.B. unterschiedliches Verhalten hinsichtlich Attribuierung oder Artikelgebrauchs) hängen mit dem terminologisch verfestigten Inhalt zusammen.

---

287 Die gängigen Grammatiken behandeln diese Erscheinung als Sinnentleerung, weil sie die semantische Leistung des Verbs der Aktionsart zurechnen. So sprechen z.B. Helbig/ Buscha (2001:70) von "semantischen Funktionen sehr allgemeiner Art", zu denen z.B. Ausdrücke für Vorgangsbeginn, Zustandveränderung u.ä. gehören. Auch Schaarschuh (1990:230f.) spricht von sinnentleerten oder bedeutungsentleerten Verben, wobei er an einer anderen Stelle bei der Betrachtung konkreter Beispiele "eine Begleitsemantik" (ebd.: 234) zulässt.

288 Auch v. Polenz (1987:170) sieht in den NVG typische Verbindungen in bestimmten, zumeist fachsprachlichen Textsorten.

7.1.2 Relativ invariable Wortgruppen

Willenserklärung abgeben, Gläubiger befriedigen, Testament errichten, Schaden ersetzen, Nutzungen ziehen

Die hier verzeichneten Verbindungen eines verbalen mit einem nominalen Teil, welcher syntaktisch die Funktion des Akkusativobjekts erfüllt, lassen ähnlich wie die vorher behandelten Wortgruppen (*Schadensersatz leisten*) keine lexikalischen Änderungen zu. Die Verkürzung von *Willenserklärung* auf *Erklärung* wurde bereits ausgeklammert (7.1), weshalb diese Erscheinung hier nicht als lexikalische Variation betrachtet wird.

7.1.2.1 Strukturelle Eigenschaften

Innerhalb eines Satzes lassen sich für die Anordnung der Konstituenten keine besonderen Merkmale feststellen, die von den nicht fachsprachlichen Verb-Substantiv-Verbindungen abweichen würden (zur Satzgliedstellung s. Helbig/ Buscha 2001:473ff.). So kann der nominale Teil in jedem Satztyp von dem Verb durch andere Satzglieder unabhängig vom Satztyp getrennt sein (vgl. mit obigen festen Verbindungen (C-1) – (C-3)), d.h. auch in einem (eingeleiteten oder uneingeleiteten) Nebensatz:

(C-19a) *wenn der Getäuschte ... die Willenserklärung ohne die Täuschung ... nicht ... abgegeben hätte* (Kom Palandt 2003:§ 123, Rn 24)

(C-19b)′ *der Getäuschte hätte die Willenserklärung ohne die Täuschung nicht ... abgegeben*

Ebenso kann zwischen die nominale und die verbale Konstituente ein Relativsatz eingeschoben werden, was auf die Möglichkeit der Attribuierung deutet (s. (C-51)ff.):

(C-20) *Es ist der gesamte Schaden, der ..., zu ersetzen* (Kom Erman 2000:§ 628, Rn 17)

In einem eingeleiteten Nebensatz wird die Reihenfolge vom Sprecher bestimmt. Sie kann dabei variieren, wie Beispiele aus ein und demselben Urteil belegen:

(C-21a) *Soweit die Stadt ... Nutzungen aus diesem gezogen hat* (lexetius.com/ 2001/12/144, Rn 16) → (C-21b)... *und ob sie aus diesen Nutzungen zog* (ebd.: Rn 21)

Auf der syntaktischen Ebene ist – wie bereits oben (C-20) angedeutet wurde – die Auflösung durch einen Relativsatz möglich:

(C-22) *die Nutzungen, die der Pächter während dieser Zeit gezogen hat* (§ 584b)

Die Möglichkeit oder Unmöglichkeit, die Wortgruppe zu negieren, hängt von der Referenzhandlung ab, die durch die Verbindung benannt wird. Sie ist nicht für diesen Wortgruppentyp spezifisch (vgl. dazu Rothkegel 1973:76). Keine der

Verbalgruppen hat sich als obligatorisch negiert erwiesen.[289] Die Wahl der Negation mit *nicht* oder mit *kein* ist ebenfalls von der Referenzhandlung abhängig. Vgl. die folgenden (a)-Varianten mit den entsprechenden (b)-Varianten:

(C-23a) *dass der Kl. ohne diese Täuschung die Willenserklärung nicht, ... abgegeben hätte* (NJW 2000:2894) → (C-23b)′ *Kl. hätte ... keine Willenserklärung abgegeben*

(C-24a) *Zieht der Besitzer ... Nutzungen nicht,* (§ 987 II) → (C-24b)′ *Zieht der Besitzer keine Nutzungen*

Auslassung des Akkusativobjekts

Die substantivische Komponente kann in der Regel nicht ausgelassen werden, weil dies zu einem ungrammatischen Satz führen würde:

(C-25) *Kl. hat eine Willenserklärung abgegeben* (C-23a) → **Kl. hat abgegeben*

(C-26) *Zieht er Nutzungen im Übermaß* (RWb 1999:913) → **Zieht er im Übermaß*

(C-27) *soweit der Bürge den Gläubiger befriedigt* (§ 774) → **soweit der Bürge befriedigt*

Die zuletzt angeführte Wortgruppe gehört zu Verbindungen, die in bestimmten Umgebungen Ausnahmen zulassen, wie z.B.

(C-28) *wenn seine Erben wirksam ausschlagen* (Kom Palandt 2003:§ 2158, Rn 1)

Die Bildung von solchen sprachlich gesehen ungrammatischen Sätzen geht auf zwei Tatsachen zurück: Erstens ist es ein textsortenspezifisches Verfahren, welches in meinem Korpus zwar nur in Kommentartexten belegt, in anderen Texten der auslegenden Ebene jedoch nicht auszuschließen ist. Entscheidend ist also die kontextuelle Erschließbarkeit der ausgelassenen Konstituente. Die Weglassung wird ermöglicht entweder durch die unmittelbare Nähe eines vollständigen Satzes im Vortext, der durch den kommentierten Paragraphen gestaltet wird, oder auf Grund der Einbettung in einen sachlichen Zusammenhang. Das Akkusativobjekt wird in bestimmten Satztypen ausgelassen:

(C-29a) *Befriedigen muß derjenige, der ...* (Kom Palandt 2003:§ 1143, Rn 2)

(C-29b) *das Grundstück, aus dem befriedigt wurde* (ebd.: § 1182, Rn 3)

(C-29c) *Befriedigt der Vorerbe mit freien Mitteln* (ebd.: § 1143, Rn 7)

(C-30) *Eigentumserwerb. Bei ... erwirbt der Dritte ... unmittelbar vom Verkäufer* (ebd.: § 929, Rn 33)

Zweitens handelt es sich um ein nicht unbekanntes Verfahren in der fachsprachlichen Kommunikation, wenn ein sonst mehrwertiges Verb unterwertig verwendet wird. Beim unterwertigen Gebrauch mehrwertiger Verben sind der Kontext

---

[289] Vgl. feste Syntagmen vom Typ *keinen Staat machen* bei Rothkegel (1973:77).

und die Situation maßgeblich und sie ergänzen das Informationsbild (vgl. Weinrich 2003:137) [290]. Die Auslassung des obligatorischen Akkusativobjekts in der Fachsprache führt Sadziński (1985:156) auf die "logische Prädiktabilität" zurück.[291] Diese Erscheinung ist nicht bei allen Verbalverbindungen dieser Gruppe belegt. Für die Wortgruppe *Testament errichten* ist eine solche Weglassung wohl deswegen nicht nachzuweisen, weil es ein Einwort-Äquivalent *testieren* gibt, welches neben der Zugehörigkeit zu einem höheren Fachregister auch sprachökonomischer wirkt (ausgenommen natürlich Fälle, bei denen infolge der kommunikativen Absicht das Substantiv *Testament* näher bestimmt werden muss).

Pronominalisierung

Hinsichtlich der substantivischen Komponente lässt sich noch Folgendes feststellen:
Die Pronominalisierung ist im Rahmen der Wiederaufnahme in einem Text (bzw. einem eindeutigen Kontext, der z.B. durch die Beziehung zwischen Kommentar- und Paragraphentexten gestaltet wird) möglich:

(C-31) *die Willenserklärung ... sie kann auch elektronisch im Internet abgegeben werden* (Kom Palandt 2003:Überbl v. §104, Rn 2)

(C-32) *Bei Pfändung ... durch mehrere Gläubiger werden diese nach ... befriedigt* (RWb 1999:979)

(C-33) *Nutzungen ... es genügt nicht, daß sie hätten gezogen werden können* (Kom Palandt 2003:§ 101, Rn 1)

Nicht belegt ist in meinem Korpus die Pronominalisierung in der Wortgruppe *Schaden ersetzen*:

(C-34) *Ist der Kl. hierdurch ein Schaden entstanden, so .... Gem § 122 hat ihr deshalb die Bekl. diesen Schaden zu ersetzen* (NJW 1984:1951)→ R(?)*Gem § 122 hat ihn ihr ... die Bekl. zu ersetzen*

In der Wortgruppe *Gläubiger befriedigen* findet sich in den untersuchten Texten mit Ausnahme von (C-32) kein anderes Beispiel für die Pronominalisierung des Substantivs *Gläubiger*, obwohl dies den sprachlichen Regeln nicht widersprechen würde (vgl. *den Gläubiger befriedigen → 'ihn befriedigen*). Dies führe ich darauf zurück, dass die Grundvoraussetzung der Pronominalisierung, nämlich das Vorkommen des jeweiligen Substantivs im unmittelbaren Vortext, in meinem Korpus nicht erfüllt ist. Durch Äußerungen des Typs *den Gläubiger befriedigen* wird stets ein Grundsatz bzw. eine Regel ausgedrückt, ohne durch vorherige Thematisierung der Person des *Gläubigers* eine semantische Verbindung herzu-

290 Zum unterwertigen und zum absoluten Gebrauch vgl. auch Simmler 1981, Klein 1985.

291 Zur Weglassung von scheinbar fakultativen Aktanten vgl. Helbig/Buscha (2001:517). Auch Breindl (1989:17ff.) behandelt die Weglassung des Akkusativ- und Präpositionalobjekts als lexikalische Ellipse.

stellen. Wird *Gläubiger* in einem Text(teil) besprochen, so wird häufig statt der Pronominalisierung die explizite Wiederaufnahme bevorzugt, um bei mehreren Personenbezeichnungen Uneindeutigkeiten zu vermeiden (z.B. § 415).[292]

7.1.2.2 Morphologische Eigenschaften

Passiv

Auf der Ebene der Morphologie ist beim Verb die Passivtransformation möglich:

(C-35) *die Willenserklärung wird abgegeben*

(C-36) *Schaden wird ersetzt*

(C-37) *Nutzungen sind gezogen worden*

Besonders in der Verbindung des Verbs *ersetzen* mit dem Substantiv *Schaden* wird von der Passivparaphrase (vgl. (C-10), (C-11)) Gebrauch gemacht. Der Satz in (C-38a) könnte umformuliert werden, vgl. (C-38b)':

(C-38a) *Es ist der gesamte Schaden, der sich aus ...ergibt, zu ersetzen* (vgl. (C-20))

(C-38b)'*Es muss der gesamte Schaden, der ..., ersetzt werden.*

Der überwiegende Gebrauch von Passiv-Paraphrasen beim Ausdruck der Modalität, konkret der Notwendigkeit, in juristischen Äußerungen ist eine Frage der fachsprachlichen Intention, die bereits oben (vgl. (C-11) in 7.1.1.2) erwähnt wurde.

Artikelgebrauch

Der Artikelgebrauch ist in der Regel auf den Nullartikel[293] beschränkt:

(C-39) *Schaden ersetzen*

(C-40) *Besitz an den Grundstücken ... Nutzungen aus diesem gezogen hat* (C-21)

Nach der Vorerwähntheit im Text kann entweder ein bestimmter Artikel oder ein Demonstrativartikel[294] (vgl. (C-34) und (C-44)f.) gebraucht werden, was den gemeinsprachlichen Regeln der Wiederaufnahme entspricht. Der Artikelgebrauch kann in einigen Fällen durch ein Attribut bedingt sein:

1) durch ein Genitivattribut:

(C-41) *<u>die</u> Nutzungen <u>des</u> Pfandes zu ziehen* (§ 1213),

---

292 Zur völligen Auslassung des Substantivs vgl. oben (C-29a) – (C-29c).

293 Dieser Gebrauch ist nicht nur für die Rechtssprache typisch. Abstrakta, wie z.B. *Schaden*, werden allgemein mit Nullartikel verwendet, vgl. Weinrich (2003:426f.).

294 Ich verwende hier nicht den traditionellen Terminus 'Demonstrativpronomen' (vgl. Helbig/Buscha 2001:209), der sogar als "zurückweisend (anaphorisch)" qualifiziert wird (ebd.: 229), sondern den in der Textlinguistik gebräuchlichen Begriff 'Demonstrativpronomen'. Damit wird der Unterschied zwischen Pronomen und Artikel eindeutig. Dazu Weinrich 2003:440ff.

2) durch ein vorangestelltes Attribut:

(C-42) den daraus entstehenden *Schaden zu ersetzen* (§ 627 II),

3) durch einen attributiven Nebensatz:

(C-43) *den Schaden zu ersetzen, den der andere ... erleidet* (§ 122)

An anderen Stellen treten die Vorinformationen als kontextuelle Bedingungen für den Artikelgebrauch auf:

(C-44) *Steht dem Pfandgläubiger das Recht zu, die Nutzungen zu ziehen, ...* (§ 1214)

Den vorangestellten Paragraphen kann man als den Vortext betrachten, durch den *die Nutzungen des Pfandes* eingeführt und in der Textfolge wiederaufgenommen werden. Als Folge der Vorerwähntheit wird das Substantiv durch den Demonstrativartikel determiniert:

(C-45) *Ist der Kl. hierdurch ein Schaden entstanden, so .... Gem § 122 hat ihr deshalb die Bekl. diesen Schaden zu ersetzen* (NJW 1984:1951)[295]

Bei entsprechendem Gesamtkontext kann der bestimmte Artikel durch einen Possessivartikel ersetzt werden:

(C-46) *Unerheblich ist, wo der Verbraucher seine Willenserklärung abgibt* (Kom Palandt 2003:§ 312, Rn 10)

Oftmals ist der Gebrauch des Possessivartikels theoretisch möglich, in meinem Korpus aber nicht belegt:

(C-47) *die Gläubiger befriedigen* → (C-47)' *seine Gläubiger befriedigen*

Vergleicht man die Beispiele, in denen das Substantiv ohne Artikel verwendet wird, mit denjenigen mit dem bestimmten Artikel, so ergibt sich, dass für die Benennung eines konkreten Sachverhaltes der fehlende Artikel, für die Erörterung dieses Sachverhaltes der bestimmte Artikel gewählt wird.
In den Wortgruppen *Willenserklärung abgeben, Gläubiger befriedigen, Testament errichten* hängt der Artikelgebrauch von dem Referenzsachverhalt ab:

(C-48) *eine / die Willenserklärung abgeben*

(C-49) *einen / den Gläubiger befriedigen*

(C-50) *ein / das Testament errichten*

Numerus

Der Numerus der substantivischen Konstituente richtet sich nach dem Referenzobjekt:

Willenserklärung / Willenserklärungen abgeben, den / die Gläubiger befriedigen, ein Testament / mehrere Testamente errichten den Schaden / die Schäden ersetzen

295 Zur Restriktion der Pronominalisierung s. (C-34).

Nur in einer Wortgruppe ist das Substantiv auf einen Numerus festgelegt:

Nutzungen ziehen

Der Numeruswechsel ist sprachlich zwar akzeptabel, führt aber zu einem semantischen Unterschied: *Nutzung ziehen* drückt nicht denselben Sachverhalt aus wie *Nutzungen ziehen*.

Dagegen ist die Pluralform des Substantivs in der Wortgruppe *Testament errichten* sowohl sprachlich als auch rechtlich denkbar, wenn auch selten gebräuchlich. In der Regel wird zu einem bestimmten Zeitpunkt nur *ein Testament errichtet*.[296]

7.1.2.3 Sonstige Eigenschaften

Erweiterbarkeit der Wortgruppe

Die substantivische Komponente kann attribuiert werden, was in mehreren Formen zum Ausdruck gebracht werden kann (vgl. oben (C-41) – (C-43)):

1) durch ein vorangestelltes Attribut:

   (C-51) *die gleiche Willenserklärung abgeben* (lexetius.com/2001/8/207, Rn 10)

   (C-52) *den daraus entstehenden Schaden ersetzen* (§ 672 II)

   (C-53) *den ausgeschlossenen Gläubiger befriedigen* (§ 1973)

   (C-54a) *weitere Nutzungen ziehen* (Kom Palandt 2003:§ 302, Rn 1)

   (C-54b) *wenn tatsächliche Nutzungen in Form von Früchten (z.B. Mietzins) gezogen worden sind* (NJW 2002:61)

2) durch ein nachgestelltes Attribut:

   (C-55) *die Nutzungen der Sache ziehen* (§ 1030)

3) durch einen Attributsatz:

   (C-56) *Es ist der gesamte Schaden, <u>der</u> sich aus der vorzeitigen Lösung des anderen Teils ergibt, zu ersetzen* (Kom Erman 2000:§ 628, Rn 17)

Die Wortgruppe kann ebenfalls durch die Adverbialbestimmung des Verbs erwietert werden:

   (C-57)' *Nutzungen tatsächlich ziehen,*

was von der formalen Variante *tatsächlich gezogene Nutzungen* (NJW 2002:60) abgeleitet werden kann. Ein anderes Beispiel für die adverbiale Erweiterung ist z.B. folgende Äußerung:

   (C-58) *wenn der Gläubiger nur teilweise befriedigt wird* (§ 1182)

---

296 Theoretisch ist die Errichtung mehrerer Testamente und daher folgende Formulierung möglich: "Andererseits müssen mehrere Schriftstücke, die Erblasser [...] als 'Testamente' mit verschiedenem oder widersprüchlichem Inhalt angefertigt hat, nicht schon allein wegen Einhaltung der Form als endgültige letztwillige Verfügungen betrachtet werden" (Kom Palandt 2003:§ 2247, Rn 4).

Darüber hinaus sind zu jeder der hier betrachteten Verbindungen Erweiterungen mit Hilfe anderer Wortgruppen zu finden. Hier ist zwischen zwei Fällen zu unterscheiden. Zum einen handelt es sich um typische Erweiterungen wie *den Gläubiger aus etw. befriedigen*:

(C-59) *Wird der Gläubiger aus einem der Grundstücke befriedigt* (RWb 1999:540)

Die präpositionale Gruppe mit der Präposition *aus* ist in einer bestimmten Weise voraussehbar. Sie bildet mit dem Verb zwar keine feste Verbindung, gehört jedoch zum semantischen Umfang des Verbs. Bei diesem lässt sich regelmäßig erwarten, dass das Mittel, welches der Befriedigung dienen soll, thematisiert wird.
Zum anderen sind Erweiterungen belegt wie:

(C-60) *der Gläubiger ... solange dieser nicht wegen der Restforderung befriedigt ist* (Kom Palandt 2003:§ 774, Rn 12)

Der Unterschied zu (C-59) besteht hier darin, dass viel häufiger die Rechtsgüter angegeben werden, die der Befriedigung dienen (Präpositionalgruppe mit *aus* in (C-59)) als die Ursache der Befriedigung (Präpositionalgruppe mit *wegen* in (C-60)). Die zweite Gruppe kann man also als eine Art von semantisch nicht gebundenen Erweiterungen betrachten. Eine solche liegt z.B. in folgenden Beispielen vor:

(C-61a) *die Willenserklärung ohne Täuschung →*

(C-61b) *mit diesem Inhalt abgeben*

Auf Grund des niedrigen Festigkeitsgrades lassen sich (C-60), (C-61a), (C-61b) als erweiterte freie Wortgruppen einordnen.
Der Hauptunterschied zwischen voraussehbaren Erweiterungen, wie z.B. (C-59), und freien Erweiterungen besteht also darin, wie eng die präpositionale Gruppe an die Wortgruppe bzw. an das Verb als Kern gebunden ist. In der Auffassung der Valenzbeziehungen von Helbig/Buscha (2001) entspricht der erste Fall (C-59) den fakultativen Aktanten, der zweite (C-60) und der dritte (C-61a/b) den freien Angaben (Helbig/Buscha ebd.: 517). Auf eine ausführliche Behandlung der Unterschiede und die daraus folgende terminologische Differenzierung zwischen obligatorischen Ergänzungen und freien Angaben wird hier nicht eingegangen (s. dazu Lauterbach 1993:3, 53ff.), weil Gegenstand dieses Kapitels die Verbindungen des Typs `Vb + Subst` sind. Darüber hinaus liegt es auf der Hand, dass nicht jede Wortgruppe dieses Typs beide Arten von Erweiterungen aufweist. Die Verbindungen wie z.B. *Schaden ersetzen* werden als fest bewertet.

7.1.3 Lexikalisch variable Wortgruppen

7.1.3.1 Kontextunabhängige Austauschbarkeit der verbalen Komponente

Einen Sonderfall stellt die Wortgruppe *Vertrag abschließen* dar, weil die Stelle der verbalen Konstituente auch durch *schließen* besetzt werden kann. Die Möglichkeit des Ersatzes hängt mit der Bedeutungsähnlichkeit der Verben *schließen/ abschließen* zusammen. Die Verben stehen in Verbindung mit dem Substantiv *Vertrag* in einem Eins-zu-eins-Verhältnis, sie können kontextunabhängig ausgetauscht werden, ohne Bedeutungsunterschiede zur Folge zu haben.[297] Dies wird an Beispielen aus zwei Texten zu einem Sachverhalt deutlich. Jeder der Texte gehört dabei einer anderen Textsorte an (Paragraph und sein Kommentartext):

> (C-62a) *Der Erblasser kann den Vertrag nur persönlich schließen* (§ 2347 II) →

> (C-62b) *Der Erblasser muss ... den Vertrag persönlich abschließen* (Kom Palandt 2003:§ 2347, Rn 2)

Aber auch innerhalb eines Textes lässt sich die lexikalische Variation ohne semantische Auswirkungen nachweisen:

> (C-63a) *Dieser Vertrag war zunächst auf drei Jahre ... geschlossen worden* (lexetius.com/2001/6/93, Rn 4) → (C-63b) *... Denn der Vertrag, den der Kl. mit ... abgeschlossen hat* (ebd.: Rn 23)

Dabei ist die erste Verbindung (C-63a) der Schilderung des Tatbestandes, die zweite (C-63b) den Entscheidungsgründen desselben Urteils entnommen. Die Belege zeigen, dass in der Funktion des adjektivischen Attributes das PII des Verbs *schließen* häufiger, aber nicht ausschließlich gebraucht wird (vgl. (C-64a/c) mit (C-64b)). Die Konstruktion *der ... geschlossene Vertrag* ist üblicher und lässt sich auch für die durch Komposition gebildeten Unterbegriffe von *Vertrag* belegen, vgl. (C-64c):

> (C-64a) *die im Versandhandel geschlossenen Verträge* (Kom Palandt 2003: § 312b, Rn 7) → (C-64b) *der ... abgeschlossene Vertrag* (ebd.)

> (C-64c) *ein 1989 zwischen ... und ... mündlich geschlossener Tauschvertrag* (lexetius.com/2002/4/26, Rn 5)

In Bezug auf die Erscheinungsformen ist keine Regel feststellbar. Zum einen liegen auch Belege mit dem PII *abgeschlossen* als adjektivischem Partizipialattribut vor, zum anderen wurde keine systematische Häufigkeitsuntersuchung mit zuverlässigen Ergebnissen durchgeführt. Eine empirisch abzusichernde Untersuchung würde den Rahmen dieser Arbeit wesentlich überschreiten.

---

297 Bei Schaarschuh (1990:236) gehören beide Wortgruppen als FVG den sog. "Zweifach-Varietäten" an, die "meist echte Dubletten in der Aktionsart [sind]."

Eine Tendenz lässt sich beim BGB erkennen, wo überwiegend das Verb *schließen* verwendet wird:

(C-65) *dass der Vertrag auch … geschlossen sein würde* (§ 155)

Zu vergleichen ist folgender Satz:

(C-66) *Verträge, die zwischen … abgeschlossen werden* (§ 312b)

Auf Grund der Untersuchung der Belege mit *abschließen* im BGB lässt sich von einer morpho-syntaktischen Bedingtheit sprechen. Das Verb *abschließen* wird im BGB immer dann verwendet, wenn sich das Verb des Attributsatzes auf ein Substantiv im Plural als Subjekt oder Objekt eines Hauptsatzes bezieht (vgl. (C-66)). Die Austauschbarkeit der Verben *schließen* und *abschließen* ist auch in den morpho-syntaktischen Varianten im nominalen Bereich beobachtbar: *Vertragsabschluss / Vertragsschluss* (zur Restriktion der Austauschbarkeit s. (B-63)f. in Kap. 6.2.2.1). Was ihre Auswirkung auf die Stabilität der Verbindung mit dem Substantiv *Vertrag* betrifft, betrachte ich die Wortgruppe *den Vertrag schließen / abschließen* als halbfest.

7.1.3.2 Kontextabhängige Austauschbarkeit der verbalen Komponente

In zwei Verbindungen ist der Austausch der verbalen Konstituente unter bestimmten kontextuellen Bedingungen möglich:

Eigentum erwerben, Leistung erbringen

In bestimmten Sätzen kann das Verb ohne semantische Unterschiede durch ein bedeutungsähnliches Verb ersetzt werden:

(C-67) *ohne dass er das Eigentum erlangt hat, → erwirbt das Eigentum, wenn …* (§ 900)

Besonders im zweiten Teil des Satzes in (C-67) ist deutlich, dass der Austausch aus stilistischen Gründen erfolgt.
Ähnliches lässt sich bei der Wortgruppe *Leistung erbringen* belegen, deren Verb *erbringen* durch das Verb *bewirken* ersetzt werden kann. Der abwechselnde Gebrauch ist innerhalb eines Paragraphen bezeugt:

(C-68a) *Soweit der Schuldner die fällige Leistung nicht oder nicht wie geschuldet erbringt, kann der Gläubiger … →*

(C-68b) *Hat der Schuldner die Leistung nicht wie geschuldet bewirkt, so kann der Gläubiger* (§ 281)

Folgende Beispiele sind einem Kommentartext (C-69a) und dem von diesem kommentierten Paragraphen (C-69b) entnommen:

(C-69a) *…, so kann auch ein Dritter die Leistung bewirken* (§ 267 I)

(C-69b) *Dritter ist nur, wer auf eine fremde Schuld eine eigene Leistung erbringt* (Kom Palandt 2003:§ 267, Rn 2)

In (C-67) – (C-69a/b) handelt es sich um kontextbedingte und daher nur partielle Synonymie.

Der Austausch kann nicht in jedem sprachlichen oder situativen Kontext willkürlich erfolgen, denn er ist meist mit semantischen Unterschieden verbunden. Es lassen sich bestimmte Restriktionen beobachten.

So kann etwa die Präsenz von lexikalischen Partnern den Austausch der Verben verhindern. Dies betrifft erweiterte Varianten der Wortgruppe. So gehen z.B. bestimmte Adverbiale in der Regel nur mit einem der Verben eine Verbindung ein[298]:

(C-70) *das Eigentum gutgläubig erwerben* → R**das Eigentum gutgläubig erlangen*

(C-71) *die Leistung persönlich erbringen* → R**die Leistung persönlich bewirken*

Ebenso kann das attribuierte Substantiv auf nur ein Verb fixiert sein:

(C-72) *Leistung an Erfüllungs statt*[299] *erbringen* → R**Leistung an Erfüllungs statt bewirken*

Aus stilistischen Gründen wird in einigen Fällen durch den Gebrauch des synonymen Verbs die Wiederholung derselben Morpheme vermieden:

(C-73) *so erlangt der Erwerber mit dem Eigentum an dem Grundstück auch das Eigentum an …* (§ 926 I) → (?)*so erwirbt der Erwerber … das Eigentum*

Außerdem kann der situative Kontext restriktiv wirken, z.B. im Kontext der *Unmöglichkeit der Leistung*, wo *Leistungen erbracht* werden, und nicht *bewirkt*. Nicht zuletzt kann auch die morphologische Form nur an eines der Verben gebunden sein: Das Modalpartizip[300] wird üblicherweise mit dem Verb *erbringen* gebildet:

(C-74) *die zu erbringende Leistung* → R(?)*die zu bewirkende Leistung*

Die Ersetzbarkeit ergibt sich aus der gemeinsprachlichen Bedeutung der teilweise synonymischen Verben. Jedoch ist bei näherer Betrachtung ein semantischer Unterschied festzustellen. Beim Paar *erbringen – bewirken* unterscheiden sich

298 In dieser Feststellung wird absichtlich der Ausdruck 'in der Regel' gewählt, denn auch hier ist eine Ausnahme belegbar. Die Verbindung *erlangen + Eigentum + gutgläubig* verstößt zwar nicht gegen sprachliche Regeln, ist aber aus Sicht der juristischen Terminologie nicht geläufig. Im Zusammenhang mit der entsprechenden Eigentumsart (*gutgläubiger Eigentumserwerb*) hat sich das Lexem *Erwerb* fachsprachlich durchgesetzt.

299 Die Wortgruppe *an Erfüllungs statt* ist eine verfestigte Form, in der trotz den morphologischen Eigenschaften des femininen Substantivs dieses mit *-s* endet. Dies hängt wohl mit dem Muster *an … statt* in der juristischen Terminologie zusammen, vgl. *an Kindes statt*.

300 Hier wird der textlinguistische Terminus (vgl. z.B. Weinrich 2003:542) verwendet. In anderen Grammatiken, z.B. Helbig/Buscha (2001:165) wird dagegen der Terminus 'Gerundiv' benutzt.

die Verben im Aspekt: Das Verb *erbringen* ist, genauso wie im gemeinsprachlichen Sinne, mehr auf ein Ergebnis gerichtet als *bewirken*. Beim Verbpaar *erwerben – erlangen* beruht der Unterschied auf dem Hyperonym-Hyponym-Verhältnis: Das Verb *erwerben* stellt im Vergleich zu *erlangen* einen fachsprachlichen Unterbegriff dar, was sich auf morpho-syntaktische Varianten auswirkt. So wird für den nominalen Ausdruck nie das Grundmorphem *erlang-*, sondern nur *erwerb-* verwendet: *Erwerb des Eigentums / Eigentumserwerb*, während ^{R}**Erlangung des Eigentums* / ^{R}**Eigentumserlangung* zwar möglich wäre, aber nicht gebräuchlich ist.[301] Die Verbindungen *Eigentum erwerben*, *Leistung erbringen* werden hier als halbfest eingestuft.

7.1.4 Freie Wortgruppen

In meinem Korpus befinden sich nur wenige Verbindungen mit der Grundstruktur `Vb + Subst` (bzw. mit attribuierter Struktur [+ $\mathtt{Subst}_{G}$]), die weder als fest noch als halbfest einzuordnen sind:

> *den Schaden verursachen, die Rechtsfähigkeit zugestehen, die Erhöhung des Kaufpreises verlangen, den Abschluss eines anderen Geschäfts unterlassen, Herausgabe des Pferds verlangen*

Ganz freie Wortgruppen der einfachen Struktur sind in meiner Belegsammlung nicht enthalten, wobei sich die Grenze zwischen den ganz freien und den relativ freien einerseits und den freien und halbfesten bzw. festen Verbindungen andererseits nicht eindeutig festlegen lässt.[302] Dies zeigt z.B. der Ausdruck *den Schaden verursachen*, der als lexikalische Variante zum Ausdruck *den Schaden zufügen* belegt ist (den letzteren zähle ich wegen seiner semantischen Stabilität und gleichzeitiger lexikalischer Variabilität zu den halbfesten Wortgruppen). Die Verbindung *den Schaden verursachen* stellt somit eine Variante des niedrigeren Fachregisters dar, die nicht als lexikalische Einheit im juristischen Begriffssystem vertreten ist. Die Komponenten der Wortgruppe sind lexikalisch nicht aneinander gebunden, weshalb hier die Art ihrer strukturellen Gefügtheit nicht eingehend betrachtet wird (die syntaktische Auflösbarkeit ist bei zweigliedrigen Verbindungen aus sprachlichen Gründen irrelevant). In Bezug auf die Abgrenzung von den unter 7.1.1 – 7.1.3 behandelten Verbindungen unterscheiden sich die hier (7.1.4) verzeichneten Ausdrücke dadurch, dass sie unabhängig von einem aktuellen Sachverhalt keine Bedeutungsgemeinschaft darstellen. Die Art

---

301 Dies hängt auch damit zusammen, dass das Kompositum *Eigentumserwerb* ein eindeutig abgegrenzter juristischer Begriff ist. Vgl. die Verbindung der Morpheme *erwerb-* und *erlang-* mit *Besitz*. Diese sind sowohl in dem verbalen als auch im nominalen Bereich kombinierbar: *Besitz erwerben / erlangen*; *Erwerb des Besitzes* (bzw. *Besitzerwerb*) und das Kompositum *Besitzerlangung* (Kom Palandt 2003:§ 926, Rn 3).

302 Zu Übergängen zwischen festen und freien Fügungen im verbalen Bereich vgl. Köhler (1985:18).

ihrer freien Fügung wird deutlich, wenn man bei der Betrachtung der Wortgruppe vom Kernverb[303] ausgeht: Das Verb als Basis lässt die Verwendung des Substantivs nicht erwarten, z.B. verbindet sich das Verb *verursachen* nicht automatisch, zumindest nicht in jedem Zusammenhang, mit dem Substantiv *Schaden*. Es handelt sich lediglich um eine im Verlauf der Redesituation nach den sprachlichen Regeln gebildete Fügung.
Ein weiteres Merkmal der variablen Wortgruppen ist die lexikalische Variabilität und/oder Paraphrasierbarkeit; die letztere ist vor allem bei den aus drei Komponenten bestehenden Verbindungen zu beobachten. Das Ergebnis der Paraphrase gilt dabei als gleichwertige Ausdrucksform:

(C-75a) *den Schaden verursachen* → (C-75b)′ *den Schaden herbeiführen*

(C-76a) *den Abschluss eines anderen Geschäfts unterlassen* →

(C-76b)′ *ein anderes Geschäft nicht abschließen*

Dadurch unterscheiden sie sich grundsätzlich von den oben als fest und halbfest bewerteten Wortgruppen. Der Kontext, d.h. der sachliche Zusammenhang, spielt für die Bildung der hier betrachteten Verbindungen eine große Rolle. Auf Grund dieser Kontextabhängigkeit und der niedrigen lexikalischen Gefügtheit der Konstituenten bezeichne ich die oben (7.1.4) aufgelisteten Wortgruppen als relativ frei.[304]

7.1.5 Zusammenfassung Kapitel 7.1

Die Beurteilung der Festigkeit muss sich auf andere Kriterien stützen als bei Wortgruppen im nominalen Bereich, was auf die unterschiedliche Wortartzugehörigkeit der Konstituenten –Verb und Substantiv – zurückzuführen ist. In den verbalen Verbindungen steht die Referenzhandlung und ihre fachsprachliche Benennung im Vordergrund. Wie gezeigt wurde, kann auch im verbalen Bereich der terminologische Status als ein Kriterium dienen.
Die Verbindungen wie *Schadensersatz leisten* oder *Sicherheit leisten* werden als ***fest*** eingestuft. Die Ausführungen zu diesen zwei Wortgruppen ergeben, dass zu den festen verbalen Verbindungen solche gehören, die uneinheitlich als Nominalisierungs- oder als Funktionsverbgefüge eingeordnet werden (vgl. 7.1.1). Verbale Wortgruppen mit einheitlichem lexikalischem Charakter verhalten sich in der juristischen Sprache relativ ähnlich wie die der Gemeinsprache. Hier sind sie auch häufig anzutreffen, sie scheinen jedoch kennzeichnend für Fachsprachen zu sein (vgl. Köhler 1985:13f.).[305] Dies liegt wohl in der Fähigkeit dieser Fügun-

---

303 Köhler (1985:21) bezeichnet das Verb in freien Fügungen mit Verbalabstrakta als "Supplementverb".

304 Ähnliche Merkmale, z.B. Ungebundenheit und Variabilität, besitzen Köhler (1985:20f.) zufolge freie verbale fachsprachliche Fügungen.

305 Auf die enge Bindung einiger NV (z.B. *leisten*) an Verbal- bzw. Adjektivabstrakta weist v. Polenz (1987:170) hin. Aus diesem Grund betrachtet er solche Verbindungen als feste Fügungen, die der Phraseologie angehören.

gen, die notwendige Präzision der Aktionsart zum Ausdruck zu bringen. Dieses Potential wird durch den semantischen Anteil der verbalsubstantivischen Komponente noch gesteigert. Daher wurden deren Eigenschaften innerhalb der Wortgruppe betrachtet und einige Besonderheiten festgestellt. Bei festen fachsprachlichen Wortgruppen des Typs Verb + Substantiv können infolge der textuellen Gegebenheiten morphologische Abweichungen von der festen Form – z.B. Gebrauch des bestimmten Artikels in *Sicherheit leisten* – beobachtet werden.
Die nächste, quantitativ größere Gruppe stellen Fügungen wie *Schaden ersetzen* dar, die auch als feste Verb-Substantiv-Verbindungen eingeordnet werden. Dafür spricht nicht zuletzt die Tatsache, dass ihre morpho-syntaktischen Varianten im nominalen Bereich als Termini gelten: *Ersatz des Schadens* bzw. *Schadensersatz*[306], was aber auch über die verbalen Varianten gesagt werden kann. Andererseits weisen nicht alle verbalen Verbindungen des Typs *Schaden ersetzen* u.ä. die gleiche Art der Beständigkeit auf (vgl. die obigen Ausführungen zur Pronominalisierung, zum Artikelgebrauch und Austausch des Verbs). Dieser Tatsache kann mit der Unterstufe ***relativ fest*** Rechnung getragen werden.
Die Grenzen zwischen festen und halbfesten verbalen Wortgruppen sind fließend. So werden die Verbindungen *Eigentum erwerben* und *Leistung erbringen* auf Grund ihrer partiellen lexikalischen Variabilität zu den halbfesten Wortgruppen gezählt, die terminologisch festgelegt sind. Ausdrücke wie *das Grundstück verkaufen, den Kaufpreis vereinbaren* lassen sich als ***halbfeste***, terminologisch nicht festgelegte Wortgruppen einordnen.
Die dritte Festigkeitsstufe bilden freie Fügungen, die auch zur Verfestigung tendieren können.[307]
Als ***freie*** Wortgruppen gelten im juristischen Bereich z.B. *die Erhöhung des Kaufpreises verlangen, die Rechtsfähigkeit zugestehen, den Schaden verursachen.* Zu ihren in 7.1.4 in knapper Form beschriebenen Merkmalen gehören die starke Abhängigkeit vom aktuellen situativen Kontext, die Möglichkeit ihrer Variation und die Bildung nach produktiven Sprachregeln.

7.2 Verbale Wortgruppen mit der Grundstruktur `Vb + PräpGr`

Die Verbindungen dieser Untergruppe bestehen aus einer verbalen Konstituente und einem nichtverbalen Teil, der sich als Präpositionalgruppe (`PräpGr`) zusammenfassen lässt. Da in einigen Wortgruppen die Grundstruktur der Präpositionalgruppe um ein adjektivisches Attribut erweitert ist, wird in der folgenden Tabelle jede Komponente formal mit ihrem jeweiligen Symbol gekennzeichnet. Die adjektivische Komponente, die nicht in allen Verbindungen vorkommt, steht in runden Klammern.

306 Zur Konkurrenz der Wortgruppen mit den ihnen entsprechenden Komposita vgl. Kap. 6.2.2.1.

307 Vgl. Hamori (1999:32), die eine ähnliche Entwicklung feststellt.

Beispiele[308]:

`Vb + Präp + (Adj +) Subst`	*zum Erben einsetzen, zur Last fallen, auf Schadensersatz haften, für Verschulden haften, in Verzug kommen, an den Gläubiger leisten, in Besitz nehmen, unter elterlicher Sorge stehen, gegen die guten Sitten verstoßen, ...*

Eine kleine Gruppe bilden Verbindungen, deren verbale Konstituente das Verb *sein* bzw. das Verb *sein* mit adjektivischem Prädikativ ist:

`sein + Präp + Subst`	*im Besitz sein, im Verzug sein, in gutem Glauben sein, ...*
`sein + Adj + Präp + Subst`	*in der Geschäftsfähigkeit beschränkt sein, von Anfang an nichtig sein, wegen Formmangels nichtig sein*

Die Verbindungen mit erweitertem Prädikat weisen auf Grund ihrer morphologischen Ausprägung spezifische Änderungen auf, weshalb sie als eine Sondergruppe behandelt werden.

7.2.1 Invariable Wortgruppen

Hierher gehören Verbindungen, die keine strukturellen Modifikationen zulassen:

in Besitz nehmen, zur Last fallen, unter elterlicher Sorge stehen, in Verzug kommen

Die hier angeführten Wortgruppen gehören dem Bereich der Verbgefüge[309] an. Sie erfüllen deren wesentliche Merkmale, die bereits in Kap. 7.1.1 besprochen wurden. Trotzdem wird auch in diesem Abschnitt auf die entsprechenden Eigenschaften und diese Parallelität mehrmals eingegangen.

7.2.1.1 Strukturelle Eigenschaften

Die Verbindung lässt sich nicht in einen Nebensatz zerlegen:

(C-77) *in Besitz genommen werden → *Besitz, in den genommen wird*

(C-78) *X kommt in Verzug → *Verzug, in den er kommt*

(C-79) *zur Last fallen → *Last, zu der es fällt*

Innerhalb eines Satzes müssen die Komponenten nicht in unmittelbarer Nähe stehen:

(C-80) *Verbindlichkeiten fallen ihm selbst zur Last* (Kom Palandt 2003:§ 1441, Rn 3)

308 Die Auflistung erfolgt nach der alphabetischen Anordnung der in den Verbalgruppen auftretenden Verben.

309 Zur begrifflichen Unterscheidung zwischen Funktions- und Nominalisierungsverbgefüge vgl. weiter oben in 7.1.1.

(C-81) *Kinder von Eltern ... stehen bis zur Volljährigkeit, auch nach ... unter elterlicher Sorge* (Kom Erman 2000:§ 1773, Rn 1)

(C-82) *Bekl. nahm die von dem Kl. genutzte Teilfläche... in Besitz* (lexetius.com/2002/4/26, Rn 8)

Im Hauptsatz mit Modalverb und im eingeleiteten Nebensatz, d.h. mit Endstellung des finiten Verbs, treten sie jedoch regelmäßig in unmittelbarer Nähe auf:

(C-83) *darf er im Wege ... die Sachen in Besitz nehmen* (RWb 1999:864) → **darf er die Sachen in Besitz im Wege ... nehmen*

(C-84) *Wer eine Sache aus dem Nachlaß in Besitz nimmt* (§ 2027) → **Wer eine Sache in Besitz aus dem Nachlaß nimmt*

(C-85) *wenn ein solcher Verstoß dem Leistenden zur Last fällt* (§ 817) → **wenn ein solcher Verstoß zur Last dem Leistenden fällt*

Diese Regel gilt als eine besondere Stellungseigenschaft allgemein für feste Verbindungen vom Typ `Vb + PräpGr` (vgl. Funktionsverbgefüge bei Helbig/Buscha 2001:9). Die Trennung an der Oberfläche durch die Infinitiv-Subjunktion 'zu'[310] wird hier nicht als Auflösung der Struktur betrachtet. In dieser Hinsicht verhalten sich diese Verbgruppen wie trennbare Verben:

(C-86) *berechtigt, die ... Sachen in Besitz zu nehmen* (§ 1422)

Ähnlich wird bei anderen Wortgruppen dieses Typs verfahren: *zur Last* zu *fallen, in Verzug* zu *kommen.*

Die Unauflösbarkeit der Reihenfolge gilt auch in uneingeleiteten Konditionalsätzen, wenn das Verb im Perfekt oder im Passiv (bei passivbildenden Verben) steht und das Hilfsverb die Spitzenstellung einnimmt:

(C-87) *Wird eine Sache ... in Besitz genommen, ...* (§ 984)

(C-88)′ *Ist der Schuldner mit ... in Verzug gekommen, ...*

Bei (C-88) wurde folgender Satz hypothetisch ins Perfekt gesetzt:

"*... und kommt K mit der Kaufpreiszahlung in Verzug, ...*" (Lb Köhler 2001:279)

Ist die Negierung möglich, so tritt auch die Negation *nicht* – in Übereinstimmung mit der oben erwähnten allgemein gültigen Regel – nie zwischen die Komponenten:

(C-89) *wenn ihm ein sonstiges Verschulden nicht zur Last fällt* (§ 678) → **wenn ihm ein ... Verschulden zur Last <u>nicht</u> fällt*[311]

---

310 Die Einordnung von 'zu' als Infinitiv-Subjunktion oder Infinitivpartikel ist nicht einheitlich. Die Bezeichnung 'Infinitiv-Subjunktion' habe ich in Übereinstimmung mit Helbig/Buscha (2001:424) gewählt, zu deren Begründung s. ebd.

311 Wie Köhler (1985:22) jedoch bemerkt, kann diese Regel bei besonderer Absicht der Negationsbetonung verletzt und das Negationswort zwischen die Komponenten des FVG verschoben werden.

Dieses Verhalten, das auch für die Infinitiv-Konstruktion mit 'zu' gilt, entspricht der bereits besprochenen Parallele zu von Verben trennbaren Präfixen (vgl. Helbig/Buscha (a.a.O.)).
Wie aus dem obigen Beispiel (C-89) zu ersehen ist, ist die Negierung möglich. Das gleiche gilt für andere Wortgruppen dieses Typs:

nicht in Besitz nehmen, nicht in Verzug kommen

Es ist jedoch unmöglich, allein die substantivische Konstituente durch das Negationswort *kein* zu negieren[312]:

(C-90) *nicht zur Last fallen* → **zu keiner Last fallen*

(C-91) *nicht in Besitz nehmen* → **in keinen Besitz nehmen*

(C-92) *nicht in Verzug kommen* → **in keinen Verzug kommen*

Im Falle eines transitiven Verbs wie *nehmen*, welches ein Akkusativobjekt erfordert, kann letzteres mit *kein* negiert werden:

(C-93a)′ *Der Bekl. hat keine Sachen in Besitz genommen*

Vergleicht man diesen Satz mit der folgenden (von mir hypothetisch ausformulierten) Aussage (C-93b)′, so sieht man den Unterschied zwischen der Sonder- und der Satznegation, die sich semantisch voneinander unterscheiden:

(C-93b)′ *Der Bekl. hat die Sachen nicht in Besitz genommen*

Ähnlich kann bei dem nicht transitiven Verb *fallen* das Subjekt negiert werden:

(C-94a) *wenn ihm das Verschulden nicht zur Last fällt* (§ 678) →

(C-94b)′ *wenn ihm kein Verschulden zur Last fällt*

Da sich diese Differenzierung genauso wie die Negierung der Wortgruppen allgemein nach der Referenzhandlung richtet, wird sie nicht als eine wortgruppenspezifische Erscheinung betrachtet. Erwähnt sei nur noch, dass sich keine der Wortgruppen als obligatorisch negiert erweist.
Die Auslassung der substantivischen Konstituente ist nicht möglich, denn sie würde zu einem ungrammatischen oder semantisch unterschiedlichen Satz führen:

(C-95) *wenn die Verbindlichkeiten ... dem ... Ehegatten zur Last fallen* (§ 1437 II) → **wenn die Verbindlichkeiten dem anderen Ehegatten [–] fallen*

(C-96) *Bekl. nahm die ...Teilfläche in Besitz* (lexetius.com/2002/4/26, Rn 8) → **Bekl. nahm die ... Teilfläche [–]*

(C-97) *Steht der überlebende Ehegatte unter elterlicher Sorge* (§ 1484 II) → **steht der überlebende Ehegatte [–]*

312 Vgl. v. Polenz (1987:175).

Die substantivische Konstituente kann weder durch Pronomen noch durch Pronominaladverbien[313] ersetzt werden, vgl. oben (C-95) – (C-97):

(C-95) **Verbindlichkeiten fallen* <u>*zu ihr*</u> / **Verbindlichkeiten fallen* <u>*dazu*</u>

(C-96) **Bekl. nahm die Teilfläche* <u>*in ihn*</u> / **Bekl. nahm die ... Teilfläche* <u>*darin*</u>

(C-97) **Kinder stehen* <u>*unter ihr*</u> / **Kinder stehen* <u>*darunter*</u>

7.2.1.2 Morphologische Eigenschaften

Passiv

Die Passivbildung ist nur in der Wortgruppe *in Besitz nehmen* möglich:

(C-98) *Wird eine Sache ... in Besitz genommen* (§ 984)

Im Aktiv gebildete Sätze lassen sich zwar in das Passiv transformieren, vgl. den hypothetisch gebildeten Satz (C-99a) und die Transformation (C-99b)′:

(C-99a) *Nimmt der Besitzer die Sache in Besitz* → (C-99b)′ *Wird die Sache vom Besitzer in Besitz genommen*

Die Belege mit Passivform zeigen jedoch, dass diese immer nur dann gewählt wird, wenn das Agens nicht (oder wenigstens nicht explizit in dem betroffenen Satzteil) thematisiert wird. Dies lässt sich allgemein in Äußerungen fachsprachlicher Natur beobachten, in denen "das Geschehen 'objektiv', ohne Agensbezogenheit dargestellt werden soll" (Helbig/Buscha 2001:147)[314]:

(C-100) *so hat* <u>*der Besitzer*</u> *... zu gestatten, sofern nicht die Sache inzwischen in Besitz genommen worden ist* (§ 867)

Die Unmöglichkeit der Passivform in den Verbindungen *zur Last fallen*, *in Verzug kommen* geht auf die Ausprägung der Funktionsverben *fallen*, *kommen* zurück, die als intransitive Verben nicht passivfähig sind.
Sonstige Formveränderungen der verbalen Konstituenten wie Numerus und Tempus ergeben sich aus der Referenzhandlung. Sie stellen hier keine fachsprachenspezifischen Merkmale dar und erfordern daher keine weitere Betrachtung. Die Untersuchung von konkreten Konjugationsformen (z.B. die auf den ersten Blick auffallende Dominanz der Präteritumform gegenüber dem Perfekt im Falle *zur Last fallen*) würde zu weit vom Gegenstand dieser Arbeit wegführen.

---

313 Die terminologische Unterscheidung zwischen Pronominal- und Präpositionaladverbien wird hier auf Grund der geringen Relevanz nicht erörtert. S. dazu Helbig/Buscha (2001:308).

314 Zur Nennung des Agens in Passivsätzen vgl. Helbig/Buscha (2001:146).

Numerus

Morphologisch unterliegt die substantivische Komponente bestimmten Restriktionen. Sie ist auf nur einen Numerus festgelegt:

(C-101) *zur Last fallen → *zu den Lasten fallen* (vgl. mit *zu Lasten gehen*)

(C-102) *unter elterlicher Sorge stehen → *unter elterlichen Sorgen stehen*

Während in den Wortgruppen *zur Last fallen* und *unter elterlicher Sorge stehen* die Singularform des Substantivs nur auf diese Verbindungen festgelegt ist, ergibt sich die Numerusrestriktion des Substantivs *Besitz* aus seiner Bedeutung (pluralunfähiges Abstraktum): *Besitz → *Besitze.*

Artikelgebrauch

Mit dem Numerus hängt der verfestigte Artikelgebrauch zusammen.[315] Nur in einer Wortgruppe, *zur Last fallen*, ist dieser auf den bestimmten, mit der Präposition verschmolzenen Artikel beschränkt. Die Festigkeit kommt darin zum Ausdruck, dass die Zusammenziehung der Präposition und des Artikels nicht zerlegbar ist:

(C-103) *zur Last fallen → *zu der Last fallen*

Allgemein wird in den präpositionalen Verbgefügen mit femininen Substantiven und der Präposition *zu* der bestimmte Artikel verwendet, der mit der Präposition zusammengezogen wird (vgl. Grimm 1981:334).[316]
In zwei anderen Fällen wird kein Artikel gebraucht[317]:

in Besitz nehmen, unter elterlicher Sorge stehen

Die Wortgruppe *in seinen Besitz nehmen* stellt eine Variante dar, die nach einem festen Muster gebildet wird und aus dem Bezug auf einen textuell konkretisierten Sachverhalt entsteht:

(C-104a) *Der Nießbraucher ist berechtigt, die Sachen in seinen Besitz zu nehmen* (RWb 1999:913)

Es handelt sich um eine Variante, in der die Determination durch den Possessivartikel keine wesentliche Bedeutungsänderung zur Folge hat. Auch nach Weglassung des Possessivartikels, also beim fehlenden Artikel, behält der Satz seinen ursprünglichen Inhalt:

(C-104b)′ *Der Nießbraucher ist berechtigt, die Sachen in Besitz zu nehmen*

---

315 Zum Zusammenhang zwischen dem Artikelgebrauch und den Konstituenten in den präpositionalen FVG s. Grimm (1981:334f.).

316 Zur Zusammenziehung von Präposition und bestimmtem Artikel in festen präpositionalverbalen Verbindungen vgl. auch Helbig/Buscha (2001:348) und v. Polenz (1987:171).

317 Auch Weinrich (2003:430) führt präpositionale Verbgefüge als Beispiele für den Wegfall des Artikels auf.

Diese Behauptung bestätigen mehrere ähnlich strukturierte Sätze vom Typ *X ist/ sind berechtigt, die Sache / etwas in Besitz zu nehmen.*
In der Wortgruppe *unter elterlicher Sorge stehen* ist der bestimmte Artikel zu finden, aber nur dann, wenn die nominale Komponente erweitert wird:

(C-105) *Kinder ... stehen ... unter der elterlichen Sorge ihrer Mutter* (Kom Erman 2000:§ 1773, Rn 1)

Der Gebrauch des bestimmten Artikels in ähnlich strukturierten und auch ähnlich lexikalisch besetzten verbalen Verbindungen mit erweiterten substantivischen Teilen wie in (C-105) lässt sich ebenfalls als Gesetzmäßigkeit feststellen. Die Artikellosigkeit in der Ausgangswortgruppe entspricht der Regel der adjektivischen Attribuierung des Substantivs in diesem Typ von Wortgruppen.[318]

7.2.1.3 Sonstige Eigenschaften

Attribuierbarkeit der substantivischen Komponente

In engem Zusammenhang mit der Festlegung auf den Numerus und den Artikel steht die Restriktion der Attribuierung der substantivischen Komponente. Während nur eine Wortgruppe keine Attribuierung des Substantivs aufweist, vgl. (C-106), ist sie in einigen anderen möglich.

(C-106) *zur Last fallen* → R**zur dauernden Last fallen*

Aber auch in den erweiterbaren präpositionalen Verbgefügen bestehen Beschränkungen, die den morphologischen Typ des Attributs (adjektivisch, genitivisch oder präpositional) und/oder seine lexikalische Realisierung betreffen.
In der Wortgruppe *in Besitz nehmen* ist grammatisch nur das adjektivische Attribut (abgesehen vom Possessivartikel (C-104a)) möglich. Die Anzahl der Lexeme, die die Funktion dieses Attributs übernehmen können, ist im juristischen Kontext auch begrenzt; sie unterliegt den fachlich bedingten Restriktionen. Daraus ergibt sich, dass nur die Erweiterung wie z.B. in (C-107) möglich, dagegen die in (C-108) nicht möglich ist:

(C-107) *in ihren unmittelbaren Besitz genommen habe* (NJW 1991:2420)

(C-108) **in langen Besitz nehmen*

Die Erweiterung in der Wortgruppe *in ihren unmittelbaren Besitz nehmen* geht auf zwei Tatsachen zurück: Zum einen handelt es sich um den Bezug auf einen konkretisierten Sachverhalt durch den Possessivartikel *ihr*, welcher aber weglassbar ist (s. oben (C-104a)). Zum anderen stellt das Adjektiv *unmittelbar* eine fachbedingte Erweiterung dar, denn *unmittelbarer Besitz* ist ein juristischer Begriff. Um die Handlung zu benennen, kann das Adjektiv nicht in ein Adverb überführt werden:

(C-107) **in ihren Besitz unmittelbar genommen habe*

318 Grimm (1981:333-337) stellt den Artikelgebrauch in präpositionalen FVG in Zusammenhang mit der Möglichkeit der Attribuierung des Substantivs.

Die Erweiterung des Substantivs durch ein Attribut wird als eine morphologisch und auch syntaktisch selbständige lexikalische Einheit betrachtet.
In der Wortgruppe *unter elterlicher Sorge stehen* wird der nominale Teil der Präpositionalgruppe durch eine adjektivisch-substantivische Verbindung gebildet, bei der es sich um einen festen Begriff[319] handelt. Das Lexem *elterliche Sorge* als eine feste Adjektiv-Substantiv-Verbindung lässt in dieser verbalen Gruppe weder die Weglassung des Adjektivs *elterlich* noch eine Erweiterung durch ein weiteres Adjektiv bzw. adjektivisch gebrauchtes Wort[320] zu:

**unter Sorge stehen / *unter richtiger elterlicher Sorge stehen.*

Wie bereits dem Beispiel (C-105) im Zusammenhang mit dem Artikelgebrauch zu entnehmen ist, kann die nominale Gruppe durch ein Genitivattribut erweitert werden:

(C-105) *unter der elterlichen Sorge der Mutter stehen*

Grammatisch ist also das Attribut auf Substantive im Genitiv, lexikalisch auf Personenbezeichnungen beschränkt, deren semantische Merkmale sich mit denjenigen des Begriffes 'elterliche Sorge' vereinbaren.
In den vorstehend beschriebenen Verbindungen lassen sich – abgesehen von der Wortgruppe *in Verzug kommen* (vgl. 7.2.2) – keine Modifikationen nachweisen. Sie werden nach den Kriterien meiner Untersuchung als feste verbale Gruppen bewertet. Neben der syntaktischen Stabilität weisen sie auch eine lexikalische Beständigkeit und einen hohen Grad der Lexikalisierung im juristischen Kontext auf. Ihre lexikalische Festgefügtheit wird durch formale Varianten bestätigt: *Inbesitznahme*[321]*, zur Last fallende Schuld, unter elterlicher Sorge stehende Person.*

7.2.2 Lexikalisch variable Wortgruppen

In der Wortgruppe *in Verzug kommen* kann die verbale Konstituente durch das Verb *geraten* ersetzt werden:

(C-109a) *in Verzug kommen* → (C-109b) *in Verzug geraten*

Die Ersetzung erfolgt ohne semantische Verschiebungen. Die Wortgruppe (C-109a/b) hat (wie alle unter 7.2.1 beschriebenen Wortgruppen) ähnliche morphosyntaktische Eigenschaften wie der Verbtypus, der nicht einheitlich bezeichnet wird (vgl. 7.1.1). In diesen Verbgefügen ist der Austausch von bestimmten Verben

319 Vgl. Kap. 6.1.2.

320 Vgl. adjektivische Erweiterung (A-62b) – (A-62d), Kap. 6.1.2.

321 In der Gebundenheit der nominalen und der verbalen Komponente bei Überführung zwischen dem Nominal- und Verbalbereich sieht Köhler (1985:18) das Differenzierungsmerkmal zwischen FVG und FF (freien verbalen Fügungen). Der Unterschied (wenngleich auf die Überführung vom nominalen in den verbalen Bereich bezogen) besteht darin, ob die anderen lexikalischen Partner (Satzmitglieder) betroffen sind.

auch in der Gemeinsprache festzustellen: *kommen* gegen *geraten*, *sein* gegen *sich befinden* (vgl. Helbig/Buscha 2001:71, 78)[322]. Im Vergleich zur Gemeinsprache ist die Austauschbarkeit im juristischen Kontext jedoch etwas begrenzter. Helbig/Buscha (ebd.: 78) lassen in einigen Fällen auch die Ersetzung von *kommen* durch *gelangen* zu, was in der Verbindung mit der Präpositionalgruppe *in Verzug* in meinem Korpus nur einmal belegt ist und daher als in der Rechtssprache weniger geläufig angesehen werden kann. Betrachtet man auch die Verbindung *in den Besitz gelangen* als ein FVG, so dürfte nach den Regeln der Gemeinsprache das Funktionsverb "immer durch das Funktionsverb *kommen*[323] ersetzt werden" (Helbig/Buscha ebd.: 76). Es ist technisch unmöglich, die Erscheinungsform dieser Wortgruppe in allen juristischen Texten zu untersuchen. In dem untersuchten Korpus ist die lexikalische Variante mit *kommen* jedoch nur einmal belegt. Infolge dessen kann man ebenfalls auf eine eher untypische Formulierung schließen.[324] Die Verbindungen vom Typ ⟨gelangen in + Art + Subst⟩, z.B. *in den Machtbereich* ⟨einer Person⟩ *gelangen*, erfüllen zwar nicht alle Merkmale der FVG im Sinne von Helbig/Buscha, werden aber dennoch in dieser Arbeit zu den festen fachsprachlichen Wortgruppen gerechnet.[325]

Im Unterschied zu der Wortgruppe *in Verzug kommen* und ihrer regelmäßigen Variante *in Verzug geraten* ist die folgende Modifikation der Verbindung *unter elterlicher Sorge stehen* nur einmal belegt:

(C-110a) *unter elterlicher Sorge stehen →*

(C-110b) *der elterlichen Sorge unterstehen* (RWb 1999:27)

Die Wortgruppe (C-110b) wird deshalb als eine nicht gängige Variante betrachtet. Das Verb *kommen* in Verbindung mit *in Verzug* wird regelmäßig gegen das Verb *geraten* ausgetauscht. Daher wird die Wortgruppe als halbfest eingestuft.

---

322 Ähnlich v. Polenz (1987:175) im Zusammenhang mit der Reihenbildung bei den FVG.

323 Hervorhebung im Original.

324 Es konnten nur die BGH-Urteile der letzten 5 Jahre mit Hilfe der Suchmaschine im Internet (Internetseiten lexetius.com) durchsucht werden. Im Rahmen dieser Stichprobe ließ sich die lexikalische Kombination *Besitz* + *kommen* nicht belegen.

325 Solche Verbalgruppen ordnen Helbig/Buscha (2001:85) als "uneigentliche oder nicht-lexikalisierte FVG, die nur einen geringen Grad von Festigkeit haben" ein. Diesen stehen "eigentliche oder lexikalisierte FVG" gegenüber. Eines der Kriterien ist die Referenzfähigkeit des Substantivs in dem nominalen Bestandteil. Nach dieser Unterscheidung könnten die oben genannten Verbindungen mit dem Verb *gelangen* der ersteren Gruppe der nicht-lexikalisierten FVG zugeordnet werden. Auf Grund des konkreten Referenzbegriffs *Machtbereich* würden sie bei v. Polenz (1987:175) zu den NVG und nicht zu den FVG gehören.

7.2.3 Relativ invariable Wortgruppen

Im Folgenden werden Verbindungen betrachtet, deren verbale Konstituente aus einem Vollverb mit Präpositionalobjekt besteht:

> *auf Schadensersatz haften, aus culpa in contrahendo*[326] *haften, für Verschulden haften, gegen die guten Sitten verstoßen*

Diese Verbindungen weisen heterogene Modifikationen auf, die häufig von den semantischen Relationen zwischen den einzelnen Konstituenten abhängen, was im Folgenden an konkreten Beispielen gezeigt wird.

7.2.3.1 Strukturelle Eigenschaften

Fest ist die Verbindung zwischen der verbalen Kernkomponente und der regierten Präposition nur in einem Fall: *gegen die guten Sitten verstoßen*. Diese Festigkeit ist grammatischer Natur, denn die Präposition wird vom Verb obligatorisch festgelegt[327]; ihr Weglassen führt zu einem grammatisch unvollständigen Satz:

> (C-111) *Das Rechtsgeschäft verstößt gegen die guten Sitten* → **Das Rechtsgeschäft verstößt [-]*

Die Wortgruppe *auf Schadensersatz haften* beruht auf einer anderen Art Bindung, weil das Verb die Präposition nicht obligatorisch fordert. Auch ohne das durch die Präposition *auf* konstruierte Präpositionalobjekt entsteht eine inhaltlich und strukturell vollständige Äußerung:

> (C-112) *Der Schuldner haftet ... auf Schadensersatz, wenn ...* (Kom Palandt 2003:§ 292, Rn 4) → (C-112)′ *Der Schuldner haftet, wenn ...*[328]

Das regierende Verb bildet mit der Präposition und der von ihr abhängigen Nominalphrase eine inhaltliche Einheit. Trotz des unterschiedlichen Bindungsgrads der Präposition (und damit der Präpositionalphrase) an das Verb in (C-111) und (C-112) werden beide Wortgruppen zusammen beschrieben, zumal sie ähnliche Merkmale aufweisen.

Hinsichtlich des Verhaltens auf der syntaktischen Ebene lässt sich eine strukturelle Festgefügtheit in bestimmten Satztypen beobachten. In Nebensätzen tritt die Präpositionalphrase in unmittelbarer Nähe vor dem Verb auf:

> (C-113) *Gesellschafterbeschlüsse ..., wenn sie durch ihren Inhalt gegen die guten Sitten verstoßen* (Kom Palandt 2003:§ 138, Rn 11)
>
> (C-114) *daß der Geschäftsführer ... den Kunden ... nach § 826 auf Schadensersatz haftet* (lexetius.com/2001/12/66, Rn 17)

---

326 Aus platzökonomischen Gründen wird im Weiteren die juristisch übliche Abkürzung 'c.i.c.' verwendet.

327 In Bezug auf die Rektion handelt es sich um "grammatisch fixierte Fügungen" (Hertel 1983:59).

328 Zur Auslassung des Präpositionalobjektes s. (C-116).

Im Falle der Verneinung steht das Negationswort *nicht* in der Regel vor der Präpositionalgruppe, nicht vor dem Verb:

(C-115) *Mithaftungsabreden ..., die ... nicht gegen die guten Sitten verstoßen* (Kom Palandt 2003:§ 138, Rn 19)

Ähnlich verhält es sich bei der Wortgruppe (C-114). Der Satz lässt sich wie folgt negieren:

(C-114)′ *daß der Geschäftsführer ... nicht auf Schadensersatz haftet*

Beispiel (C-114)′ ist jedoch ein hypothetischer Satz, denn die Wortgruppe wird in der Regel dann verwendet, wenn die referenzielle Verpflichtung als gegeben festgestellt wird. Die Negation der gesamten Verbalphrase und die daraus folgende Satzgliedstellung kann nicht als ein spezifisches Merkmal und erst recht nicht als eine Regel angesehen werden. Im Rahmen einer Begründung kann die kommunikative Absicht des Sprechers die Sondernegation erfordern. In einem solchen Fall ist die Einschiebung des Negationswortes zwischen die Präpositionalgruppe und das Verb möglich, wenn auch weniger üblich. In meinem Textkorpus ist eine solche Negation nicht zu finden.
Die Präpositionalphrase ist nicht auslassbar (vgl. oben (C-111)). Sie kann nicht durch ein Pronominaladverb ersetzt werden:

(C-115) *das Rechtsgeschäft verstößt gegen die guten Sitten* → **Rechtsgeschäft verstößt dagegen*

Das Substantiv ist nicht durch ein Pronomen ersetzbar:

(C-115) **Rechtsgeschäft verstößt gegen sie*

Es sind folgende Modifikationen nachgewiesen:
In der Wortgruppe *auf Schadensersatz haften* wird die Präpositionalgruppe ausgelassen:

(C-116) *Vertreter ist ... zum Schadensersatz verpflichtet. Er haftet nicht, wenn* (§ 179)

Der regelmäßig beobachteten Auslassung liegen zwei Tatsachen zugrunde: zum einen die Bedeutungsextension des Verbs *haften* und daher die Fähigkeit auch selbständig aufzutreten (vgl. *verstoßen* (C-111)). Zum anderen spielt der Gesamtkontext eine große Rolle: Obwohl das Verb *haften* zu den polysemen Wörtern gehört, deren Bedeutungen je nach dem Kontext nuanciert werden (in einem juristischen Kontext kann sich *haften* sowohl auf die Schadensersatzpflicht als auch auf die bloße Verantwortung beziehen), ist hier der Bezug auf den Schadensersatz durch den Vortext eindeutig.[329] Darüber hinaus begegnet das Verb *haften* in Reihenbildungen, was auch zur Mehrdeutigkeit führen kann, vgl. den

329 Den befragten Juristen zufolge ist der Ausdruck *auf Schadensersatz haften*, der in meinem Korpus häufig belegt ist, nicht korrekt und exakt, weil zu allgemein. Richtig ist die gesetzliche Formulierung "zum Schadensersatz verpflichtet" (§ 179).

gegenüber (C-116) kompletten Satz aus BGB (C-117) mit dem Satz (C-118) aus dem dazu gehörigen Kommentartext:

(C-117) *Vertreter ist zur Erfüllung oder zum Schadensersatz verpflichtet* (§ 179)

(C-118) *Der ... Vertreter haftet nur, wenn ...*(Kom Palandt 2003:§ 179, Rn 4)

Wie die vortextuelle Information in (C-117) "zur Erfüllung oder zum Schadensersatz" zeigt, wird das Verb für zwei ähnlich strukturierte Wortgruppen als Oberbegriff verwendet. Als Präpositionalobjekt des Verbs *haften* kämen beide Präpositionalphrasen, *auf Erfüllung* oder *auf Schadensersatz*, in Frage. Aus der Struktur des Satzes ohne Präpositionalobjekt (C-118) geht hervor, dass hier eine andere Information im Vordergrund steht. Die Bedeutungsähnlichkeit von *zu ... verpflichtet sein* und *auf ... haften* geht auf die Möglichkeit zurück, einen Sachverhalt sprachlich auf mehrere Weisen auszudrücken.[330]

7.2.3.2 Morphologische Eigenschaften

Passiv

Morphologisch gesehen ist die Passivform nicht üblich, wenngleich sprachlich möglich:

(C-119)′ *es wurde gegen die guten Sitten verstoßen*

(C-120)′ *Wird aus einem Rechtsgeschäft ... auf Schadensersatz gehaftet*

Die Passivform ist jedoch auch in dieser Wortgruppe weniger geläufig. Im ersten Fall (C-119)′ ist das Passiv kein einziges Mal belegt. Im zweiten Fall (C-120) ist es nur selten zu beobachten, was damit zusammenhängt, dass durch den verbalen Ausdruck das Agens identifiziert wird. In Verbindung mit der Verbalgruppe *verstoßen gegen* (C-119)′ kann das Agens nichtpersönlich (*ein Rechtsgeschäft*) oder persönlich (*der Empfänger*) sein. Die Verbalgruppe *haften auf Schadensersatz* (C-120) (allgemein das Verb *haften*) lässt grundsätzlich nur ein persönliches Subjekt zu (*der Vertreter / der Schuldner*).

Artikelgebrauch

Zu den Merkmalen der morphologischen Stabilität gehört der festgelegte Artikelgebrauch. Ohne Artikel tritt das Substantiv in der Verbindung *auf Schadensersatz haften* auf. Dies ist sogar in dem einzigen Beleg der Fall, in dem aus formalen Gründen statt des Kompositums die substantivische Gruppe vorkommt[331]:

(C-121) *die Bekl. hafte ... aus ... auf Ersatz des Schadens, der ... entstanden sei* (NJW 1995:250)

---

330 Anders als die Linguisten bewerten die Juristen solche Alternativformen als identisch. Die synonymen Formen werden hier nicht weiter besprochen.

331 Das ist jedoch selten, denn immer, wenn der Schaden weiter determiniert ist, wird die Variante *zum Ersatz des Schadens verpflichtet sein* bevorzugt.

Der Artikelgebrauch ist immer auf den bestimmten Artikel festgelegt in *gegen die guten Sitten verstoßen*, was in diesem Fall mit der Festigkeit der Adjektiv-Substantiv-Verbindung zusammenhängt (vgl. Kap. 6.1.1). Ähnlich verhält sich die Fügung *gegen das gesetzliche Verbot verstoßen* (zur adjektivisch-substantivischen Wortgruppe vgl. Kap. 6.1.2).

Numerus

Aus demselben Grund ist der Numerus des nominalen Teils nicht änderbar:

(C-122) **gegen die gute Sitte verstoßen*

In *auf Schadensersatz haften* hängt die regelmäßige Singularform damit zusammen, dass *Schadensersatz* ein pluralunfähiges Abstraktum ist. Ähnlich verhält es sich mit den substantivischen Komponenten der anderen Wortgruppen dieses Typs (z.B. *Verschulden*), weshalb hier die Numerusformen nicht näher behandelt werden.

7.2.3.3 Sonstige Eigenschaften

An dieser Stelle wird kurz auf die Attribuierung der substantivischen Komponente eingegangen. Diesbezüglich lässt sich Folgendes bemerken: Die nominale Komponente ist in solchen Fällen nicht weiter attribuierbar, wenn das Substantiv und das Adjektiv eine nicht erweiterbare feste Verbindung darstellen: *gegen die guten Sitten verstoßen*[332]. Hier gelten die gleichen Gründe wie für den Artikel- und Numerusgebrauch.
Die Erweiterung des Substantivs infolge der begrifflichen Differenzierung lässt sich aber in anderen Fällen nachweisen:

(C-123) *haftet ... auf (vollen) Schadensersatz wegen Nichterfüllung* (RWb 1999:1447)

Hier ist zwischen zwei Erweiterungen zu unterscheiden: Während das nachgestellte präpositionale Attribut ein Bestandteil eines festen Begriffes ist[333], bildet das Adjektiv *voll* keine feste Fügung mit dem Substantiv *Schadensersatz*; die Weglassbarkeit wird auch durch die Verwendung von Klammern signalisiert.

7.2.4 Lexikalisch variable Wortgruppen I

Eine Gruppe der lexikalisch variablen Verbalverbindungen stellen Wortgruppen vom Typ *bestellen / einsetzen / berufen* + ⟨eine Person⟩ + *zu* ⟨Personenbezeichnung⟩ dar:

zum Vormund bestellen, zum Erben einsetzen

---

332 Zur Wortgruppe *die guten Sitten* s. Kap. 6.1.1.

333 Zur Wortgruppe *Schadensersatz wegen Nichterfüllung* s. Kap. 6.4.2.

Sie weisen zwar einige ähnliche Stabilitätsmerkmale wie die vorstehenden Beispiele (C-111) – (C-123) auf, daneben lassen sie aber auch eine lexikalische Variation zu, die nach der Beschreibung der syntaktisch-morphologischen Eigenschaften illustriert wird. Lexikalische Variationen sind noch in einer anderen Gruppe der Verbalverbindungen belegt; da sie aber auf andere Gründe zurückzuführen sind, wird hier zwischen Untergruppe I und Untergruppe II unterschieden.

7.2.4.1 Strukturelle Eigenschaften

Als Merkmal der Fixiertheit lässt sich die Unauflösbarkeit der Fügung im Satz mit Modalverb oder im Nebensatz betrachten:

(C-124) *Das Gericht kann jemand [sic!] anderen ... zum Vormund bestellen* (Kom Palandt 2003:§ 1778, Rn 2)

(C-125) *daß Erblasser durch Zuwendung einzelner Gegenstände den Bedachten zwar zum Erben einsetzen* (§ 2087) *wollte* (ebd.: § 2088, Rn 1)

Das Negationswort trennt die Präpositionalphrase nicht von dem finiten Verb:

(C-126) *Ein Beamter ... soll nicht ... zum Vormund bestellt werden* (§ 1784) → **soll zum Vormund nicht bestellt werden*[334]

Die Präpositionalphrase kann nicht ausgelassen werden:

(C-127) *jemanden anderen ... zum Vormund bestellen* → R**jemanden anderen ... [-] bestellen*

(C-128) *die Bedachten ... zu Erben einsetzen* → R**die Bedachten [-] einsetzen*

Die so gebildeten Sätze sind grammatisch richtig, bei dieser lexikalischen Besetzung jedoch semantisch unvollständig. Beide Verben regieren den reinen Akkusativ ⟨*jemanden anderen / den Bedachten + bestellen / einsetzen*⟩; die durch das Akkusativobjekt angekündigte Information muss jedoch durch bestimmte Lexeme ergänzt werden: *Vormund, Betreuer, Pfleger, Erbe*. Die Äußerung *jemanden anderen bestellen* in (C-127) R* ist semantisch falsch, da das semantische Merkmal der auszuübenden Funktion nicht erfüllt ist.[335] Wird also die semantische Rolle des Patiens lexikalisiert ⟨*jemand, eine Person*⟩, so muss die Präpositionalgruppe als obligatorisches Objektsprädikativ vorkommen. Ähnlich verhalten sich Reihenbildungen dieser Struktur mit anderen Lexemen: *das Jugendamt als Vormund benennen, jemanden zum Betreuer bestellen.*

---

334 Bei Sondernegation kann eine besondere Betonung nicht völlig ausgeschlossen werden.

335 Die Auslassung in Kommentartexten infolge der Erwähnung im unmittelbaren Vortext ist bei dieser Wortgruppe nicht zu finden, aber auch nicht auszuschließen. Im Rahmen der situativen Kontexte 'Erbschaft', 'Vormundschaft' würde dies die logische Prädikatibilität erlauben (vgl. die Auslassung des Akkusativobjektes bei den Verben *befriedigen, ausschlagen*; Kap. 7.1.2).

Das Substantiv kann in den Verbalgruppen nicht durch ein Pronomen substituiert werden:

(C-129) *jemanden anderen zum Vormund bestellen → *jemanden anderen zu ihm bestellen*

(C-130) *die Bedachten zu Erben einsetzen → *die Bedachten ... zu ihm/ ihnen einsetzten*

Die Ersetzung durch Pronominaladverbien ist schon allein durch den Bezug auf menschliche Objekte ausgeschlossen.
Die Passivform ist möglich, vgl. obiges Beispiel (C-126):

ein Beamter soll ... zum Vormund bestellt werden und

(C-131)′ *der Bedachte soll zu Erben eingesetzt werden*

Das Genus hängt mit der kommunikativen Absicht des Sprechers, d.h. mit der Notwendigkeit zusammen, das Agens zu thematisieren.[336]

7.2.4.2 Morphologische Eigenschaften

Numerus

Das Substantiv kann abhängig von der Referenzhandlung im Singular oder im Plural stehen:

(C-132) *daß nur einer oder einzelne von ihnen zu Erben eingesetzt ... sind* (Kom Palandt 2003:§ 2087, Rn 3)[337]

(C-133) *Das Vormundschaftsgericht kann ein Ehepaar gemeinschaftlich zu Vormündern bestellen* (§ 1775)

Die Pluralform in (C-133) ist allerdings eine seltener vorkommende Formulierung, was mit der außersprachlichen Realität zusammenhängt: "Im Interesse des Familienzusammenhalts ... wird ... grundsätzlich nur ein einziger Vormund bestellt" (Palandt 2003:§ 1775, Rn 1). Da sich die Vormundschaft aber auf mehrere Lebensbereiche, nicht nur auf den der Familie, bezieht, wird auch *die Bestellung mehrerer Vormünder* im Gesetz geregelt.

Artikelgebrauch

Der Artikelgebrauch ist beim Substantiv im Singular auf den bestimmten Artikel festgelegt:

(C-134) *daß Erblasser ... den Bedachten zwar zum Erben einsetzen wollte* (Kom Palandt 2003:§ 2088, Rn 1)

---

336 Vgl. dazu Kap. 7.2.1.2 ad (C-99a).

337 Die Pluralform kann hier nur mittels des Kontextes festgestellt werden; die Formidentität zwischen Singular und Plural bei *Erbe* geht auf die morphologischen Eigenschaften der Maskulina auf *-e* zurück. Zur schwachen Deklination der Maskulina, die Lebewesen bezeichnen, vgl. Helbig/Buscha (2001:213).

(C-135) *dürfen verheiratete Personen ... zum Vormund bestellt werden* (ebd.: § 1775, Rn 2)

Das Fehlen des Artikels muss in gegebenen Fällen beim Singulargebrauch als eine vereinzelte sprachliche Abweichung betrachtet werden; der Plural ist regelmäßig artikellos (vgl. (C-132)f.). Das Substantiv kann im Rahmen der begrifflichen Differenzierung erweitert werden, entweder durch adjektivische Attribuierung (C-136a) oder durch Zusammensetzung (C-136b):

(C-136a) *Wir setzen uns hiermit gegenseitig zum alleinigen Erben ein.* (NJW 1993:256)

(C-136b) *zum Alleinerben einsetzen* (Lb Köhler 2001:299)

Der Artikelgebrauch in den Wortgruppen *zum Vormund bestellen* und *zum Erben einsetzen*, und ähnlich in den Verbindungen mit den erweiterten Substantiven, richtet sich nach dem Numerus der Substantive *Vormund, Erbe.*
Bezieht sich das Substantiv auf mehrere Personen und steht es im Plural, so tritt es mit Nullartikel auf:

(C-137) *daß nur einer oder einzelne von ihnen zu Erben eingesetzt ... sind* (Kom Palandt 2003:§ 2087, Rn 3)

(C-138) *zu Vormündern bestellen* (§ 1775)

Steht das Substantiv im Singular, so wird der enklitische bestimmte Artikel verwendet, vgl. Beispiele (C-134) *zum Erben einsetzen* oder (C-135) *zum Vormund bestellt.*
Das Substantiv im Singular kann sich auch auf eine Mehrzahl von Personen beziehen, vgl. oben (C-135) *Personen – zum Vormund,* oder (C-136a) *wir uns – zum alleinigen Erben.* Dies ändert jedoch nichts am oben festgestellten Gebrauch des enklitischen Artikels beim Substantiv in der Präpositionalgruppe.

7.2.4.3 Austauschbarkeit der Präposition

In diesen zwei Wortgruppen lässt sich eine lexikalische Variation nachweisen. Sie besteht darin, dass die Präposition *zu* gegen die Präposition *als* ausgetauscht wird:

(C-139a) *eine Person zum Vormund bestellen →*
(C-139b) *eine Person als Vormund bestellen*

(C-140a) *eine Person zum/mehrere Personen zu Erben einsetzen →*
(C-140b) *eine Person /mehrere Personen als Erben einsetzen*

Der Vergleich der folgenden Sätze zeigt, dass dieser Austausch keine semantische Verschiebung bewirkt:

(C-141a) *Wer durch Testament als Erbe eingesetzt ... ist* (§ 2352) →
(C-141b) *Erblasser setzt Freundin zur Erbin ein* (RWb 1999:1168) →

(C-141c) *Ob die Kl. mit ihren Kindern im Testament als Erbin eingesetzt worden ist* (NJW 1997:393)

Morphologisch zeichnet sich die lexikalische Variante mit *als* durch den Nullartikel aus:

(C-142) *daß … die darin bezeichnete Person als Vormund bestellt ist* (Kom Palandt 2003:§ 1791, Rn 1)

Anders verhält es sich bei Verbindungen mit der Präposition *zu*, wie auch den gegenübergestellten formalen Ausdrücken (C-139a/b) und (C-140a/b) zu entnehmen ist.
Der an (C-142) illustrierte Artikelgebrauch gilt allgemein für Verbindungen mit *als*. Der Nullartikel wird immer dann gebraucht, wenn *als* die objektive Identifizierung des Referenzobjektes signalisiert.[338]
Auf der morphologischen Ebene lässt sich eine weitere Spezifität hinsichtlich des Verbs feststellen: In der Verbindung *zum Erben* begegnet das Verb *einsetzen* in allen Belegen nur im Zustandspassiv, nicht dagegen im Vorgangspassiv: *X ist zum Erben eingesetzt*. Abgesehen von diesem Merkmal, welches aber nur mit der genusbezogenen Differenzierung zusammenhängt, werden die beiden Verben *bestellen* und *einsetzen* sowohl passivisch als auch aktivisch verwendet.

Verwendung der Konkurrenzformen

Bezüglich der Wortwahl in den untersuchten Textsorten kann eine eindeutige Tendenz nur im BGB festgestellt werden. Dieses verwendet immer nur eine Präposition:

zu + Vormund + bestellen, als + Erbe + einsetzen.

In anderen Textsorten kann für die konkurrierenden Wortgruppen *zu / als Erben einsetzen* keine einheitliche Tendenz ermittelt werden. Im Hinblick auf die fremdsprachliche Kommunikation kann diese Erkenntnis dadurch an Bedeutung gewinnen, dass die Juristen selbst den Gebrauch der Präposition *zu* als nicht richtig bewerten.[339]
Obwohl in der Wortgruppe *zum / als Vormund bestellen* auch ohne eine statistische Häufigkeitsuntersuchung die Dominanz der Präposition *zu* auffällt, kann daraus keine Regelmäßigkeit abgeleitet werden. Gleichstrukturierte Wortgruppen, in denen die Stelle des Prädikativs durch sachverwandte Verben besetzt wird (*berufen*, *benennen*, *bestimmen*), sollen hier nicht im Einzelnen erörtert werden. Ich möchte hier kurz auf einige besondere Merkmale eingehen, die sich aus ihrer fachlichen Bedeutung ergeben. Sie können als Reihenbildungen zu den substan-

338 Hierzu Weinrich (2003:790f.), vgl. auch Helbig/Buscha (2001:417).

339 Ob sie ihr Sprachgefühl oder das strenge Einhalten der gesetzlichen Formulierung dazu bewegt, kann hier nicht beantwortet werden.

tivischen Konstituenten betrachtet werden, zwischen denen (wenn auch nur geringe) Bedeutungsunterschiede bestehen: *als Erben einsetzen, berufen, bestimmen; zum Vormund bestellen, berufen, benennen.* Das Verb *bestimmen*, welches in der verbalen Gruppe mit reinem Akkusativ *den Erben bestimmen* mit dem Verb *einsetzen* sinngleich ist, weist nur selten die Rektion ⟨zu + Subst⟩ auf. Die Verbindung des Substantivs *Vormund* mit dem Verb *benennen* mittels der Präposition *zu* bezeichnet semantisch den gleichen Sachverhalt wie diejenige mit dem Verb *bestellen.* Die Wahl des Verbs ist aber von dem Lexem abhängig, welches die Funktion des Agens, d.h. des syntaktischen Subjekts, in dem entsprechenden Satz erfüllt: Die Befugnis bzw. die Pflicht, *jemanden zum Vormund zu bestellen*, steht lediglich dem Vormundschaftsgericht zu:

(C-143) *Der Vormund wird von dem Vormundschaftsgericht durch ... bestellt* (§ 1789)

Die Verben können hier nur in einer Richtung ausgetauscht werden. Durch Austausch der Verben entsteht eine sprachlich akzeptable, juristisch aber eher untypische Formulierung:

(C-144) *Das Gericht kann jemand [sic!] and[eren] ... zum Vormund bestellen* (Kom Palandt 2003:§ 1778, Rn 2) → R**Das Gericht kann jemand anderen ... zum Vormund benennen*

Das Verb *benennen* ist lexikalisch an Substantive gebunden, die konkrete Personen bezeichnen. In der Regel ist es das Substantiv *die Eltern*, denn "benennungsberechtigt sind nur Eltern, denen [...] die Person- u Vermögenssorge zusteht" (Kom Palandt 2003:§ 1777, Rn 1). Daher lässt sich das Verb *benennen* unter terminologischem Aspekt nicht austauschen:

(C-145) *Als Vormund ist berufen, wer von den Eltern des Mündels als Vormund benannt ist* (§ 1776) → R**wer von den Eltern ... als Vormund bestellt ist*

Die Verbindung von *Eltern – bestellen* in (C-145)R* wäre aus logisch-semantischen Gründen nicht richtig, weil das Lexem *die Eltern* nicht alle Merkmale des Verbs *bestellen* (institutionelle Handlung) aufweist.
Die oben illustrierte lexikalische Unvereinbarkeit bestätigen Bezeichnungen der Befugnisse in den mit Überschriften versehenen BGB-Ausgaben (Beck-Texte im dtv 2002, Palandt 2003): *Benennungsrecht der Eltern* (Überschrift § 1776), *Bestellung durch das Vormundschaftsgericht* (Überschrift § 1789).
Die hier behandelten Wortgruppen werden als halbfest eingestuft.

7.2.5 Lexikalisch variable Wortgruppen II

Eine andere Gruppe bilden Verbindungen, in denen neben der lexikalischen Variation mehrere Modifikationen belegt sind. Es handelt sich um folgende Wortgruppen:

für Verschulden haften, aus culpa in contrahendo haften, an den Gläubiger leisten

7.2.5.1 Strukturelle Eigenschaften

Grammatisch gesehen wird die Präposition vom Verb nicht obligatorisch gefordert. Auf die Selbständigkeit des Verbs *haften*, d.h. die Weglassbarkeit des Präpositionalobjekts, wurde bereits oben hingewiesen (vgl. (C-116), 7.2.3), auf Grund der unterschiedlichen Bedeutung der Präpositionen sei sie hier noch einmal erwähnt:

(C-146) *der Schuldner ... haftet er nur für Verschulden, wenn ...* (Kom Palandt 2003:§ 276, Rn 32) → *Der Schuldner haftet nicht, wenn ...*

Ähnlich verhält es sich bei der Wortgruppe *an den Gläubiger leisten*; das Präpositionalobjekt kann ausgelassen werden, ohne dass damit ein ungrammatischer Satz entsteht:

(C-147) *wenn der Schuldner (z.B. in Unkenntnis ...) leistet* (Lb Medicus 2002:115)

Im Kontext der Leistungen, d.h. desjenigen, wozu der Schuldner dem Gläubiger gegenüber verpflichtet ist, ist der Adressat der Leistung in allgemeinen Zusammenhängen in der Regel 'der Gläubiger'. Es kann auch 'der Dritte' sein, was aber bei Differenzierungsbedarf explizit ausformuliert wird: *das Versprechen, an den Dritten zu leisten* (§ 331). Der Ausdruck *an den Dritten leisten* steht auf derselben Festigkeitsstufe wie *an den Gläubiger leisten.*

Die Präposition ist semantisch an das Verb gebunden und bildet mit diesem im juristischen Kontext eine inhaltliche Einheit. Das Verb *haften* regiert mehrere Präpositionen: *haften für*, *haften auf*, *haften aus*. Es handelt sich um Reihenbildungen mit je eigener spezifischer Bedeutung. Bei Weglassung der Präpositionalgruppe muss stets der (situative oder sprachliche) Kontext betrachtet werden, um den Bezug des Verbs ohne Ergänzungen zu identifizieren, vgl. (C-148a/b) und (C-149a/b):

(C-148a) *hat er für das Verhalten der ... nicht einzustehen →*

(C-148b) *Er haftet aber in der Regel gleichwohl, weil die Eigenmächtigung der ... als Verschulden ... anzusehen ist* (Kom Palandt 2003:§ 278, Rn 9)

(C-149a) *Der Vertreter haftet ... auf Erfüllung oder Schadensersatz* (Kom Palandt 2003:§ 179, Rn 5) → (C-149b) *Der beschränkt geschfähige Vertreter haftet nur, wenn* (ebd.: § 179, Rn 4)

Die Wahl der Präposition hängt mit den Lexemen in der unmittelbaren Umgebung eng zusammen. Eine Person kann *auf Schadensersatz haften*, nicht aber R**für Schadensersatz.*[340] Die Verbindungen des Verbs mit verschiedenen Präpositionen und davon abhängigen Substantiven weisen dabei unterschiedliche Stabilitätsgrade auf.

340 Für die Wahl der Präposition kann auch entscheidend sein, welche lexikalischen Partner zu dem Substantiv in der Nominalphrase hinzutreten (vgl. *Verschulden bei Vertragsschluss*, 6.4.5).

Die Festigkeit beruht vor allem auf der lexikalisierten Verbindung des Verbs mit der regierten Präposition. Sekundär äußert sich die Festigkeit in der Vereinbarkeit des Verbs mit gewissen Lexemen, die fachlich bedingt ist und die sich auf eine bestimmte Abstraktionsebene beschränkt. Dies ist z.B. der Fall bei der Wortgruppe *leisten an*, wo an die Stelle des Präpositionalobjektes auf der höchsten Abstraktionsebene nur bestimmte Bezeichnungen für Personen treten: *ein Dritter, der Gläubiger* bzw. ihre Unterbegriffe *Altgläubiger, Neugläubiger*. Dies kann v.a. für die fremdsprachliche Kommunikation allgemein von Bedeutung sein und ein systematisches Erlernen des Verbs mit seiner/n regierten Präposition/en erfordern. Im Falle der Kommutationsreihen und der semantischen Unterschiede sind die jeweiligen lexikalischen Bedeutungen zu differenzieren:

> *auf* ⟨*Schadensersatz*⟩ *haften* (s. oben) im Sinne einer daraus folgenden Verpflichtung,
>
> *für* ⟨*Verschulden*⟩ *haften* im Sinne der zu tragenden Verantwortung, *aus* ⟨*c.i.c.*⟩ *haften* im Sinne der Anspruchsgrundlage.

In der Wortgruppe *an* ⟨*den Gläubiger, einen Dritten*⟩ *leisten* ändert sich die syntaktische Beziehung durch zusätzliche Angaben nicht:

> (C-150) *Der Schuldner kann nur an den Pfandgläubiger und den Gläubiger gemeinschaftlich leisten* (§ 1281)

Diese Struktur bleibt unverändert, auch wenn die Stelle des Präpositionalobjektes durch konkretisierende Lexeme besetzt wird. Das ist der Fall in Äußerungen zu konkreten Sachverhalten, s. folgenden Auszug aus einem Urteil:

> (C-151) *Wie sich aus § 362 II ergibt, kann … auch an einen Dritten mit befreiender Wirkung geleistet werden. … Entsprechend muß auch gelten, wenn die GmbH mit … einen Anspruch der KG auf … erfüllen will und ihr Gesellschafter zu diesem Zweck unmittelbar an die KG leistet* (NJW 1986:990)

Anders zu beurteilen ist die folgende Äußerung:

> (C-152) *hat der Altgläubiger dem Neugläubiger bestimmte Hilfen zur … zu leisten* (Lb Medicus 2002:347)

Hier ist die semantische Beziehung syntaktisch durch das Substantiv im Dativ und das Verb ausgedrückt, welches im Verbgefüge *Hilfe leisten* seine feste Stelle hat. Die Wortgruppe in dem Urteilsauszug *an die KG leisten* in (C-151) gehört zu den freien Wortgruppen, die nach einem festen Muster gebildet werden. Auf letztere wird in 7.2.8 eingegangen.
Das Substantiv ist in der Wortgruppe *an den Gläubiger leisten* durch ein Pronomen ersetzbar:

> (C-153a) *an den Gläubiger geleistet hätte* (§ 378) → (C-153b)′ *an ihn geleistet hätte*

Bei anderen Verbindungen dieser Gruppe ist die Anaphorisierung nicht zu finden. Allgemein wird von der Anaphorisierung im Rahmen der expliziten Wiederaufnahme (vgl. Brinker 1997:31) Gebrauch gemacht. In rechtssprachlichen Wortgruppen wird in den Fällen der Wiederaufnahme eines Begriffs nicht die Anaphorisierung, sondern die Auslassung der gesamten Präpositionalgruppe verwendet (vgl. obige Beispiele mit *haften* (C-148a/b), (C-149a/b).
Die ganze Präpositionalgruppe kann u.U. ausgelassen werden, weil es der sprachliche Kontext erlaubt bzw. erfordert:

> (C-154) *Leistet der Schuldner auf eine Mahnung des Gläubigers nicht* (§ 286) → **Leistet der Schuldner auf eine Mahnung des Gläubigers [~~an den Gläubiger~~] nicht*

7.2.5.2 Morphologische Eigenschaften

Numerus

Zu den Merkmalen der hier betrachteten Wortgruppen gehört, dass das Substantiv je nach der Referenzbedeutung im Singular oder im Plural auftritt:

> (C-155a) *an den Gläubiger geleistet hätte* (§ 378) → (C-155b)′ *an die Gläubiger geleistet hätte*
>
> (C-156a) *haften für eine Verbindlichkeit* (§ 755) → (C-156b) *für Verbindlichkeiten aus Rechtsgeschäften haften die Gesellschafter als Gesamtschuldner* (RWb 1999:551)

Je nach der Kommunikationssituation kann die Nominalphrase variiert werden:

> (C-157) *kann der Schuldner … an jeden der Gläubiger leisten* (§ 428)

Artikelgebrauch

Der Artikelgebrauch hängt von mehreren Faktoren ab: die Abstraktionsebene und/oder das lexikalische Umfeld. Auf der höchsten Abstraktionsebene, d.h. ohne Bezug auf einen aktuellen Sachverhalt (vgl. Kap. 4.3), wird *der Gläubiger* als bekannt vorgegeben und daher mit dem bestimmten Artikel determiniert. Soll aber differenziert und damit betont werden, dass es sich um eine Person mit dieser Eigenschaft und nicht um eine Gemeinschaft von solchen Personen handelt, so wird der unbestimmte Artikel: *ein Gläubiger* verwendet. Entsprechend der allgemeinen Regel handelt es sich auch in der Rechtssprache um die Bezeichnung eines unter mehreren Objekten einer Klasse, welches nicht eindeutig identifiziert werden muss bzw. kann (vgl. Helbig/Buscha 2001:336). Ähnlich verhält es sich in der Wortgruppe *für die / eine Verbindlichkeit haften*. Beim Substantiv *Dritter* spielt die Textsorte eine Rolle: Im Gesetz wird nach der Ersteinführung *ein Dritter* (§ 328) regelmäßig in den nachfolgenden Paragraphen als '*der Dritte*' mit dem bestimmten Artikel determiniert.

Der Artikelgebrauch betrifft in den Gesetzestexten nicht nur Wortgruppen, sondern auch Einzelwörter. Er ist daher im Zusammenhang mit den hier behandelten Beispielen nicht als spezifisch zu bewerten.
Die partielle Variabilität kommt in folgenden Verbindungen durch einige spezifische Merkmale zum Ausdruck:

aus c.i.c. haften, für Verschulden haften

Die Anaphorisierung der Präpositionalgruppe ist nicht belegt:

(C-158) *aus c.i.c. haften* → R**daraus / aus diesem haften*

(C-159) *für Verschulden haften* → R**dafür haften*

Grammatisch wäre die Pronominalisierung des Substantivs möglich; sie ist aber nicht belegt:

(C-160) *für das Verschulden haften* → (C-160)′ *für dieses [Verschulden] haften*

7.2.5.3 Austauschbarkeit der Präposition

Die partielle Variabilität zeigt sich auf der lexikalischen Ebene, indem an die Stelle der Präposition eine andere Präposition tritt: *aus / wegen c.i.c. haften.* Beide Aussagen sind inhaltlich vergleichbar, die Präposition *wegen* ist jedoch etwas ungenauer; sie wird eher zur Beschreibung des Grundes, nicht zu seiner fachlichen Benennung verwendet. Einen Beweis dafür bietet die substantivische Umformulierung mit *Anspruch*, die sich aus dem fachbedingten Perspektivenwechsel ergibt: Haftet der eine *aus c.i.c.*, so steht dem anderen der Anspruch *aus c.i.c.* zu. In der Verbalgruppe sind beide, in der substantivischen Verbindung nur eine Präposition zu finden:

(C-161)′ *X haftet aus / wegen c.i.c.* → *'Y hat Anspruch aus c.i.c.* → R**Anspruch wegen c.i.c.*

Für die Verbindung *aus c.i.c. haften* ist noch eine weitere lexikalische Variation nachzuweisen, nämlich der Austausch der Nominalgruppe, die mit der deutsch-lateinischen Doppelterminologie zusammenhängt. Wie in 6.4.5 erläutert wird, entsprechen dem lateinischen Ausdruck *culpa in contrahendo* zwei deutsche Termini:

Verschulden bei Vertragsschluss / Verschulden bei Vertragsverhandlungen (vgl. ebd. (B-204)ff.).

Je nach Sachlage wird der eine oder der andere Ausdruck verwendet und mit dem Verb *haften* mittels der Präposition *aus* verbunden. Anders muss folgende Variante betrachtet werden: *für ein Verschulden bei Vertragsverhandlungen haften.* Der deutsche Terminus wird mit der Absicht verwendet, einen konkreten Aspekt zu betonen, was den gesamten Ausdruck auf eine niedrigere Stufe der

Festigkeit verschiebt. Durch die Determination mittels des unbestimmten Artikels wird der abstrakte Begriff konkretisiert. Dies ist nicht nachzuweisen, wenn der lateinische Terminus gebraucht wird: **für ein c.i.c. haften.*

7.2.5.4 Austauschbarkeit der verbalen Komponente

In Verbindungen von Lexemen *haften + für + Verschulden* kann die verbale Konstituente lexikalisch variierbar sein. Nicht gemeint sind vereinzelte Fälle von untypischer Variation: *haftbar sein / verantwortlich sein*, die nur der Beschreibung des jeweiligen Zustandes dienen. Es handelt sich vielmehr um Äußerungen, die häufig als Alternativformen auftreten, jedoch von bestimmten Gegebenheiten abhängen. Um Verwirrungen zu vermeiden, möchte ich an dieser Stelle darauf hinweisen, dass es nicht um solche Fälle geht, in denen *Verschulden* als Bestandteil einer der oben behandelten festen Nominalgruppen (*Verschulden bei Vertragsschluss, Verschulden bei Vertragshandlungen*) auftritt. Das Verb *haften* hat in der Verbindung mit *für Verschulden* eine andere Bedeutung als in *aus c.i.c. haften* und ist deshalb ersetzbar.
Diese Variationen sind jedoch davon abhängig, ob das Substantiv *Verschulden* in der Nominalphrase erweitert wird. Wird nur über *Verschulden* gesprochen, so ändert sich die verbale Komponente nicht:

> (C-162)′ *er haftet für Verschulden* → (R?)*er hat für Verschulden einzustehen* → (R?)*er muss für Verschulden einstehen*

Dabei wird das Substantiv in nicht erweiterten Wortgruppen vom Typ (C-162) mit Nullartikel gebraucht. Dies hängt mit seiner abstrakten Bedeutung zusammen, denn Abstrakta werden allgemein mit Nullartikel verwendet (vgl. Weinrich 2003:427). In der Tat kommt die nicht erweiterte und nicht modifizierbare Struktur in allgemeinen Aussagen vor, die um eine Begleitinformation ergänzt sind: Präpositionalgruppe mit *bei*, eingeleiteter Nebensatz mit *wenn*. Das *Verschulden* wird dabei nicht näher spezifiziert.
Wird über *eigenes Verschulden* gesprochen, so ist auch nur der Nullartikel belegt. Die verbale Konstituente erweist sich dabei als variabel:

> (C-163a) *haftet der Schuldner nicht nach … bloß für eigenes Verschulden* (Lb Medicus 2002:165) → (C-163b) *Müßte der Schuldner nur für eigenes Verschulden einstehen* (ebd.: 158)

Der Gebrauch des Verbs *einstehen* unterliegt also zwei Faktoren. Zum einen hängt er von der Erweiterung des Kernsubstantivs *Verschulden* ab:

> (C-164) *für das Verschulden seiner Erfüllungsgehilfen … einstehen* (Kom Palandt 2003:§ 280, Rn 33),

ähnlich (C-163b). Zum anderen ist, wie bereits gesagt (ad (C-162)), in einfachen Konstruktionen, in denen *Verschulden* auf keine Weise determiniert wird, in der Regel das Verb *haften*, nicht *einstehen*, zu finden.

Das Verb *einstehen* ist an bestimmte Formen gebunden: Passivparaphrase ⟨haben + zu + Inf⟩ bzw. ⟨müssen + Inf.⟩, in anderen Formen kommt es nicht vor:

(C-165) *muß nach § 278 für das Verschulden seiner Erfüllungsgehilfen ebenso einstehen* (Kom Palandt 2003:§ 280, Rn 33) → **Er steht für das Verschulden … ein*

Die Infinitiv-Konstruktion mit *zu* oder die Konstruktion mit dem Modalverb *müssen* wäre beim Verb *haften* sprachlich möglich, vgl. die hypothetische Transformation von (C-163b):

(C-163b) *Müßte der Schuldner für eigenes Verschulden einstehen* →
(C-163b)′ *Müßte der Schuldner für eigenes Verschulden haften*

Mit dieser lexikalischen Besetzung ist die Transformation in meinem Korpus nicht belegt und daher als weniger geläufig zu betrachten. Zum Ausdruck der Verpflichtung zur 'Haftung' wird das Lexem *einstehen* bevorzugt.
Das Verb *haften* ist auch in der präpositionalen Verbindung *für Verbindlichkeit* gegen das Verb *einstehen* austauschbar. Auch hier ist die morphologische Form des Verbs *einstehen* auf die modalen Konstruktionen ⟨haben + zu + Inf⟩ bzw. ⟨müssen + Inf⟩ beschränkt. Eine regelmäßige Abhängigkeit von der Erweiterung oder Nichterweiterung des Substantivs *Verbindlichkeit* lässt sich nicht feststellen (vgl. obige Erweiterungen von *Verschulden* in (C-163) – (C-165)). Es fällt eine Restriktion auf der Satzebene auf. In Sätzen, in denen das Verb durch eine Adverbialbestimmung näher bestimmt ist, ist nur das Verb *haften*, nicht aber das die modale Pflicht ausdrückende Verb *einstehen* nachgewiesen:

(C-166) *für Verbindlichkeiten … haften die Gesellschafter als Gesamtschuldner* (RWb 1999:551) → R**für Verbindlichkeiten haben die Gesellschafter als Gesamtschuldner einzustehen*[341]

In Wortgruppen vom Typ *für* ⟨+ Subst⟩ *haften* lässt sich eine Abhängigkeit von dem Lexem, welches die Funktion des substantivischen Objektes erfüllt, beobachten. Das Verb *haften* kann entweder durch *einstehen* (C-167a) oder durch ein zweites Verb, *vertreten* (C-167b), ersetzt werden:

(C-167a) *muß nach § 278 für das Verschulden seiner Erfüllungsgehilfen ebenso einstehen* (Kom Palandt 2003:§ 280, Rn 33)

(C-167b) *Der Schuldner hat ein Verschulden … zu vertreten* (§ 278)

Die Abhängigkeit von dem regierten Substantiv ist hier dadurch gegeben, dass die Austauschbarkeit der Verben nicht bei allen als Präpositionalobjekt fungierenden Lexemen zu finden ist. Sie lässt sich z.B. bei dem Lexem *Verbindlichkeit* nicht nachweisen:

(C-168a) *ob der Bürge … für künftige Verbindlichkeiten eines neuen Hauptschuldners einzustehen hat* (NJW 1993:1918) →

---

341 Zur Verbindung des Verbs *haften* mit *als Gesamtschuldner* bzw. *gesamtschuldnerisch* vgl. Kap. 7.3.2.

(C-168b) *für diese Verbindlichkeit der Bekl. gegenüber als Gesamtschuldner zu haften hatte* (NJW 1985:1219)

(C-168a) R**ob der Bürge … künftige Verbindlichkeiten … zu vertreten hat*

(C-168b) R**diese Verbindlichkeit … zu vertreten hatte*

Diese Restriktion hängt mit der Bedeutung des Verbs *vertreten* zusammen, welches sich nur auf solche Dinge bzw. solche Handlungen der außersprachlichen Realität bezieht, die mit einem bewusst oder unbewusst durchgeführten menschlichen Verhalten und dem daraus entstehenden Schadensersatz zu tun haben: 'Fahrlässigkeit', 'Mangel', 'Verschulden', 'Verspätung', 'Vorsatz'. Außerdem hängt die lexikalische Unverbindbarkeit von *Verbindlichkeit* und *vertreten* in (C-168b)R* wohl mit der oben besprochenen Präpositionalgruppe *als Gesamtschuldner* (vgl. (C-166)) zusammen. Diese Überlegungen betreffen nicht ausschließlich die Variabilität der oben angeführten Wortgruppen *für Verschulden / für Verbindlichkeiten haften*, sondern beziehen sich mehr auf die Anwendbarkeit des Verbs *vertreten* und die Verbindungen, die dieses mit anderen Lexemen eingeht.
Zu der oben genannten morphologischen Restriktion muss weiter gesagt werden, dass nicht nur die Konstruktionen *einzustehen haben / einstehen müssen* bzw. *zu vertreten haben* modal sind und dass nicht nur sie die Verpflichtung zum Ausdruck bringen. In bestimmten Sätzen kann man dem Verb *haften* einen gewissen Grad von Modalität nicht absprechen. Dies trifft v.a. auf die folgenden Formulierungen zu, vgl. oben (C-146): *Der Schuldner ... haftet er nur für Verschulden, wenn ...*(z.B. Kom Palandt 2003:§ 276, Rn 32).
Nicht als Ausdruck einer Pflicht ist das Verb *haften* in solchen Sätzen anzusehen, in denen durch die Spitzenstellung des Verbs eine Voraussetzung geäußert wird:

"Haften die Teilhaber …für eine Verbindlichkeit, so …" (§ 755)

Welches Verb in welcher Form verwendet wird, hängt also davon ab, wie explizit der Sprecher die 'Einstandspflicht' sprachlich realisieren will.

Verwendung der Konkurrenzformen

Die lexikalischen Variationen, d.h. der Austausch der Verben, ist in Verbindung mit den Textsorten zu sehen: Während im BGB konsequent nur das Verb *vertreten* in der modalen Konstruktion ⟨haben + zu + Inf⟩ zu finden ist, lässt sich in den Textsorten Urteil, Kommentar und Wörterbuch keine Einheitlichkeit feststellen. In Lehrbuchtexten dagegen sind abwechselnd die Verben *haften für / einstehen für* belegt. Ausnahmen in allen nicht gesetzlichen Texten stellen solche Fälle dar, in denen das BGB mit *zu vertreten haben* wörtlich zitiert wird.
In dieser Gruppe liegen die meisten Schwierigkeiten einer klaren Abgrenzung der Festigkeitsstufen. Alle verbale Verbindungen, die oben beschrieben werden, sind nicht fest, aber auch nicht ganz frei. Dies beweist die Überführung in die nominalen Gruppen, die als Begriffe im juristischen Kontext bekannt sind: *Haftung aus c.i.c., Haftung auf Schadensersatz, Haftung für Verschulden, Leistung an einen Dritten.* Ich betrachte sie daher als halbfeste Wortgruppen.

7.2.6 Lexikalisch variable Wortgruppen mit dem Verb `sein`

Es handelt sich um Verbindungen des Typs `sein + PräpGr`:

im Besitz sein, im Irrtum sein, im Verzug sein

Die Wortgruppen mit dieser Struktur weisen auf der syntaktischen und der morphologischen Ebene ähnliche Regularitäten wie die unter 7.2.1 behandelten Verbindungen (Typ *in Besitz nehmen*) auf. Darüber hinaus haben alle drei Verbindungen mit *sein* ein gemeinsames Merkmal auf der lexikalischen Ebene. Bevor dieses besprochen wird, möchte ich auf die Stabilitätsmerkmale eingehen. Hinsichtlich der Wortgruppe *im Besitz sein* muss auf eine Einschränkung hingewiesen werden. Die Stelle des Subjektes kann entweder durch eine Personenbezeichnung (bzw. ihre Pronominalisierung) oder durch ein nicht-persönliches Subjekt besetzt werden. Ich habe nur diejenigen mit einem persönlichen Subjektsdenotat untersucht; deswegen werden auch hier nur solche erörtert.[342]

7.2.6.1 Strukturelle Eigenschaften

Die Anordnung der Komponenten ist in bestimmten Satztypen unauflösbar und die Präpositionalgruppe verhält sich wie das abtrennbare Präfix eines Vollverbs:

(C-169) *wenn der Vermieter mit der Beseitigung des Mangels <u>in Verzug ist</u>* (§ 536a II) → R**wenn der Vermieter <u>in Verzug</u> mit der Beseitigung des Mangels <u>ist</u>*

Die Unauflösbarkeit betrifft vor allem das Vorkommen in negierten Äußerungen. Sie ist allgemein bei FVG mit dem Negationswort *nicht* zu beobachten (vgl. 7.2.1.1):

(C-170) *sofern der Mieter nicht bereits vorher mit der bisherigen Miete in Verzug war* (RWb 1999:866) → (C-168)**sofern der Mieter … <u>in Verzug</u> <u>nicht war</u>*[343]

Um weitere Restriktionen zu illustrieren, wird der obige Satz (C-169) in einer vereinfachten und leicht geänderten Form wiederaufgenommen. Weder die ganze Präpositionalgruppe noch ihr substantivisches Element ist auslassbar. Die Präpositionalgruppe kann auch nicht durch ein Präpositionaladverb, das Substantiv nicht durch ein Pronomen ersetzt werden. Diese Restriktionen entsprechen den Eigenschaften der FVG nach v. Polenz 1987:175)[344]:

(C-171) *der Vermieter ist in Verzug mit …* → **der Vermieter ist [–] mit …* → **der Vermieter ist <u>darin</u>* / **der Vermieter ist <u>in ihm</u>*

---

342 Es kann also nicht ausgeschlossen werden, dass in Wortgruppen mit nichtpersönlichen Subjekten eventuell andere Variationen auftreten können.

343 Die Fälle der Sondernegation und der Verschiebung von 'nicht' innerhalb des Satzes werden an dieser Stelle nicht näher besprochen (vgl. dazu Kap. 7.2.1.1).

344 Vgl. Bemerkung in 7.2.1 mit Hinweis auf 7.1.1.

In den zwei Wortgruppen mit *im Besitz*, *im Irrtum* fordert zwar die substantivische Komponente eine Ergänzung, um vollständige grammatische Äußerungen zu bilden; eine Attribuierung durch einen Relativsatz ist jedoch nicht möglich. Dies wird mit einer vereinfachten Äußerung verdeutlicht:

(C-172) *Er ist im Besitz der Sache* → **Er ist im Besitz, der die Sache betrifft*

In der Wortgruppe *in Verzug sein* wird das Substantiv *Verzug* erweitert. Dabei sind zwei Arten dieser Erweiterungen zu finden. Die erste Erweiterung besteht aus einem Genitivattribut des Substantivs: *in Verzug der Annahme sein* und stellt die begriffliche Einengung dar. In anderen Fällen wird die gesamte Verbgruppe durch eine Präpositionalgrupe ⟨mit + Subst⟩ attribuiert (vgl. (C-170)), was vom darzustellenden Sachverhalt abhängt.

7.2.6.2 Morphologische Eigenschaften

In den Verbindungen *im Besitz* ⟨+ `Subst`$_{G}$⟩ *sein*, *im Irrtum* ⟨`PräpGr`⟩ *sein* sind keine morphologischen Änderungen der substantivischen Komponente belegbar. Die Variante *im Besitze* wird hier außer Betracht gelassen.[345]

Artikelgebrauch

Der Artikelgebrauch ist auf den bestimmten (enklitischen) Artikel festgelegt: *im Besitz*, *im Irrtum*. Trotz zweier Abweichungen darf der enklitische Artikel *im* als Merkmal der morphologischen Beständigkeit angesehen werden. Die Äußerung (C-173) ist einem Beispielsfall in einem Lehrbuchtext entnommen:

(C-173) *Da K ... in Besitz der Sache war* (Lb Schwab/ Prütting 2000:180)

Beim artikellosen Gebrauch lässt sich keine Bedeutungsänderung beobachten. Es handelt sich mehr um nichtstandardsprachlichen Gebrauch; daher betrachte ich die so gebildete Verbindung nicht als eine regelmäßige Variante.
Nur die Wortgruppe *im Verzug sein* weist einen schwankenden Artikelgebrauch auf. Im nominalen Teil sind nämlich abwechselnd der Wegfall des Artikels *in Verzug*[346] und der bestimmte Artikel *im Verzug* (in allen Textsorten) belegt. Der Vergleich der Sätze, in denen beide Varianten vorkommen, führt auf den ersten Blick nicht zu einer Schlussfolgerung hinsichtlich der lexikalischen Umgebung, z.B. Erweiterung durch Präpositionalgruppe ⟨mit + Deverbativum⟩:

(C-174a) *Wenn der Vermieter mit der Beseitigung des Mangels in Verzug ist* (§ 536a II) → (C-174b) *wenn der Hauptschuldner mit der Erfüllung seiner Verbindlichkeit im Verzug ist* (§ 775 I)

---

345 Zum zurückgegangenen Gebrauch der Dativendung *-e* besonders in einigen präpositionalen Wendungen mit maskulinen Substantiven vgl. Helbig/Buscha (2001:211).

346 Dies würde der bereits erwähnten Regel entsprechen, nach der bei Verbgefügen mit Präposition der Artikel häufig fehlt. Vgl. Weinrich (2003:430).

Werden aber mehrere Sätze zum Vergleich herangezogen, so ergibt sich, dass der Artikelwechsel nicht uneingeschränkt erfolgt. Eine gewisse Kontextbedingtheit besteht nämlich darin, dass der bestimmte Artikel (immer verschmolzen mit der Präposition) dann gebraucht wird, wenn in der syntaktischen Funktion des Subjektes das Lexem *Schuldner* bzw. das terminologische Gegenstück *Gläubiger* (§ 264) auftritt.
Wird aber die Funktion des Subjektes durch Lexeme wie *Vermieter*, *der Mieter*, *der Verkäufer*, also Unterbegriffe zu *Schuldner*, oder durch andere konkretisierende Lexeme wie *die Beklagte*, *der Besitzer* ausgefüllt, so fällt der Artikel weg: *in Verzug sein*.[347] Daraus lässt sich folgern, dass sich der enklitische Artikel in der Wortgruppe, deren Subjekt *Schuldner* ist, aus der referentiellen Bedeutung des Ausdrucks ergibt: Handelt es sich um *den Schuldner*, so liegt *der Schuldnerverzug*, d.h. eine konkrete Art des Verzugs vor. Eigentlich wäre die Verwendung des Kompositums *Schuldnerverzug* zu erwarten. Dieses wird aber durch den situativen Kontext und durch die Nähe des gleichen Grundmorphems auf das Grundwort verkürzt und auf der sprachlichen Ebene durch den bestimmten Artikel determiniert, der mit der Präposition zusammengezogen ist: *in dem* → *im Verzug*. Das Lexem *Verzug*, eigentlich die verkürzte Variante von *Schuldnerverzug*, ist durch den Kontext eindeutig interpretierbar und wird aus stilistischen Gründen verwendet. Vgl. den folgenden Satz mit dem obigen Beispiel (C-174b):

> (C-174b) R**wenn der Hauptschuldner mit der Erfüllung seiner Verbindlichkeit im Schuldnerverzug ist*

7.2.6.3 Sonstige Eigenschaften

In der Wortgruppe *im Verzug sein* ist auch die Erweiterung des Substantivs durch ein Genitivattribut bezeugt, z.B. durch *Annahme*. Mit letzterem bildet es den juristischen Begriff *Verzug der Annahme* oder *Annahmeverzug*. Diese Identifizierung durch ein anderes Lexem bedeutet zugleich eine Begriffseinengung und entsprechend den gemeinsprachlichen Regeln wird diese durch den bestimmten Artikel zum Ausdruck gebracht: *in + dem* → *im Verzug der Annahme sein* (vgl. Helbig/Buscha 2001:334). Die nähere Bestimmung durch das nachgestellte Genitivattribut führt nicht immer zum Gebrauch des bestimmten Artikels, vgl. die ähnlich strukturierte Wortgruppe: *in Verzug der Annahme kommen* (und nicht R**in den Verzug der Annahme kommen*). Daraus lassen sich zwei Schlussfolgerungen ziehen: Zum einen kommt der bestimmte Artikel auch bei einer Identifizierung des betroffenen Objektes *Verzug* durch den sprachlichen Kontext nur dort vor, wo er mit der Präposition verschmolzen ist. Zum anderen sollte als

347 Die Bezeichnung 'Unterbegriffe' basiert auf der fachlichen Bedeutungsextension des Lexems *Schuldner*. Dieses bezeichnet nicht nur denjenigen, der zu zahlen hat, sondern im Kontext der Vertragsverhältnisse jeden, der etwas leisten muss, vgl. die allgemeinsprachliche Bedeutung "jmd., der einem anderen etw., bes. Geld schuldet" (Duden 1999:3450).

Ausgangsform für die nicht erweiterte Nominalphrase eigentlich die Verbindung *in Verzug sein* betrachtet werden, wenn man bedenkt, dass, wie oben gesagt wurde, *Verzug* mit enklitischem Artikel nur die abgekürzte Form des Kompositums *Schuldnerverzug* bzw. der Substantivgruppe *Verzug des Schuldners* ist. Abschließend sei zur Attribuierung der substantivischen Konstituenten in den vorstehenden Verbalverbindungen Folgendes bemerkt: In der Wortgruppe *im Verzug sein* wird das Substantiv *Verzug* nicht durch ein vorangestelltes adjektivisches Attribut, sondern nur durch ein Genitivattribut aus Gründen der fachlichen Spezifizierung erweitert. Die Attribuierung ist aus sprachlichen Gründen in zwei anderen Fällen obligatorisch: *im Besitz* ⟨+ $\texttt{Subst}_G$⟩ *sein*, *im Irrtum* ⟨`PräpGr`⟩ *sein*.

7.2.6.4 Austauschbarkeit der verbalen Komponente

Die lexikalische Variation beruht auf der Austauschbarkeit der verbalen Konstituente. Diese ist durch das Verb *sich befinden* ersetzbar. Daraus ergeben sich die Alternativformen:

(C-175a) *im Besitz sein* → (C-175b) *sich im Besitz befinden*

(C-176a) *im Irrtum sein* → (C-176b) *sich im Irrtum befinden*

(C-177a) *im Verzug sein* → (C-177b) *sich im Verzug befinden*

In der obigen Beschreibung der morpho-syntaktischen Eigenschaften der Verbindungen mit *sein* wurde ihre Zuordnung zu FVG bereits erwähnt; auch der Austausch des Verbs steht mit dieser Zuordnung in Übereinstimmung[348]. Es lässt sich keine semantische Verschiebung als Folge der lexikalischen Variation feststellen. Die Wortwahl im BGB, wo die b-Varianten mit dem Verb *sich befinden* kein einziges Mal belegt sind, ist nicht als lexikalische Restriktion, sondern als textsortenspezifische Eigenschaft zu betrachten.[349] Darüber hinaus kann jede der Verbgruppen durch ein entsprechendes Vollverb bzw. Kopulaverb mit adjektivischem Prädikatsteil ersetzt werden[350]:

im Besitz sein → *besitzen*, *im Irrtum sein* → *irren*, *im Verzug sein* → *säumig sein*

Die Ersetzung der gesamten Wortgruppe durch ein Vollverb betrifft einen Aspekt, der an dieser Stelle außer Betracht gelassen wird.

---

348 So z.B. v. Polenz (1987:175) bei den echten FVG. Vgl. auch Helbig/Buscha (2001:80) über die weiter gefasste Gruppe der FVG.

349 Das Verhalten der jeweiligen Verbindungen mit dem Verb *sich befinden* wurde nicht näher untersucht, weil sie lediglich als lexikalische Alternativformen anzusehen sind. Daher können die obigen Aussagen über den Artikelgebrauch in der Präpositionalgruppe weder auf diese Varianten übertragen noch hinsichtlich der Abhängigkeit von anderen Faktoren verallgemeinert werden.

350 Vgl. Helbig/Buscha (2001:69).

Die Austauschbarkeit der verbalen Komponente ist die einzige Variation, die auch in den gemeinsprachlichen, als Funktionsverbgefüge (v. Polenz 1987:175) klassifizierten Wortgruppen zu beobachten ist. Die oben beschriebenen Verbindungen zeichnen sich durch invariable syntaktische und (mit Ausnahme einer Wortgruppe) morphologische Eigenschaften aus. Auf Grund der lexikalischen Variation werden die drei verbalen Gruppen den halbfesten Wortgruppen zugeordnet.

7.2.7 Strukturell und/oder lexikalisch variable Wortgruppen mit dem Verb sein

Eine Subklasse der Verbindungen des Verbs *sein* bilden solche mit erweiterten Komponenten:

in gutem Glauben sein, nicht in gutem Glauben sein, in der Geschäftsfähigkeit beschränkt sein

Diese Wortgruppen zeichnen sich durch mehrere Variationen aus. Ihre Variabilität geht auf die strukturelle Änderung innerhalb der nominalen Gruppe zurück, die in der Zusammensetzbarkeit der konstituierenden Bestandteile besteht. Außerdem lässt die negierte Wortgruppe mit *nicht* weitere Änderungen zu, worauf explizit eingegangen wird. Innerhalb dieser Unterklasse wird auf Grund der strukturellen Ähnlichkeit und der vergleichbaren Modifikationen auch der Ausdruck *in der Geschäftsfähigkeit beschränkt sein* besprochen, in dem die verbale Komponente durch das Kopulaverb *sein* und das adjektivische Prädikat *beschränkt* gebildet ist.

7.2.7.1 Strukturell variable Wortgruppen

7.2.7.1.1 Strukturelle und morphologische Eigenschaften

Die Festgefügtheit zwischen dem Verb und den übrigen Prädikatsteilen kommt durch ihre strukturelle Unauflösbarkeit zum Ausdruck. Der nominale Teil, bestehend aus einer adjektivischen und einer substantivischen Komponente, kann nicht zerlegt werden:

(C-178) *er war in gutem Glauben → *Er war in Glauben, der gut ist*

(C-179) *er ist beschränkt in der Geschäftsfähigkeit → *Er ist in der Geschäftsfähigkeit, die beschränkt ist*

Keine der nominalen Komponenten ist auslassbar, denn die Weglassung würde zu nichtsprachlichen Äußerungen führen:

(C-180) *er war in gutem Glauben → *Er war in Glauben*[351]

(C-181) *er ist beschränkt in der Geschäftsfähigkeit → *Er ist in der Geschäftsfähigkeit / *Er ist beschränkt*

---

351 Vgl. mit der Wortgruppe ⟨Vollverb + PräpGr⟩ *im Glauben kaufen*: "A kauft 'den Hund' des B im Glauben, es handle sich um ..." (Lb Köhler 2001:83).

Die an (C-178) – (C-181) illustrierte Unauflösbarkeit ergibt sich nicht zuletzt aus der Festigkeit der semantischen Verbindung dieser zwei Ausgangskomponenten.[352] In der komplexen Verbindung mit dem adjektivischen Prädikatsteil *beschränkt* wird immer eine bestimmte Anordnung der Konstituenten eingehalten:

(C-182) *Vater und Mutter ... wenn sie in der Geschäftsfähigkeit beschränkt sind* (RWb 1999:17) → R**wenn sie ... beschränkt in der Geschäftsfähigkeit sind*

Artikelgebrauch

Die Invariabilität auf der morphologischen Ebene kommt durch den festen Artikelgebrauch zum Ausdruck. Das Substantiv ist durch den Nullartikel (C-183) oder den bestimmten Artikel (C-184) determiniert:

(C-183) *in gutem Glauben sein*

(C-184) *in der Geschäftsfähigkeit beschränkt sein* → **in Geschäftsfähigkeit beschränkt sein*

Der Artikelgebrauch hängt mit der abstrakten Bedeutung des Substantivs *Geschäftsfähigkeit* zusammen. Damit verbunden ist die Numerusbeständigkeit, d.h. die obligatorische Singularform.[353]

7.2.7.1.2 Strukturelle Variation

Die Modifikation beruht auf der Zusammensetzung des Adjektivs mit dem Substantiv innerhalb der Präpositionalgruppe:

(C-185a) *in gutem Glauben sein* → (C-185b) *gutgläubig sein*

In der Wortgruppe *in der Geschäftsfähigkeit beschränkt sein* wird die Präpositionalgruppe *in der Geschäftsfähigkeit* in das entsprechende Adjektiv *geschäftsfähig* überführt. Das zusammengesetzte Adjektiv *geschäftsfähig* wird zum Prädikatsteil, welches durch *beschränkt* näher bestimmt ist. Das Adverbial *beschränkt* kann unter terminologischem Aspekt nicht ausgelassen werden, damit eine Bezeichnung gebildet werden kann, die mit der Präpositionalgruppe identisch ist:

(C-186a) *in der Geschäftsfähigkeit beschränkt sein* → (C-186b) *beschränkt geschäftsfähig sein*

Strukturell und auch semantisch ist nämlich auch die Verbindung ohne *beschränkt* akzeptabel:

(C-186)′ *geschäftsfähig sein*

Die auf nur zwei Elemente reduzierte Wortgruppe (C-186)′ unterscheidet sich von (C-186a/b) semantisch, indem sie einen anderen Sachverhalt, den Begriff

---

352 Zu festen Adjektiv-Substantiv-Verbindungen vgl. Kap. 6.1.1, 6.1.2.

353 Mehr zur Numerusbeständigkeit und zum Artikelgebrauch im Rahmen der Besprechung von adjektivisch-substantivischen Wortgruppen (Kap. 6.1.1.2).

der Geschäftsfähigkeit, bezeichnet. Die sprachlich akzeptable Wortgruppe wird manchmal durch ein drittes Glied: *unbeschränkt / voll* erweitert und zählt damit zu den freien Wortgruppen.
Kennzeichen der hier beschriebenen variablen Wortgruppen ist jedoch die Beibehaltung der bedeutungstragenden Konstituenten.[354] Diese Verbindungen werden als halbfest eingeordnet. Für diese Einordnung sprechen folgende Merkmale:

a) es besteht eine Abhängigkeit zwischen den Konstituenten der Präpositionalgruppe bzw. ihrer Grundmorpheme und dem Verb bzw. seinem Prädikatsteil,
b) alle Konstituenten stellen in beiden strukturellen Formen eine lexikalische Einheit dar,
c) diese lexikalische Einheit ist die Realisierung eines Fachbegriffes: Zustand der 'Gutgläubigkeit', der 'beschränkten Geschäftsfähigkeit'.

Die oben illustrierten Variationen (C-185a/b) und (C-186a/b) sind nicht bei allen gleichstrukturierten Wortgruppen zu finden. Die Überführung des Adjektivs in Verbindungen mit anderen lexikalischen Partnern ist nicht möglich (C-187) bzw. zumindest nicht gebräuchlich[355] (C-188):

(C-187) *ist der Minderjährige ... unbeschränkt geschäftsfähig* (RWb 1999:544) → R**unbeschränkt in der Geschäftsfähigkeit sein*

(C-188) *gutgläubig erwerben* → R(?)*in gutem Glauben erwerben*

Die Wahl der kompositorischen (C-185a) oder der analytischen Form (C-185b) kann in einigen Fällen für das lexikalische Umfeld entscheidend sein, vgl. die Verwendung von *in gutem Glauben sein*:

(C-189a) *der Erwerber war ... in gutem <u>Glauben an</u> die Verfügungsbefugnis* (RWb 1999:1356) →

(C-189b) *... kann daher die Bekl. weder hinsichtlich ... noch hinsichtlich der Verfügungsbefugnis des L ... gutgläubig gewesen sein.* (NJW 1999:426)

Bei der Wortgruppe *in der Geschäftsfähigkeit beschränkt sein* ist keine ähnliche Beeinflussung durch den sprachlichen Kontext feststellbar, weil sie infolge ihrer Bedeutung keiner weiteren Ergänzung bedarf.
Zwischen den analytischen Wortgruppen mit Präpositionalgruppe und den konkurrierenden Konstruktionen mit zusammengesetzten Teilen lässt sich kein semantischer Unterschied feststellen. Die Konkurrenzkonstruktionen (C-185b) und (C-186b) können als sprachökonomische Ausdrücke angesehen werden.

---

354 Die Diskussion darüber, ob Präpositionen bedeutungstragend sind oder nicht, ist hier irrelevant (vgl. Kap. 2.1). Durch die Univerbierung und die Überführung aller Konstituenten in den adjektivischen Bereich ist die Präposition ohnehin nicht erforderlich. 'Bedeutungstragend' betrifft hier also nur die nominalen Konstituenten.

355 Auf Grund der zahlreichen Abweichungen in juristischen Äußerungen ist die Unterscheidung zwischen 'unmöglich' und 'ungewöhnlich' mehr als angemessen.

Die ersteren, d.h. die expliziteren, werden im BGB konsequent verwendet und weisen dadurch eine Textsortenspezifizität auf. In anderen Textsorten lässt sich eine Bevorzugung der kürzeren Formen nachweisen, abgesehen von wörtlichen Wiedergaben der gesetzlichen Bestimmungen.
Die negierte Wortgruppe *nicht in gutem Glauben sein* kann unter zwei Aspekten betrachtet werden: hinsichtlich ihrer Struktur (und damit auch der Morphologie) und hinsichtlich ihrer lexikalischen Besetzung. Unter strukturellem Aspekt kann die Präpositionalgruppe in ein zusammengesetztes Adjektiv transformiert werden:

(C-190a) *wenn der Erwerber ... nicht in gutem Glauben ist* (§ 937 II) →
(C-190b) *wenn der Erwerber ... nicht gutgläubig ist*

Für die mit *nicht* negierte Form gelten die gleichen Restriktionen wie für die nicht negierte (vgl. die Ausführungen zu (C-178)). Deshalb werden sie hier nicht einzeln aufgelistet. In Bezug auf die Textsorten ist die kompositorische Form im BGB nicht zu finden. Sie lässt sich dagegen in allen anderen Textsorten als die überwiegend verwendete Variante nachweisen.

7.2.7.1.3 Sonderfall der lexikalisch-strukturellen Variation

Im Folgenden soll die Möglichkeit, die Verbindung lexikalisch zu variieren, betrachtet werden:

(C-191a) *nicht in gutem Glauben sein* → (C-191b) *in bösem Glauben sein*

Die lexikalische Variation ergibt sich aus der Möglichkeit, die Konstituenten *nicht* + *gut* durch das antonymische Einzelwort *böse* zu ersetzen. Diese geht auf den Gegensatz der Referenzbegriffe *guter Glaube* und *böser Glaube* zurück. Syntaktisch gesehen verhält sich die Wortgruppe mit dem Grundmorphem *bös-* ähnlich wie die mit ihrem gegenübergestellten negierten Ausdruck *nicht gut*.
Auf der morphologischen Ebene begegnet eine Unregelmäßigkeit (dadurch unterscheidet sich (C-191b) von (C-191a)), indem der Artikel zwischen dem enklitischen und dem Nullartikel schwankt:

(C-192a) *im bösen Glauben sein* (RWb 1999:420, 605) → (C-192b) *in bösem Glauben sein* (ebd.: 207, 355)

Parallel zu dem antonymischen Ausdruck begegnet zu dieser lexikalischen Variante eine strukturelle Modifikation:

(C-193a) *in bösem Glauben sein* → (C-193b) *bösgläubig sein*

Die Wortgruppe *bösgläubig sein* ist wohl nicht als strukturelle Variante von (C-190a) *nicht in gutem Glauben sein*, sondern von (C-192b) bzw. (C-193a) *in bösem Glauben sein* zu bewerten.
Was aber den textsortenspezifischen Gebrauch betrifft, so ist die Variante mit dem Grundmorphem *bös-* im BGB kein einziges Mal belegt; in den anderen Textsorten ist, abgesehen von der sprachökonomischen Bevorzugung der adjektivischen Form (C-193b) vor der präpositionalen (C-193a), keine Tendenz festzustellen.

In einigen Fällen kann sich der sprachliche Kontext als restriktiv erweisen:

(C-194) *darf der Ewerber ... nicht bösgläubig sein* (Kom Palandt 2003: § 934, Rn 5)

(C-195) *Besitzer muß bei ... bösgläubig gewesen sein* (ebd.: § 1007, Rn 5)

In den obigen Fällen erfordern die Modalverben *dürfen* (C-194) bzw. *müssen* (C-195) die adjektivische Konstruktion, die weniger schwerfällig wirkt, vgl. die Transformationen:

(C-194)′ *darf der Ewerber ... nicht in bösem Glauben sein*

(C-195)′ *Besitzer muß ... in bösem Glauben gewesen sein*

Infolge des Kontextes ist in den obigen Äußerungen (C-194), (C-195) die explizit verneinte Form (C-191a) *nicht in gutem Glauben* nicht zu finden. Der Satz (C-194) enthält bereits eine Negation; die hier als Ausgangsform genommene negierte Verbindung (C-191a) würde eine zusätzliche Negation bedeuten:

(C-194) **darf ... nicht in gutem Glauben nicht sein*

In (C-195) stellt das Modalverb *müssen* die Restriktion dar; die negierte Form würde zu einer sinnlosen Äußerung führen:

(C-195) **muß ... nicht in gutem Glauben gewesen sein*

An den Beispielen (C-194), (C-195) und ihren Transformationen (C-194)′, (C-195)*, (C-195)′, (C-195)* soll die Beschränkung der lexikalischen Austauschbarkeit illustriert werden. Daher ist hier nebensächlich, dass in beiden Fällen neben der adjektivischen auch die präpositionale Form möglich wäre. Diese ist ohnehin bereits als schwerfällig abgelehnt worden, vgl. (C-194)′, (C-195)′.

Was die Stabilität betrifft, so können auch die Wortgruppe *nicht in gutem Glauben sein* und ihre Alternativformen als halbfeste Verbindungen eingestuft werden. Einerseits kann man von einer halbfesten Verbindung (*nicht in gutem Glauben sein*) und ihren strukturellen (*gutgläubig sein*) und lexikalischen (*in bösem Glauben)* Variationen sprechen. Andererseits liegen – vom lexikalischen Gesichtspunkt her – zwei Varianten (eine explizit, eine lexikalisch negierte) vor, die parallele strukturelle Modifikationen aufweisen.

7.2.7.2 Strukturell-lexikalisch variable erweiterte Wortgruppen

Im Folgenden werden zwei andere Wortgruppen betrachtet, deren verbale Konstituente aus dem Kopulaverb *sein* und einem adjektivischen Prädikatsteil besteht, der durch eine Präpositionalgruppe determiniert ist:

von Anfang an nichtig sein, wegen Formmangels nichtig sein

Wortgruppen dieser Struktur weisen mehrere Änderungen auf, die hier unten besprochen werden.

7.2.7.2.1 Strukturelle Eigenschaften

Hinsichtlich der syntaktischen Verbindung lässt sich die Präpositionalphrase von dem Prädikatsteil trennen, da das adjektivische Prädikativ semantisch selbständig ist und nach der Weglassung der Präpositionalphrase sprachlich, sowohl allgemein als auch terminologisch, akzeptabel bleibt:

(C-196) *Das Rechtsgeschäft ist von Anfang an nichtig*

(C-197) *ein sittenwidriges Rechtsgeschäft ist nichtig* (RWb 1999:1169)

Unter semantischem Aspekt dient die Präpositionalgruppe der Präzisierung des Begriffs 'nichtig': *von Anfang an, wegen Formmangels.* Bei dem zu vergleichenden Ausdruck *in der Geschäftsfähigkeit beschränkt sein → *[-] beschränkt sein* (7.2.7.1) ergibt sich dagegen ohne die Präpositionalgruppe keine vollständige Einheit. Die hier beschriebenen Verbindungen können jedoch nicht als völlig frei angesehen werden, denn es gibt in der außersprachlichen, d.h. juristischen, Realität festgelegte Voraussetzungen, die sich auf bestimmte Sachverhalte beziehen. Wenn solche Voraussetzungen auf der Ebene der Referenzhandlung erfüllt werden, wird diese durch die Verbindung von bestimmten Lexemen versprachlicht. Für die jeweiligen Präpositionalgruppen, die mit dem Verb *sein* verbunden sind, lassen sich keine Variationen feststellen. In der Verbindung *von Anfang an* kann keine ihrer Komponenten ausgelassen werden:

(C-198) *Das Rechtsgeschäft ist von Anfang an nichtig → *Das Rechtsgeschäft ist von Anfang [–] nichtig*

Die präpositionale Verbindung kann nicht lexikalisch variiert werden. So können z.B. weder die Präpositionen in Circumstellung *von an* durch die synonyme Präposition *ab* in temporaler Bedeutung ersetzt, noch kann die ganze Präpositionalgruppe gegen den synonymen Ausdruck *vornherein* ausgetauscht werden:

(C-199) *Das Rechtsgeschäft ist von Anfang an nichtig → *Das Rechtsgeschäft ist ab Anfang nichtig →* R**ist von vornherein nichtig*

Ähnliches gilt für *wegen Formmangels* als Teil der Verbalgruppe, in der die präpositionale Komponente nicht austauschbar ist:

(C-200) *Ist der Vertrag wegen Formmangels nichtig* (Kom Palandt 2003:§ 139, Rn 2) → R**ist der Vertrag bei Formmangel* / R**auf Grund des Formmangels* / R**infolge des Formmangels nichtig*

(C-201) *Ist der Vertrag wegen Formmangels nichtig* (vgl. (C-200)) → R**wegen Mangels der Form* / R**wegen Formfehlers* / R**wegen Fehlers der Form nichtig*

Die unter (C-200) und (C-201) aufgelisteten Variationen (markiert als ⟨R*⟩) sind zwar sprachlich akzeptabel, in meinem Korpus ist jedoch keine von ihnen zu

finden.[356] Daraus lässt sich folgern, dass sie im juristischen Sprachgebrauch nicht zu den standardisierten Ausdrücken gehören.
Für diese Wortgruppen ist kennzeichnend, dass die Überführung des prädikativen Teils in ein adjektivisches Attribut möglich ist:

(C-202a) *Von Anfang an nichtig ist eine Verfügung von Todes wegen nach …* (Kom Palandt 2003:§ 1937, Rn 18) → (C-202b) *eine von Anfang an nichtige Verfügung von Todes wegen*

(C-203) *Ist der Vertrag wegen Formmangels nichtig* (vgl. (C-200)) → *'ein wegen Formmangels nichtiger Vertrag*

Diese attributive Verwendung ergibt sich aus der morphologischen Zugehörigkeit von *nichtig*, welches als Adjektiv sowohl in prädikativer als auch in attributiver Funktion gebraucht werden kann. Auf die jedoch seltenere Verwendung der komplexen präpositional-verbalen Gruppe wird weiter unten eingegangen. Weitere Eigenschaften werden für jede Verbindung getrennt behandelt, da sie sich in einigen Hinsichten voneinander unterscheiden.

7.2.7.2.2 Lexikalische Variation

Die Wortgruppe *von Anfang an nichtig sein* ist lediglich lexikalisch variierbar:

(C-204a) *Ist der Vertrag von Anfang an nichtig* (vgl. (C-200))

(C-204b) *diese Vertragsbestimmungen seien von Anfang an unwirksam* (NJW 1988:2363)

Der Austausch geht auf die teilweise Synonymie der Adjektive *nichtig* und *unwirksam* zurück. Was die Struktur der Verbindung angeht, so bleibt sie unabhängig von der lexikalischen Besetzung immer gleich. Die Präpositionalphrase steht vor dem Adjektiv:

(C-205a) *Denn der Vertrag … war von Anfang an nichtig* (NJW 2002: 1052) → **Denn der Vertrag war nichtig von Anfang an* (C-205b) *diese Vertragsbestimmungen seien von Anfang an unwirksam* (= (C-204b)) → **diese Vertragsbestimmungen seien unwirksam von Anfang an*[357]

Der Austausch der Adjektive *nichtig* und *unwirksam* bezieht sich auch auf die Verbindung mit *wegen Formmangels*.
Nicht möglich ist die Auflösung der Struktur in einem Nebensatz:

(C-206) *Der … Beitritt ist damit regelmäßig nicht von Anfang an nichtig* (NJW 2003:1254) →

---

356 Zu den Alternativformen *Mangel der Form* vs. *Formmangel* vgl. Kap. 6.2.2.1.

357 Wird die Wortgruppe aber in ein Substantiv überführt, so wird diesem die Präpositionalgruppe nachgestellt: *Nichtigkeit von Anfang an.*

(C-206)′ *wenn der ... Beitritt damit regelmäßig nicht von Anfang an nichtig ist* → **wenn der ... Beitritt nicht von Anfang an damit regelmäßig nichtig ist* / **wenn das Rechtsgeschäft von Anfang an unter diesen Umständen nichtig ist.*

Die lexikalische Beständigkeit der Konstituenten in der Präpositionalgruppe (*von Anfang an*, *wegen Formmangels*) wurde an obigen Beispielen (C-199) – (C-201) illustriert.

Artikelgebrauch

Die morphologische Stabilität innerhalb der Präpositionalgruppe liegt im regelmäßigen Fehlen des Artikels.[358] Dem liegt bei der Verbindung *von Anfang an* der Gebrauch der Präpositionen in Circumstellung zugrunde, die mit einem Abstraktum vorkommen. Diese Verbindung weist, zumindest im juristischen Kontext, Merkmale der Lexikalisierung auf. Lexikalisierte Wendungen stehen auch in der Gemeinsprache oft ohne Artikel (vgl. Weinrich 2003:430).[359] Ein anderer Artikel ist nicht nachzuweisen:

(C-207) *von Anfang an nichtig sein* → **von dem* / **vom Anfang an nichtig sein*

Es wurde bereits oben bemerkt, dass der adjektivische Prädikatsteil und die Präpositionalgruppe syntaktisch nicht aneinander gebunden sind (vgl. (C-197)). Zusammen bilden die Elemente *von Anfang an* und *nichtig* jedoch eine terminologische Einheit, was folgende definitionsähnliche Äußerung zeigt:

"Wenn [...] das Rechtsgeschäft [...], so ist es als von Anfang an nichtig anzusehen" (§ 142 I).

Dies hängt damit zusammen, dass es mehrere Arten der 'Nichtigkeit' gibt, die terminologisch abgegrenzt sind. Unter sprachlichem Aspekt handelt es sich also um Reihenbildungen von *nichtig*, z.B. *wegen Sittenwidrigkeit / wegen Formmangels nichtig* sein. Die Anzahl der lexikalisierten Reihungen ist aber nicht uneingeschränkt. Es gibt nämlich Verbindungen mit *nichtig*, die ebenso wie die terminologisch verfestigten strukturiert sind, infolge der Fallabhängigkeit jedoch zu den freien Wortgruppen gehören, z.B.:

(C-208) *Gewährleistungsausschluß, der wegen Arglist des A nach § 476 nichtig ist* (Lb Köhler 2001:241)

---

358 Ich habe schon oben (Kap. 7.1.1.1) auf den textlinguistisch wichtigen Unterschied zwischen dem Nullartikel und dem Fehlen des Artikels hingewiesen. Hier handelt es sich zwar um ein Abstraktum, welches im Singular mit Nullartikel auftritt. In Verbindung mit der Präposition liegt jedoch eindeutig der Fall des fehlenden Artikels vor. Weitere Beispiele sind z.B. Weinrich (2003:428ff.) zu entnehmen.

359 Ein anderes Beispiel für den festen artikellosen Gebrauch in präpositionalen Wortgruppen ist der gleichstrukturierte (nicht fachsprachliche) Ausdruck *von Jugend* an.

Verwendung der Konkurrenzformen

Was die Wortwahl, d.h. die Wahl zwischen *nichtig* und *unwirksam* in den untersuchten Textsorten betrifft, so ist im BGB nur das Adjektiv *nichtig* in dieser Verbindung zu finden. In den anderen Textsorten deutet der Gebrauch keine Tendenz an, mit Ausnahme solcher Äußerungen (besonders in Fachwörterbuch- und in Lehrbuchtexten), die den Gesetzeswortlaut wörtlich wiedergeben. Die Austauschbarkeit beider Lexeme auf Grund ihrer teilweisen Synonymität wird durch die Existenz eines dritten sachverwandten Lexems (*ungültig*) erweitert. Dies kann besonders für die fremdsprachliche Fachkommunikation ein erschwerender Faktor sein. Ich finde dies deswegen erwähnenswert, weil das nicht negierte Adjektiv *gültig* mit der Präpositionalgruppe *von Anfang an* vorkommen kann: *bedingte Rechtsgeschäfte sind ... von Anfang an gültig.* Die Verbindung der negierten Form *ungültig* mit der Präpositionalgruppe ist jedoch ungewöhnlich; in meinem Korpus ist sie nicht belegt: **von Anfang an ungültig.* Darüber hinaus spielt das Bezugsobjekt (*Rechtsgeschäft* und andere Lexeme als dessen Konkretisierungen, am häufigsten *der Vertrag*) eine Rolle: *ein Vertrag* kann zwar *ungültig* sein, nicht aber **von Anfang an ungültig.*[360]

7.2.7.2.3 Strukturelle und lexikalische Variation

Strukturell und lexikalisch variierbar ist die Wortgruppe *wegen Formmangels nichtig sein.*

Die strukturelle Verbindung zwischen der Präpositionalgruppe und dem Prädikat wurde zum Teil bereits behandelt.[361] Neben der attributiven Ergänzung in der gesamten Verbindung: *wegen Formmangels nichtig* (vgl. (C-203)) gehört zu den Merkmalen an der Oberfläche eine weitere Änderung:

In eingeleiteten Nebensätzen mit mehreren Satzgliedern sind die Konstituenten nicht unmittelbar aneinander gebunden, vgl. *von Anfang an nichtig* in (C-206)′:

> (C-209) *daß die Übertragung ... wegen Formmangels nach § ... nichtig ist* (NJW 1986:2643)

Unter morphologischem Aspekt ist zu bemerken, dass das Substantiv innerhalb der Präpositionalgruppe in der Regel ohne Artikel auftritt; ein anderer Artikelgebrauch ist nur vereinzelt belegt:

a) In Bezug auf einen konkreten Fall kann der unbestimmte Artikel mit der kommunikativen Absicht der Betonung gebraucht werden:

> (C-210) *sei die Mithaftungsabrede aber nicht wegen eines Formmangels unwirksam*[362] (NJW 2002:746)

---

360 Die Adjektive *unwirksam* und *ungültig* sind auch in Verbindung mit anderen Lexemen unvereinbar, so z.B. in *schwebend unwirksam*, vgl. R* *schwebend ungültig.*

361 Vgl. (C-197) zur syntaktischen und semantischen Selbständigkeit des Adjektivs *nichtig*; vgl. (C-200), (C-201) zur Beständigkeit innerhalb der Präpositionalgruppe.

362 Zur lexikalischen Variante vgl. (C-216).

b) Innerhalb eines Textes wird im Zusammenhang mit einem konkreten Fall der konkrete *Formmangel* wiederaufgenommen. Dabei wird dieser durch den Demonstrativartikel determiniert:

(C-211) *Wegen dieses Formmangels ist die Mietertragsgarantie gem. § … nichtig* (Lb Köhler 2001:239)

Werden aber die Merkmale des Tatbestandes *wegen Formmangels nichtig sein*, d.h. 'der Formnichtigkeit', allgemein behandelt oder als vorliegend festgestellt, wird das Substantiv ohne Artikel gebraucht.[363] Für diese morphologische Modifikation ist also die Kontextgebundenheit von Bedeutung, die mit der niedrigen Abstraktionsebene (vgl. Kap. 4.3) zusammenhängt.
Eine weitere strukturelle Modifikation besteht darin, dass die Verbindung `Adj` + `PräpGr` sich in ein zusammengesetztes Adjektiv transformieren lässt: *formnichtig*. Diese Variation wird bei Adjektiv-Substantiv-Gruppen in Verbindung mit dem attributivischen Gebrauch des gesamten Ausdrucks kurz behandelt (vgl. (A-98) in 6.1.3.4). Daraus ergeben sich die Formulierungsmöglichkeiten in prädikativer (C-212) und auch in attributiver (C-213) Funktion:

(C-212) *Hier aber ist die [sic!] Anteilskaufvertrag formnichtig* (NJW 1998:2363)

(C-213) *Für die Heilung des formnichtigen Anteilskaufs reicht es aus, daß* (ebd.: 1994:3227)

Das zusammengesetzte Adjektiv wird in einigen Fällen infolge des sprachlichen Umfelds gewählt:

(C-214) *das gewollte Geschäft ist wegen § 313 formnichtig* (Kom Palandt 2003: § 117, Rn 8) → (C-214) ' *das gewollte Geschäft ist wegen § 313 wegen Formmangels nichtig*

In der attributiven Funktion wird die kompositorische Form häufig (nicht zuletzt) aus sprachökonomischen Gründen bevorzugt, v.a. in komplexen Strukturen (vgl. (C-215b)). Es handelt sich jedoch nicht um eine Regel (vgl. (C-215b):

(C-215a) *Die Auflage muß in Erfüllung des formunwirksamen Vertrags vorgenommen werden* (Kom Palandt 2003:§ 311b, Rn 47)

(C-215b) *die Heilung eines wegen Formmangels unwirksamen Verpflichtungsgeschäfts* (NJW 1998:2362)

In den Beispielen (C-215a/b) wird bereits ein weiteres Merkmal deutlich, und zwar die lexikalische Variation.

---

363 Vgl. Verbindungen des Typs *Schadensersatz wegen Nichterfüllung*. Es gibt nämlich mehrere juristische Verbindungen mit der Präposition *wegen*, die als Ganzes bestimmte Fallgruppen benennen, deren Substantiv sich aber auf keinen konkreten Sachverhalt der Wirklichkeit bezieht: *Anfechtung wegen Irrtums*, *wegen Sittenwidrigkeit* u.ä. Der artikellose Gebrauch ist m.E. auf das allgemeine, nicht identifizierte Abstraktum in der Präpositionalphrase zurückzuführen.

Das Adjektiv ist in folgender Weise austauschbar:

(C-216) <u>*sei*</u> *die Mithaftungsabrede aber nicht* <u>*wegen eines Formmangels unwirksam*</u> (NJW 2002:746)

Die Ersetzbarkeit unterliegt jedoch einer Restriktion. Diese liegt darin, dass die synonymischen Adjektive *nichtig* und *unwirksam* (seltener *ungültig*) an die kompositorische Form gebunden sind, v.a. wenn die Stelle des Subjekts durch die Lexeme *Rechtsgeschäft* oder *Vertrag* besetzt wird. Daraus ergibt sich, dass die lexikalische Variation bedingt ist: zum einen durch die strukturelle Ausprägung und zum anderen durch das betreffende Referenzobjekt. Äußerungen des Typs

'Das Rechtsgeschäft / der Vertrag ist wegen Formmangels unwirksam / ungültig

sind wahrscheinlich möglich (deswegen hier mit ' markiert), im juristischen Kontext jedoch selten, zumindest in meinem Material nicht zu finden. Gleiches gilt, wenn in der prädikativen Funktion das zusammengesetzte Adjektiv steht, welches sich auf *Vertrag / Rechtsgeschäft* bezieht. Vgl. den bereits angeführten Satz (C-214) mit einer ungewöhnlich klingenden[364] Transformation:

(C-214) *das gewollte Geschäft ist wegen § 313 formnichtig* → R(?)*das gewollte Geschäft ist wegen § 313 formunwirksam*

Frei austauschbar sind die Adjektive *formunwirksam, formungültig* in attributiver Funktion, unabhängig vom Bezugsnomen (vgl. (C-215a)), was hier nicht im Einzelnen besprochen wird.
Es handelt sich um die Vereinbarkeit der Morpheme *form* und *nichtig / unwirksam / ungültig* in Abhängigkeit von der morpho-syntaktischen Realisierung des Begriffes. Die syntaktische Funktion, d.h. die attributive oder die prädikative Verwendung der Wortgruppe, spielt auch eine Rolle; sie wird jedoch hier nicht weiter erörtert.[365] Für die hier behandelte Wortgruppe *wegen Formmangels nichtig sein* gilt, dass sie lexikalisch nur bedingt variabel ist.
Hinsichtlich der Stabilität werden die vorstehenden Wortgruppen nicht als frei betrachtet, weil sie im juristischen Bereich einen bestimmten terminologischen Status haben. Die Terminologisierung ist hier zwar nicht das einzige, jedoch eines der wichtigen Merkmale der festen und halbfesten fachsprachlichen Wortgruppen. Auf Grund der oben beschriebenen Variationen zählen sie zu den halbfesten Verbindungen.

---

364 Bei Wertungen wie 'ungeläufig' oder 'wenig geläufig' u.ä. orientiere ich mich bei fraglichen Formulierungen an den Äußerungen der befragten Juristen.

365 Bemerkenswert ist jedoch die Feststellung, dass sich die (Un)Vereinbarkeit auch in der strukturellen Realisierung der substantivischen Variante widerspiegelt: Nachzuweisen ist *Nichtigkeit wegen Formmangels*, nicht aber **Unwirksamkeit / Ungültigkeit wegen Formmangels*. Dagegen sind die Komposita *Formnichtigkeit, Formunwirksamkeit, Formungültigkeit* durchaus üblich.

7.2.8 Freie Wortgruppen

an die KG leisten, in einer Willenserklärung bestehen, vor weiteren Schäden bewahren, mit derartigen Erklärungen rechnen

Zum einen handelt es sich um Wortgruppen, deren Bildung einem verfestigten Schema folgt und die unter semantischem Aspekt einen konkreten Referenzsachverhalt (d.h. einen konkreten Fall der Lebenswirklichkeit) benennen. Dies lässt sich an der Wortgruppe *an die KG leisten* verdeutlichen:

(C-217) *Wie sich aus § 362 II ergibt, kann … auch an einen Dritten mit befreiender Wirkung geleistet werden. … Entsprechend muß auch gelten, wenn die GmbH … einen Anspruch der KG … erfüllen will und ihr Gesellschafter … an die KG leistet* (NJW 1986:989f.)

Die Verbindung *an die KG leisten* wird nach dem gleichen Muster gebildet wie die unter (C-151) behandelte Wortgruppe *an einen Dritten leisten.* Die letztere zeichnet sich durch gewisse Stabilitätsmerkmale (vgl. Kap. 7.2.5) und durch die gesetzlich gegebene Lexikalisierung (damit auch Terminologisierung) aus. Geht man von der gesetzlichen Formulierung des § 362 II aus, auf den in (C-217) Bezug genommen wird, so kann man die Wortgruppe *an die KG leisten* als Konkretisierung der lexikalisierten Verbindung *an einen Dritten leisten* betrachten: 'die KG' ist im vorliegenden Fall 'ein Dritter'. Vgl. (C-217) und den dort angewendeten § 362 II:

(C-151) *Wird an einen Dritten zum Zwecke der Erfüllung geleistet* (§ 362 II)

Zum anderen gehören zu den freien verbal-präpositionalen Wortgruppen Verbindungen, die der aktuellen kommunikativen Absicht entsprechen und den produktiven Sprachregeln folgen:

(C-218) *wegen Arglist des A nach § 476 nichtig ist* (Lb Köhler 2001:241)

Der Ausdruck (C-218) wird in Verbindung mit den halbfesten Wortgruppen *wegen Formmangels / von Anfang an nichtig sein* unter (C-208) angeführt, um den Unterschied zwischen den lexikalisierten, terminologischen Reihenbildungen mit dem Adjektiv *nichtig* und den nicht lexikalisierten Verbindungen dieses Adjektivs deutlich zu machen.
Vergleicht man das Beispiel (C-218) mit den oben als fest oder als halbfest klassifizierten Wortgruppen wie *wegen Formmangels nichtig sein*, so kann man sagen, dass es sich in dem hier angeführten Fall (C-218) um eine Erweiterung handelt.
Das obige Beispiel (C-218) zählt zu den freien Wortgruppen, zu deren Merkmalen die starke Abhängigkeit von einer konkreten Situation gehört.
Dieses Merkmal ist nicht bei allen freien Wortgruppen erfüllt. Viele Fügungen werden als frei eingestuft, weil sie nicht als lexikalisierte Einheiten des juristischen Wortschatzes existieren:

in einer Willenserklärung bestehen, [eine Person] vor weiteren Schäden bewahren, mit derartigen Erklärungen rechnen, als Gesamtschuldner verpflichtet sein, an die rechtsgeschäftliche Erklärung gebunden sein

Diese und ähnliche beziehen sich nicht auf einen konkreten Fall der Lebensrealität, sondern entsprechen der aktuellen kommunikativen Absicht des Sprechers, eine nicht näher bestimmte Handlung oder einen allgemeinen Zustand sprachlich zu benennen. Sie können durch Paraphrasen ersetzt werden, die als Alternativform gelten:

(C-219a) *vertrauen auf die Gültigkeit des Vertrags* → (C-219b) *vertrauen darauf, dass der Vertrag gültig ist*

(C-220a) *rechnen mit einer Kenntnisnahme durch V* → (C-220b) *rechnen damit, dass V ... zur Kenntnis genommen hat*

Die Beispiele zeigen, dass das Kriterium 'Bezug zum konkreten Fall' nicht immer angewendet werden kann. Die unter (C-219b), (C-220b) angeführten Transformationen stellen paraphrasierende Formulierungen auf der allgemeinen Beschreibungsebene dar, die fachlich genauso akzeptabel sind wie die mit (a) markierten 'Ausgangsformen'. Dagegen lassen feste Wortgruppen vom Typ *in Besitz nehmen* (7.2.1) nur eine, halbfeste Wortgruppen vom Typ *für Verschulden haften* (7.2.3) in der Regel zwei Ausdrucksformen zu.
Komplexe Strukturen mit erweitertem Substantiv der Präpositionalgruppe zählen ebenfalls zu den freien Wortgruppen. Es handelt sich um Ausdrücke:

nach den Grundsätzen des Verschuldens beim Vertragsschluss haften
für die Verbindlichkeiten der Gesellschaft haften

Die Verbverbindungen, die hier in knapper Form als freie Wortgruppen behandelt werden, weisen neben der Grundstruktur auch ihre Ausdehnungen, z.B. Attribuierung der substantivischen Komponente (*Verbindlichkeiten der Gesellschaft*), auf. Sie werden in Abhängigkeit von der Kommunikationssituation gebildet und besitzen keine allgemeine terminologische Gültigkeit.

7.2.9 Zusammenfassung Kapitel 7.2

Die Wortgruppen mit der Grundstruktur `Vb + PräpGr` weisen drei Festigkeitsstufen auf, die ihrerseits weitere Unterstufen erkennen lassen.
Auf der höchsten Stabilitätsstufe befinden sich Ausdrücke wie *in Besitz nehmen, auf Schadensersatz haften*. Diese werden als ***fest*** bezeichnet, weil sie keine (oder nur beschränkte) strukturellen und keine lexikalischen Modifikationen zulassen.
Davon abzuheben sind Verbindungen, deren verbales Glied austauschbar ist, z.B. *in Verzug kommen / geraten*.
Auch bei den Verbindungen mit dem Verb *sein* ist Austauschbarkeit der verbalen Komponente zu beobachten, z.B. *im Besitz sein → sich im Besitz befinden*. Solche Verbindungen werden als ***halbfeste*** Wortgruppen eingestuft, obwohl sie

einen gewissen Grad an struktureller Unauflösbarkeit aufweisen und sich ähnlich verhalten wie Funktionsverbgefüge.
Der zweiten Festigkeitsstufe ***halbfeste*** Wortgruppen gehören auch Verbindungen wie *für Verschulden haften, zum Erben einsetzen* an. Ihre Einstufung ergibt sich aus der lexikalischen Modifikation, die bedingt: *für Verschulden haften → für Verschulden einstehen → Verschulden vertreten* oder unbedingt ist: *zum / als Erben einsetzen.*
Zu den ***halbfesten*** Wortgruppen gehören einige Verbindungen des Typs `sein + PräpGr`, wie z.B. *in gutem Glauben sein.* Bei diesen werden zwei Unterklassen gebildet. Zum einen sind es Verbindungen, die nur strukturell, aber nicht lexikalisch variabel sind, so etwa *in gutem Glauben / gutgläubig sein.* Zum anderen liegen hier halbfeste Verbindungen vor wie *wegen Formmangels nichtig sein.* Diese zeichnen sich durch eine geringere strukturelle Festigkeit und/oder lexikalische Variabilität aus, z.B. *formnichtig / formunwirksam sein.*
Die dritte Klasse enthält Ausdrücke, die sich als ***frei*** bezeichnen lassen, z.B. *an die KG leisten, wegen der Arglist des A nichtig sein.* Es sind hier verschiedene Fälle zu verzeichnen, die sich sowohl durch ihren Bezug zur nichtsprachlichen Realität als auch durch ihre Struktur voneinander unterscheiden. Eine weitere Untergliederung der freien Wortgruppen wird jedoch nicht vorgenommen. Zur Zusammenfassung der Festigkeitsstufen vgl. Kap. 9.

7.3 Verbale Wortgruppen mit der Grundstruktur `Vb + Adv`

Verbindungen dieser Art bestehen aus einer verbalen und einer nichtverbalen Komponente. Die letztere hat auf Grund ihres adverbialen Charakters die syntaktische Funktion der Adverbialbestimmung. Zu diesem Strukturtyp wurden in der vorliegenden Arbeit die unten aufgelisteten Wortgruppen untersucht.
Beispiele[366]:

`Vb + Adv (+ Subst)`	*notariell beurkunden, gutgläubig erwerben, rechtsgeschäftlich erwerben, gesamtschuldnerisch haften, persönlich haften, arglistig handeln, vorsätzlich handeln, fahrlässig nicht kennen, schuldhaft verletzen, testamentarisch vermachen, arglistig verschweigen, wirksam widerrufen, ...*

Aus den in der Tabelle verzeichneten Beispielen sind zwei Tatsachen erkennbar: Erstens handelt es sich in Bezug auf den morphologischen Bestand der nichtverbalen Konstituente um Adjektive, die adverbial gebraucht werden.[367] In meiner

366 Die Anordnung der Wortgruppen richtet sich nach der alphabetischen Reihenfolge der verbalen Konstituente.

367 Solche Wörter werden in der Grammatik von Helbig/Buscha (2001:305) als Adjektivadverbien bezeichnet.

Untersuchung befinden sich keine Wortgruppen, deren nichtverbale Konstituente ein Adverb ist.[368] Solche treten zwar auch im Recht auf, beschränken sich aber auf nichtfachliche Ausdrücke, bzw. in vereinzelten Fällen auf Verbindungen im nominalen Bereich: *Leistung erfüllungshalber*[369]. In den vorliegenden Ausführungen steht die Abkürzung Adv also nicht für die Kategorie Adverb, sondern für Adjektive, die die syntaktische Funktion Adverbial füllen. Solche Komponenten, die weder verbal noch substantivisch sind, werden hier als Adverbiale, bzw. adverbiale Komponente, bezeichnet.
Die zweite Bemerkung betrifft die strukturelle Zusammensetzung der Verbindungen. Infolge der morphologischen Prägung der verbalen Konstituente (ihrer Rektion) muss in einigen Fällen eine substantivische Komponente in der syntaktischen Funktion des Akkusativobjektes obligatorisch auftreten.[370] Dieser formale Unterschied wird immer dann erwähnt, wo das Substantiv nicht nur für das Verb, sondern für die gesamte Verbindung von wesentlicher Bedeutung ist, weil an der Bildung des Gesamtbegriffs auf der semantischen Ebene beteiligt.

7.3.1 Invariable Wortgruppen

Strukturell, lexikalisch und morphologisch stabil sind folgende Verbindungen:

sittenwidrig handeln, vorsätzlich handeln

7.3.1.1 Strukturelle Eigenschaften

Die strukturelle Gefügtheit hängt mit der morphologischen Ausprägung des Verbs *handeln* zusammen, welches in Sätzen oder satzwertigen Äußerungen stets eine Ergänzung fordert, um grammatisch richtige und semantisch vollständige Einheiten zu bilden. Die Auslassung des adverbialen Teils ergibt eine weder grammatisch noch semantisch richtige Äußerung:

(C-221) *Der Empfänger muß ... das Bewußtsein haben, sittenwidrig zu handeln* (Kom Palandt 2003:§ 817, Rn 11) → **das Bewußtsein haben, [–] zu handeln*

Auch unter semantischem Aspekt geht die Notwendigkeit einer Ergänzung auf die Bedeutung des Verbs *handeln* zurück. Dieses erfordert auch in der Gemeinsprache, v.a. im Sinne von 'tätig werden; sich in einer bestimmten Weise verhalten' (Duden 1999:1663), Adverbiale, die kategorial entweder durch Präpositio-

368 Als Adverbien werden Wörter wie *dort*, *oft* betrachtet, die morphologisch unflektierbar und semantisch relativ unabhängig vom Kontext sind, vgl. die textlinguistische Grammatik von Weinrich (2003:547), vgl. auch Helbig/Buscha (2001:304).

369 Helbig/Buscha (2001:374) bezeichnen ein in Apposition stehendes Adverb als "adverbiales Suffix".

370 Aus diesem Grund steht das Symbol für Substantiv in der obigen schematischen Darstellung in runden Klammern.

nalphrasen oder durch Adverbien gebildet werden. Abgesehen wird hier von der kaufmannssprachlichen Bedeutung 'mit etw. einen Handel, ein Geschäft betreiben' (ebd.: 1662). Ausnahmen im Gebrauch dieses bedeutungsumfangreichen Verbs stellen Äußerungen wie "wir müssen handeln, ehe es zu spät ist" (ebd.: 1663), wo die Ergänzung durch den temporalen Adverbialsatz ausgedrückt wird, wie auch satzwertige Äußerungen wie z.B. "Nicht reden, handeln!" (ebd.) dar. In der kategorial gegebenen Eigenschaft des Verbs *handeln* besteht die Besonderheit der zwei oben genannten Wortgruppen; damit unterscheiden sie sich von folgenden Ausdrücken:

> *notariell beurkunden, dinglich sichern, schuldhaft verletzen, arglistig verschweigen*

In diesen ist die verbale Komponente ein transitives Verb, bei dem ein Akkusativobjekt steht. Diese Wortgruppen werden jedoch nicht unter dem Typ `Vb + Subst` (Kap. 7.1.2.1) behandelt, weil die Verbindung des transitiven Verbs mit dem entsprechenden Substantiv im Akkusativ ohne Adverbial in meiner Belegsammlung nicht vorkommt. Mit Ausnahme dieser strukturellen Differenz weisen beide Typen, d.h. Verbindungen wie *vorsätzlich handeln* einerseits und wie *notariell beurkunden* andererseits, ähnliche Merkmale auf und werden daher in diesem Abschnitt gemeinsam behandelt.
Die Betrachtung von Äußerungen, in denen diese Verbindungen vorkommen, ergibt Folgendes: Aus grammatischer Sicht kann das Verb auch ohne die adverbiale Komponente vorkommen:

> (C-222a) *wenn der Verkäufer den Mangel arglistig verschwiegen hat* (§ 438 II) →
> (C-222b) *Der Verkäufer darf daher wesentliche Mängel der Kaufsache nicht verschweigen* (Kom Palandt 2003:§ 123, Rn 5b)

Ähnliches gilt für weitere Verbindungen: *ein Darlehen sichern, ein Recht verletzen.* Auf der Valenzebene handelt es sich zwar nicht um valenzbedingte Adverbiale[371], aus semantischer Sicht fehlt der Verbalgruppe ohne adverbiale Komponente jedoch ein Aspekt, der sie zu einer fachsprachlichen lexikalischen Einheit macht. Die Verbindung *den Mangel verschweigen* ist im juristischen Begriffssystem nur dann vollständig, wenn sie durch das Adverbial *arglistig* spezifiziert wird. Die Frage ist also nicht, ob das Verb an sich grammatisch und semantisch selbständig ist, sondern ob diese Selbständigkeit dem Verb im juristischen Kontext einen lexikalischen Status auch ohne die adverbiale Erweiterung liefert. Wie

371 Rein syntaktisch gesehen werden diese Adverbiale als freie Angaben eingeordnet, weil sie "von der Valenz des Verbs nicht determiniert sind und syntaktisch beliebig in jedem Satz hinzugefügt und weggelassen werden können" (Helbig/Buscha 2001:57). In der vorliegenden Arbeit ist aber der terminologische Status der Ausdrücke von grundsätzlicher Bedeutung. Daher wäre die rein sprachliche Betrachtung der strukturellen Stabilität auf Grund der Einbettung des Gegenstandes in einen fachlichen Kontext nicht ausreichend.

selbständig ist, sondern ob diese Selbständigkeit dem Verb im juristischen Kontext einen lexikalischen Status auch ohne die adverbiale Erweiterung liefert. Wie bereits bemerkt, wird das Verb *verschweigen* im Recht nur in Verbindung mit dem Adverbial *arglistig* als Terminus angesehen, was die Belege aus auslegenden Texten zeigen: "Verschweigen des Mangels durch [...] Das muss arglistig geschehen" (Kom Palandt 2003:§ 444, Rn 11).
Gleiches gilt für die Verbindungen der Verben *verletzen* mit *schuldhaft* oder *sichern* mit *dinglich*. Nicht behandelt werden hier Fälle der anaphorischen Verdünnung[372], die meist in auslegenden Texten vorkommen. So z.B. bei (C-222b), wo die Äußerung ohne Adverbial sprachlich akzeptabel ist und nur deswegen in der reduzierten Form, also ohne Adverbial, vorkommt, weil es der situative Kontext und der Vortext erlauben.[373] Das enge Verhältnis zwischen dem Verb und dem Adverbial lässt sich anhand der Überführung in die nominale Gruppe zeigen: Nominalisierungen wie *arglistiges Verschweigen, schuldhaftes Verletzen, sittenwidriges Handeln* bilden nur in dieser Zusammensetzung terminologische Bedeutungseinheiten.
In der Wortgruppe *arglistig verschweigen* gehört auch das Substantiv *Mangel* bzw. in Texten früheren Datums sein Synonym *Fehler* zum festen Bestandteil der Verbindung.[374] Für die betrachtete Wortgruppe ist dies aber nur auf einer bestimmten Abstraktionsebene von Bedeutung, weil *der Mangel* im Zusammenhang mit einem bestimmten Fall konkretisiert werden kann:

> (C-223) *Der Käufer eines Gebrauchtwagens, dem der Verkäufer arglistig verschwiegen hat, daß* ... (NJW 1983:1424, 1425[375])

Ähnlich kommt die Verbgruppe *schuldhaft verletzen* mit ausgewählten Substantiven vor: *Pflichten / Verpflichtung*. Die Bedeutung der gesamten Verbindung wird durch das Adverbial spezifiziert und sein Fehlen würde andere Konsequenzen auf der Handlungsebene nach sich ziehen, wie sich aus folgendem Kommentar ergibt:

> "Die Pflichtverletzung muß schuldhaft (§ 276) begangen sein" (Kom Erman 2000:§ 554a, Rn 5)

Auch die Verbindungen *notariell beurkunden*, *dinglich sichern* beziehen sich auf bestimmte Sachverhalte der außersprachlichen Realität nur dann, wenn sie

---

372 Zum Terminus vgl. Kap. 6.1.2.2.

373 Vgl. mit Auslassungen bei transitiven Verben in Kap. 7.1.2.1.

374 Die Ersetzung des Substantivs *Fehler* durch *Mangel* ist hier nicht von wesentlicher Bedeutung. Zu dieser Folge der Rechtsreform wie auch zu ihrer nur teilweise vollzogenen Einhaltung vgl. Kap. 3.4.

375 Der erste Beleg (S. 1424) befindet sich im Leitsatz, der in kataphorischer Funktion einen der Grundgedanken der Urteils wiedergibt.

gleich zu den (hier in der nominalisierten Form formulierten) Begriffen *schuldhaftes Verletzen* oder *arglistiges Verschweigen*.
Die Verbindung *dinglich sichern* zeigt, dass das Kriterium der Häufigkeit nicht aussagekräftig ist. Der Ausdruck wird nämlich selten verwendet, was auf die Bedeutung des Adverbials *dinglich* zurückzuführen ist. Dieses ist auf der semantischen Ebene ein abstrakter Sammelbegriff für Handlungen, die das semantische Merkmal 'dinglich' im Sinne von 'das Recht an Sachen betreffend' (Duden 1999:821) erfüllen und in Form von Präpositionalgruppen sprachlich realisiert werden: ⟨durch Grundpfandrecht, durch Grundschuld⟩. Diese bedeutungsmäßig ebenfalls unscharfen Ausdrücke können ihrerseits weiter konkretisiert werden, was hier irrelevant ist.
Bei der Wortgruppe *dinglich sichern* handelt es sich um eine verfestigte sprachliche Einheit, was sich wiederum an der Überführung in den nominalen Bereich zeigen lässt, wo ein fester Begriff existiert: *dingliche Sicherung*.
Zwischen den Wortgruppen *arglistig verschweigen*, *notariell beurkunden* einerseits und denjenigen wie *dinglich sichern*, *schuldhaft verletzen* andererseits bestehen zwei Unterschiede: Bei Wortgruppen wie *arglistig verschweigen*, *notariell beurkunden* treten Reihenbildungen nicht oder nur selten auf. Zum anderen binden diese Verben nur bestimmte Substantive (*Mangel*, *Vertrag*) an sich. Dagegen weisen die Verbindungen *persönlich haften*, *schuldhaft verletzen* Kommutationsreihen auf, die aber nicht gleichen Festigkeitsstufen angehören ⟨*gesamtschuldnerisch / persönlich / beschränkt haften*, *schuldhaft / böswillig verletzen*⟩. Dabei ist die Anzahl und Auswahl der von der Wortgruppe abhängigen Lexeme, die je nach der morphologischen Ausprägung des Verbs die Funktion eines Akkusativobjektes (*etwas sichern*) oder eines Präpositionalobjektes (*für etwas haften*) haben, begrenzt. Trotz dieser Unterschiede weisen die Verbindungen mehr oder weniger vergleichbare Merkmale in Bezug auf die Stabilität auf. Sie werden hier als einer Festigkeitsklasse angehörig betrachtet und im Folgenden gemeinsam beschrieben.

7.3.1.2 Lexikalische Eigenschaften

Lexikalisch ist die Verbindung stabil, denn es kann weder die verbale noch die adverbiale Komponente ersetzt oder auf eine andere Weise variiert werden:

(C-224*) vorsätzlich handeln* → R***absichtlich handeln*

Die Unaustauschbarkeit gegen bestimmte bedeutungsähnliche Lexeme, z.B. *vorsätzlich* gegen *absichtlich*, geht auf die eindeutige Abgrenzung der Begriffe *Vorsatz* und *Absicht* zurück; sie ist also fachlich gegeben. Während der Ausdruck *vorsätzlich handeln* eine feste (im zivilrechtlichen Bereich) definierte Verbindung ist, hat die Wortgruppe *absichtlich handeln* den Status einer freien Verbindung.

Bei der Verbindung *vorsätzlich handeln*, ebenso wie bei weiteren Verbindungen, sind keine lexikalischen bzw. lexikalisch-strukturellen Variationen möglich:

(C-225) *vorsätzlich handeln* → R**mit Vorsatz handeln*

(C-226) *sittenwidrig handeln* → R**gegen die guten Sitten verstoßend handeln*

(C-227) *arglistig verschweigen* → R**mit Arglist verschweigen*

(C-228) *persönlich haften* → R**höchstpersönlich* / R**in Person haften*

(C-229) *dinglich sichern* → R**gegenständlich* / R**durch Dinge sichern*

(C-230) *notariell beurkunden* → R**durch Notar* / R**vor einem Notar beurkunden*

(C-231) *schuldhaft verletzen* → R**böswillig verletzen*

Die Präpositionalphrase *vor einem Notar* in (C-230) ist zwar akzeptabel und auch belegbar, allerdings nicht in einer Wortgruppe mit dem Verb *beurkunden*, sondern mit einem anderen Verb: *den Vertrag vor einem Notar schließen* (RWb 1999:346). Dieser Ausdruck ist zwar inhaltlich vergleichbar mit *den Vertrag notariell beurkunden*, weil sich beide auf die gleiche Handlung auf der nichtsprachlichen Ebene beziehen können. Er ist jedoch nicht als terminologische Alternativform, sondern als freie Wortgruppe zu bewerten. Als Argument für die Festigkeit der Verbindung des Verbs *beurkunden* mit dem adverbial gebrauchten Adjektiv *notariell* kann die Überführung in die adjektivisch-substantivische Wortgruppe herangezogen werden: *notarielle Beurkundung*. Bei dieser handelt es sich um eine terminologische Bezeichnung, die zu den festen Wortgruppen[376] zu rechnen ist. Dagegen gehört die nominale Variante *Schließung des Vertrags vor einem Notar* nicht zum festen Bestandteil des juristischen Wortschatzes.
In einigen Fällen ist das Verb mit anderen Adverbialien verbunden:

(C-232) *seine Pflicht gröblich verletzt haben* (RWb 1999:342)

Diese Äußerung ist sowohl allgemein- als auch fachsprachlich akzeptabel; terminologisch ist sie mit der hier betrachteten Wortgruppe *schuldhaft verletzen* nicht vergleichbar.
Ein weiteres Merkmal der lexikalischen Stabilität ist, dass der verbale Teil nicht variiert werden kann:

(C-233) *dinglich sichern* → R**dinglich absichern* / *sicherstellen*

(C-234) *notariell beurkunden* → R**notariell beglaubigen*

(C-235) *persönlich haften* → R**persönlich einstehen*

---

376 Es handelt sich um den Typ *arglistige Täuschung*, vgl. Kap. 6.1.2. Eines der Merkmale ist z.B. die Unauflösbarkeit der adjektivisch-substantivischen Verbindung: R**Beurkundung, die notariell ist*.

Die Verbindung (C-234) R**notariell beglaubigen* ist in meinem Korpus nicht belegt. Laut Auskunft der befragten Juristen handelt es sich um eine nicht übliche Formulierung. Die Morpheme *notar-* und *beglaubig-* sind zwar vereinbar, jedoch in einer anderen morpho-syntaktischen Variante, vgl. *die Unterschrift des Erklärenden [muss] von einem Notar beglaubigt werden* (§ 129). In beiden Referenzhandlungen *(beurkunden, beglaubigen)* ist der Träger 'der Notar', sie unterscheiden sich jedoch im Inhalt bzw. Ergebnis. Obwohl auch im Falle des 'Beglaubigens' als Agens nur der Notar (vgl. Palandt 2003:§ 129, Rn 2) auftreten kann, lautet die korrekte Bezeichnung der zugrunde liegenden Handlung *'öffentliche Beglaubigung'* bzw. *'öffentlich beglaubigen'* (z.B.: *Erklärung muss öffentlich beglaubigt werden* (§ 1617)[377]). *Verträge* werden *notariell beurkundet*, nicht *notariell beglaubigt*. Die Gefahr der Verwechslung der Verben *beurkunden* und *beglaubigen* und daher ihres falschen Gebrauchs geht auf ihre semantische Verwandtschaft zurück. Dies kann besonders in der fremdsprachlichen Kommunikation zu Problemen führen, doch ist auch fehlerhafter Gebrauch durch Muttersprachler nicht auszuschließen.

Die Verbindung des Adverbials *persönlich* mit dem Verb *einstehen*, welches synonymisch zum Verb *haften* verwendet wird[378], ist juristisch ein nicht korrekter Ausdruck. Dagegen ist eine andere Variante akzeptabel und auch belegbar. Dazu folgendes Beispiel aus einem Urteil:

> (C-236) *er werde persönlich … die ordnungsgemäße Abwicklung des Geschäfts selbst dann <u>gewährleisten</u>* (NJW 1997:1234)

Das Urteil, in dem der Ausdruck *persönlich gewährleisten* ⟨+ Subst⟩ vorkommt, wurde deshalb in das Textkorpus einbezogen, weil im Zusammenhang mit der hier untersuchten Wortgruppe *persönlich haften* in einem der Lehrbuchtexte darauf Bezug genommen wird:

> (C-237) *Der Händler haftet dann für seine Zusagen persönlich* (…, NJW 1997, 1233) (Lb Medicus 2002:66)

In dem zitierten Urteilstext wird die Wortgruppe *persönlich haften* kein einziges Mal verwendet. Das ist weniger auffallend als die Tatsache, dass zur Benennung der Referenzhandlung, die mit *persönlich haften* identisch ist, andere Morpheme in der nominalen Variante auftreten: *von ihm persönlich ausgehende Gewähr*; nur einmal wird von *einer solchen Haftung* gesprochen. Die Gründe der individuellen Wortwahl in Texten der gerichtlichen Handlungsebene werden in der vorliegenden Arbeit nicht erörtert. Der hier durchgeführte Vergleich zweier ab-

---

377 Weitere Verbindungen werden hier nicht aufgelistet, weil sie nicht als Untersuchungsgegenstände analysiert wurden. Die zwei zitierten Beispiele aus dem BGB sind lediglich im Zusammenhang mit dem Ausdruck *notariell beurkunden* in die Belegsammlung aufgenommen worden.

378 Vgl. dazu präpositionale Verbgruppen in Kap. 7.2.3.

weichender Äußerungen aus zwei unterschiedlichen Textsorten ist unter terminologischem Aspekt interessant. Hier wird nämlich in einem Lehrbuchtext, d.h. der Textsorte der auslegenden Ebene, der dem Wissenstransfer dient, auf einen Text einer anderen Textsorte mit einer weniger üblichen Ausdrucksweise Bezug genommen und dabei die terminologisch übliche Bezeichnung gewählt. Dies bestätigt die Stabilität und den terminologischen Status der hier betrachteten Wortgruppe *persönlich haften.*
Auf Grund der hier beschriebenen sprachlichen Merkmale, der oben erwähnten Bezogenheit auf das Denotat und der begrifflichen Abgrenzung werden die vorstehenden Verbindungen `Vb + Adv (+ Subst)` als fest betrachtet. Zieht man die strukturelle Abhängigkeit des Verbs *handeln* vom Adverbial in Betracht, so lassen sich eine Subklasse der festen (*vorsätzlich handeln*) und eine der relativ festen (*arglistig verschweigen*) Verbindungen voneinander abgrenzen.

7.3.2 Strukturell-lexikalisch variable Wortgruppen

Bei einem Teil der untersuchten Verbindungen des Typs `Vb + Adv` lassen sich strukturell-lexikalische Modifikationen feststellen:

> *gutgläubig erwerben, rechtsgeschäftlich erwerben, gesamtschuldnerisch haften, arglistig handeln, fahrlässig nicht kennen, grob fahrlässig nicht kennen*

7.3.2.1 Strukturelle Eigenschaften

Die folgende Gegenüberstellung zeigt die möglichen Variationen:

(C-238a) *gesamtschuldnerisch haften* → (C-238b) *als Gesamtschuldner haften*

(C-239a) *rechtsgeschäftlich erwerben* → (C-239b) *durch Rechtsgeschäft erwerben*

(C-240a) *arglistig handeln* → (C-240b) *mit Arglist handeln*

(C-241a) *gutgläubig erwerben* → (C-241b) *kraft guten Glaubens erwerben*

(C-242a) *fahrlässig nicht kennen* → (C-242b) *fahrlässigerweise nicht kennen*

(C-243a) *grob fahrlässig nicht kennen* → (C-243b) *infolge grober Fahrlässigkeit nicht kennen*

Strukturell gesehen sind diese Verbindungen teilweise variabel. Der lexikalische Aspekt der Variabilität besteht zum einen in dem Einschub der Präposition im Vergleich zu den Ausgangsformen (Variante (a)), zum anderen betrifft er eine bedingte Austauschbarkeit der verbalen Konstituente in bestimmten Ausdrücken. Die Wortgruppenglieder mit präpositionaler Komponente, die die Funktion einer Adverbialbestimmung ausüben, erfüllen die gleichen semantischen Merkmale wie die mit dem adverbial gebrauchten Adjektiv. Zieht man aber in Betracht, dass die Präpositionen zwischen den Gruppengliedern eine bestimmte Relation herstellen, so lässt sich erkennen, dass die Präpositionalgruppe der Betonung eines anderen bzw. eines konkreteren Aspektes dient. Dies lässt folgender textsortenübergreifender[379] Vergleich erkennen:

(C-244a) *Zudem läßt das Gesetz in vielen weiteren Fällen einer Pflichtverletzung die Beteiligten gesamtschuldnerisch haften, so das BGB etwa in §§ 42 II 2, 53, 1664 II, ...* (Lb Medicus 2002:383) →

(C-244b) *sie haften als Gesamtschuldner* (§ 42 II2, § 53, § 1664 II[380])

In Bezug auf die syntaktische Gefügtheit des Verbs und der adverbialen Komponente auf der Satzebene lässt sich keine feste unmittelbare Anordnung feststellen:

(C-245) *Mehrere Erben haften für die gemeinschaftlichen N.[achlaßverbindlichkeiten] nach außen als Gesamtschuldner* (RWb 1999:894)

Die Verbindung *durch Rechtsgeschäft erwerben* zeichnet sich dadurch aus, dass das Substantiv in der Präpositionalgruppe erweiterbar ist. Durch die Erweiterung mittels eines Nebensatzes ändert sich auch die morphologische Zusammensetzung:

(C-246) *Was ... durch ein Rechtsgeschäft erworben wird, das ...*(§ 1473)

Der Ausdruck *durch ein Rechtsgeschäft erwerben* wird als eine freie Verbindung, nicht als eine Alternativform betrachtet, weil er von kontextuellen Bedingungen abhängig ist. Diese Art von Einengung erfolgt auf der allgemein-abstrakten Ebene des BGB; in den von mir untersuchten Texten der gerichtlichen Rechtspraxis ist sie nicht belegt. In allen stellvertretenden Textexemplaren der Textsorte Urteil in meinem Korpus ist in Verbindung mit dem Verb *erwerben* nur das adverbial gebrauchte Adjektiv *rechtsgeschäftlich*, nicht aber die präpositionale Fügung *durch Rechtsgeschäft* nachgewiesen.

7.3.2.2 Sonstige Eigenschaften

Die Verbindung des Verbs mit der zweigliedrigen Präpositionalgruppe ist expliziter. Die Untersuchung beider Wortgruppen und ihr Vergleich in konkreten Texten ergibt, dass die Variante (b) meistens dann verwendet wird, wenn die Eigenschaft der haftenden Person(en) im Vordergrund stehen soll.

Verwendung der Konkurrenzformen

Wegen der Explizitheit der quantitativ komplexeren Ausdrücke wird im BGB nur die Präpositionalgruppe verwendet: *als Gesamtschuldner*. Ähnlich lässt sich in einem anderen Fall zweier Konkurrenzformen *durch Rechtsgeschäft* und nicht *rechtsgeschäftlich* nachweisen, was in Übereinstimmung mit der primären Funk-

379 Zum Terminus 'textsortenübergreifend' vgl. Kap. 4.4.2.

380 Der genaue Wortlaut des § 1664 II lautet: *so haften sie als Gesamtschuldner*. Diese geringe Abweichung spielt für die hier zu belegende inhaltliche Äquivalenz m.E. so gut wie keine Rolle.

tion der gesetzlichen Texte steht.[381] Die gleiche Tendenz ist in dem untersuchten Rechtswörterbuch (Creifelds 1999) zu beobachten, welches häufig den Gesetzeswortlaut wiedergibt und um gesetzesähnliche Ausdrucksexaktheit bemüht ist. In der Textsorte Kommentar ist keine eindeutige Tendenz zu beobachten. Die Textsorte Urteil neigt zum Gebrauch der sprachökonomischen Verbindung des Verbs mit dem Adverbial *erwerben + rechtsgeschäftlich*. Der geringe Unterschied zwischen (C-238a) und (C-238b) ist rein sprachlicher Natur, denn für Juristen sind beide Ausdrücke bedeutungsgleich, was auch die Überführung in eine substantivische Gruppe und deren Verwendung beweist. Dies zeigen Ausdrücke wie *die gesamtschuldnerische Haftung* und *die Haftung als Gesamtschuldner* in konkreten Sätzen:

(C-247a) *die Haftung als Gesamtschuldner bedeutet, dass* (Kom Palandt 2003:§ 840, Rn 4)

(C-247b) *Mehrere Erben haften ... als Gesamtschuldner (§ 2058, → Gesamtschuld). Diese gesamtschuldnerische Haftung* (RWb 1999:894)[382]

Die obige Feststellung des ausschließlichen Gebrauchs der adverbial gebrauchten Präpositionalgruppe im BGB gilt nicht für eine Verbindung wie *kraft guten Glaubens erwerben*, die oben als konkurrierende Form zu *gutgläubig erwerben* (vgl. (C-241a/b)) angeführt wurde. Das BGB verwendet nämlich keine der Alternativformen, denn die Bezugssachverhalte werden dort mit anderen lexikalischen Mitteln zum Ausdruck gebracht:

"Wird der Erwerber auch dann Eigentümer, wenn [...], es sei denn, dass er [...] nicht in gutem Glauben ist." (§ 932 I)

Wird eine Handlung, die in den gesetzlichen Bestimmungen durch eine Formulierung wie im § 932 I beschrieben wird, in anderen Textsorten thematisiert, so wird entweder die Verbindung Adverbial + Verb (C-248a) oder die präpositional-verbale Wortgruppe (C-248b) verwendet:

(C-248a) *habe daher gutgläubig gem. § 932 I Eigentum erworben* (Lb Köhler 2001:17)

(C-248b) *wenn der Gläubiger das zu übertragende Eigentum nur kraft guten Glaubens erwirbt* (Kom Palandt 2003:§ 362, Rn 1)

---

381 Bei Konkurrenz zweier Ausdrücke wurde dies in der vorliegenden Arbeit mehrfach festgestellt (vgl. Kap. 6.1.3.1, 7.2.7.1.2).

382 Eine ähnliche Äquivalenz der konkurrierenden Konstruktionen besteht nicht bei allen nominalisierten Varianten. In einigen Fällen tritt das Adjektiv als Attribut auf, während die Präpositionalgruppe selten vorkommt, z.B. *rechtsgeschäftlicher Erwerb* → R(?)*Erwerb durch Rechtsgeschäft*. Dies sind formale Varianten zu den verbalen Gruppen *rechtsgeschäftlich erwerben* → *durch Rechtsgeschäft erwerben*. Hier gilt als Terminus überwiegend die adjektivisch-substantivische Form.

Da es sich im Gesetz (§ 932 I) um eine paraphrasierende Darstellung handelt, die nicht als bedeutungsgleiche Alternativform gilt, wird die gesetzliche Paraphrase nicht weiter berücksichtigt.[383] Für die Wahl zwischen dem adverbial gebrauchten Adjektiv *gutgläubig* und der Präpositionalgruppe *kraft guten Glaubens* sind in Verbindung mit dem Verb *erwerben* zwei Restriktionen zu beobachten. Die erste hängt mit dem Gebrauch des Adjektivs *lastenfrei* zusammen, welches die begriffliche Erweiterung des 'gutgläubigen Erwerbs' bedeutet und einen zusätzlichen Aspekt ausdrückt. Zu der erweiterten Wortgruppe *gutgläubig lastenfrei erwerben* ist keine Alternativform R**kraft guten Glaubens lastenfrei erwerben* nachgewiesen. Bei der Wortgruppe *lastenfrei erwerben* handelt es sich um eine der Reihenbildungen des Verbs *erwerben*, welche an sich nicht variabel ist.[384] Der zweite Faktor, der die Wahl zwischen dem Adverbial mit der Kategorie eines Adjektivs und der Präpositionalgruppe beeinflussen kann, ist der Kotext. Dieser kann dazu führen, dass nur die eine Form akzeptabel ist, wie z.B. in folgendem Beispiel:

(C-249) *Ein Recht zum Besitz ... Ein solches kann kraft guten Glaubens an Sachen, die ..., nicht erworben werden* (NJW 1983:2141) → **gutgläubig an Sachen ... erworben werden*

Die obigen Beispiele für den Gebrauch der Wortgruppen *gutgläubig erwerben* bzw. *kraft guten Glaubens erwerben* zeigen, dass das Verb ein Objekt im Akkusativ verlangt. Dieses kann durch verschiedene substantivische Lexeme gebildet werden, die sich mit den semantischen Merkmalen des Verbs *erwerben* vereinbaren lassen. Dazu gehören z.B. *Eigentum*, *Recht*, *Grundstück* u.ä. Das erstgenannte Substantiv, *Eigentum*, bildet mit dem Verb dabei eine enge terminologische Bedeutungseinheit. Diese wird als unter bestimmten Bedingungen lexikalisch variable Wortgruppe in Kap. 7.1 behandelt, weil das Verb *erwerben* in einigen Fällen gegen das Verb *erlangen* austauschbar ist. Die Ersetzbarkeit wirkt sich auf die adverbial erweiterte Verbgruppe aus; allerdings nur dann, wenn als Akkusativobjekt das Wort *Eigentum* auftritt:

(C-250) *ein Dritter kann jedoch gutgläubig Eigentum erlangen, da ...* (RWb 1999:54)

Handelt es sich um andere Substantive, so ist der Austausch der Verben in meinem Korpus nicht belegt und befragten Juristen zufolge nicht üblich, vgl.:

(C-251) *Ein Miteigentumsanteil kann vom ... Alleineigentümer gutgläubig erworben werden* (Kom Palandt 2003:§ 932, Rn 1) → R(?)*Ein Miteigentumsanteil kann vom ... Alleineigentümer gutgläubig erlangt werden*

383 Zur Verbgruppe *nicht in gutem Glauben sein* vgl. Kap. 7.2.7.1.3.

384 Das Adjektiv *lastenfrei* gehört zu den Allgemeinbegriffen, die in Bezug auf bestimmte Handlungen präzisiert werden. Ein Beispiel für solche konkretisierende Ausdrücke ist z.B. *unbelastet von Dienstbarkeiten*.

Die Austauschbarkeit zwischen dem Adverbial und der Präpositionalgruppe in Verbindung mit dem Verb *erlangen* wird nicht detailliert behandelt, weil der Ausdruck *Eigentum gutgläubig erlangen* nur als lexikalische Variante der Wortgruppe *Eigentum gutgläubig erwerben* in die Belegsammlung aufgenommen wurde. Es fällt jedoch auf, dass in allen Korpustexten die Verbindung der Morpheme *gut, gläub-* bzw. *Glaube* und *erlang-* lediglich in der Struktur Vb + Adv vorkommt, vgl. oben (C-250).
In den untersuchten Texten lassen sich keine weiteren Faktoren des sprachlichen Kontextes beobachten, die die Wahl der einen oder der anderen Form einschränken oder fordern.

7.3.2.3 Strukturell-lexikalisch variable verneinte Wortgruppen

Zwei Verbindungen, die strukturell-lexikalisch modifizierbar sind, erweisen sich als obligatorisch verneint: *fahrlässig nicht kennen, grob fahrlässig nicht kennen.* Die zweite Verbindung ist dabei die begriffliche Einengung der ersten. Zu beiden existiert jeweils eine semantisch und terminologisch gleichwertige Variante, die ebenfalls negiert ist, vgl.:

> (C-252a) *derjenige, der die Anfechtbarkeit des Rechtsgeschäfts kannte oder* *fahrlässig* *nicht kannte* (RWb 1999:58) → (C-252b) *wenn dieser den Anfechtungsgrund kannte oder* *infolge von Fahrlässigkeit* *nicht kannte* (ebd.)

> (C-253a) *die Beseitigung solcher Mängel verlangen, die er gekannt oder* *grob fahrlässig* *nicht gekannt hat* (Lb Medicus 2003:94) → (C-253b) *sofern der Mieter die zugrunde liegenden Tatsachen kennt oder kennen muss, d.h. infolge grober Fahrlässigkeit nicht kennt* (Kom Palandt 2003:§ 536c, Rn 7)

Der Vergleich der Ausdrücke *fahrlässig* (C-252a) bzw. *grob fahrlässig* (C-253a) und *infolge von Fahrlässigkeit* (C-252b) bzw. *infolge grober Fahrlässigkeit* (C-253b) ergibt, dass die Ausdrücke (a) und (b) den Aussagen der befragten Fachleute zufolge terminologisch identisch sind. Aus semantischer Sicht lässt sich jedoch ein geringer Unterschied beobachten, der in der Hervorhebung eines Aspektes besteht. Dieser wird mit Hilfe der Präposition *infolge* in der b-Variante zum Ausdruck gebracht. Die semantische Äquivalenz beider Verbindungen wird dadurch bestätigt, dass in der nominalisierten Form nur der Ausdruck *fahrlässige Unkenntnis* bzw. *grob fahrlässige Unkenntnis* belegt ist. Die Verbindung R* *Unkenntnis infolge (grober) Fahrlässigkeit* ist sprachlich akzeptabel, als terminologische Einheit in meinem Korpus jedoch nicht nachweisbar.
Zu den Wortgruppen der einfachen Struktur Vb + Adv ist noch eine weitere Variante zu rechnen:

> (C-254) *wenn der andere Teil den Mangel der Vertretungsmacht ... fahrlässigerweise nicht kannte (§ 179 III) (RWb 1999:1447)*

Diese Verbindung ist in meinem Korpus jedoch nur in der Textsorte Fachwörterbuch, also in einem Text der auslegenden Ebene, belegt. Man kann sie als eine dritte, fachsprachlich akzeptable Konstruktion betrachten, die aber weniger geläufig ist. Für die Beurteilung, welche der Varianten "die richtige" ist, kann der betreffende Paragraph nicht als Maßstab gelten. In allen Fällen der 'Unkenntnis' verwendet das Gesetz anders konstruierte Verbalgruppen. Im Falle der 'fahrlässigen Unkenntnis' *kennen müssen* (z.B. § 179 III), bei 'grob fahrlässiger Unkenntnis' *infolge grober Fahrlässigkeit unbekannt geblieben sein* (z.B. § 536b). Die oben beschriebenen Wortgruppen (C-238a) – (C-243) weisen zum Teil strukturelle, einige zusätzlich bedingt lexikalische Variabilität auf. Alle werden als halbfest eingeordnet.

7.3.3 Freie Wortgruppen

7.3.3.1 Relativ freie Wortgruppen

Eine Subklasse bilden die Verbgruppen mit dem Adverbial *wirksam*. Die Verben *anfechten*, *widerrufen*, *zugehen* sind sowohl grammatisch als auch semantisch selbständig und brauchen nicht weiter adverbial determiniert zu werden:

> (C-255) *bis zur Genehmigung kann der andere Teil den Vertrag widerrufen* (RWb 1999:544)

Unter außersprachlichem Aspekt ist der Zusatz *wirksam* jedoch von Bedeutung, denn nicht jede *Anfechtung*, nicht jeder *Widerruf* oder *Zugang* erfüllt das Merkmal der 'Wirksamkeit'. Aus syntaktischer Sicht handelt es sich also nicht um feste Verbindungen. Sie weisen nur unter begrifflichem Blickwinkel eine Fixiertheit auf. Zur Verdeutlichung sollen folgende Sätze dienen:

> (C-256) *die Bekl. hätten den Getränkebezugsvertrag wirksam widerrufen … Die Bekl. haben ihre auf den Abschluß des … Vertrages gerichtete Willenserklärung … wirksam widerrufen* (BGHZ 112:377, NJW 1991:917)

Die Bewertung der Bedeutungsgemeinschaft zwischen dem Verb *widerrufen* und dem Adverbial *wirksam* ist auch dadurch geprägt, dass sich die Juristen nicht selten mit der Frage beschäftigen, ob und unter welchen Bedingungen eine Handlung *wirksam widerrufen* wird:

> (C-257) *Der Darlehensnehmer muß den Kreditvertrag wirksam widerrufen haben* (Kom Palandt 2003:§ 358, Rn 7)

Wird das Merkmal der Wirksamkeit nicht erfüllt, so sind mit dem Widerruf andere Rechtsfolgen verbunden.
Die vorliegenden Wortgruppen haben in Bezug auf die Stabilität einen nicht eindeutig abgrenzbaren Status.

Ebenso uneindeutig und fraglich ist die Festigkeit der Verbindung *positiv kennen*. Das Adverbial ist auslassbar, was Äußerungen des Typs *die Bekl. habe ... gekannt* belegen, die im Rahmen der Sachverhaltsschilderungen von konkreten Fällen formuliert werden. Die vorliegende Untersuchung hat ergeben, dass zur Benennung fallbezogener Tatsachen im Rahmen der juristischen Argumentation *positiv* verwendet wird. Für die nominalisierte Benennung desselben Sachverhaltes ist das Adjektiv ab einer bestimmten Fachebene von Bedeutung: *positive Kenntnis*.[385] Das semantische Merkmal 'positiv' ist in dem Verb bzw. in dem Substantiv bereits inbegriffen. Das Lexem *positiv* ist also weder aus grammatischer noch aus semantischer Sicht unentbehrlich. Trotzdem wird es häufig an das Verb bzw. das Substantiv angeschlossen, was dem jeweils determinierten Lexem den fachsprachlichen Charakter verleiht. Solche verbale Wortgruppen werden als relativ frei eingestuft.

7.3.3.2 Freie Wortgruppen

Relativ wenige Wortgruppen der Struktur `Vb + Adv` können als völlig frei betrachtet werden, weil die adverbialen Komponenten meist dann verwendet werden, wenn eine Handlung beschrieben, d.h. die Bedeutung des Verbs im Rahmen der begrifflichen Differenzierung abgegrenzt werden soll. Ich betrachte als frei solche Verbindungen, in denen das Adverbial nur eine gleichsam betonende Funktion erfüllt:

etwas persönlich gewähren, frei widerrufen, persönlich widerrufen

Die in Verbindung mit halbfesten Wortgruppen angeführten Ausdrücke *vor einem Notar schließen* (vgl. ad (C-230) in 7.3.1.2), *durch ein Rechtsgeschäft erwerben* (vgl. (C-246) in 7.3.2.1) haben eine andere Struktur, indem die adverbiale Konstituente durch eine Präpositionalgruppe gebildet wird. Sie wurden kurz behandelt, um den Unterschied zwischen den terminologischen und den frei gebildeten Wortgruppen zu illustrieren. Es handelt sich um Ausdrücke, die in Abhängigkeit vom situativen Kontext gebildet und als frei bewertet werden.

7.3.4 Zusammenfassung Kapitel 7.3

Der Strukturtyp `Vb + Adv (+ Subst)` lässt drei Festigkeitsstufen erkennen, die nicht in allen Fällen eindeutig voneinander abzugrenzen sind.
Verbindungen wie *vorsätzlich handeln*, *dinglich sichern* oder *den Mangel arglistig verschweigen* bilden die Klasse der ***festen*** Wortgruppen. Bei strenger Betrachtung der syntaktischen (Un)Selbständigkeit der verbalen und adverbialen Komponenten wäre es möglich, eine Subgruppe relativ fester von absolut festen Wortgruppen auszugliedern. Diese weitere Untergliederung wird hier nicht vorge-

---

385 Dies gilt jedoch nicht dann, wenn das Substantiv Bestandteil fester verbaler Fügungen wie *in Kenntnis nehmen* oder *in Kenntnis setzen* ist.

nommen, zumal die Verwendung des Wortes 'absolut' wegen der relativen syntaktischen und semantischen Eigenständigkeit der Konstituenten problematisch ist.
Die zweite Stufe wird von ***halbfesten*** Verbindungen wie z.B. *gesamtschuldnerisch haften* vertreten. Sie weisen morpho-strukturelle Alternativformen auf, mit denen sie unter terminologischem Aspekt gleichwertig sind (*als Gesamtschuldner haften*).
Der letzten Stufe gehören freie Wortgruppen an. Hierher gehören Verbindungen wie *positiv kennen, wirksam widerrufen.* Ihre Abgrenzung von den halbfesten Wortgruppen ist nicht unproblematisch. Frei sind sie auf Grund der strukturellen und semantischen Selbständigkeit der Komponenten; die Züge einer partiellen Festigkeit bestehen in ihrer terminologischen Bedeutungsgemeinschaft. Daher eignet sich für ihre Einstufung das Attribut ***relativ frei***. Von diesen sind Verbindungen wie *frei widerrufen* abzuheben, die erst im Laufe der Kommunikation gebildet werden. Sie werden als ***frei*** bewertet.

8 Präpositionale Verbindungen mit der Grundstruktur `Präp + Subst`

Bei diesem Typ handelt es sich um Verbindungen einer Präposition mit einer Nominalphrase. In der Tabelle unten werden in der formalen Grundstruktur und ihren erweiterten Varianten die Komponenten (z.B. `Subst`) einzeln dargestellt, die sich alle zusammenfassend als `Präp + NG` formalisieren lassen. Die Gefügtheit zweier Komponenten in den gedehnten Strukturen wird mit eckigen Klammern markiert.
Beispiele[386]:

`Präp + Subst`	*auf Grund*[387] *eines Kaufvertrages, bei Vertragsschluss, durch Genehmigung, gegen Entgelt, im Ganzen, mangels Einwilligung, unter Abwesenden, unter Eigentumsvorbehalt, unter Lebenden, der Gattung nach, im Wege der Umdeutung, …*
`Präp`$_1$ `+ Subst + Präp`$_2$	*an Erfüllungs Statt, von Todes wegen*
`Präp + [Adj + Subst]`	*bei bestehender Vertretungsmacht, im eigenen Namen, in sonstiger Weise, nach billigem Ermessen, ohne rechtlichen Grund, ohne schuldhaftes Zögern, unter fremdem Namen, zur gesamten Hand, …*
`Präp + [Subst + Subst`$_G$`]`	*zur Niederschrift eines Notars*[388]

Aus den oben aufgelisteten Beispielen ist ersichtlich, dass auch solche Wortgruppen untersucht werden, deren nominaler Teil kein Substantiv, sondern eine andere substantivisch gebrauchte Wortart ist: Adjektiv in *im Ganzen*, PI in *unter Lebenden, unter Abwesenden*, Verb *Zögern*. Diese morphologische Unterscheidung begründet jedoch nicht die Bildung von weiteren Untergruppen und deren eigenständige Behandlung. Da die Wörter *ganz, lebend, abwesend* in den verzeichneten Verbindungen substantivisch gebraucht werden, werden sie als substantivische Komponenten behandelt.

386 Die Beispiele werden entsprechend der alphabetischen Anordnung der Präpositionen angeführt.

387 Die Verbindung *auf Grund* betrachte ich als eine Präposition, deshalb steht sie als Beispiel für die einfache Struktur `Präp + Subst`.

388 Diese invariable Verbindung wird als einziges Beispiel der gedehnten Struktur nicht im einzelnen behandelt.

In den untersuchten Verbindungen sind sowohl primäre Präpositionen (*bei, durch, nach, zu*) als auch sekundäre (*mangels, auf Grund*) vertreten.
In den Wortgruppen mit der Struktur `Präp₁ + Subst + Präp₂` besteht die präpositionale Konstituente aus zwei Konstituenten einer Präposition in Circumstellung[389], in allen anderen Fällen hat sie die Form einer einfachen Präposition in Prä- bzw. in Poststellung. In den vorliegenden Ausführungen wird zwischen eingliedrigen (*in*) und mehrgliedrigen (*auf Grund*) präpositionalen Konstituenten nicht unterschieden; sie werden einheitlich als 'Präpositionen' betrachtet. Die uneinheitliche Bewertung der Präpositionen als Syn- oder Autosemantika wird in Kap. 2.1 behandelt. An dieser Stelle sei hervorgehoben, dass die Präpositionalphrasen syntaktisch nicht von anderen Wörtern abhängig sind, d.h. nicht von Verben, Substantiven oder Adjektiven regiert werden. Einige Präpositionen, wie z.B. *auf Grund, von ... wegen*[390] oder *mangels*, sind sog. Sekundärpräpositionen, für die diese syntaktische Unabhängigkeit ein allgemeines Merkmal ist (vgl. Helbig/Buscha 2001:354). Die hier betrachteten Verbindungen von Präpositionen und Nominalphrasen determinieren andere Lexeme auf der semantischen Ebene. Das Merkmal der Fachsprachlichkeit, eines der Kriterien für die Aufnahme der Wortgruppen in die Materialbasis, erfüllen die gemeinsprachlich bekannten Verbindungen durch ihre Teilnahme an der Bildung juristischer Termini bzw. durch ihren Bezug auf juristisch relevante Sachverhalte. Dies wird an konkreten Beispielen im Laufe der nachfolgenden Ausführungen illustriert.

8.1 Absolut invariable Wortgruppen

Einen Teil der Wortverbindungen stellen solche dar, bei denen keine lexikalischen, syntaktischen oder morphologischen Änderungen nachzuweisen sind:

unter Lebenden, unter Eigentumsvorbehalt, an Erfüllungs Statt, von Todes wegen

Gleiches ist bei einigen Verbindungen mit erweiterter Struktur zu beobachten, deren substantivische Konstituente mit einem Attribut determiniert ist:

in sonstiger Weise, nach billigem Ermessen, ohne schuldhaftes Zögern,
zur gesamten Hand

Die Beständigkeit lässt sich an bestimmten Restriktionen illustrieren, die im Folgenden besprochen werden.

---

389 Zu dieser Art von zusammengesetzten Präpositionen s. Helbig/Buscha (2001:357).

390 Bei mehrgliedrigen Präpositionen wird davon ausgegangen, dass sie eine semantische Einheit bilden. Deswegen werden sie hier als eine Präposition betrachtet. Ähnliches gilt für die Verbindung *an ... statt, von ... an*, die sich als zusammengesetzte Präpositionen durch einen höheren Fixierungsgrad auszeichnen.

8.1.1 Strukturelle Eigenschaften

Die Anordnung der Konstituenten ist nicht auflösbar. Die in Prästellung stehende Präposition kann nicht in Poststellung erscheinen, obwohl es nach allgemeinsprachlichen Regeln möglich wäre[391]:

(D-1) *nach billigem Ermessen* → R**billigem Ermessen nach*

Umgekehrt ist in einer anderen Wortgruppe nur die Poststellung, nicht aber die Prästellung belegt:

(D-2) *der Gattung nach bestimmt* → R**nach der Gattung bestimmt*[392]

Bei Präposition in Circumstellung lässt sich die Anordnung der beteiligten Präpositionen nicht auflösen, so dass für die terminologische Benennung der Referenzsachverhalte nur jeweils eine Formulierung zu finden ist:

(D-3) *an Erfüllungs Statt* → **anstatt Erfüllung*

(D-4) *von Todes wegen* → **wegen des Todes*

Die zusammengesetzte Präposition *anstatt* wird in der Gemeinsprache synonym zu *anstelle* / *an Stelle* mit Genitiv, umgangssprachlich auch mit Dativ (vgl. Helbig/Buscha 2001:382), verwendet. Die getrennte Schreibweise der Komponenten in Circumstellung *an ... statt* ist nur in festen Fügungen (vgl. Duden 1999: 3709) zu finden. Ein anderes Beispiel aus dem juristischen Wortschatz ist *an Kindes statt* im heute nicht mehr verwendeten Terminus *Annahme an Kindes statt*.
Die Präpositionen in Circumstellung *von ... wegen* bilden eine semantische Einheit und werden als eine Präposition betrachtet. Diese geht in der Rechtssprache invariable Verbindungen mit bestimmten Lexemen ein, z.B. *Tod*, *Amt*. Vgl. dagegen die Präpositionalphrase *wegen Todes der Mutter* (Kom Palandt 2003:Vorb. § 249, Rn 140), die durch den Bezug auf eine konkrete Situation gebildet wird und zu den freien Fügungen[393] gehört.
Die Präpositionalgruppe *zur gesamten Hand* kommt in Verbindungen mit bestimmten lexikalischen Partnern vor, wo sie entweder attributive oder adverbiale Funktion erfüllt:

(D-5a) *Gemeinschaft / Eigentümer zur gesamten Hand* (Kom Palandt 2003: § 1419, Rn 1; NJW 1982:1097)

(D-5b) *das Gesellschaftsvermögen / der Nachlass steht ... den Gesellschaftern / den Miterben zur gesamten Hand zu* (RWb 1999:551; Kom Palandt 2003:§ 2032, Rn 1)

---

391 Zu Präpositionen in Prästellung vgl. Helbig/Buscha (2001:356).

392 Die Präpositionalgruppe *der Gattung nach* tritt häufig als Bestandteil des adjektivischen Attributes beim Substantiv *Sache* auf, näheres dazu in Kap. 6.1.3.4.

393 S. 8.5.

Als nachgestelltes Attribut (D-5a) determiniert diese Präpositionalgruppe Wörter bestimmter Bedeutungsfelder: *Vermögen*, *Eigentum*, *Gemeinschaft*. In der attributiven Poststellung lässt sich innerhalb der Präpositionalgruppe keine Modifikation feststellen. Mit jedem der determinierten Substantive können die Grundmorpheme *-gesamt-* und *-hand-* eine Zusammensetzung eingehen: *Gesamthandsvermögen*, *Gesamthandseigentum* (*-eigentümer*), *Gesamthandsgemeinschaft*. Die Verhältnisse zwischen den Wortgruppen mit nachgestelltem präpositionalem Attribut, wie z.B. *Vermögen zur gesamten Hand*, und den entsprechenden Komposita, wie z.B. *Gesamthandsvermögen*, sind denjenigen im Bereich der substantivischen Wortgruppen vom Typ `Adj + Subst` oder `Subst+Subst`$_G$ ähnlich. Im Allgemeinen gilt hier, dass kompositorische Formen als Zeichen der ökonomischen und/oder rationellen Sprachverwendung den Wortgruppen vorgezogen werden. Ein systematischer und empirisch abgesicherter Vergleich konnte im Rahmen dieser Arbeit nicht durchgeführt werden. Steht die Präpositionalgruppe ohne Kontext, so ist die Univerbierung ihrer Konstituenten nicht möglich:

(D-6) *zur gesamten Hand* → ^{R}**zur Gesamthand*

Soll aber das entsprechende Rechtsinstitut benannt werden, so wird dazu nur das Kompositum gebraucht:

(D-7a) *Ist eine Gesamthand ohne Rechtsgrund bereichert* (Kom Palandt 2003:§ 812, Rn 66) → (D-7b) *Ihnen steht das Grundstück als sog. Gesamthand zu* (Lb Rüthers/ Stadler 2001:102)

Das letzte Beispiel ist eine morpho-syntaktische Variante zu der in anderen Textstellen üblichen Formulierung vom Typ ⟨zur gesamten Hand zustehen⟩. Derselbe Sachverhalt lässt sich auf folgende Weise umformulieren:

(D-7b)′ *Ihnen steht das Grundstück zur gesamten Hand zu*

Inhaltlich sind die Aussagen (D-7b) und (D-7b)′ vergleichbar, ihr kommunikativer Wert ist jedoch nicht identisch: In (D-7b)′ ist die Idee nicht erfüllt, den Status des Grundstücks zu erfassen. Dass es sich in (D-7b) um eine Absicht handelt, die Eigenschaft 'Gesamthand' definitorisch hervorzuheben, ist dem Gebrauch von 'sog.' zu entnehmen. In der Konstruktion ⟨zustehen als⟩ begegnet das Lexem *Gesamthand* selten; in meinem Korpus ist die Formulierung in (D-7b) der einzige Beleg dieser Art. In allen Belegen mit dem Verb *zustehen* steht sonst die präpositionale Gruppe in adverbialer Funktion, wie z.B.:

(D-8) *Der Nachlaß steht den Miterben gemeinschaftlich zur gesamten Hand zu* (Kom Palandt 2003:§ 2032, Rn 1)

Unter den Formulierungen des Typs (D-8) ist folgende Äußerung als semantisch unterschiedlich zu bewerten:

(D-9) *Vermögen ..., das ... der Gesamthand zusteht* (Kom Palandt 2003: § 705, Rn 23)

Hier wird nämlich eine unterschiedliche semantische Relation zum Ausdruck gebracht: Durch 'die Gesamthand' wird derjenige benannt, dem das Vermögen zusteht.

8.1.2 Morphologische Eigenschaften

Artikelgebrauch

In den hier betrachteten Wortgruppen sind keine morphologischen Änderungen zu finden, was am Gebrauch des Artikels und des Numerus sichtbar ist. In den meisten Beispielen mit der einfachen Struktur `Präp + Subst` wird das Substantiv ohne Artikel verwendet; der Gebrauch eines Artikels ist in den untersuchten Wortgruppen nicht belegt:

(D-10) *unter Eigentumsvorbehalt* → R**unter dem Eigentumsvorbehalt* / R**unter einem Eigentumsvorbehalt*

(D-11) *unter Lebenden* → R**unter den Lebenden*

Ein solches Verhalten ist tendenziell auch in der Gemeinsprache zu beobachten; in der Rechtssprache gilt Ähnliches für die Verbindungen: *an Erfüllungs Statt, von Todes wegen.*
Bei der Präposition *unter* handelt es sich also um Fälle, in denen der geforderte Kasus nicht erkennbar ist. Allgemein wird diese Eigenschaft "Fachausdrücken, Eigennamen und festen Wendungen" (Helbig/Buscha 2001:360) zugesprochen.
Die gleichen Grundmorpheme können in gleichstrukturierten Verbindungen vorkommen. Zu vergleichen sind andere Ausdrücke ähnlicher Struktur, in denen dieselben Morpheme vorkommen:

unter dem Vorbehalt der ... (lexetius.com/2001/10/91, Rn 7)

wegen Todes der Mutter (Kom Palandt 2003:Vorb. § 249, Rn 140)

Solche Ausdrücke werden als freie Wortgruppen betrachtet, weil sie keinen festgelegten Begriff benennen, sondern sich auf eine konkrete Situation beziehen.
Das regelmäßige Fehlen des Artikels in der Verbindung *unter Eigentumsvorbehalt* geht auf das Muster *unter Vorbehalt* zurück. Außerdem hängt es mit der semantischen Selbständigkeit des Substantivs *Eigentumsvorbehalt* zusammen. Das Kompositum *Eigentumsvorbehalt* gilt nämlich als Terminus, der an sich nicht weiter determiniert zu werden braucht (zur Attribuierung im Rahmen der begrifflichen Erweiterung vgl. unten (D-26b)). Seine Bedeutung ergibt sich aus dem Gesetzeswortlaut:

"*Hat sich der Verkäufer einer beweglichen Sache das Eigentum bis zur Zahlung des Kaufpreises vorbehalten, so ...*" (§ 449)

In ähnlich strukturierten Verbindungen mit der Präposition *unter*, in denen die Lexeme durch Attribute spezifiziert werden, wird jedoch ein Artikel gebraucht:

(D-12) *unter einem geheimen Vorbehalt* (RWb 1999:336)

(D-13) *unter der aufschiebenden Bedingung der vollständigen Zahlung* (ebd.: 721)

Als Attribut tritt dabei nicht jedes beliebige Wort auf, sondern es handelt sich nur um bestimmte Adjektive, die in Verbindung mit dem jeweiligen Substantiv terminologisierte Verbindungen bilden: *geheim* mit *Vorbehalt*, *aufschiebend* mit *Bedingung*.

Die Beständigkeit der präpositionalen Wortgruppe *unter Eigentumsvorbehalt* wird schließlich durch die Verbindung mit bestimmten lexikalischen Partnern bestätigt:

(D-14a) *eine unter Eigentumsvorbehalt gekaufte / veräußerte / gelieferte Sache* (RWb 1999:820, 355, 911)

(D-14b) *Wiederverkäufer unter Eigentumsvorbehalt* (Lb Köhler 2001:229)

In ähnlichen Verbindungen ist die Präpositionalgruppe auch in Urteilstexten zu finden:

(D-15) *Im Frühjahr 1987 verkaufte die Kl. der H-KG einen Bagger unter Eigentumsvorbehalt. … über den ihr unter Eigentumsvorbehalt gelieferten Bagger zu verfügen.* (NJW 1991:2285)

Die Auflösung der präpositionalen und der nominalen Komponente und die Überführung in einen Nebensatz ist nur sprachlich akzeptabel. Die Paraphrase mit Nebensatz ist nicht als eine gleichwertige terminologische Alternativform zu interpretieren:

(D-16) *unter Eigentumsvorbehalt gekaufte Sache* → R**Eigentumsvorbehalt, unter dem eine Sache gekauft wird*

Der fehlende Artikel ist regelmäßig auch in Gruppen mit einer attributivischen nominalen Verbindung nachgewiesen In diesen ist die Determinierung der Substantive durch den bestimmten Artikel nicht möglich:

(D-17) *in sonstiger Weise* → R**in einer sonstigen Weise*

(D-18) *nach billigem Ermessen* → R**nach dem billigen Ermessen*

(D-19) *ohne schuldhaftes Zögern* → R**ohne das schuldhafte Zögern*

Wenngleich in den Beispielen (D-17) – (D-19) der bestimmte Artikel gemeinsprachlich akzeptabel wäre, würde sich damit der terminologische Status der Wortgruppe ändern.

Zwei Verbindungen zeichnen sich durch den obligatorischen Gebrauch des bestimmten Artikels aus:

im Ganzen, zur gesamten Hand

Die gleiche formale Struktur und morphologische Stabilität hat die Verbindung *im Wege*, die aber wegen ihrer Funktion und Bedeutung als Präposition bewertet wird.[394] Als Präposition hat diese Verbindung einen anderen Status als die hier betrachteten Wortgruppen und wird daher nicht weiter behandelt.[395]
In einigen Verbindungen ist der bestimmte Artikel in der festgelegten zusammengezogenen Form mit der Präposition zu finden, deren Auflösung nicht möglich ist:

(D-20) *im Ganzen* → **in dem Ganzen*

(D-21) *zur gesamten Hand* → **zu der gesamten Hand*

Numerus

Die morphologische Beständigkeit, die im festen Artikelgebrauch besteht, ist mit der Beschränkung des Substantivs auf einen Numerus verbunden. Nur im Singular kommen die Substantive in folgenden Wortgruppen vor:

unter Eigentumsvorbehalt, in sonstiger Weise, nach billigem Ermessen, ohne schuldhaftes Zögern, zur gesamten Hand

Auf den Plural ist das Substantiv in *unter Lebenden* festgelegt.
Die Beschränkung des Substantivs auf die Singularform hängt in einigen Fällen mit seiner kategorialen Ausprägung zusammen: Die Wörter *Ermessen, Zögern* sind formal gesehen Deverbativa, semantisch Abstrakta, die keine reguläre Pluralform bilden.[396] Das Substantiv *Weise* bildet zwar auch die Pluralform (*Weisen*) und dies sogar als abstrakte Bezeichnung. In der Bedeutung von 'Art, Form, wie etwas verläuft' (Duden 1999:4467) ist der Plural des Wortes *Weise* möglich, aber (zumindest in juristischen Äußerungen) weniger geläufig. Die Pluralform wird meist vom Inhalt der Aussage und dadurch vom sprachlichen Kontext erfordert, wie z.B. in *auf tausend verschiedene Weisen* (ebd.). Die Beschränkung des Wortes *Weise* auf den Singular ist auch in weiteren Präpositionalphrasen zu beobachten, so z.B. im Ausdruck *auf dieselbe Weise*.
Die gemeinsprachliche Konvention des Singulargebrauchs findet sich auch im zivilrechtlichen Wortschatz; wie bereits oben gesagt wurde, lässt sich bei dem Substantiv *Weise* in der Verbindung mit der Präposition *in* kein Numeruswechsel nachweisen:

(D-22) *in sonstiger Weise* → ^{R*}*in sonstigen Weisen*

---

394 Zu ähnlichen, sog. sekundären Präpositionen der Struktur `Präp + Subst` vgl. Helbig/Buscha (2001:354).

395 Auch die Verbindungen der Präposition *im Wege* mit anderen Lexemen werden außer Betracht gelassen, zumal sie eine andere Art der Festigkeit aufweisen.

396 S. dazu Kap. 6.1.2.4.

Das Wort *Hand* ist im Vergleich zu den Wörtern *Ermessen, Zögern, Weise* ein Konkretum, das regulär die Pluralform (*Hände*) bildet. Im juristischen Wortschatz hat es aber eine übertragene Bedeutung, die die Mehrzahl ausschließt:

(D-23) *zur gesamten Hand* → R**zu gesamten Händen*

Zu vergleichen sind auch gemeinsprachliche idiomatische Wendungen wie *zu treuen Händen, mit vollen Händen*, die umgekehrt nur im Plural vorkommen. Eine Überführung der Wendung *mit vollen Händen* in den Singular *mit der vollen Hand* ist zwar möglich, wird aber nicht mehr als idiomatische Wendung angesehen.
In anderen Wortgruppen ergibt sich die Numerusbeschränkung der substantivischen Komponente aus der Bedeutung der Präposition in der Wortgruppe. In *unter Lebenden* tritt die Präposition *unter* in der Bedeutung von 'inmitten von, zwischen anderen Sachen bzw. Personen' (Duden 1999:4127) auf, was die Pluralform des nachfolgenden Substantivs voraussetzt. In dieser gemeinsprachlichen Bedeutung ist die Präposition auch in anderen gleichstrukturierten Wortgruppen belegt:

unter Verwandten, unter Ehegatten

Da in der Wortgruppe *unter Lebenden* keine Modifikationen nachweisbar sind, wird sie als fest eingeordnet und hier nicht weiter erörtert.

8.1.3 Sonstige Eigenschaften

Attribuierbarkeit

Die zweigliedrigen Verbindungen vom Grundtyp `Präp + Subst` sind nicht auflösbar (vgl. (D-16) oben). Auf Grund dieser Unauflösbarkeit ist eine Attribuierung oder eine andere Determinierung der substantivischen Komponente nicht möglich:

(D-24) *unter Lebenden* → R**unter allen Lebenden*

(D-25) *von Todes wegen* → **von späteren Todes wegen*

Die Determination durch das Indefinitpronomen *alle* in (D-24)R* ist sprachlich, aber nicht terminologisch akzeptabel. Dagegen ist die erweiterte Variante (D-25) **von späteren Todes wegen* sowohl fach- als auch gemeinsprachlich inakzeptabel. In der Wortgruppe *unter Eigentumsvorbehalt* ist eine adjektivische Attribuierung möglich:

(D-26a) *eine unter Eigentumsvorbehalt gelieferte Sache* (RWb 1999:911)

(D-26b) *der unter <u>verlängertem</u> Eigentumsvorbehalt liefernde Verkäufer* (ebd.: 1366)

Die Wortgruppe in (D-26b) mit attribuiertem Substantiv stellt aber eine andere Verbindung dar, weil das Substantiv *Eigentumsvorbehalt* durch das Adjektiv *verlängert* fachlich spezifiziert und als lexikalische Einheit eingeführt wird (ähnlich wie in (D-12), wo die Verbindung *geheim + Vorbehalt* einen Terminus darstellt). Dagegen ist die Verbindung in (D-27), die einem Kommentartext entnommen ist, als freie Wortgruppe zu betrachten:

(D-27) *unter (eigenem) Eigentumsvorbehalt veräußern* (Kom Palandt 2003: § 447, Rn 17)

Die obige Spezifizierung des Substantivs *Eigentumsvorbehalt* durch das adjektivische Attribut *verlängert* kommt in der Regel in solchen Äußerungen vor, in denen der Begriff 'Eigentumsvorbehalt' aus rechtstheoretischer Sicht erörtert wird. Als Erweiterung des Substantivs *Eigentumsvorbehalt* werden also nur bestimmte Adjektive verwendet, was im Rahmen der begrifflichen Spezifizierung erfolgt, wodurch neue lexikalische Einheiten entstehen (*unter verlängertem Eigentumsvorbehalt*).
Die hier behandelten präpositionalen Verbindungen zeichnen sich also durch morphologische und auch (relative) strukturelle Beständigkeit aus; auf der lexikalischen Ebene sind ebenfalls keine Variationen nachweisbar.

Lexikalische Merkmale

An dieser Stelle möchte ich an zwei Beispielen die oben erwähnte lexikalische Invariabilität illustrieren. Im ersten Falle handelt es sich um die Wortgruppe *ohne schuldhaftes Zögern*. Zu dieser wurde im Rahmen ihrer Untersuchung eine gleichstrukturierte und lexikalisch ähnlich besetzte Verbindung verzeichnet: *ohne schuldhafte Verzögerung*. Es handelt sich jedoch um keine lexikalische Variation, die einen bedeutungsgleichen Ausdruck ergibt. Die Wortgruppe *ohne schuldhafte Verzögerung* ist nämlich mit dem Zivilprozessrecht verbunden, wo sie einen anderen Begriff abgrenzt: *"demnächst" (dh. ohne schuldhafte Verzögerung) (167, 270 III ZPO)* (RWb 2002:1478). Zu dieser Wortgruppe können keine Schlussfolgerungen gezogen werden, weil sie in der Materialbasis nicht als Untersuchungseinheit existiert und einem anderen fachlichen Kontext, dem Zivilprozessrecht, angehört.[397]
Im Kontext des materiellen Zivilrechts wird im Zusammenhang mit der Anfechtung von Willenserklärung(en), deren Frist in einem konkreten Paragraphen des

397 Der Unterschied der Kontexte, die beide zivilrechtliche Beziehungen betreffen, liegt in der fachlichen Differenzierung. Diese richtet sich nach dem Zweck der einschlägigen Rechtsnormen: Diejenigen, die das Recht als solches ordnen, stellen materielles Recht dar, während die Normen des formellen Rechts die Durchsetzung des materiellen Rechts zum Ziel haben (vgl. Creifelds 1999:1036). Die vorliegende Arbeit befasst sich mit bestimmten lexikalischen Merkmalen des bürgerlichen Rechts, welches materielles Recht ist. Das Zivilprozessrecht ist formelles Recht.

BGB geregelt ist, das Substantiv *Zögern* verwendet. Die Wortgruppe *ohne schuldhaftes Zögern* wird im BGB gebraucht, wo sie den Begriff *unverzüglich* definiert. In dieser abgrenzenden Funktion ist keine lexikalische Modifikation nachweisbar:

(D-28) *muss in den Fällen ... ohne schuldhaftes Zögern (unverzüglich) erfolgen* (§ 121 I) → R**ohne schuldhafte Verzögerung (unverzüglich)*

Die Beständigkeit der Wortgruppe *ohne schuldhaftes Zögern* ergibt sich aus der expliziten Forderung der Rechtslehre: "Die in § 121 I S. 1 enthaltene Legaldefinition des Begriffs 'unverzüglich' gilt für das gesamte Privatrecht ..." (Kom Palandt 2003:§ 121, Rn 3) und wird durch den Gebrauch bestätigt.[398]
Anders muss das zweite Beispiel *auf sonstige Weise* bewertet werden. Dieser Ausdruck wurde im Zusammenhang mit der Wortgruppe *in sonstiger Weise* aufgenommen. Dass es sich semantisch um gleichwertige Ausdrücke handelt, bestätigt neben dem situativen auch der sprachliche Kontext. Die Wortgruppe wird nämlich in § 812 BGB gebraucht, um bestimmte Tatbestandsmerkmale festzulegen:

(D-29) *Wer durch ... oder in sonstiger Weise etwas ... erlangt* (§ 812)

Zur Bezeichnung von Handlungen, die diese Merkmale aufweisen, tritt die Präpositionalgruppe häufig als nachgestelltes Attribut mit bestimmten Wörtern auf, wie z.B. in:

(D-30) *Anspruch auf Bereicherung "in sonstiger Weise"* (Kom Palandt 2003: § 812, Rn 2)

Die lexikalisch variierte Wortgruppe mit der Präposition *auf* ist in der Textsorte Urteil zu finden:

(D-31) *und deshalb "auf sonstige Weise" i.S. des § 812 I 1BGB bereichert worden* (NJW 1995:396)[399]

Diese Variante, die sich in meiner Belegsammlung nur zweimal nachweisen lässt, wird von Juristen als nicht gebräuchlich bewertet. Sie ist, wie auch andere Abweichungen von festen normierten Ausdrücken, in Texten der gerichtlichen Entscheidung bezeugt. Da die Verbindung mit der Präposition *auf* nicht zu den herkömmlichen juristisch akzeptablen Bezeichnungen gehört, wird die Wortgruppe *in sonstiger Weise* als lexikalisch invariabel betrachtet.
Auf Grund der lexikalischen, wie auch der strukturellen und morphologischen Beständigkeit werden alle in diesem Abschnitt (8.1) behandelten Wortgruppen als absolut fest eingeordnet.

---

398 Man kann umgekehrt auch davon ausgehen, dass sich der Gebrauch durch die Forderung der Rechtslehre verfestigt hat.

399 Ein zweiter Beleg findet sich in BGHZ 132:203.

8.2 Morphologisch variable Wortgruppen

Morphologische Änderungen sind nur bei einer geringen Anzahl der präpositionalen Verbindungen zu finden. Es handelt sich dabei um eine Wortgruppe mit der Struktur

`Präp + Subst`: *gegen Entgelt*

und zwei Verbindungen des Typs `Präp + [Adj + Subst]`: *im eigenen Namen, im fremden Namen.*

Die morphologische Modifikation betrifft den Gebrauch des Artikels.

8.2.1 Artikelwechsel in einfachen Wortgruppen

Als Beispiel für das Vorkommen der Wortgruppe *gegen Entgelt* seien folgende Sätze, jeweils mit den kleinen Buchstaben a,b,c,d,e bezeichnet, angeführt. Der Übersichtlichkeit halber wird die Wortgruppe unterstrichen:

(D-32a) *der Treuhänder wird meist gegen Entgelt tätig* (Lb Köhler 2001:52)

(D-32b) *wenn nach den Umständen die Dienstleistung (§ 612 I) ... nur gegen Entgelt zu erwarten ist* (Kom Palandt 2003:§ 675, Rn 8)

(D-32c) *die Bürgschaftsleistung gegen Entgelt* (ebd.: Einf. § 320, Rn 10)

(D-32d) *zur Nutzung gegen Entgelt* (ebd.: Einf. § 581, Rn 21)

(D-32e) *hätte der Kläger es gegen Entgelt ... veräußern können*

(lexetius.com/2001/6/109, Rn 32)

In der Wortgruppe *gegen Entgelt* ist beim Substantiv in einigen Fällen der unbestimmte (D-33), in wenigen Fällen sogar der bestimmte Artikel (D-34) bezeugt:

(D-33) *gegen ein Entgelt* (s. (D-36ff.))

(D-34) *gegen das Entgelt* (s. (D-42))

Außer Betracht bleiben hier solche Fälle, in denen der Artikel auf Grund der sprachlichen Umgebung erforderlich ist, z.B. bei der Determinierung des Substantivs *Entgelt* durch einen nachfolgenden Attributsatz:

(D-35) *die Überlassung einer beweglichen Sache gegen ein Entgelt, das ... bemessen wird* (Kom Palandt 2003:Einf. § 535, Rn 18)

Unbestimmter Artikel

Im Vergleich zu (D-35) handelt es sich bei (D-36) um eine Äußerung, in der sich der Gebrauch des unbestimmten Artikels auf keine formalen Regeln zurückführen lässt:

(D-36) *ein Vertrag, durch den der Darlehensgeber sich verpflichtet, dem Darlehensnehmer gegen ein Entgelt ... zu überlassen* (Kom Palandt 2003: Einf. § 488, Rn 3)

(D-37) *Insbesondere kann die Bürgschaft auch gegen ein Entgelt gegeben werden, so etwa die Bankbürgschaft* (Lb Medicus 2000:250)

In den angeführten Beispielen hängt der Gebrauch des unbestimmten Artikels wohl mit der Funktion der Aussage bzw. des gesamten Textes zusammen. Es handelt sich entweder um definitorische Aussagen (D-36) oder erklärende Äußerungen (D-37), in denen der unbestimmte Artikel in der Regel eine bestimmte Aufgabe hat.[400] Diese Feststellung lässt sich durch Heranziehung des unmittelbar nachfolgenden Textes zum Satz in (D-37) veranschaulichen:

(D-37) *... gegen ein Entgelt gegeben werden ... Allerdings wird das Entgelt hierregelmäßig ... vereinbart* (Lb Medicus ebd.)

Mit dem unbestimmten Artikel wird hier signalisiert, dass nicht die Art und Weise der Bürgschaft ('entgeltlich'), sondern der Inhalt dieser Art, 'das Entgelt', im Vordergrund steht.
Im folgenden Beispiel ist der unbestimmte Artikel auf einen anderen Grund zurückzuführen:

(D-38) *Gegen ein Entgelt in regelmäßig wiederkehrenden Leistungen – sog. Erbbauzins ... – erlangt der Berechtigte ...* (RWb 1999:395)

Bei dem Substantiv *Entgelt*, das im Satz (D-38) mit dem unbestimmten Artikel determiniert ist, handelt es sich um einen allgemeinen Begriff, welcher durch den anschließenden Ausdruck *sog. Erbbauzins* konkretisiert wird. Die präpositionale Wortgruppe erfüllt dabei nicht die Funktion eines terminologischen Attributes, das mit dem Substantiv regelmäßig verbunden wird, sondern tritt als freie präpositionale Angabe auf. Dadurch soll lediglich eine der möglichen Entgeltformen bezeichnet werden. Dass dies aber nicht immer der Fall sein muss, zeigt folgendes Beispiel aus einem Kommentartext:

(D-39) *Mietverhältnis ist das vertragliche Rechts(Schuld)Verhältnis zwischen Vermieter und Mieter, das auf Gebrauchsgewährung gegen Entgelt, die Miete (§ 535 II), gerichtet ist* (Kom Palandt 2003:Einf. § 535, Rn 1)

In Bezug auf die Determinierung des Substantivs *Entgelt* durch den Artikel in Verbindung mit der Präposition *gegen* lässt sich folgende Regel formulieren: Tritt die Wortgruppe als nachgestelltes Attribut eines Substantivs oder in adverbialer Funktion zu einem Verb ohne weitere Spezifizierungen im nachfolgenden Text auf, so wird das Substantiv *Entgelt* ohne Artikel gebraucht. Dieser Artikelgebrauch lässt sich an der Überführung in eine adjektivische Wortgruppe bzw. ein Adverbial überprüfen:

(D-40a) *eine Gebrauchsüberlassung gegen Entgelt* (NJW 1998:595) →

---

400 Im gemeinsprachlichen Gebrauch kann 'Entgelt' adjektivisch attribuiert und fakultativ mit unbestimmtem Artikel determiniert werden, vgl. "er arbeitete gegen/(seltener:) für [ein] geringes E.[ntgelt]" (Duden 1999:1038).

(D-40b)′ *eine entgeltliche Gebrauchsüberlassung*

(D-41a) *wenn nach den Umständen die Dienstleistung ... nur gegen Entgelt zu erwarten ist* (Kom Palandt 2003:§ 675, Rn 8) →

(D-41b) *soweit die Dienstleistung den Umständen nach nur entgeltlich zu erwarten war* (Lb Medicus 2000:159)

Für den unbestimmten Artikel lässt sich eine solche Regel nicht (eindeutig) feststellen. Wie die Untersuchung gezeigt hat, ist dessen Gebrauch nicht sprachlich, sondern kommunikativ abhängig: Wortgruppen mit dem unbestimmten Artikel (*gegen ein Entgelt*) kommen in Äußerungen vor, die die Entgeltlichkeit bestimmter Sachverhalte (Handlungen bzw. Zustände) aus juristischer Sicht erklären. Die Wortgruppe mit fehlendem Artikel wird dagegen dann verwendet, wenn solche Sachverhalte benannt werden.
Die terminologisch verwendete Verbindung *gegen Entgelt* sollte grundsätzlich durch die adjektivische bzw. adverbiale Form ersetzbar sein. Zahlreiche Belege für adjektivischen bzw. adverbialen Gebrauch von *entgeltlich* zeigen, dass sich Konkurrenzformen sogar in vergleichbaren sprachlichen Kontexten (s. das obige Beispiel mit *Dienstleistung + zu erwarten*) gegenüberstehen. Die Wahl zwischen der Präpositionalphrase und dem entsprechenden Adjektiv bzw. Adverbial unterliegt häufig den gemeinsprachlichen Regeln (syntaktische, morphologische Gegebenheiten des Kontextes). Sie ergibt sich auch aus dem Bemühen, den Text nicht allzusehr mit mehrgliedrigen Strukturen zu belasten. Dieses Problem ist eher sprachpragmatischer Natur und geht über die linguistische Betrachtung der Stabilität bei festen präpositionalen Verbindungen hinaus. Es betrifft mehr den pragmatischen Aspekt der Synonymie zweier Ausdrücke; es wird daher hier nicht weiter behandelt.[401]

Bestimmter Artikel

Nur sehr selten ist das Substantiv *Entgelt* in Verbindung mit der Präposition *gegen* mit dem bestimmten Artikel determiniert. Sein Gebrauch lässt in den belegten Fällen nicht auf besondere Regeln – auch nicht unter Berücksichtigung des Gesamt(kon)textes – schließen:

(D-42) *daß der Architekt ... ein Werk erstellt, das er nach Fertigstellung gegen das Entgelt "an" den Bauherrn leistet* (Kom Erman 2000:§ 675, Rn 7)

Hier wird *das Entgelt* weder im Vor- noch im Nachtext explizit thematisiert oder sonst evoziert. Die geringe Anzahl der Belege mit bestimmtem Artikel wie in (D-42) ist beschränkt auf einen Text der Textsorte Kommentar. Die obigen Beispiele zeigen, dass die Fälle mit determinierter substantivischer Komponente *ein/das Entgelt* weniger übliche Varianten des terminologischen Ausdrucks

401 Zur Konkurrenz zwischen den mit *-lich* (u.ä.) gebildeten Adjektiven und den entsprechenden präpositionalen Konstruktionen vgl. Sternkopf (1985:17).

gegen Entgelt sind. Dieser gehört auf Grund der strukturellen und der lexikalischen Stabilität[402] zu den relativ festen präpositionalen Verbindungen.

8.2.2 Artikelwechsel in erweiterten Wortgruppen

Der Artikelgebrauch schwankt in Verbindungen mit der folgenden Struktur:

`Präp + [Adj + Subst]` *im eigenen Namen, im fremden Namen*

Diese Variabilität bezieht sich dabei nur auf Wortgruppen mit dem enklitischen Artikel. Wie die Untersuchung der Texte gezeigt hat, ist die Wahl zwischen dem Auslassen des Artikels und dem enklitischen Artikel nicht auf besondere Gründe zurückzuführen, vgl.:

(D-43) *Reisender im Sinne dieser Bestimmungen ist ... der im eigenen Namen für sich oder ... eine Reise bucht .... Bucht ein Anmelder nur in eigenem Namen eine Reise für sich und Dritte, so ist nur er Reisender im Sinne des Gesetzes* (NJW 2002:2239)

Das Vorkommen beider Wortgruppen innerhalb eines Urteilstextes mit explizitem Hinweis auf den anzuwendenden Paragraphen (§ 651a)[403] bestätigt die semantische Äquivalenz der Ausdrücke. Mit Ausnahme des BGB sind beide Varianten in jeder Textsorte, sogar innerhalb eines Textes (vgl. (D-43) aus Urteilstext), zu finden. Das zeugt entweder von der Bemühung des Autors um stilistische Variabilität oder ist als zufällige Inkonsequenz zu bewerten. In den Kommentartexten lassen sich zwar beide Varianten innerhalb einer Ausgabe belegen, die Fundstellen gehören aber verschiedenen Kommentarteilen an, die nachweislich von verschiedenen Autoren verfasst wurden.[404] Das erlaubt die Schlussfolgerung, dass die Wahl der einen oder der anderen morphologischen Form auch eine Frage des persönlichen Stils ist. Das Gesetz verwendet konsequent die Form mit dem enklitischen Artikel *im*, z.B:

(D-44) *im eigenen Namen zu handeln* (§ 164)

Diese wird allerdings auch im gemeinsprachlichen Wörterbuch Duden (1999: 2699) angeführt, so dass sie als die üblichere angesehen werden kann.

---

402 Nicht als lexikalische und daher nicht als bedeutungsgleiche Variante ist die Wortgruppe *gegen Geld* zu bewerten. Der Unterschied zwischen den Substantiven liegt in deren semantischem Verhältnis: In bestimmten Fällen sind neben *Geld* als üblichster Art von *Entgelt* auch andere Formen möglich (vgl. Palandt § 607, Rn 8). Die Ähnlichkeit der Grundmorpheme kann sich als Ursache von Verwechslungen, vor allem in der fremdsprachlichen Fachkommunikation, erweisen.

403 Im § 651a wird die Wortgruppe in keiner der Formen verwendet. Daher wird hier kein textsortenexterner Vergleich vorgenommen.

404 Das BGB besteht aus fünf Büchern, die verschiedene Zweige des Zivilrechts (vgl. 4.5.1) darstellen. Aus Gründen der Spezifität der einzelnen BGB-Teile werden diese von unterschiedlichen Juristen kommentiert, die sich jeweils auf nur einen Ausschnitt des Zivilrechts spezialisieren.

Ähnlich kann in der Wortgruppe *im fremden Namen* die Präposition mit dem schwachbetonten Artikel verschmelzen oder ohne Artikel verwendet werden:

(D-45a) *der Wille, in fremdem Namen zu handeln* (§ 164 II) → (D-45b) *der Wille, im fremden Namen zu handeln* (Kom Palandt 2003:§ 164, Rn 1)

Die Wortgruppe mit fehlendem Artikel (D-45a) wird im Gesetz nur an einer Stelle verwendet.

Es sind Fälle belegt, wo beide Formen, die ohne Artikel und die mit enklitischem Artikel, in einem Text vorkommen:

(D-46a) *Bei Abschluß im fremden Namen gelten ... Bei subjektiv fremdem Geschäft ist der Abschluß* → (D-46b) *in fremdem Namen eine Äußerung* ...(Kom Palandt 2003:§ 677, Rn 9)

Die Wortgruppen *in eigenem Namen* und *in fremdem Namen* sind gleichstrukturiert und auf gleiche Weise morphologisch variabel. Aus semantischer Sicht stellen sie ein antonymisches Begriffspaar dar. Daher werden sie nicht selten im Rahmen juristischer Würdigungen nebeneinander gleichzeitig thematisiert. Die koordinative Verbindung beider Wortgruppen kann auf mehrere Weisen realisiert werden. Dies wird hier exemplarisch angeführt, auf Grund der komplexen Struktur aber nicht weiter analysiert:

(D-47a) *Einem Handeln zugleich im fremden und im eigenen Namen ...* (NJW 1988:1909) → (D-47b) *ein Handeln zugleich im eigenen und im fremden Namen* (Kom Palandt 2003:§ 164, Rn 1)

(D-47c) *ob ein Rechtsgeschäft im eigenen oder im fremden Namen vorgenommen* (ebd., Rn 18) → (D-47d) *eine Zahlung im eigenen oder fremden Namen entgegengenommen* (ebd.)

Aus den obigen Beispielen kann man den Schluss ziehen, dass in einer koordinativen Verbindung der Ausdrücke (*im eigenen Namen / im fremden Namen*) die erstgewählte Form aus stilistischen Gründen auch beim zweiten Ausdruck eingehalten wird. Durch Zusammenfügung beider Wortgruppen entstehen viel komplexere Strukturen als die hier betrachteten. Da sie außerdem variabel sind, werden sie hier nicht behandelt.

Das gleichzeitige Erscheinen beider Wortgruppen in einer Äußerung ist jedoch in Bezug auf die strukturelle Beständigkeit beider Gruppen von Interesse. Es ist nämlich der einzige Fall, in dem die Anordnung der Konstituenten aufgelöst werden kann. Sonst ist keine der beiden Wortgruppen auflösbar; z.B. kann das Substantiv nicht mit einem Attributsatz bestimmt werden:

(D-48) *Handeln im fremden / eigenen Namen* → **Handeln im Namen, der fremd / eigen ist*

Bei keiner der Wortgruppen, weder bei *im eigenen Namen* noch bei *im fremden Namen*, lassen sich lexikalische Modifikationen feststellen. Die syntaktisch ähn-

lich aufgebaute Wortgruppe *unter fremdem Namen* stellt keine Alternativform zu *in fremdem Namen,* sondern einen anderen Begriff dar. Die Wahl der Präposition ist für die begriffliche Differenzierung von Bedeutung: "Von der Stellvertretung (Handeln *in* fremdem Namen) ist das Handeln *unter*[405] fremdem Namen zu unterscheiden" (RWb 1999:1214).[406] Die Wortgruppe *unter fremdem Namen* ist auf allen Ebenen, der morphologischen[407], der strukturellen und der lexikalischen, invariabel und gehört deswegen der Klasse der festen Wortgruppen an.
Die in diesem Abschnitt dargestellten morphologischen Änderungen bestehen im Artikelgebrauch und haben keinen Einfluss auf die Bedeutung der jeweiligen Verbindung. Einen Sonderfall stellt der Ausdruck *gegen Entgelt* dar. In diesem kann neben dem fehlenden Artikel auch ein anderer Artikelgebrauch begegnen. Dies ist zum einen durch den sprachlichen Kontext bedingt und hängt zum anderen in wenigen Fällen nicht von kontextuellen Bedingungen ab. Neben dem variierbaren Artikelgebrauch weisen die hier betrachteten Wortgruppen keine strukturellen oder lexikalischen Modifikation auf; sie werden daher als relativ fest eingestuft.

8.3 Sonderfall der strukturellen Variation

Morpho-strukturelle Änderungen weist lediglich die Wortgruppe *ohne rechtlichen Grund* auf. Diese kann folgendermaßen variiert werden:

(D-49a) *ohne rechtlichen Grund* → (D-49b) *ohne Rechtsgrund*

Darüber hinaus begegnet das Kompositum *rechtsgrundlos* als dritte Parallelform. Diese Modifikation geht auf die Fähigkeit der Univerbierung innerhalb der adjektivischen Wortgruppe (*rechtlicher Grund* → *Rechtsgrund*) zurück.[408] Auf Grund der Univerbierung und der semantischen Äquivalenz beider nominalen Ausdrücke können beide Präpositionalgruppen alternativ ohne semantische Unterschiede erscheinen. Zur Illustration werden Belege in vergleichbaren Äußerungen angeführt:

(D-50a) *der auf seine Kosten ohne Rechtsgrund die unrichtige Eintragung erlangt hat* (Kom Palandt 2003:§ 812, Rn 20)

(D-50b) *i.S. des § 812 I 1 BGB ohne rechtlichen Grund auf Kosten der Kl. erlangt* (NJW 1999:1027)

---

405 Kursive Hervorhebung *in*, *unter* im Original.

406 Trotz dieser für Juristen wichtigen Unterscheidung kann auch in diesem Zusammenhang ein Fall von unkonsequenter Ausdrucksweise belegt werden. Im Rechtswörterbuch Creifelds (1999) findet sich folgendes Stichwort: Handeln in (unter) fremdem Namen → Stellvertretung (ebd.: 615).

407 Die Verschmelzung der Präposition *unter* mit dem bestimmten Artikel ist hier nicht belegt. Dies hängt wohl damit zusammen, dass die Zusammenziehung *unterm* allgemein der Umgangssprache zugeordnet wird, vgl. Helbig/Buscha (2001:249).

408 Ausführlicher dazu vgl. Kap. 6.1.3.1.

Der abwechselnde Gebrauch ist in meinem Korpus in den Textsorten Fachwörterbuch, Kommentar und Urteil belegt. In Bezug auf die Wahl zwischen (D-49a) und (D-49b) lässt sich Folgendes sagen: Wenn auf das Gesetz Bezug genommen bzw. dieses direkt zitiert wird, wird die Wortgruppe verwendet, häufig durch andere lexikalische Mittel, z.B. *im Sinne des §* erweitert. Das BGB verwendet zwar beide Formen, sowohl die adjektivische Wortgruppe *rechtlicher Grund* als auch das Kompositum *Rechtsgrund.* Im Gesetz wird mit der Präposition *ohne* jedoch nur die adjektivisch-substantivische Wortgruppe verbunden.
Neben der mehrgliedrigen Präpositionalgruppe *ohne Rechtsgrund* ist in adverbialer Funktion das Adjektiv *rechtsgrundlos*[409] zu finden. Dieses lässt sich vor allem in erweiterten Partizipialattributen nachweisen:

> (D-51) *Die für den Fall der Belastung eines rechtsgrundlos empfangenen Grundstücks geltenden Grundsätze* (NJW 2000:3130)

Besonders in komplizierten Konstruktionen erweist sich das zusammengesetzte Adjektiv in adverbialer Funktion als rationell und besser geeignet als die Wortgruppen *ohne Rechtsgrund* und *ohne rechtlichen Grund.* Diese werden wegen ihrer morpho-strukturellen Eigenschaften als halbfest eingeordnet.

8.4 Sonderfall der lexikalischen Variation

Lexikalische Änderungen sind in den präpositionalen Wortgruppen nicht häufig zu finden. In meiner Wortgruppensammlung ist diese Art von Variation unter Verbindungen mit einfacher Struktur `Präp + Subst` lediglich beim Ausdruck *unter Abwesenden* nachgewiesen.

8.4.1 Austauschbarkeit der Präposition

Steht die Präpositionalphrase in attributivischer Stellung beim Substantiv, so ist die Präposition *unter* durch die Präposition *gegenüber* ersetzbar:

> (D-52a) *Erklärungen <u>unter Abwesenden</u> werden in dem Zeitpunkt wirksam* (Kom Palandt 2003:§ 130, Rn 5)

> (D-52b) *elektronisch übermittelte Willenserklärungen sind in allen Regeln ... Erklärungen <u>gegenüber Abwesenden</u>* (Kom Erman 2000:§ 130, Rn 5)

Der Austausch der Präpositionen lässt sich auch dort nachweisen, wo die ganze Verbindung Bestandteil eines erweiterten Partizipialattributes ist:

> (D-53a) *Zugegangen ist eine wie hier unter Abwesenden abgegebene Willenserklärung, sobald* (NJW 1980:990)

> (D-53b) *der wirksame Zugang empfangsbedürftiger, gegenüber Abwesenden abgegebener Willenserklärungen* (NJW 1995:2217)

---

409 Mit *entgeltlich* weist die in 8.2.1 behandelte Wortgruppe *gegen Entgelt* eine ähnliche Ersatzform auf.

Eine solche Ersetzbarkeit ist in der folgenden, ähnlich strukturierten Wortgruppe nicht belegt, obwohl sie sprachlich möglich wäre:

(D-54) *Verfügungen unter Lebenden ... vornehmen* (Kom Palandt 2003: § 2271, Rn 1) → R* *Verfügungen gegenüber Lebenden ... vornehmen*[410]

Die Ersetzbarkeit in (D-53a) und (D-53b) hängt mit dem Verb *abgeben* zusammen, das sowohl mit der Präposition *unter* als auch mit *gegenüber* auftreten kann. Man könnte hier einwenden, dass der Austausch von Präpositionen zu Bedeutungsunterschieden führt. In der Tat kann durch den Austausch der Präpositionen jeweils ein anderer Aspekt ausgedrückt werden. Im Recht ist aber entscheidend, ob sich durch eine Änderung der Rechtsbegriff, d.h. der Inhalt des fachsprachlichen Ausdrucks an sich ändert. Das ist in dieser Wortgruppe nicht der Fall. Die Ausdrucksvariabilität kann sich aus dem sprachlichen Vor- oder Nachtext ergeben. In dem Beispiel (D-53b) handelt es sich um die Überschrift, die das Hauptproblem des Urteils in stichwortartiger Form wiedergibt. Diese wird erst nachträglich, in Anlehnung an den Urteilsinhalt häufig durch die Redaktion des herausgebenden Verlags verfasst.[411] Eine mögliche Erklärung für die Wortwahl in der Überschrift bietet die Formulierung im Urteilstext, in dem die Wortgruppe in folgender Form vorkommt:

(D-55) *Eine empfangsbedürftige, einem Abwesenden gegenüber abgegebene Willenserklärung* (NJW 1995:2217)

Die Wortgruppe mit der substantivischen Komponente *ein Abwesender* im Singular ist keine Variante zu derjenigen mit pluralischem Substantiv, sondern eine freie Wortgruppe, deren Bildung einem bestimmten Muster folgt.
Ein weiterer zu unterscheidender Fall ist:

(D-56) *Wirksamwerden der Willenserklärung gegenüber Abwesenden* (Kom Palandt 2003:Überschrift § 130; Beck-Texte 2002)

Hier ist der Gebrauch der Präposition durch das Deverbativum *Wirksamwerden* bedingt. Die Präposition *unter* würde in dieser Verbindung einen semantischen Unterschied mit sich bringen:

(D-56a)′ *Wirksamwerden der Willenserklärung unter Abwesenden*

Während in (D-56) die Richtung des 'Wirksamwerdens' (*gegenüber Abwesenden*) im Vordergrund steht, handelt es sich in (D-56a)′ lediglich um die Spezifizierung einer bestimmten Art von Willenserklärungen (*unter Abwesenden*). In (D-56a)′ erfüllt die Präpositionalgruppe die Funktion eines nachgestellten Attributes, ähnlich wie in folgenden Beispielen:

(D-57) *eine mündliche Erklärung unter Abwesenden* (Lb Köhler 2001:60)

(D-58) *Bei einem Vertragsschluss unter Abwesenden kann ...* (Kom Palandt 2003:§ 305, Rn 35)

---

410 Zu den festen Präpositionalgruppen vgl. Kap. 8.1.

411 Vgl. 4.5.3.

Daraus folgt, dass für die Benennung eines bestimmten Typs von Willenserklärungen, wo die Präpositionalgruppe als klassifikatorisches Attribut auftritt, die Form mit der Präposition *unter* die üblichere ist. Der terminologische Status der Wortgruppe *unter Abwesenden* lässt sich von der folgenden rechtstheoretischen Äußerung ableiten:

(D-59) *Im Einzelnen ist hier zu unterscheiden zwischen Erklärungen unter Anwesenden und unter Abwesenden* (Lb Köhler 2001:60)

In vereinzelten Fällen wird in ähnlichen definitorischen Äußerungen die oben erwähnte Richtung (vgl. (D-56)) mit Hilfe der Präposition *gegenüber* ausgedrückt und/oder zusätzlich die Person 'des Abwesenden' durch die Singularform betont:

(D-60) *Hier ist wieder zwischen der Erklärung unter Anwesenden oder einem Abwesenden gegenüber zu differenzieren* (RWb 1999:1548)

Die bereits angesprochene terminologische Gültigkeit der Präpositionalgruppe *unter Abwesenden* (vgl. (D-59)) zeigt sich auch im Gebrauch der Präpositionalgruppe mit Konkreta:

(D-61) *Vertragsschluss unter Abwesenden* (s. (D-58)) / *Antrag unter Abwesenden* (Lb Köhler 2001:115)

Dem zitierten Satz (D-59) ist zu entnehmen, dass im juristischen Vokabular ein begriffliches Antonym des Ausdrucks *unter Abwesenden* existiert: *unter Anwesenden*. Diese Verbindung wird hier nicht besprochen, weil sie keine der hier beschriebenen Modifikationen (z.B. (D-56), (D-60)) aufweist. Im Gegensatz zum Ausdruck *unter Abwesenden* ist sie sowohl lexikalisch (kein Präpositionsaustausch) als auch morphologisch (keine Konkretisierung des substantivischen Gliedes durch den Singular) invariabel und wird in der vorliegenden Arbeit als fest eingestuft.

8.4.2 Strukturelle Eigenschaften

Abschließend sei etwas zur Reihenfolge der Konstituenten gesagt. Diese ist in der Verbindung `unter/gegenüber + Subst[Pl.]` fest. Beide Präpositionen, sowohl *unter* als auch *gegenüber*, verbunden mit dem Substantiv *Abwesender* im Plural, begegnen hier nur in Prästellung; in Poststellung sind sie nicht belegt: R**Abwesenden gegenüber* / **Abwesenden unter*. Während es sich bei der nachgestellten Präposition *unter* um allgemeinsprachliche Inakzeptabilität handelt, liegt bei der Präposition *gegenüber* in Poststellung ein Fall von fachsprachlicher Restriktion vor.[412]

Dagegen kann in der morpho-lexikalischen Variante mit der substantivischen Komponente im Singular die Reihenfolge entsprechend der gemeinsprachlichen

---

412 Die Präposition *gegenüber* kann sowohl in Prä- als auch in Poststellung vorkommen, vgl. Helbig/Buscha (2001:356).

Regel schwanken, vgl. *gegenüber einem Abwesenden / einem Abwesenden gegenüber.* Dies kann als weiteres Kriterium für die oben vorgenommene Zuordnung zu den freien Wortgruppen gelten.
Die Verbindung *unter Abwesenden* wird als halbfest bewertet. Ihre partielle Beständigkeit besteht darin, dass in vergleichbaren Kontexten als Attribut eines Substantivs die lexikalische Variante *gegenüber Abwesenden* zulässig ist, ohne dass sich der so attribuierte Begriff ändert.

8.5 Freie Wortgruppen

Weder zu den festen noch zu den halbfesten Wortgruppen gehören die folgenden Ausdrücke mit einfacher oder erweiterter Struktur:

`Präp + Subst`	*auf Grund eines Kaufvertrages, bei Vertragsschluss, durch Genehmigung, mangels Einwilligung, nach dem Parteiwillen, im Wege der Umdeutung*
`Präp + [Adj + Subst]`	*bei bestehender Vertretungsmacht, bei fehlender Einwilligung, bei unverschuldetem Irrtum*

Es handelt sich um Verbindungen sowohl mit primären Präpositionen, wie z.B. *bei, durch, nach, zu,* als auch mit sekundären Präpositionen, z.B. *mangels, auf Grund, im Wege.*
Diese Ausdrücke sind sowohl strukturell als auch lexikalisch variabel. Die Variabilitätsmöglichkeiten hängen von der Struktur der jeweiligen Wortgruppe ab und werden dementsprechend in zwei getrennten Abschnitten besprochen.

8.5.1 Variationen der einfachen Wortgruppen

In Bezug auf die Struktur ist die Variabilität bei solchen Ausdrücken zu beobachten, deren präpositionale Konstituente nicht nur in Prä-, sondern auch in Poststellung auftreten kann:

(D-62a) *nach dem Parteiwillen* (Lb Medicus 2003:86) → (D-62b)′ *dem Parteiwillen nach*

Zu vergleichen ist die als fest eingestufte Wortgruppe *der Gattung nach* (Kap. 8.1), bei der die Verschiebung der Präposition in die Poststellung unter fachsprachlichem Aspekt nicht üblich ist: R**nach der Gattung.*
Jeder der oben angeführten Ausdrücke lässt sich – unter Einhaltung allgemeinsprachlicher Regeln – in eine Paraphrase überführen. Diese Möglichkeit besteht zwar auch bei festen bzw. halbfesten Wortgruppen. Der Unterschied liegt jedoch darin, dass die Paraphrase der festen bzw. halbfesten Wortgruppen nur bestimmten Zwecken, meist der metasprachlichen Behandlung des betroffenen Begriffs, dient und nicht als bedeutungsgleiche Benennung gilt. Im Gegensatz dazu kann

die Paraphrase einer nicht stabilen Wortgruppe als eine semantisch gleichwertige Alternativform existieren:

(D-63a) *mangels Einwilligung* (Lb Köhler 2001:212) → (D-63b)′ *wegen mangelnder* → (D-63c)′ *wegen fehlender Einwilligung*

Zu den variablen Wortgruppen gehören präpositionale Fügungen vom Typ ⟨bei + Deverbativum⟩ oder ⟨durch + Deverbativum⟩. Sie lassen sich durch präpositional-nominale Ausdrücke vom Typ ⟨im Falle von / + `Subst`⟩ bzw. ⟨im Wege + $\texttt{Subst}_{G}$⟩ paraphrasieren:

(D-64a) *bei Nichtbeurkundung* (Lb Köhler 2001:199) → (D-64b)′ *im Falle der Nichtbeurkundung*

(D-65a) *durch Genehmigung* (ebd.: 155) → (D-65b)′ *im Wege der Genehmigung*

Die Paraphrasierung durch andere morpho-syntaktische Formen ist ebenfalls möglich:

(D-66a) *bei bestehender Vertretungsmacht* (Lb Köhler 2001:193) →
(D-66b)′ *besteht die Vertretungsmacht*

Solche formale Varianten erfordern in einigen Fällen gleichzeitig eine lexikalische Modifikation:

(D-67a) *bei unverschuldetem Irrtum* → (D-67b)′ *liegt ein unverschuldeter Irrtum vor*

Die Transformationen, wie z.B. (D-66b) und (D-67b), werden hier als satzwertige Äußerungen nicht im Einzelnen behandelt. Es handelt sich nämlich um den Gebrauch der Präposition *bei* zum Ausdruck der Konditionalität; in dieser Funktion entspricht die Wortgruppe einem konditionalen Nebensatz, der uneingeleitet ist oder mit der Konjunktion *wenn* eingeleitet werden kann. Auch Helbig/Buscha (2001:609) führen Verbindungen mit der Präposition *bei* (und ähnlich *mit, ohne*) als konkurrierende Ausdrucksformen für Bedingungen an. In den untersuchten Texten konnte kein statistisch angelegter Vergleich durchgeführt werden. Es fällt jedoch auf, dass zum Ausdruck der Bedingung uneingeleitete Konditionalsätze öfter als eingeleitete wenn-Sätze (vgl. Weber 1996:211), in der Textsorte Kommentar dann häufig auch präpositionale Verbindungen mit *bei* verwendet werden.[413] Dieser Gebrauch kann als ein Merkmal der juristischen Sprache betrachtet werden.

Nicht stabile Wortgruppen der oben dargestellten Art (D-62a) – (D-67b) entstehen im Laufe der Rede, ihre Bildung ist kontextgebunden und ihre morpho-

413 Wie bereits erwähnt, wurde keine statistisch abgesicherte Untersuchung in allen Textsorten durchgeführt. Die einzige Stichprobe hat gezeigt, dass zum Ausdruck der Konditionalität im BGB des Typs ⟨wenn ..., dann ...⟩ lediglich uneingeleitete konditionale Nebensätze zu finden sind (z.B. §§ 363-371).

syntaktische Form vom sprachlichen Umfeld abhängig. Sie werden hier als frei eingeordnet. Bei einigen Wortgruppen fällt häufiges Auftreten der substantivischen Komponente mit einer bestimmten Präposition auf, so z.B. *durch Genehmigung, im Wege der Umdeutung*. Es handelt sich um strukturell nicht verfestigte und modifizierbare Verbindungen, die erst durch den Sprechakt hergestellt werden. In diesen zwei Wortgruppen sind die Präpositionen *durch* und *im Wege* bedeutungsähnlich. Die Bevorzugung der einen oder der anderen Präposition deutet auf den Prozess der Lexikalisierung im fachlichen Kontext. Hier wäre also eine Differenzierung innerhalb der Klasse der freien Wortgruppen denkbar. Dann könnte man Wortgruppen wie *durch Genehmigung, im Wege der Umdeutung* als relativ frei einordnen.
Eine freie Wortgruppe kann dabei an der Oberfläche gleich strukturiert und in einigen Fällen lexikalisch gleich besetzt sein wie eine feste Wortgruppe. Die Verbindung zweier (oder mehrerer) Wörter kann dann in einem Kontext als feststehend, in einem anderen als frei gelten, vgl.:

(D-68) *Verschulden bei Vertragsschluss*

(D-69a) *..., die eine Vertragspartei (Verwender) der anderen Vertragspartei bei Abschluss eines Vertrags stellt* (§ 305 I) → (D-69b) *wenn der Verwender bei Vertragsschluß* ... (ebd. II)

Nach der Ersteinführung der Wortgruppe (D-69a) im Abs. I § 305 ist der Gebrauch des Kompositums in (D-69b) möglich. Es ist nicht mehr notwendig zu unterscheiden, ob es sich um 'einen Vertrag' handelt, der sich auf einen nicht näher bestimmten Fall beziehen kann, oder um 'den Vertrag', der im Vortext erwähnt und damit als für ähnliche Fälle allgemein bekannt signalisiert wird. In (D-69a/b) sind weitere semantisch äquivalente Varianten möglich, wie z.B. *bei Vertragsabschluss, bei Abschluss des Vertrags*. Diese werden nicht im Einzelnen behandelt. Dagegen bleibt die Wortgruppe in (D-68) in allen Kontexten, sei es die Ersteinführung oder die Wiederaufnahme innerhalb eines Textes, unverändert. Als Bestandteil einer festen terminologischen Wortgruppe lässt sie keine Auflösung und auch keine lexikalischen Modifikationen zu.[414] Für die feste substantivisch-präpositionale Wortgruppe lässt sich nachweisen, dass die morphologische Modifikation der Präposition mit enklitischem oder mit fehlendem Artikel vom situativen Kontext oder vom sprachlichen Vortext unabhängig und für den Inhalt der Wortgruppe ohne Einfluss ist (vgl. Kap. 6.4.2.2). Dagegen ergibt sich der Gebrauch des Artikels in Fällen wie in (D-69a/b), d.h. in nicht stabilen Wortgruppen, aus dem aktuellen Kontext:

(D-70) *Bei einem Vertragsschluss unter Abwesenden* (Kom Palandt 2003: § 305, Rn 35)

414 Zur kontextbedingten Ersetzbarkeit des Genitivsubstantivs in der Wortgruppe *Verschulden bei Vertragsschluss* und zur vereinzelt belegten Änderung des Artikels vgl. Kap. 6.4.5.

Der unbestimmte Artikel soll hier 'einen Vertragsschluss' als einmalige Handlung determinieren, die durch die nachgestellte Präpositionalphrase *unter Abwesenden* näher bestimmt wird. Eine andere Formulierung wäre auch möglich:

(D-70a)′ *Bei Abschluss eines Vertrags unter Abwesenden* / (D-70b)′ *Wird ein Vertrag unter Abwesenden (ab)geschlossen, ...*

Durch die Gegenüberstellung dieser zwei Alternativen wird der Vorteil der präpositionalen Verbindungen des Typs ⟨bei + Deverbativum⟩ offensichtlich: Sie dienen der Sprachökonomie, die besonders in Kommentartexten und Fachwörterbüchern in hohem Maße zu beobachten ist.
Durch das Beispiel (D-69a/b) wird eine lexikalische Abänderung der substantivischen Konstituente in der zusammensgesetzten Form angedeutet. Diese geht auf die semantische Identität der zugrunde liegenden Verben in Verbindung mit dem Substantiv *Vertrag* zurück: *Vertrag abschließen / schließen* → *bei Vertragsschluss / bei Vertragsabschluss*.[415] Das parallele Vorkommen beider bzw. aller drei Alternativformen *Vertrags(ab)schluss* und *Abschluss des Vertrags* ist in Urteilstexten, Lehrbüchern und Artikeln der Fachwörterbücher nachweisbar. Nur im BGB kommt das Kompositum nicht mit dem Grundwort *-abschluss*, sondern nur mit *-schluss* vor. Nicht austauschbar sind die Morpheme *-schluss-* und *-abschluss-*, wenn das Kompositum in eine genitivische Verbindung aufgelöst wird. Daher ist auch folgende Präpositionalgruppe inakzeptabel: **bei Schluss des Vertrags*. Die obigen Beispiele lassen die starke Abhängigkeit der freien Wortgruppen vom Kontext und von der kommunikativen Absicht des Sprechers erkennen.

8.5.2 Variationen der erweiterten Wortgruppen

Weitere variable Wortgruppen sind diejenigen mit der syntaktisch erweiterten Struktur

`Präp + [Adj + Subst].`

Als Beispiel sei hier der Ausdruck *bei fehlender Einwilligung* behandelt:

(D-71) *bei fehlender Einwilligung* (Lb Köhler 2001:150)

Dieser wird in vergleichbaren Äußerungen wie folgt variiert:

(D-72a) *ohne Einwilligung* (Lb Köhler 2001:150) → (D-72b) *ohne die erforderliche Einwilligung* (§ 108 I, Lb Köhler a.a.O.:145)

Der referenzielle Sachverhalt lässt sich auf weitere Weisen ausdrücken und die Wortgruppe *bei fehlender Einwilligung* weiter variieren, z.B. mit Hilfe verbaler Konstruktionen. Diese werden hier nicht behandelt, da dies vom Gegenstand dieses Abschnittes wegführen würde.

---

415 Zur Austauschbarkeit der Verben *schließen* und *abschließen* in Verbindung mit dem Substantiv *Vertrag* vgl. Kap. 7.1.3.1.

Aus den unterschiedlichen morpho-syntaktischen Formen in den angeführten Beispielen folgt, dass die Wahl einer der Varianten von formalen Bedingungen, d.h. vom sprachlichen Umfeld, und/oder von der kommunikativen Absicht des Sprechers abhängt. Um das zu erkennen, muss der Gesamtkontext herangezogen werden:

(D-73) *Der ohne Einwilligung geschlossene … Vertrag* (Kom Palandt 2003: § 108, Rn 1)

Auch die erweiterte Wortgruppe *bei fehlender Einwilligung* könnte in diesen Satz eingebettet werden, sie würde jedoch das vorangestellte Attribut belasten:

(D-73)′ *Der bei fehlender Einwilligung geschlossene Vertrag*

Die Wortgruppen *ohne Einwilligung* und *bei fehlender Einwilligung* unterscheiden sich zum einen durch ihre morpho-syntaktische Realisierung, zum anderen durch den Ausdruck des Fehlens. Weitere Paraphrasierungsmöglichkeiten der Verbindungen *ohne Einwilligung* und *bei fehlender Einwilligung* und ihre Austauschbarkeit in satzwertigen Äußerungen betreffen nicht allein die Frage der Stabilität fachsprachlicher Wortgruppen und sind daher hier irrelevant.
Der Aspekt des Fehlens wird in juristischen Äußerungen häufig auch mit Hilfe der Präposition *mangels* ausgedrückt, wie z.B. in

(D-74) *mangels Erklärungsbewußtseins* (Lb Köhler 2001:151)

(D-75) *mangels Einwilligung* (ebd.: 212).

Diese Verbindungen lassen sich sowohl lexikalisch als auch morpho-syntaktisch variieren und zählen damit zu den freien Wortgruppen. Eine nähere Betrachtung ihrer mannigfaltigen Variationsmöglichkeiten würde den beabsichtigten Umfang der Ausführungen über freie Präpositionalgruppen überschreiten und wird deswegen nicht weiter fortgesetzt.

8.5.3 Artikelgebrauch in freien Wortgruppen

Die freien Verbindungen entstehen in Abhängigkeit vom Kontext im Laufe der Redesituation. Deshalb ist stets auf die Regeln, die für die Sprachproduktion gelten, zu achten. Einer der Aspekte, der besonders in der fremdsprachigen Kommunikation Schwierigkeiten bereiten kann, ist der Artikelgebrauch. Dieser kann je nach den formalen aber auch kommunikativen Bedingungen schwanken. In den Verbindungen *bei Vertragsschluss / beim Vertragsschluss / bei einem Vertragsschluss* variiert der Artikel in Abhängigkeit davon, ob die Präposition in der temporalen oder in der konditionalen Bedeutung verwendet wird und/oder der Gesamtausdruck sich auf einen konkreten Sachverhalt bezieht.[416] In der konditionalen Bedeutung wird in der Regel zumeist kein Artikel verwendet (s. Helbig/Buscha 2001:368): *bei Vertragsschluss*. In der temporalen Bedeutung

416 Diese Feststellung gilt nicht für die Präpositionalgruppe *bei(m) Vertragsschluss*, die Bestandteil der Wortgruppe *Verschulden bei(m) Vertragsschluss* ist (vgl. Kap. 6.4.2.2).

'Gleichzeitigkeit in einem Zeitpunkt' wird allgemein der bestimmte Artikel gebraucht (s. ebd.): *beim Vertragsschluss*. Das sollte vor allem dann gelten, wenn es sich um einen konkreten Sachverhalt handelt.[417] In solchen Fällen fehlt jedoch in nicht wenigen Belegen der Artikel:

(D-76) *Die Kl. macht geltend, die Bekl. hätten bei Vertragsschluß arglistig verschwiegen, daß ...* (lexetius.com/2000/10/702, Rn 6)

Gleiches ist in Verbindungen zu beobachten, in denen 'der Vertrag' lexikalisch konkretisiert und der Sachverhalt durch eine komplexe Wortgruppe bezeichnet wird:

(D-77) *daß der Bekl. bei Abschluß des Mietvertrages vom 29. März 1993* (lexetius.com/2000/9/546, Rn 10)

Der gleiche Gebrauch lässt sich in Verbindungen mit den Präpositionen *nach / vor* nachweisen:

(D-78) *nach Abschluß des Kaufvertrags* (NJW 1998:2362)

(D-79) *Vor Vertragsschluß hatte der Bekl. ...* (lexetius.com/2002/4/26, Rn 7)

Die an (D-76) –(D-79) illustrierte Tendenz weist auf eine fachsprachliche morphologische Besonderheit hin, auch beim konkreten Bezug auf eine Handlung zu einem konkreten Zeitpunkt oder bei durch den Gesamtkontext als bekannt gegebenen Begriffen die Präposition *bei* ohne Artikel zu verwenden. Sie ist vor allem in Urteilstexten zu beobachten, darüber hinaus in Lehrbüchern und Kommentartexten. In letzteren ist dies durch den stichwortartigen und daher sehr ökonomischen Stil zu erklären. Das BGB scheint hier "sprachkorrekt" zu sein.[418]
Der konsequent fehlende Artikel in Verbindung mit der Präposition *bei* in konditionaler Bedeutung (vgl. 8.5.1) entspricht der gemeinsprachlichen Regel[419]:

(D-80) *wenn der Verwender bei Vertragsschluss ...* (§ 305)

---

417 Dies entspricht dem allgemeinen Gebrauch des bestimmten Artikels, mit dem das bereits Erwähnte oder durch die kontextuellen Vorinformationen als bekannt Gegebene markiert werden kann.

418 Für solche Fälle des fehlenden Artikels wird z.B. in der Grammatik von Helbig/Buscha (2001) keine anwendbare Regel angeführt. Der artikellose Gebrauch, dort als Nullartikel klassifiziert, beschränkt sich auf präpositionale Adverbialbestimmungen aus einem PI / PII und einem nicht pluralfähigen Substantiv, die in einen *wenn*-Nebensatz überführt werden können: "Das Feuerwerk beginnt bei eintretender Dunkelheit" (ebd.: 342). Diese Regel wird auch in ähnlich strukturierten juristischen Wortgruppen eingehalten, z.B. in *bei fehlender Einwilligung, bei bestehender Vertretungsmacht*. Mit Verbindungen des Typs ⟨bei, nach, vor + Subst⟩ werden bestimmte Rahmenbedingungen bezeichnet, für die Weinrich (2003:652) die meisten Beispiele ebenfalls mit fehlendem Artikel anführt. Zu artikellosen Substantivkonstruktionen vgl. auch Duden-Grammatik (1998:321).

419 Vgl. hierzu Helbig/Buscha (2001:368), die solche Fälle als Gebrauch des Nullartikels betrachten.

(D-81) *bei Nichtbeurkundung* (Lb Köhler 2001:199)

Die Variabilität bzw. die Invariabilität der Präpositionalgruppen kann mit ihrer semantischen Rolle in Verbindung gesetzt werden. Durch freie präpositionale Wortgruppen, wie z.B. *bei Nichtbeurkundung / durch Genehmigung*, werden Umstände, Voraussetzungen von Handlungen oder Mittel zu ihrer Durchführung auf eine rationelle und ökonomische Weise ausgedrückt. Durch den Bezug zu bestimmten, immer wiederkehrenden Kontexten können die variablen Präpositionalgruppen lexikalisiert werden oder zumindest Lexikalisierungszüge aufweisen (z.B. *bei Vertragsschluss*).

8.6 Zusammenfassung Kapitel 8

Unter den Präpositionalgruppen der Grundstruktur `Präp + Subst` lassen sich mehrere Festigkeitsstufen erkennen. Die höchste Festigkeitsstufe wird durch Verbindungen wie *unter Lebenden, von Todes wegen, zur gesamten Hand* (Kap. 8.1) vertreten. Da sie lexikalisch, strukturell und morphologisch invariabel sind, werden sie als ***absolut fest*** eingestuft. Auf der nächsten Stabilitätsstufe (die Berührungspunkte zur ersten Stufe aufweist) stehen Präpositionalgruppen wie *im eigenen Namen, gegen Entgelt*, die morphologisch modifizierbar sind. Lexikalisch und strukturell sind sie aber stabil und werden daher als ***relativ fest*** bewertet. Als ***halbfest*** werden nur zwei untersuchte Wortgruppen eingeordnet: *ohne rechtlichen Grund*, die strukturell variabel ist, und *unter Abwesenden*, die sich lexikalisch variieren lässt. Die absolut festen, relativ festen und halbfesten Wortgruppen bilden entweder selbst terminologisierte Einheiten, z.B. *ohne schuldhaftes Zögern*, oder sind Bestandteil juristischer Termini, z.B. *in sonstiger Weise* (verbunden mit *Bereicherung*). Einige dienen dabei der begrifflichen Differenzierung innerhalb einer Kategorie: *Rechtsgeschäfte von Todes wegen* vs. *Rechtsgeschäfte unter Lebenden*; *Leistung an Erfüllungs Statt* vs. *Leistung erfüllungshalber*. Die dritte Stufe wird durch ***freie*** Wortgruppen konstituiert. Hierher gehören z.B. *durch Genehmigung, im Wege der Umdeutung, gegenüber einem Abwesenden*, letztere Verbindung als Modifikation einer halbfesten Wortgruppe (*unter Abwesenden*). Diese Wortgruppen zeichnen sich durch einen gewissen Grad an Lexikalisierung aus, weshalb sie sich als ***relativ frei***, d.h. der gesamten Klasse der freien Wortgruppen untergeordnet, einstufen lassen. Als nicht stabil, weil strukturell und/oder lexikalisch modifizierbar, erweisen sich nicht wenige Präpositionalgruppen, z.B. *nach dem Parteiwillen, bei fehlender Einwilligung*. An ihrer Bildung sind besonders die Präpositionen *bei, mangels, nach*, teilweise auch *ohne, auf Grund*, beteiligt. Diese Verbindungen werden hier als ***frei*** eingestuft. Die relativ freien und besonders die freien Wortgruppen werden im Laufe der Redesituation (mit je unterschiedlichen Lexikalisierungstendenzen) gebildet und sind im Begriffssystem des bürgerlichen Rechts nicht enthalten.

9 Auswertung der Festigkeit

In den Kapiteln 6 – 8 wurden ausgewählte Wortgruppen beschrieben, die als Teil der Materialbasis aus unterschiedlichen Texten des deutschen Zivilrechts exzerpiert wurden. Diese Wortverbindungen wurden auf ihre lexikalischen und strukturellen Eigenschaften untersucht; bei Unbeständigkeit wurden zusätzlich morphologische Merkmale betrachtet. Die so angesetzte Auswertung ergibt grundsätzlich drei Grundstufen: feste, halbfeste und freie Wortgruppen.[420] Es handelt sich um eine Einteilung, bei der sich zum einen zwischen den einzelnen Festigkeitstufen nicht immer scharfe Grenzen ziehen lassen. Zum anderen sind innerhalb dieser Stufen weitere Subklassen erkennbar, die sich durch den Grad der Fixiertheit der Konstituenten voneinander unterscheiden.

9.1 Feste Wortgruppen

Die festen Wortgruppen zeichnen sich durch eine kontextunabhängige Invariabilität aus. Diese äußert sich dadurch, dass ein Ausdruck weder strukturelle noch lexikalische Variationen aufweist. Wie den Auswertungen der untersuchten Wortgruppen zu entnehmen ist, können unter den festen Ausdrücken zwei Unterklassen abgehoben werden: Es lassen sich solche Verbindungen feststellen, die in jedem Text in derselben Form verwendet werden (*die guten Sitten*, 6.1.1). Von diesen sind solche abzugrenzen, die innerhalb eines Textes auf die Kernkomponente reduziert werden können (*die arglistige Täuschung → die Täuschung*, 6.1.2).[421] Die Auslassung einer Komponente ist dabei nicht nur im nominalen Bereich belegt; sie lässt sich auch bei verbalen Verbindungen beobachten, wenn z.B. das Akkusativobjekt eines transitiven Verbs nicht explizit genannt wird (*Erbschaft ausschlagen → ausschlagen*, 7.1.2.1).
Die Reduzierung einer Wortgruppe auf nur eine Konstituente ist, sowohl im nominalen als auch im verbalen Bereich, an die Bekanntheit des Ausdrucks gebunden. Dabei ist entweder der sachliche Zusammenhang oder der situative Rahmen (Kontext) entscheidend. Ein Begriff kann aber auch durch die Einführung im Vortext, d.h. durch die sprachliche Umgebung (Kotext), als bekannt vorgegeben werden[422]; das verkürzte Lexem stellt die textinterne Wiederaufnahme dar.

420 Zu einer ähnlichen Grobeinteilung gelangt Kißig (1995:49) nach der Übersicht von Untersuchungen verschiedener Fachsprachen mit verschiedenen Ansätzen. Vgl. dagegen Wüsters (1966) Zweiteilung in stehende Wortgruppen und Gelegenheitsbildungen.

421 Die Kürzung der Mehrwortbenennungen sieht auch Möhn (1986:123) als "im gesicherten Verwendungskontext" üblich.

422 Zur Unterscheidung zwischen den Begriffen Kontext und Kotext vgl. Kap. 2.1, Anm. 1.

Eine der Besonderheiten der juristischen Äußerungen liegt in der Gestaltung des Kotextes. Die Vorerwähntheit muss sich nämlich nicht nur auf unmittelbar vorausgehende Äußerungen beschränken. Als Vortext kann ein anderer, räumlich entfernt liegender Textteil betrachtet werden, z.B. zwei Paragraphen eines Gesetzesteils. Desweiteren entsteht Kotext in einem konkreten Fall von zwei räumlich aufeinander folgenden Äußerungen, die zwei unterschiedlichen Textsorten angehören: Kommentar und der kommentierte Paragraph.[423]
Die kontext- oder kotextbedingte Weglassbarkeit einer der Konstituenten der untersuchten Wortgruppen führt zur oben erwähnten Differenzierung unter den festen Verbindungen. Dieser wird durch die Adjektivattribute 'absolut' und 'relativ' Rechnung getragen.
Die kontext- und kotextunabhängig invariablen Wortgruppen werden als absolut fest, die kontext- oder kotextbedingt variablen als relativ fest bezeichnet. Diese Zweiteilung kann jedoch nicht in allen morpho-syntaktischen Typen festgestellt werden.

9.1.1 Fälle absoluter Festigkeit

Die absolut festen Wortgruppen lassen sich vor allem bei einigen Strukturen im nominalen Bereich (*die guten Sitten* (6.1.1); *Treu und Glauben* (6.3.1)), zum Teil bei präpositionalen Fügungen (*von Todes wegen* (8.1)) feststellen.
Betrachtet man die Wortgruppen, die sich durch die höchste, d.h. absolute Festigkeit auszeichnen (*die guten Sitten*, *der gute Glauben*, *Treu und Glauben*, *Zug um Zug* (6.4.1)), so wird ihr idiomatischer Charakter deutlich. Die substantivischen Wortgruppen vom Typ `Subst und Subst` bzw. `Subst + Präp + Subst` werden unter der Bezeichnung Zwillingsformeln (auch: phraseologische Wortpaare, vgl. Busse 2002:409) zu den Phraseologismen gezählt.[424] Die Idiomatizität der absolut festen Wortgruppen im fachlichen Bereich ist auch daran zu sehen, dass einige von ihnen (*Treu und Glauben*) als sog. Generalklauseln bekannt sind, die bestimmte Prinzipien benennen. Ein weiteres Merkmal der absoluten Festigkeit ist, dass zumindest eine der Komponenten in der Rechtssprache in keiner anderen Verbindung vorkommt (*Treu, Sitten, Zug, Grund*[425]).[426]

---

423 Zum Verhältnis zwischen Kommentar und Gesetz vgl. 4.4.

424 S. o. Anm. 229 in 6.3.1.2.

425 Zumindest nicht im Sinne von 'Oberfläche, Boden'.

426 Die in der vorliegenden Arbeit als absolut oder relativ fest klassifizierten Wortgruppen besitzen ähnliche Eigenschaften, die den Phraseologismen zugeschrieben werden: Stabilität, Lexikalisierung, Reproduzierbarkeit (vgl. Fleischer 1997:30). Nach Idiomatizität als weiterem wesentlichen Merkmal (und der damit verbundenen Motivation, vgl. Schippan 1992:100) wird hier nicht gefragt, deshalb wurde der Bezug zur Fachphraseologie in der vorliegenden Arbeit ausgeklammert (vgl. 2.3).

9.1.2 Relative Festigkeit

In einigen Strukturtypen weisen die Verbindungskonstituenten keine absolute Gebundenheit auf. So ist die absolute Stabilität z.B. in der Struktur `Subst + Subst`$_G$ nicht vertreten, weil entweder der Kotext oder der Kontext die Auslassung des Genitivattributes erlaubt (vgl. *Unmöglichkeit der Leistung → die Unmöglichkeit* (6.2.1)). Solche Verbindungen sind daher nur relativ fest.
Die Unterscheidung zwischen absoluter und relativer Festigkeit erweist sich bei den verbalen Verbindungen als schwierig.[427]
Hier lassen sich zwei Untergruppen erkennen, die zwar insgesamt lexikalisch invariabel, strukturell jedoch unterschiedlich stabil sind. Eine Untergruppe stellen Wortgruppen mit einem Nominalisierungs- bzw. Funktionsverb[428] dar, z.B. *Sicherheit leisten* (7.1.1), *zur Last fallen* (7.2.1). Die zweite wird durch Verbindungen eines Vollverbs mit einem (Akkusativ- oder Präpositional-) Objekt konstituiert, z.B. *Willenserklärung abgeben* (7.1.2), *auf Schadensersatz haften* (7.2.3). Der unterschiedliche Grad der strukturellen Gefügtheit lässt sich vor allem bei Betrachtung auf der Satzebene illustrieren.[429] Durch eine bestimmte strukturelle Stabilität auf der Satzebene zeichnen sich Verbindungen aus, die zu uneinheitlich bezeichneten Verbgefügen gezählt werden (*Sicherheit leisten, zur Last fallen*). Dagegen passt sich die Verteilung der Konstituenten, von denen eine ein Vollverb ist, den Gegebenheiten des jeweiligen Satzes an bzw. sie spiegelt die aktuelle Satzsituation wider. Trotz dieses Unterschieds scheint mir das Attribut 'absolut' im Falle der Verbgefüge nicht passend zu sein, weil in der juristischen Argumentation auch bei festen Substantiv+Verb-Verbindungen zumindest morphologische Veränderlichkeit vorkommen kann. So wird z.B. die substantivische Komponente in *Sicherheit leisten* durch den bestimmten Artikel determiniert, was aber nur als explizite Wiederaufnahme im unmittelbaren Nachtext der Ersterwähnung (in der Regel in Gesetzesparagraphen) erfolgt.
Mit dem Attribut 'relativ fest' wird die morphologische Variabilität einiger lexikalisch und strukturell fester Wortgruppen, vgl. *im eigenen / in eigenem Namen* (8.2.2), erfasst.

9.1.3 Gemeinsame Merkmale der festen Wortgruppen

Sieht man einmal von der Differenzierung in absolute und relative Festigkeit ab, so lassen sich die Eigenschaften aller als fest eingestuften Wortgruppen zusammenfassend darstellen.
Feste Wortgruppen sind sprachlich invariabel. Zur Benennung der fachlichen Sachverhalte werden stets dieselben Konstituenten (lexikalische Invariabilität)

---

427 Vgl. die verbal-adverbialen Wortgruppen in Kap. 7.3.

428 Zur terminologischen Abgrenzung vgl. Kap. 7.1.1.

429 Vgl. die Ausführungen in Kap. 7.1.1, 7.2.1.

in nicht veränderten Strukturformen (strukturelle Invariabilität) verwendet.[430] Feste Wortgruppen werden in der kommunikativen Situation nicht neu produziert, sondern als Einheiten reproduziert. Für Wortgruppen des nominalen und des präpositionalen Bereichs bedeutet dies Selbständigkeit auf syntaktischer Ebene, denn die festen Wortgruppen sind als Ganzheiten an der Bildung von komplexen Äußerungen beteiligt, d.h. sie werden in Sätzen oder in Satzteilen als Satzglieder betrachtet. Aus terminologischer Sicht existieren feste Wortgruppen als kontextunabhängige Benennungen im juristischen Begriffssystem. Auf Grund dieser terminologischen Eigenständigkeit werden sie als Termini anerkannt[431] und hier als 'Wortgruppentermini' (vgl. Hoffmann 1988:99) bezeichnet.[432] In anderen Arbeiten werden die Ausdrücke 'Mehrworttermini' (Kißig 1995) oder 'Mehrwortbenennungen' (Möhn 1986, Arntz/Picht 1991:121) verwendet, mit denen fachlich relevante feste Wortgruppen von anderen lexikalischen Einheiten (Kollokationen, Idiomen, Komposita) abgegrenzt werden.[433] Grundsätzlich beziehen sich die unterschiedlichen Bezeichnungen auf dieselbe sprachliche Erscheinung. Die Bezeichnung 'Wortgruppenterminus' scheint mir am treffendsten zu sein, weil sie den Wortgruppencharakter deutlich zum Ausdruck bringt.[434]
Invariable Wortgruppentermini der deutschen Zivilrechtssprache begegnen nicht nur im nominalen Bereich (*arglistige Täuschung*), sondern sind auch in anderen Wortklassen, z.B. als Präpositionalgruppen (*ohne schuldhaftes Zögern* (8.1)), anzutreffen. Auch einige Verbalgruppen wie z.B. *Schadensersatz leisten* sind nicht nur aus syntaktischer und lexikalischer Sicht stabil (vgl. Kap. 7.1.1), sondern verfügen auch über terminologische Eigenständigkeit.[435] Juristische Wortgruppentermini haben oft eine spezielle Bedeutung, die ohne Fachkenntnisse nicht erkennbar ist (*Schadensersatz wegen Nichterfüllung* (6.4.2)). Es handelt sich um terminologische Bezeichnungen von Personen, Sachen, Zuständen oder Handlungen.

---

430 Vgl. Wüsters (1966:19) stehende Wortgruppen, "die in ebenderselben Zusammensetzung immer wiederkehren".

431 Zur Anerkennung der Wortgruppen als Termini vgl. Arntz/Picht (1991:116), Hoffmann (1985:160).

432 Hinweise auf andere Autoren bei Möhn (1986:119f.). Wortgruppen sind "mehr als Derivativa ein hochproduktiver Typ von termini technici zur Benennung komplexer Erscheinungen und Begriffe" (Hoffmann 1988:99).

433 Rekurrente feste Wortgruppen der Humanmedizin werden bei Müller (1990:152) als restringierte Kollokationen eingeordnet.

434 Anderen Auffassungen zufolge werden diese Wortgruppen der fachsprachlichen Phraseologie zugeordnet, so betrachten z.B. Arntz/Picht (1991:34-36) die Verbindung *Testament errichten* als phraseologische Fachwendung, vgl. Schippan (1992:48f.).

435 Vgl. Arntz/Picht (1991:35).

Obwohl ich auf statistische Darstellungen der gewonnenen Ergebnisse verzichtet habe, lässt sich nicht übersehen, dass unter den festen Wortgruppen bestimmte Strukturtypen tendenziell überwiegen. Da viele Äußerungen eine Benennung von Sachverhalten (Dingen, Handlungen oder Personen der Alltagswelt) und deren juristische Einordnung zum Gegenstand haben, wofür das größte Potential gerade Nomina bieten (vgl. Hoffmann 1988:118), treten häufig nominale Verbindungen auf, z.B. Substantive und deren (adjektivische oder substantivische) Attribute.[436] Letztere eignen sich besonders gut, Begriffe zu präzisieren oder semantische Nuancen abzuheben.

9.2 Halbfeste Wortgruppen

Als halbfest werden hier Verbindungen bewertet, die bis zu einem bestimmten Grad variabel sind, ohne dass sich die Bedeutung des Bezugsbegriffs ändert. Die Variationen erfolgen auf verschiedene Weisen, was zur Herausbildung von Unterklassen führt, die jedoch nicht gleichmäßig vertreten sind.

Eine der häufigsten Variationen betrifft die Struktur der Ausdrücke: Es handelt sich um die Univerbierung. Sie ist in fast allen nominalen Wortgruppen nachweisbar (*rechtlicher Grund → Rechtsgrund* (6.1.3.1), *Abschluss des Vertrags → Vertragsabschluss* (6.2.2), *Entschädigung in Geld → Geldentschädigung* (6.4.3)). In diesen Fällen betrifft die Univerbierung die gesamte Wortgruppe, wobei das neben der Wortgruppe belegte Kompositum sich als die üblichere Form erwiesen hat (*Ersatz des Schadens → Schadensersatz* (6.2.2)).[437]

Bei einigen anderen Verbindungen begegnet eine partielle Transformation, bei der nur ein Teil der Wortgruppe der Univerbierung unterzogen wird. Dies hängt damit zusammen, dass solche Wortgruppen aus mehr als zwei Gliedern bestehen, z.B. im nominalen Bereich (*die im Verkehr erforderliche Sorgfalt → die verkehrserforderliche Sorgfalt* (6.1.3.2)) oder im verbalen Bereich (*in gutem Glauben sein → gutgläubig sein* (7.2.7)). Die Alternative zwischen einer zusammengesetzten Verbindung und einer Wortgruppe lässt sich auch bei einigen Verbalverbindungen (*gesamtschuldnerisch haften → als Gesamtschuldner haften* (7.3.2), *beschränkt in der Geschäftsfähigkeit sein → beschränkt geschäftsfähig sein* (7.2.7)) beobachten. Den Beispielen ist zu entnehmen, dass es sich um heterogene Änderungen handelt, die nicht immer einem Muster folgen. Die Untersuchungen haben ergeben, dass das Vorkommen der Konkurrenzformen textsortenspezifisch ist. Das BGB verwendet die Wortgruppen, weil sie expliziter

---

436 Die von Hoffmann (1988:99f.) festgestellte Dominanz bestimmter Typen von Verbindungen bezieht sich zwar in erster Linie auf technische Fachsprachen, sie gilt aber auch für die von mir untersuchte Zivilrechtssprache. Zum großen Anteil von adjektivisch-substantivischen Verbindungen vgl. 6.1.

437 Zur Tendenz der Komposition vgl. 6.1.3.1, 6.2.2.1; vgl. auch Arntz/Picht (1991:121f.).

sind und die semantischen Relationen zwischen den Komponenten deutlicher zum Ausdruck bringen.[438] Die kompositorisch gestalteten Benennungen sind am häufigsten in den herangezogenen Kommentaren zu finden. Durch die Betrachtung der Kommentartexte konnte gezeigt werden, dass dies mit zwei Tatsachen zusammenhängt. Neben der Sprachökonomie aus Gründen der Platzersparnis ist der rationelle Sprachgebrauch dadurch ermöglicht, dass Kommentartexte an Paragraphen unmittelbar angeschlossen sind. Damit kann der kommentierte Paragraph für den zuständigen Kommentar sowohl einen Kotext als auch einen Kontext gestalten. In anderen Textsorten, d.h. in Texten der gerichtlichen Handlungs- und der auslegenden Ebene, lassen sich die Tendenzen der Verwendung nur grob bestimmen. Dort, wo sich der Autor auf einen Gesetzestext bezieht, ist eine gesetzesähnlich explizite Ausdrucksweise zu beobachten. Dies ist der Fall z.B. in den Artikeln des untersuchten Fachwörterbuchs (Creifelds 1999), wobei sich in der Textsorte Wörterbuch im Hinblick auf den beschränkten Raum eher komprimierte Ausdrucksformen erwarten ließen.[439] Die Explizitheit, in Form von mehr oder weniger treuer Wiedergabe von Paragraphen, ist in den Lexikoneinträgen auf das Bemühen zurückzuführen, Schlüsselbegriffe demonstrativ zu erklären.

Die zweite Untergruppe der halbfesten Wortgruppen stellen Verbindungen dar, die aus mehr als zwei Komponenten bestehen und verschiedenartige Varianten aufweisen. Es handelt sich um Einzelfälle, die sich kaum kategorisieren lassen: Änderung der Reihenfolge (*sittenwidrige vorsätzliche Schädigung* (6.1.3.3)) und/oder der morphologischen Zugehörigkeit einer der attributiven Konstituenten mit Änderung der Oberflächenstruktur (*vorsätzlich sittenwidrige Schädigung*; *Mangel an Urteilsvermögen* → *mangelndes Urteilsvermögen* (6.4.3.2) oder mit ihrer Beibehaltung (*beschränkt(e) dingliche Rechte* (6.1.3.2)), Auslassung der bestimmenden Konstituente nicht nur im Rahmen der expliziten Wiederaufnahme, sondern infolge der kontextuellen Bestimmtheit (*Minderung (des Kaufpreises)* (6.2.2.3)).

Als halbfest werden in der vorliegenden Arbeit auch solche Wortgruppen eingestuft, die sich lexikalisch variieren lassen. Hier sind nicht solche Fälle gemeint, wo neben der Wortgruppe ein Einwortsynonym existiert (z.B. *geheimer Vorbehalt* (6.1.2) / *Mentalreservation*). Es handelt sich um Ausdrücke, in denen eine Komponente gegen ein bedeutungsgleiches Wort ausgetauscht werden kann (*versteckter Dissens* → *versteckter Einigungsmangel* (6.1.4.2)), ohne bestimmten

---

438 Vgl. den Hinweis auf die weniger explizite Ausdruckskraft in Komposita in 6.1.3.1; Fleischer/Barz (1995:89).

439 Fachsprachliche Wörterbücher setzen textverdichtende Operationen seltener als gemeinsprachliche ein (vgl. Wolski 1998:631). Obwohl die knappe Darstellungsweise in Fachlexika aus Gründen der Sprachökonomie überwiegt (vgl. Gläser (1990:93) über englische Fachlexika), kann die textuelle Kohäsion in Lexikonartikeln nicht ausgeschlossen werden (ebd.: 96). S. auch 4.5.4.

Restriktionen unterworfen zu sein. Der Austausch lässt sich vor allem bei den adjektivisch-substantivischen Verbindungen beobachten, wo entweder die adjektivische oder die substantivische Konstituente durch ein Synonym ersetzt werden kann. Diese Erscheinung liegt dabei entweder in der fachsprachlichen Doppelterminologie (*Dissens = Einigungsmangel*) oder in der gemeinsprachlichen Bedeutungsähnlichkeit (*wirklicher Wille = wahrer Wille* (6.1.4.1)) begründet.
In den einzelnen Strukturtypen lassen sich darüber hinaus Einzelfälle feststellen, bei denen die Austauschbarkeit von bestimmten Bedingungen abhängig ist (*dienendes Grundstück / belastetes Grundstück* (6.1.4.1)). Grundsätzlich handelt es sich um zwei unterschiedliche Begriffe. Die Untersuchung konkreter Texte hat jedoch ergeben, dass in bestimmten Kontexten die attributiven Konstituenten synonymisch verwendet werden (s. 6.1.4.1). In anderen Fällen hat sich die Austauschbarkeit einer Komponente als sprachlich bedingt erwiesen, z.B. im verbalen Bereich (*Eigentum erwerben → Eigentum erlangen* (7.1.3.2)). Die Restriktion kann dabei durch den Kotext bewirkt sein, z.B. durch das Vorkommen desselben Morphems in unmittelbarer Nähe (*Erwerber – Eigentum + erlangen* statt **erwerben*). Eine weitere Restriktion kann in der morphologischen Realisierung der Wortgruppe selbst bestehen (*für Verschulden haften → für Verschulden einzustehen haben* (7.2.5.4). Hier wurde Textsortenspezifizität festgestellt, indem im BGB nicht die untersuchte Wortgruppe, sondern ein bedeutungsgleicher Ausdruck in nur einer morphologischen Form (Passivparaphrase ⟨haben + zu + Inf.⟩: *das Verschulden zu vertreten haben*) begegnet.
Einen Sonderfall bilden koordinative Verbindungen von zwei Substantiven (*Rechte und Pflichten* (6.3.2)). Diese Verbindungen liegen im Grenzbereich zwischen festen und halbfesten Wortgruppen. Es handelt sich um eingebürgerte Verbindungen, deren Gesamtbedeutung sich aus den Einzelbedeutungen der Konstituenten erschließen lässt. Die Konstituenten kommen in einem bestimmten Kontext, und daraus folgend in einer bestimmten sprachlichen Umgebung als semantische Einheit (*Träger der Rechte und Pflichten*) vor. Die Auswertungen haben gezeigt, dass es sich um kontextgebundene lexikalisierte Einheiten handelt.
Neben den Wortgruppen, zu denen fachlich akzeptable und auch übliche Konkurrenzformen belegt sind, wurden häufig Einzelfälle verzeichnet, die als Abweichungen vom eingebürgerten juristischen Sprachgebrauch zu bewerten sind. Solche Wortgruppen (*auf sonstige Weise* statt *in sonstiger Weise* (8.1)) werden nicht zu den regelmäßigen Alternativformen gerechnet; sie wurden von den befragten Fachleuten als wenig gebräuchlich und terminologisch nicht akzeptabel beurteilt. Es handelt sich um vereinzelte, meist in den Urteilstexten belegte Formen. Der Vergleich der Texte, die unterschiedliche Textsorten repräsentieren, ist vor allem bei diesen Abweichungen ergiebig: Eine abweichende Form lässt sich auch dort nachweisen, wo direkt auf den Gesetzesparagraphen Bezug genommen wird, in dem die sonst übliche Verbindung steht.
Teilweise variable Wortgruppen lassen sich in allen morpho-syntaktischen Typen nachweisen, wenngleich mit unterschiedlich starker Vertretung. Die meisten

gehören zum terminologischen Wortschatz und können als variable Wortgruppentermini bezeichnet werden. Neben den halbfesten terminologischen Wortgruppen existieren nichtterminologische Verbindungen, die sich mit der Einordnung als halbfeste usuelle Wortgruppen abheben lassen (z.B. *Anspruch auf Schadensersatz* (6.4.6); *als Erben einsetzen* (7.2.4)). Sie entsprechen den sog. Kollokationen, wobei unter Kollokation regelmäßig auftretende syntagmatische Verbindung von Lexemen zu verstehen sind (vgl. Kißig 1995:6).[440]

9.3 Freie Wortgruppen

Ein Teil der untersuchten Wortverbindungen in den juristischen Texten wurde als frei bewertet. Die Eigenschaft 'frei' kann bei unterschiedlichen Strukturtypen auf unterschiedliche Weise erfolgen; sie ist aber nicht als uneingeschränkte Verbindbarkeit der Konstituenten anzusehen[441], zumal es sich um fachlich relevante lexikalische Einheiten handelt. Variable Wortgruppen werden als frei durch die Abgrenzung von festen und halbfesten eingestuft, die grundsätzlich nicht unproblematisch ist (vgl. Hamori 1999:32–36). In der juristischen Fachsprache ist in einigen Fällen der Stabilitätsgrad schwer zu beurteilen, denn die Rekurrenz einer, wenngleich variablen, Wortgruppe kann auf Lexikalisierungstendenz hindeuten (*bestehende und künftige Ansprüche* (6.1.6.1)).
Die Merkmale der Wortgruppen des niedrigsten Stabilitätsgrades lassen sich wie folgt zusammenfassen:
Freie Wortgruppen sind strukturell und/oder lexikalisch variabel. Die strukturelle Unbeständigkeit einer Wortgruppe bedeutet, dass diese syntaktisch auflösbar und morpho-syntaktisch umformulierbar ist. Die so entstandene Paraphrase begegnet als gleichwertige Alternativform und ist keinen terminologischen Restriktionen unterworfen (z.B. Überführung einiger adjektivisch-substantivischer Wortgruppen in attributive Nebensätze). Darin liegt der Unterschied zwischen freien Wortgruppen einerseits und festen bzw. teilweise modifizierbaren halbfesten Wortgruppentermini andererseits. Grundsätzlich lässt sich jeder Terminus mit Wortgruppencharakter paraphrasieren; die umschreibende Form dient aber anderen Zwecken (zumeist der Auslegung) und wird daher aus terminologischer Sicht anders bewertet.[442] Im substantivischen Bereich sind einige Verbindungen als paraphrasierende Nominalisierungen belegt. Sie sind von den Nominalisierungen, die auf der inneren Festigkeit der beteiligten Lexeme beruhen (z.B. *Errichtung des Testaments* (6.2.2.2)), abzuheben: Zwischen den Grundmorphemen

440 Die Kollokationen werden bei verschiedenen Autoren je nach dem theoretischen Ansatz uneinheitlich aufgefasst, vgl. Kißig (ebd.: 62-65), Bergenholz/Tarp (1994:404ff.), Wilss (1998); Müller (1990:20ff.).

441 Es handelt sich also nicht um freie "Zeichenkombinationen" im Sinne von Schippan (1992:79).

442 Vgl. die Beispiele (A-46)f. in Kap. 6.1.2.3.

der freien Wortgruppen besteht außerhalb des belegten Verwendungskontextes keine innere Gefügtheit (z.B. *Vollendung der Willenserklärung* (6.2.4.2)) und sie gelten auch in keinem anderen morpho-syntaktischen Typ als verfestigt. Bei den strukturellen und/oder lexikalischen Variationen unterliegen die Konstituenten bestimmten syntaktischen und semantischen Restriktionen (vgl. Kißig 1995:64).
In der Auswertung der variablen Wortgruppen hat sich gezeigt, dass nicht wenige nach bestimmten Mustern gebildet werden.[443] Mit 'Muster' sind hier nicht nur sprachliche Regeln (*verstoßen gegen etw.*), sondern auch Modelle gemeint, die durch mehr oder weniger stabile Wortgruppentermini vorgegeben werden (*Vertrag zugunsten Dritter* (6.4.2) als fester Terminus und *Vertrag zugunsten des Empfängers* (6.4.7) als freie Wortgruppe). In den auswertenden Abschnitten wurde dies als Konkretisierung betrachtet. Anhand solcher terminologischer Modelle lassen sich zwei Konkretisierungsweisen abheben: der Austausch eines juristischen abstrakten Terminus (vgl. oben *Dritter* vs. *Kläger*) und die Konkretisierung durch Determination, die sich an der Oberfläche als strukturelle Erweiterung äußert (*Verfügung eines Nichtberechtigten* (6.2.1) als feste Wortgruppe vs. *Verfügung des nichtberechtigten Verkäufers* (6.2.4) als freie Wortgruppe). In Bezug auf die Textsorten kann man feststellen, dass so motivierte freie Wortgruppen nicht im BGB vorkommen, weil sie an eine kommunikative Situation gebunden sind. Neben solchen Äußerungen, die sich auf einen konkreten Fall beziehen und in der Regel in den Urteilstexten zu finden sind, begegnen solche nach dem Muster der festen Wortgruppentermini gebildete Wortgruppen in den Texten der auslegenden Ebene, z.B. in Kommentaren oder Lehrbuchtexten. Diese mustergebundenen Verbindungen benennen keine konkreten Situationen; ihre Konkretisierung äußert sich in exemplarisch verallgemeinernden Beispielen (*Verfügung des nichtberechtigten Verkäufers*).
Die Gebundenheit an den Kommunikationsprozess, die oben erwähnt wurde, ist ein weiteres Merkmal der freien Wortgruppen. Die Konstituenten werden erst durch den Bezug auf eine bestimmte Situation, d.h. im Laufe des Sprechaktes, zu einer semantischen Einheit zusammengefügt. (Kon)Textunabhängig stellt eine freie Wortgruppe, keine syntaktisch und semantisch autonome Einheit des juristischen Vokabulars dar. Dabei muss darauf hingewiesen werden, dass einige als variabel bewertete Wortgruppen durch ihr häufiges Vorkommen in bestimmten Verwendungskontexten im Übergangsbereich zu halbfesten Wortgruppen liegen. Sie weisen gewisse Tendenzen zur Verfestigung auf und lassen sich daher als relativ frei einordnen (*Angebot und Annahme* (6.3.3)).[444] Von den halbfesten

443 Wilss (1998:146) bezeichnet solche musterhafte Einheiten im Sprachgebrauch als "Schemata" und spricht ihnen eine Entlastungsfunktion zu.

444 Die auch von Coulmas (1985:253) festgestelle Unklarheit hinsichtlich des lexikalischen Status mancher Ausdrücke unter zeitlichem Aspekt erweist sich im Recht als besonders problematisch. Nicht nur der Gesetzgeber, der die Normen schafft, sondern auch Rechtslehrer und Richter können durch ihren Sprachgebrauch zur Verfestigung von Wortgruppen (und Terminologisierung von Einfachwörtern) beitragen.

Wortgruppen unterscheiden sie sich durch ein größeres Variationspotential und eine enge Abhängigkeit von der kommunikativen Situation. Die Fügung zweier oder mehrerer Lexeme richtet sich also nach den Möglichkeiten bzw. Erfordernissen der sprachlichen Umgebung und/oder der kommunikativen Absicht des Sprechers. Im Vergleich zu festen und halbfesten terminologischen Wortgruppen stellen freie Wortgruppen die natürliche Formulierungsweise dar, solange die produktiven Regeln der Sprache respektiert werden.
Schließlich ist für freie juristische Wortverbindungen die Bedeutungstransparenz kennzeichnend, die den freien Wortgruppen häufig zugeschrieben wird (vgl. Kißig 1995:49).
Mit diesem Merkmal beende ich die zusammenfassende Auswertung der Wortgruppen, die ich als frei eingestuft habe. Obwohl sie nicht im Mittelpunkt meiner Arbeit standen, wurden sie behandelt, um zum einen die Vielfältigkeit der Benennungsarten der deutschen juristischen Texte aufzuzeigen. Zum anderen wurden sie dann einbezogen, wenn sie im Kontext der fremdsprachigen Fachkommunikation Schwierigkeiten bereiten können. Eine ausführlichere Behandlung der Paraphrasierungsmöglichkeiten war im Rahmen dieser Arbeit nicht möglich, daher wurden sie am Ende jedes Abschnittes ansatzweise behandelt.[445]

9.4 Relativität der Festigkeit

Die Kriterien der Festigkeitsbeurteilung unterscheiden sich von denjenigen in ähnlich orientierten Arbeiten. Dies hängt mit den Besonderheiten der Rechtssprache (s. Kap. 3) zusammen. Zum einen bestimmen Texte einer Ebene, Gesetzestexte, die Wahl der Formulierung.[446] In der vorliegenden Arbeit steht das sprachbestimmend wirkende BGB stellvertretend für die Textsorte Gesetz. Zum anderen ist von Bedeutung, dass die juristische Fachsprache nicht nur die Benennung der Bezugsobjekte der (fachlichen und alltäglichen) Realität zum Gegenstand hat. Sie beschäftigt sich zum Teil mit diesen Benennungen selbst. Im Hinblick auf diese Spezifika wurden die Wortgruppen in den auswertenden Kapiteln nicht nur morpho-syntaktisch beschrieben, sondern stets auf ihren Bezug zur juristischen Terminologie untersucht und ihre Verwendung in Zusammenhang mit den untersuchten Textsorten gestellt. Denn die Besonderheiten der juristischen Sprache erfordern, dass an diese mehrgliedrigen Ausdrücke mit spezifischen Mitteln herangegangen wird (vgl. Kjaer 1992:61f.). Die Festigkeit ist also als relativ zu bewerten (mit Ausnahme von Wortgruppen mit idiomatischem Charakter). Diese Relativität beruht auf folgenden Tatsachen:

---

445 Zu ihrer mangelnden Berücksichtigung in der Fachliteratur vgl. Hoffmann (1988:100), Kißig (1995:49).

446 Kjaer (1992:51) spricht von "normbedingter Festigkeit" und weist darauf hin, dass der Begriff nicht ganz neu ist (vgl. ebd.).

'Relativ fest' bedeutet Stabilität in Texten einer bestimmten Ebene. Eine Modifikation ohne Änderung der Bedeutung (am häufigsten der lexikalische Austausch) kann unabhängig vom Verwendungskontext, aber abhängig von der Textsorte (*versteckter Einigungsmangel → versteckter Dissens* (6.1.4.2)) sein. Es lässt sich z.B. nachweisen, dass in Fällen von Doppelterminologie, die aus Wörtern deutscher und fremder Herkunft besteht, letztere nie im BGB vorkommen.[447] Dieser textsortenbedingten Variabilität wird dadurch Rechnung getragen, dass die strukturell stabilen, aber lexikalisch modifizierbaren Wortgruppen als halbfest eingestuft wurden.
Relative Festigkeit kann aber auch bedeuten, dass eine Wortgruppe nur in einem sehr begrenzten Verwendungskontext als semantische Einheit betrachtet wird (*Leistung und Gegenleistung* (6.3.2)), in anderen Umgebungen dagegen auflösbar ist. Dies ist ein Faktor, der die Abgrenzung von den halbfesten Wortgruppen wesentlich erschwert.
Allgemein soll in dieser Arbeit mit der Zwischenstufe 'halbfest' die Möglichkeit ausgedrückt werden, die Benennung eines Begriffs ohne semantische Unterschiede zu variieren. Gemeinsam haben beide Stufen, dass sowohl feste als auch halbfeste Wortgruppen definiert (*in sonstiger Weise* (8.1)) oder nicht definiert (*überlebender Ehegatte* (6.1.4.2)) sein können.
Durch die hier betrachtete Relativität der Festigkeit unterscheiden sich die Wortgruppen der Rechtssprache von denen der Allgemeinsprache. In der letzteren gelten nämlich solche mehrgliedrige Lexeme als fest, die invariabel sind und deren eventuelle Variabilität nicht an eine Textsortenspezifität gebunden ist. Im Vergleich zu den festen, in der Regel als phraseologisch eingestuften, Wortgruppen der Gemeinsprache fehlt den juristischen festen Ausdrücken – mit Ausnahme einiger weniger Verbindungen – das Merkmal 'idiomatisch' und ihre Beständigkeit ist an bestimmte Kriterien gebunden. So ist z.B. in manchen Verbgefügen der juristischen Fachsprache eine Erweiterung der Grundstruktur anzutreffen, wenn das Substantiv fachlich eingeengt werden soll (*in unmittelbaren Besitz nehmen*). Insgesamt sind Variationen von festen juristischen Benennungen zwar belegt, aber es handelt sich in den meisten Fällen um ein Merkmal der Textsorten- oder Kontextabhängigkeit (*(die) Sicherheit leisten*). Von einer fachsprachlichen Besonderheit kann man bei verbalen Gruppen sprechen, die in einem bestimmten Kontext sprachlich ungewöhnliche Auslassungen aufweisen (*(Erbschaft) ausschlagen*) oder wiederum, auf Grund der referenziellen Realität, eine Erscheinung nicht bezeugen (*Testament errichten* mit regelmäßiger Singularform des Substantivs).
Wie bereits eingangs bemerkt wurde, sind die einzelnen Stabilitätsstufen der fachsprachlichen Wortgruppen nicht nur in gegenseitiger Abgrenzung schwer zu fassen, sondern stellen auch in sich heterogene Bereiche dar. Die festgestellte

447 Zu dieser historisch bedingten Gegebenheit s. 3.3.

Unschärfe und Heterogenität der Stufen hängt damit zusammen, dass es sich um eine Fachsprache als Varietät der sich ständig entwickelnden Sprache handelt, die "direkt oder indirekt auf gesellschaftliche Gegebenheiten und Bedürfnisse reagiert" (Köhler 1985:20). Dieses Bemühen kommt verstärkt in der juristischen Fachsprache zum Ausdruck, wo Simplizia zwar häufig vorkommen, zur Schattierung von Bedeutungen jedoch nicht ausreichen. Hält man sich die Vielfalt der Gegenstände der zivilrechtlichen Äußerungen vor Augen, so ist der Bedarf an Wortgruppen zu deren Versprachlichung offensichtlich.
Neben dieser Besonderheit der Rechtssprache führte auch die auf den Vergleich mehrerer juristischer Textsorten und Texte angelegte Untersuchung dazu, dass in der vorliegenden Arbeit keine statistischen Auswertungen über den Anteil der einzelnen Stabilitätsstufen dargeboten werden. Zahlenmäßig zusammengefasste Festigkeitsstufen würden wenig über die juristische Fachsprache aussagen. Juristische lexikalische Einheiten sind Benennungen der alltäglichen Sachverhalte und zugleich selbst Gegenstand der juristischen (Sprach-)Tätigkeit. Diese Tatsache erweist sich schließlich als erschwerend für einen Vergleich mit anderen fachsprachlichen Untersuchungen von mehrgliedrigen Benennungen.

10 Anwendungsmöglichkeiten in der Praxis

In diesem Kapitel werden einige Ansätze zu Wortgruppen im fachsprachlichen Fremdsprachenunterricht, in der Fachübersetzung und in der Fachlexikographie formuliert. Da sich die Untersuchung und ihre Ergebnisse auf die deutsche Rechtssprache beziehen, steht letztere auch in den folgenden Abschnitten im Vordergrund.

10.1 Fachsprachlicher Fremdsprachenunterricht

10.1.1 Grundlegendes

Ungefähr seit den achziger Jahren steht nicht mehr der Fachwortschatz im Mittelpunkt der Fachsprachenforschung, sondern der Fachtext (vgl. Hoffmann 1988:115).[448] Damit hat sich auch im fachlichen Fremdsprachenunterricht der Schwerpunkt von der Wortschatzvermittlung auf die Textarbeit verlagert (vgl. Fluck 1992:114).[449] Die intensivere Beschäftigung mit den fachsprachlichen Wortgruppen seit Ende der achziger Jahre[450] sollte auch ihren Niederschlag in der fachdidaktischen Praxis finden. Die Behandlung von fachsprachlichen Wortverbindungen im fachlichen Fremdsprachenunterricht, welche die "Grundlage für das Verstehen und Produzieren von Fachtexten" (Kißig 1995:229) bildet, ist für die Vermittlung aller Fachsprachen, darunter auch der Rechtssprache, relevant. Der fachliche Fremdsprachenunterricht kann in verschiedenen Formen erfolgen, die von sprachbezogenen Kriterien (Typ der Fachsprache, Sprachkenntnisse) aber auch von nichtsprachlichen Faktoren (Unterrichtszweck, Fachkenntnisse der Lerner, deren Erwartungen oder Bedürfnisse) abhängen. Die Differenzierung zwischen fachlichem, fachsprachlichem und fachbezogenem Fremdsprachenunterricht ist für diese Arbeit irrelevant.[451]
Die Vermittlung der juristischen Fremdsprache erfolgt in der Regel als studienbegleitende Unterrichtsform im universitären Bereich, an der Studenten ohne

448 Vgl. auch Gläser (1990:3), Roelcke (1999:85). Zur allgemeinen, nicht nur fachtextorientierten, Erweiterung des fachlinguistischen Forschungsgegenstandes vgl. Hoffmann (1998:161).

449 Die zentrale Rolle des Fachtextes entspricht zugleich den Forderungen der Praxis, vgl. Jahr (1999:195).

450 Wird noch Ende der achziger Jahre die Erforschung von Mehrwortbenennungen bei Möhn (1986) bemängelt, so bemerkt Kjaer (1992:49) einige Jahre später die ersten Zeichen einer Wende. Auch die steigende Anzahl von inzwischen veröffentlichten Arbeiten in verschiedenen Fachbereichen (Auflistung z.B. bei Kißig (1995:31f., 36-38)) bezeugt diese Tendenz.

451 Zu dieser Unterscheidung und der Typologie der Fachsprachenvermittlung vgl. Fluck (1992:21-27).

oder mit nur geringen Fachkenntnissen, jedoch mit einem bestimmten Sprachniveau teilnehmen. Die zweite Form stellt der Fremdsprachenunterricht für Fachleute, d.h. Juristen, oder fachlich betroffene oder interessierte Nichtjuristen, d.h. zumeist Übersetzer, dar. Diese zwei Gruppen unterscheiden sich voneinander grundsätzlich durch ihr Niveau in Bezug auf Fach- und häufig auch Sprachkenntnisse. Ich werde mich im Weiteren überwiegend am universitären, also studienbegleitenden juristischen Fremdsprachenunterricht orientieren, der eine der Formen des fachlichen Fremdsprachenunterrichts darstellt.

10.1.2 Allgemeines zum juristischen Fremdsprachenunterricht

Der juristische Fremdsprachenunterricht zeichnet sich durch einige Besonderheiten aus, die sich von den Spezifika des Rechts und seiner Fachsprache[452] ableiten. Eine seiner besonderen Eigenschaften besteht darin, dass mit der Rechtssprache kein allgemeingültiger Wissensbereich, sondern landesspezifische Rechtssysteme erfasst werden (zu diesem interkulturellen Unterschied vgl. Kjaer 1992:62, Kühn 2001:584).[453] Allgemein gilt, dass "die sprachliche Kompetenz nicht von der kommunikativen Kompetenz losgelöst werden kann" (Jahr 1999:96) und mit den Sprachkenntnissen die Fachkenntnisse vermittelt werden.[454] Die Vermittlung einer fremden Rechtssprache, die sich auf ein fremdes Rechtssystem bezieht, bezeugt dies eindeutig. Nicht nur für Lerner, sondern auch für Lehrer der Rechtssprache kann diese Tatsache ein erschwerender Faktor sein (vgl. Kjaer 1992:46f.). Neben den Gegebenheiten der jeweiligen Sprache tragen auch die inhaltlichen Unterschiede der landesspezifischen Rechtsordnungen zur Spezifik der jeweiligen Rechtssprache bei. Von den Lehrern wird erwartet, dass sie nicht nur sprachlich qualifiziert sind, sondern auch fachliche Grundkenntnisse des Rechts besitzen.[455]

10.1.3 Text als Ausgangspunkt des juristischen Fremdsprachenunterrichts

Kühn (2001:584f.) ist darin zuzustimmen, dass die Fachsprachenvermittlung als Textarbeit gestaltet werden soll und dabei in den Mittelpunkt des Lernprozesses authentische Texte zu stellen sind (vgl. ebd.: 585).[456] Mit authentischen Texten

452 Vgl. Kap. 3.

453 Anhand einer Gegenüberstellung des deutschen und des angelsächsischen Rechtssystems zeigt Busse (2000:664), dass sich fachliche Unterschiede auf die Vertretung bzw. das Nichtvorhandensein bestimmter Textsorten auswirken.

454 Die Aneignung von Fachkenntnissen sollte jedoch nicht über die Spracherscheinungen dominieren und erst recht nicht auf bloßes Erlernen von Lexemen reduziert werden.

455 Elementare Kenntnisse der Fachproblematik, auf die sich die zu vermittelnde Fachsprache bezieht, gehören allgemein zu einer der Forderungen an den Lehrer, vgl. Hoffmann (1988:216).

456 Zur Reflexion über den (Nicht)Einsatz authentischer Texte im fachlichen Fremdsprachenunterricht s. Fluck (1992:115). Hoffmanns (1988:208) Forderung an die "Sprachkundigen", fachliche Originaltexte lesen, übersetzen und in der Muttersprache zusammenfassen zu können, setzt den Einsatz von authentischen Texten voraus.

sind hier didaktisch nicht bearbeitete Originaltexte gemeint, deren Textbauplan typisch für die vertretene Textsorte ist und in denen sich die Denk- und Argumentationsstrukturen des Faches widerspiegeln (vgl. Buhlmann/Fearns 2000:92). Wegen der Zentralstellung, die den Texten unterschiedlicher Textsorten im Recht zukommt, ist das Postulat der eingangs erwähnten Textarbeit im juristischen Fremdsprachenunterricht in doppeltem Maße zu berücksichtigen. Der enge Zusammenhang zwischen dem Text bzw. der Textsorte und den Stabilitätsstufen der juristischen Benennungen wurde in den auswertenden Kapiteln bereits erwähnt (z.B. innertextliche Auslassung des Akkusativobjektes bei transitiven Verben wie *ausschlagen* (*Erbschaft*) in Kommentartexten; vgl. 7.1.2.1). In Bezug auf die Wortgruppen erweist sich auch der Kontext des jeweiligen Fachtextes (vgl. Kjaer 1992:50) als einer der bestimmenden Faktoren für die Verwendung juristischer Wortverbindungen (z.B. partielle Austauschbarkeit von *belastet* und *dienend* in Verbindung mit dem Substantiv *Grundstück*; (A-110a) in 6.1.4.1). Diese betrachte ich als einen der problematischen Bereiche der Rechtssprache, der eine systematische Einbeziehung mit Hilfe von Texten erfordert.[457] Die oben erwähnte Textarbeit sollte sich auf (wie gesagt authentische) Texte mehrerer Textsorten stützen, die für das behandelte Rechtsgebiet typisch sind und auch in der Rechtspraxis produziert wurden. Zur Einführung in eine neue juristische Problematik im Rahmen einer Unterrichtseinheit bieten sich z.B. Fälle aus der Rechtspraxis an, deren Schilderung Urteilstexten entnommen werden kann.[458] Für die "Lösung" dieser Fälle sollten nichtadaptierte Gesetzestexte herangezogen werden. Außer Gesetzestexten werden m.W. kaum andere authentische Texte im juristischen Fremdsprachenunterricht eingesetzt; dies macht auch Kühns (2001:589-591) kritische Auseinandersetzung mit verschiedenen deutschsprachigen Lehrwerken klar. Deshalb finde ich es sinnvoll, zur Erklärung gesetzlicher Schlüsselbegriffe, die häufig Schlüsselbegriffe ganzer Kapitel sind[459], Auszüge aus Kommentartexten und einsprachigen Fachlexika bzw. anderen Textsorten der auslegenden Ebene statt didaktisch bearbeiteter Definitionen anzuwenden. Durch textsortenvergleichende Arbeit lassen sich nämlich die Stabilitätsstufen mehrgliedriger lexikalischer Einheiten wie auch die Grenzen ihrer Va-

---

457 Andere sprachliche Phänomene sollen natürlich nicht vernachlässigt werden. Hoffmann (1988:134) stellt für die deutschen Fachsprachen der Technik fest, dass bestimmte Formen, wie z.B. das Passiv, häufig vorkommen. Dagegen sind andere sprachliche Einheiten, die die deutsche Alltagssprache prägen, z.B. Simplizia oder Komposita, im Vergleich zu Wortgruppen in wissenschaftlichen Texten weniger häufig vertreten (ebd.: 210). Diese Erkenntnis kann auf die deutsche Rechtssprache ohne eine empirische Untersuchung nicht übertragen werden.

458 Die Auswahl der Materialbasis für die vorliegende Arbeit hat gezeigt, dass hierfür mehrere Quellen in Betracht kommen: juristische Periodika, Urteilssammlungen in gedruckter oder in elektronischer Form (s. Verzeichnis der juristischen Quellen).

459 Diese Erkenntnis geht auf meine eigenen vierjährigen Lehrerfahrungen im universitären Unterricht der deutschen Rechtssprache zurück.

riabilität am besten zeigen. Es können z.B. ein Paragraph und zu dessen Erläuterung ein (oder bei Abweichungen mehrere) Kommentar(e) herangezogen werden, in dem bzw. in denen entweder immer derselbe Ausdruck oder bei variablen Wortverbindungen alternative Ausdrücke verwendet werden (vgl. *beschränkt dingliche Dienstbarkeit* vs. *beschränkte dingliche Dienstbarkeit*[460]). An Konkurrenzausdrücken wie z.B. *rechtlicher Grund* vs. *Rechtsgrund* lassen sich auch Textsortenspezifika deutlich machen (vgl. (A-69a/b) in 6.1.3.1). Werden Wortgruppen und ihre jeweiligen Erscheinungsformen auf diese Weise illustriert und behandelt, so erhöht sich die Wahrscheinlichkeit, dass sich der Lernende der wiederkehrenden Strukturen bewusst wird. Dabei sind alle morphologischen Bereiche zu behandeln, die für das jeweilige Rechtsgebiet terminologisch relevant sind. Obwohl die häufigsten terminologischen Benennungstypen im nominalen Bereich anzutreffen sind, sollte die Tatsache nicht unberücksichtigt bleiben, dass als Termini auch verbale Verbindungen gelten können.[461] Dies belegen häufig Erläuterungen aus Texten der auslegenden Ebene, z.B. "Schadensersatz leisten bedeutet, daß ..." (Rüthers/Stadler 2001:30).

10.1.4 Wortgruppen im juristischen Fremdsprachenunterricht

Aus dem oben Gesagten geht implizit hervor, dass die Wortgruppen, die ihrer Stabilität nach in Festigkeitsstufen eingeteilt wurden, jeweils unterschiedliche Herangehensweisen erfordern. Bei festen Wortverbindungen muss besonderer Wert auf deren Erkennung als Termini gelegt werden. Bei variablen Wortgruppen ist dagegen wichtig, zum einen ihren terminologischen Status zu erkennen und zum anderen die Restriktionen der Auflösbarkeit zu illustrieren und im Anschluss daran zu üben. Diese Restriktionen können von der Textsorte oder vom Verwendungskontext abhängen. Die hier besprochenen Herangehensweisen betreffen also in unterschiedlichem Maße die rezeptiven und produktiven Fähigkeiten. Während bei festen Wortgruppen die Rezeption und die richtige Reproduktion im Vordergrund stehen, ist bei den halbfesten und freien Wortverbindungen neben der Rezeption die produktive Kompetenz betroffen.

Wie die Untersuchung gezeigt hat, spielt die Sensibilisierung für fachliche Verwendungskontexte für die fachliche Synonymie eine große Rolle. Hinsichtlich der Synonymie[462] muss der juristische Fremdsprachenunterricht auf Fälle von Bedeutungsgleichheit zweier Ausdrücke, vgl. *treuhänderisches Rechtsgeschäft*

---

460 Ausführungen hierzu unter (A-83a/b)ff. in Kap. 6.1.3.2.

461 Hoffmann (1988:118) stellt für die Fachsprachen der Technik fest, dass zwar nominale Ausdrücke als Benennungen mit ca 60% den größten Teil des Fachvokabulars darstellen, dass aber auch Verben zur Terminologisierung tendieren. Zum Status der Verben als terminologische Benennungen vgl. auch Arntz/Picht (1991:35).

462 Gemeint sind hier nicht Synonyme in Form eines Einfachwortes oder eines Kompositums mit einer unterschiedlichen lexikalischen Besetzung, wie z.B. *geheimer Vorbehalt = Mentalreservation*.

und *fiduziarisches Rechtsgeschäft*, aufmerksam machen, in denen eine der Komponenten kontextunabhängig austauschbar ist.[463] Die textvergleichende Untersuchung hat aber außerdem ergeben, dass im Falle der Konkurrenz eines deutschen und eines fremden, in der Regel lateinischen, Terminus in der Textsorte Gesetz lediglich deutsche Termini verwendet werden.[464] Diese Erkenntnis über die textsortenspezifische Formulierung (die auch Einwortlexeme, wie z.B. *Abtretung* vs. *Zession* betreffen kann) wird besonders für solche Lerner von Nutzen sein, deren Muttersprache zum Gebrauch fremdsprachlicher Termini neigt. So weiss ich aus eigenen Erfahrungen im juristischen Fremdsprachenunterricht und in der Fachübersetzung, dass der hohe Gebrauch von lateinischen Termini in der slowakischen Rechtssprache zu Interferenzfehlern führen kann.
Desweiteren müssen Fälle partieller Synonymie berücksichtigt werden, für die der fachliche Kontext entscheidend ist: *Dienendes Grundstück* ist ein fester Terminus. Nur in bestimmten Zusammenhängen (im Verwendungskontext Dienstbarkeiten) ist das attributive PI durch das PII *belastet* (*belastetes Grundstück*) ersetzbar.[465]
Neben der kontextbedingten Variation von Wortgruppen begegnen Wortverbindungen, deren Variabilität von den sprachlichen Gegebenheiten des jeweiligen Textes abhängt.
Für die Behandlung der strukturell variierbaren Wortgruppen, die in dieser Arbeit als halbfest eingeordnet werden, eignen sich authentische Texte, die das Vorkommen der Alternativausdrücke und deren Abhängigkeit oder Unabhängigkeit vom sprachlichen Kontext illustrieren: *gutgläubig erwerben* vs. *kraft guten Glaubens an ... erwerben*[466].
Obwohl der Gesetzeswortlaut allgemein als maßgebend gilt, handelt es sich bei einigen Ausdrücken um eine gesetzesspezifische Konvention, der die fachlich akzeptable Variabilität im Sprachgebrauch anderer Textsorten gegenübersteht (z.B. *wirklicher / wahrer Wille*).[467]
Durch den Einsatz authentischer Texte unterschiedlicher Textsorten lassen sich nicht nur die Grenzen der Variabilität deutlich umreißen, sondern auch die Brauchbarkeit einer Struktur für Wortgruppen unterschiedlicher Festigkeitsart

---

463 Mit 'Kontext' wird hier der fachliche Rahmen, wie z.B. Schuldrecht, bezeichnet. Zum Begriff vgl. Anm. 1. in 2.1.

464 Mit unterschiedlichen Textsorten hängt die Zugehörigkeit zu Fachregistern zusammen. Wegen dieser Textsorten- und Registergebundenheit kann bei Wörtern lateinischer und deutscher Herkunft mit identischer Fachbedeutung der Begriff 'absolute Synonymie' (Schippan 1992:206) nicht herangezogen werden. Zum Begriff und seiner nicht einheitlichen Betrachtung vgl. Schippan (ebd.: 206), Thurmair (1995:247).

465 Vgl. (A-110a) in Kap. 6.1.4.1.

466 Vgl. (C-249) in Kap. 7.3.2.2.

467 Vgl. Kjaer (1992:51, 54).

aufzeigen. Nicht selten kommt es vor, dass zwei Wortgruppen unterschiedlicher Stabilität eine identische Struktur aufweisen: *Schadensersatz wegen Nichterfüllung* (fester Wortgruppenterminus) vs. *Schadensersatz wegen eines Mangels* (freie Wortgruppe).[468] Wenn eine feste Wortgruppe in mehreren Textteilen vorkommt, so kann sich der Lerner die Struktur besser einprägen und die regelmäßig wiederkehrende lexikalische Verbindung als Terminus aneignen. Bei freien Wortgruppen kann der Lernende befähigt werden, die syntaktischen Regeln der Sprache zu üben, z.B. die Auflösbarkeit im Satz oder den Artikelgebrauch.

Die Unterrichtsmaterialen sollten dem aktuellen Stand des Faches angepasst werden, um der gültigen Terminologie gerecht zu werden.[469] Die Rechtssprache befindet sich in einem fortlaufenden Entwicklungsprozess, der aber im Vergleich zu technischen Fachsprachen anders motiviert ist (vgl. Kap. 3.4). Im Ausdruck *Mangel der Sache* (und auch in seiner Konkurrenzform *Sachmangel*) kann das Substantiv *Mangel* gegen *Fehler* ausgetauscht werden, neuerdings aber nur für metasprachliche Zwecke, d.h. in Erklärungen. Das Substantiv *Fehler* bleibt in der deutschen Gemeinsprache nach wie vor synonym zu *Mangel*, im deutschen Kaufrecht wird es jedoch aus terminologischer Sicht als nicht mehr richtig bewertet. Im juristischen Fremdsprachenunterricht kann das Substantiv zwar für Erklärungen verwendet werden, sein Gebrauch für Erläuterungszwecke muss jedoch eindeutig signalisiert und das Substantiv als terminologisch falsch bzw. nicht akzeptabel vom Terminus *Mangel* klar abgehoben werden.[470]

Das systematisierte Bearbeiten von Wortgruppen im Rahmen der Textarbeit ist nicht nur für deren Erkennen, sondern auch für das Lernen und Behalten[471] von Vorteil. Den Wortgruppen wird allgemein eine unterstützende Rolle für die Gedächtnisarbeit zugesprochen (z.B. Kißig (1995:223), Köhler (1985:7f.)).[472]

Komplexe lexikalische Einheiten müssen in den juristischen Fremdsprachenunterricht also einbezogen werden, weil sie sowohl für die Sprachrezeption als auch für die Sprachproduktion wichtig sind. Bei terminologisierten festen und

---

468 Zur Erkennung gleichstrukturierter Wortgruppen unterschiedlicher Stabilität und terminologischer Stellung empfiehlt Möhn (1986:129) "typographische Kennungen".

469 Es ist natürlich schwierig, Lehrbücher mit jeder Rechtsreform zu aktualisieren. Gesetzesänderungen sind m.E. im juristischen Fremdsprachenunterricht dann zu berücksichtigen, wenn sie in den Lehrmaterialien behandelt werden oder wesentliche Änderungen in der Terminologie zur Folge haben. Besonders gut eignen sich dafür "austauschbare Arbeitsblätter", die auch Hoffmann (1988:214) in Bezug auf den schulischen fachlichen Fremdsprachenunterricht vorschlägt.

470 Zur didaktischen Differenzierungsnotwendigkeit zwischen anerkannten Termini und fachlich unkorrekten erklärenden Ausdrücken vgl. auch Jahr (1999:205f.).

471 Hoffmann (1988:202) betrachtet Lernen und Behalten als "dialektische Einheit", die mit dem Begriff "Aneignung" bezeichnet wird.

472 Dies betrifft natürlich auch terminologische Einwortlexeme, Einfachwörter oder Komposita, die nicht Gegenstand meiner Ausführungen sind.

halbfesten Benennungen beruht die Sprachproduktion zum großen Teil auf der Wiedergabe von Fertigteilen. Deshalb ist es wichtig, dass bereits bei der Vorbereitung der Lehrmaterialien unterschiedliche Stabilitätsgrade behandelt werden. Jede der Festigkeitsstufen verlangt ein differenziertes Darstellungs- und Übungssystem. Feste Wortgruppen können auf mehrere Weisen, z.B. durch typographische Hervorhebung, als terminologisierte Einheiten signalisiert und sollten deshalb als Ganzes gelernt werden.
Im Zusammenhang mit den festen Wortgruppentermini ist bei deren Vermittlung desweiteren zu erwähnen, dass sie sich zwar sprachlich variieren lassen, die Varianten jedoch nicht terminologisch akzeptabel sein müssen. Als Beispiel kann man hier die Präpositionalgruppe *in sonstiger Weise* nennen, die als Attribut zu bestimmten Lexemen nur in der angeführten Form, und nicht als *auf sonstige Weise* gebraucht wird. Diese morpho-lexikalische Restriktion spielt nicht nur im Fremdsprachenunterricht, sondern auch in der muttersprachlichen Fachausbildung eine wichtige Rolle.[473] Eine falsche bzw. nicht übliche Formulierung hat zum einen die Bewertung als Ausdrucksfehler und damit eine schlechtere Note zur Folge. Zum anderen kann der falsch erlernte Ausdruck zu sachlichen Fehlern in der späteren Praxis führen.
Weisen mehrere Wortgruppentermini Strukturähnlichkeiten auf, so können Lerner dazu aufgefordert werden, selbständig Listen zu führen, die bestimmte Regelmäßigkeiten berücksichtigen: *Kauf auf Probe*, *Kauf nach Probe*; *Herausgabe der Sache*, *Herausgabe des Erlangten*.
Ähnlich lassen sich Verzeichnisse von teilweise variablen, d.h. halbfesten, Wortgruppen führen, bei denen die Modifikationen auf eine bestimmte Regel zurückzuführen sind: *rechtlicher Grund → Rechtsgrund*, *Mangel der Form → Formmangel*. Diese Kataloge, die aber auch thematisch geordnet sein können, helfen bei der Sprachrezeption und dem Erlernen der fachrelevanten Ausdrücke (vgl. Kißig 1995:230). Sekundär besteht ihr Beitrag darin, dass sie die Lücke in der Fachlexikographie (vgl. 10.2.2) schließen. Dagegen müssen die freien Verbindungen als Ergebnisse der Sprachproduktion betrachtet und ihre Bildung geübt werden. Damit werden die fachspezifischen morpho-syntaktischen Regeln erworben, was zum Teil auch bei den halbfesten Verbindungen der Fall ist. Dies wurde am Beispiel der halbfesten Wortgruppe *für Verschulden haften* (7.2.5) gezeigt. In dieser lässt sich die verbale Konstituente ersetzen: *einstehen* ⟨für + $\text{Subst}_{\text{Akk}}$⟩, *vertreten* ⟨+ $\text{Subst}_{\text{Akk}}$⟩. Auszüge aus authentischen juristischen Texten illustrieren, dass die synonymischen Verben regelmäßig in der passivparaphrasierenden Form mit Modalfaktor (haben + zu + Inf) auftreten: X *hat für Verschulden einzustehen* bzw. *X hat Verschulden zu vertreten*.[474]

473 Zu Problemen der und Forderungen an die Rechtssprachenvermittlung in der muttersprachlichen Hochschulausbildung vgl. Fluck (1992:83-85). Die Rolle der mehrgliedrigen lexikalischen Einheiten für die muttersprachliche Kommunikation erwähnt mehrmals auch Wilss (1998:147).

474 Vgl. (C-163)ff. in Kap. 7.2.5.

In den obigen Ausführungen gehe ich implizit davon aus, dass der juristische Fachsprachenerwerb in der Fremdsprache (hier: auf Deutsch) erfolgt. Ich bin der Meinung, dass die Muttersprache im Fachsprachenunterricht allgemein nur eine sekundäre Rolle und nicht die der Vermittlungssprache spielen sollte. Im juristischen Fremdsprachenunterricht kann sie, besonders bei Lernenden mit Kenntnissen der muttersprachlichen Rechtsordnung, der Konfrontation dienen. So kann zum einen auf inhaltliche Übereinstimmungen, Ähnlichkeiten und Abweichungen, zum anderen auf deren Benennungen aufmerksam gemacht werden.[475] Ihren Einsatz sehe ich also auf konkrete, kontrastiv orientierte Aufgaben beschränkt. Wird die Muttersprache außerhalb solcher Aufgaben übermäßig verwendet, so kann die Vermittlung der Denk- und Argumentationsstrukturen der fremden Rechtssprache nicht erfolgreich sein.[476]

10.2 Fachübersetzung und Fachlexikographie

10.2.1 Probleme der juristischen Fachübersetzung

Eine andere Stellung als im Fremdsprachenunterricht hat die Muttersprache in der Fachübersetzung (und Übersetzung überhaupt), deren erstrangiges Ziel die Äquivalenz ist. Dabei stellt das Fachwörterbuch "ein unentbehrliches Hilfsmittel" (Kißig 1995:229) dar. Die Fachübersetzer sind in ihrer Tätigkeit gezwungen (oder neigen auch sonst unbewusst dazu), zu jedem neuen Fachbegriff das in der Muttersprache Entsprechende zu suchen.

Die Übersetzung juristischer Fachtexte stößt häufig auf "Äquivalenzlücken" (Kjaer 1992:62), denen Lücken bzw. Abweichungen in Rechtsordnungen zugrunde liegen (vgl. Kap. 10.1).[477] Fehlen in der Ausgangs- oder Zielsprache Termini, weil sich die Rechtssysteme voneinander unterscheiden, so bieten eigene Übersetzungsvorschläge oder Umschreibungen (vgl. Arntz/Picht 1991:177f.) einen möglichen Ausweg an.[478] Beide müssen den zu übersetzenden Sachverhalt möglichst genau erfassen und den sprachlichen Kontext des Zieltextes berücksichtigen. Dies bedeutet, dass sich der Fachübersetzer juristischer Texte nicht

475 Hoffmann (1988:209) dagegen fordert die Konfrontation der Fremdsprache mit der Muttersprache als "eine selbstverständliche Voraussetzung für die Wertung des Lehr- und Lernstoffes."

476 Um die Diskussion um die Einsprachigkeit fortzusetzen, müssten auch außersprachliche Faktoren, wie z.B. fachliche und sprachliche Lernerkompetenzen oder Unterrichtsziele, einbezogen werden. Auf diese kann im Rahmen dieser Arbeit nicht eingegangen werden. Zu einigen Vor- und Nachteilen der Mutter- und auch der Fremdsprache in der Funktion als Vermittlungssprache s. Buhlmann (2000:101).

477 Zum Problem der Übertragung in eine andere Sprache im juristischen Bereich vgl. auch Arntz/Picht (1991:173ff.), Mincke (1991:446ff.).

478 Vgl. dagegen Mincke (1991:446), der bei mangelnden Äquivalenten im Bereich der Rechtsinstitute für Nichtübersetzung plädiert.

nur mit sprachlichen, sondern auch mit fachlichen Aspekten befassen muss. Hinsichtlich der Wortgruppen folgt daraus, dass er (ähnlich wie der Fremdsprachenlehrer) über Grundkenntnisse des betreffenden Rechtsgebietes verfügen sollte, um eine Wortgruppe als Terminus im Text erkennen und diese anschließend richtig in die Zielsprache übertragen zu können. Das Übertragen umfasst hier sowohl die genaue Übersetzung einer lexikalischen Einheit aus der Ausgangssprache, wenn in der Zielsprache derselbe Begriff bekannt ist und ein sprachliches Äquivalent existiert, als auch Umschreibungen bei Äquivalenzmängeln.
Aber auch dort, wo Ähnlichkeiten bestehen, kann das Problem der Sprachäquivalenz begegnen. Der Rechtsbegriff der Ausgangssprache hat zwar ein entsprechendes oder vergleichbares Gegenstück in der Rechtsordnung der Zielsprache, seine Bezeichnung lässt sich aber mit juristischen Lexemen der Zielsprache nicht exakt wiedergeben.[479]
Auch die Übersetzung bzw. die Auffassung von Termini, die sowohl in der Ausgangs- als auch in der Zielsprache existieren und sich ohne Weiteres übersetzen lassen, kann problematisch sein: Der Ausdruck *ungerechtfertigte Bereicherung* (fester Wortgruppenterminus) hat in anderen Sprachen (z.B. Französisch, Englisch) Entsprechungen, die aber aus juristischer Sicht nicht deckungsgleich sind (vgl. Mincke 1991:446f.).
Bei einer nur partiellen Äquivalenz bieten sich erklärende Zusätze wie etwa 'entspricht ⟨Begriff der Ausgangssprache⟩', die die Unvollständigkeit und Nichtübertragbarkeit der Benennungen klar zum Ausdruck bringen. Sind ähnliche Sachverhalte in beiden Systemen bekannt, aber deren Benennungen nicht in beiden Sprachen vorhanden, so hängt die Übersetzung davon ab, ob Unterschiede oder Ähnlichkeiten hervorgehoben werden sollen (vgl. Arntz/Picht 1991:178). Die Entscheidung sollte sich jeweils nach dem Zweck richten, den der Zieltext erfüllen soll.

10.2.2 Fachlexikographische Bearbeitung von Wortgruppen

Für die Fachübersetzung stellt die Fachlexikographie ein sehr wichtiges Hilfsmittel dar. Neben den einsprachigen Fachwörterbüchern, die "dem Fachmann und/oder dem Laien Klarheit über die Begriffe des betreffenden Fachgebietes vermitteln" (Arntz/Picht 1991:193), sind die zweisprachigen Fachwörterbücher das wichtigste Mittel der Fachübersetzung. Letztere stehen im Mittelpunkt meiner Ausführungen, wobei ich mich auf das Fachgebiet Recht beschränke.[480] Die

479 Arntz/Picht (1991:176) illustrieren dies am Vergleich zwischen dem deutschen und dem französischen Eherecht, der einer phraseologisch-terminologischen Untersuchung (Lauer 1979, zit. ebd.: 173-177) entnommen wurde. Das gleiche Problem wird dann am Beispiel ähnlicher oder vergleichbarer Gerichtsinstitutionen im deutschen und im französischen Recht dargestellt (Arntz/Picht ebd.: 178).

480 Zur Typologisierung von Sprachwörterbüchern anhand binärer Oppositionen wie Gemeinsprache vs. Fachsprache, oder Anzahl der Sprachen vgl. Arntz/Picht (1991:191ff.). Nach Schaeders Typologisierung (1994:73) gehören zwei- oder mehrsprachige Fachwörterbücher zu fachlichen Sprachwörterbüchern.

Probleme der begrifflichen Unterschiede zwischen Rechtssystemen haben Auswirkungen auf die sprachliche Realisierung und sind daher auch für die mehrsprachige Fachlexikographie nicht unerheblich. Damit hängt die Bearbeitung fachsprachlicher Wortgruppen zusammen, die im Allgemeinen ein vernachlässigtes Phänomen darstellen (vgl. Bergenholtz/Tarp 1994:389). Sie sollten unter den zu bearbeitenden Einträgen in juristischen Wörterbüchern nicht fehlen (vgl. Kißig 1995:229).[481] Mögliche Übersetzungsprobleme mit juristischen Fachausdrücken als Folge mangelnder Äquivalenz betreffen dabei verschiedene Benennungsarten.[482] Ich möchte jedoch Wortgruppen, v.a. feste und halbfeste, fokussieren. Als problematisch können sich nämlich sowohl feste Termini (s. *ungerechtfertigte Bereicherung* in 10.2.1) als auch feste Verbindungen, die Teile anderer Wortgruppen sind, erweisen. Ein Beispiel dafür ist *in sonstiger Weise* (8.1.3) und *auf sonstige Weise* als juristisch nicht akzeptable Formulierung. Dass die Präpositionalgruppe in Verbindung mit dem Substantiv *Bereicherung* einen Terminus bildet, kann man nur dann wissen, wenn man über Fachkenntnisse verfügt.
Die terminologischen Wortgruppen sollten in Fachwörterbücher aufgenommen werden, die der Fachübersetzung sowohl aus der als auch in die Fremdsprache dienen (vgl. Bergenholtz/Tarp 1994:385). Dies ist in der Praxis jedoch noch nicht ausreichend umgesetzt, wie Bergenholtz/Tarp (ebd.: 388) anhand einiger Fachwörterbücher verschiedener technischer Fachsprachen zeigen.
Zum Problem der sprachlichen Übertragung treten zwei weitere Fragen hinzu. Zunächst muss entschieden werden, welche Wortgruppen in das vorzubereitende Fachwörterbuch überhaupt aufgenommen werden. Ein anderer, ebenso erwägenswerter Faktor ist die Lemmatisierung: Da es unter Wortgruppen sowohl Termini als auch Nicht-Termini gibt, muss nach der Aufnahme entschieden werden, ob die jeweilige Wortgruppe als eigenständiges Lemma[483] oder nur als Angabe bzw. Sublemma zu einem Haupteintrag angesetzt wird. Mit dieser Frage hängt die Entscheidung zusammen, ob es sich bei der jeweiligen Wortgruppe um einen Terminus handelt oder nicht. Dies ist bei einigen Wortverbindungen im juristischen Bereich nicht eindeutig zu beantworten, ließe sich aber in Zweifels-

481 Vgl. auch Bergenholtz/Tarp (1994:401).

482 Die mangelnde Äquivalenz betrifft nicht nur Wortgruppentermini. So lässt sich z.B. das deutsche Kompositum *Erbvertrag* in die slowakische Sprache zwar übersetzen (*dedičská zmluva*), der übersetzten Benennung entspricht aber kein Rechtsinstitut im slowakischen Erbrecht.

483 'Lemma' wird als überschriftartige Repräsentation einer lexikalischen Einheit im Wörterbuch verstanden, die "mit den zugeordneten Informationen einen Artikel als die kleinste selbständige Informationseinheit des Wörterbuchs [bildet]" (Schlaefer 2002:76).

fällen durch Befragung von Juristen ermitteln.[484] Durch die Ansetzung einer Wortgruppe als eigenständiges Lemma wird ihr Charakter als Terminus klar signalisiert (vgl. Bergenholtz/Tarp ebd.: 389f., 397), was für die Benutzer, insbesondere für Fachübersetzer mit beschränkten Fachkenntnissen, eine wichtige Information ist. Zum unabdingbaren Bestandteil der Übersetzertätigkeit gehört – wie eingangs gesagt wurde – das Zugreifen auf Nachschlagewerke, sowohl in der Ausgangs- als auch in der Zielsprache. Zu diesen gehören z.B. monolinguale Fachlexika oder vergleichbare Fachtexte, die den tatsächlichen spezifischen Fremdsprachgebrauch des jeweiligen Fachbereichs illustrieren. Beim Übersetzen ist der Zugriff auf fremdsprachliches Material im Zeitalter der Technik ohne großen Aufwand leicht möglich; die Übersetzer stehen aber häufig unter Zeitdruck und sollten die Möglichkeit haben, sich auf Fachwörterbücher von guter Qualität stützen zu können.

Hinsichtlich der Erarbeitung mehrsprachiger Fachwörterbücher sind mehrere Aspekte zu berücksichtigen, wie z.B. der Rezipient, der vorausgesetzte Einsatzbereich und die damit verbundene Detailliertheit.[485]

Folgt man der in Kap. 9 durchgeführten Gliederung in Stabilitätsstufen, so lässt sich über die juristischen Wortgruppen in Bezug auf die Fachlexikographie Folgendes sagen:

a) Feste Wortgruppen im nominalen und im verbalen Bereich, sowohl definierte als auch nicht definierte Termini, sind auf jeden Fall aufzunehmen, die Frage ist, nach welchem Prinzip ihre Lemmatisierung erfolgen soll.[486]
b) Präpositionalgruppen, die sich als invariabel erwiesen haben und daher als fest eingestuft wurden, könnten als Lemmata aufgenommen werden, jedoch mit Querverweis auf Lexeme, mit denen zusammen sie häufig auftreten (z.B. *in sonstiger Weise* + *Bereicherung*).[487]
c) Aufzunehmen sind auch halbfeste Wortgruppen, die terminologisch sind. Als halbfest wurden in der vorliegenden Arbeit solche Wortgruppen eingestuft, zu denen eine fachlich anerkannte und deckungsgleiche Konkurrenzform besteht. Hier stellt sich dann die Frage, welche der Konkurrenzformen als Lemma angesetzt werden soll, denn die häufiger verzeichnete ist nicht immer die gesetzlich vorgeschriebene. Eine Möglichkeit sehe ich darin, beide als

484 Würde man die Frage der Anerkennung einer Wortgruppe als Terminus auf die Frage ihrer eigenständigen Lemmatisierung erweitern, könnte es teilweise zu nicht einheitlichen Antworten kommen. Vgl. Bergenholtz/Tarp (1994:390, 402).

485 Zu weiteren außersprachlichen Faktoren vgl. Kißig (1995:229f.).

486 Zu Modellen der Selektion und Anordnung in ausgewählten Fachwörterbüchern vgl. Bergenholtz/Tarp (1994:394).

487 Die Praxis, Präpositionalgruppen als selbständige Lemmata anzusetzen, bezeugt ein deutsch-tschechisches Rechtswörterbuch (Aleš 1998): "im Einverständnis" (ebd.: 233), "gegen Entgelt" (ebd.: 192).

Lemmata, die eine als Hauptlemma, die andere als Verweislemma[488] anzusetzen. Erweist sich eine der Konkurrenzformen als typisch für eine bestimmte Textsorte, so sollte der Eintrag einen Hinweis auf diese Textsorte bzw. Ebene enthalten (z.B. BGB, Rechtstheorie als Teil der auslegenden Ebene). Ein weniger üblicher Ausdruck, der terminologisch durchaus akzeptabel ist, könnte in Form eines Lemmas ohne weitere Angaben auf den repräsentativeren, als Hauptlemma angesetzten Ausdruck verweisen.[489]

d) Wichtig scheint mir auch die Angabe der Synonymie bei – festen und halbfesten – Wortgruppen zu sein. Es sollten gleichstrukturierte und in nur einer Komponente abweichende Parallelausdrücke (z.B. *treuhänderisches Rechtsgeschäft*, *fiduziarisches Rechtsgeschäft*), Synonyme in Form von Simplizia (z.B. *geheimer Vorbehalt*, *Mentalreservation*) und nicht zuletzt auch lateinische Termini (z.B. *guter Glaube*, *bona fides*) angeführt werden.

e) Die Aufnahme von freien, aber in bestimmten Verwendungskontexten häufig vorkommenden Verbindungen (z.B. *bestehende und künftige Ansprüche*) hängt vom beabsichtigten Umfang des Wörterbuchs ab. Für ihre Aufnahme spricht die Tatsache, dass sie dem Übersetzer v.a. für die Fachübersetzung in die Fremdsprache eine große Hilfe leisten, weil sich die unter ihrer Verwendung formulierten Äußerungen dem typischen Sprachgebrauch der Zielsprache nähern. Für den rezeptiven Sprachgebrauch sind sie insoweit nützlich, als sie auf eine bestimmte Lexikalisierungstendenz innerhalb des jeweiligen (im Wörterbuch zu vermerkenden) Kontextes hindeuten (z.B. *Anspruch: bestehende* (auch: *gegenwärtige*) *und künftige Ansprüche* im Kontext der Bürgschaft).

Für das gesamte Fachwörterbuch sollte eine einheitliche Anordnungsweise (nestalphabetisch oder nischenalphabetisch[490]) festgelegt werden (Nestsystem, Nischensystem). In Abhängigkeit von dieser Voraussetzung sollten die Wortgruppen nach den verschiedenen Festigkeitsstufen und dem terminologischen Charakter angeordnet sein. Dabei sollten m.E. die Gegebenheiten der Zielsprache, die das Gegenstück des jeweiligen Sprachenpaares darstellt, berücksichtigt werden. Man kann wohl davon ausgehen, dass Sprecher verschiedener Sprachen auch verschiedene Nachschlagegewohnheiten haben können. Dies kann sich insbesondere bei mehrgliedrigen Benennungen äußern. Neben der Angabe des Verwendungskontextes halte ich einige grammatische Angaben (z.B. Genus, (Un)Regelmäßigkeit der Verbkonjugation) für hilfreich.[491]

---

488 Zum Begriff vgl. Wolski (1989:365).

489 Allgemein gelten Querverweise in Lexika als vorteilhaft, weil dadurch Wiederholungen vermieden und semantische Zusammenhänge zwischen lexikalischen Einheiten ausgedrückt werden (vgl. Kißig 1995:231).

490 Zu Typen der makrostrukturellen Anordnung der Lemmata vgl. Schlaefer (2002:89ff.).

491 Nicht als unentbehrlich betrachte ich phonologische Angaben, die z.B. Kißig (1995:232) für die englische Sprache der Mikroprozessortechnik fordert.

11 Zusammenfassung

Im Vordergrund der vorliegenden Arbeit stand die Betrachtung von Wortgruppen, die im deutschen Zivilrecht verwendet werden und damit eine Auswahl aus dem juristischen Gesamtwortschatz darstellen. Ziel dieser Untersuchung war, Erkenntnisse hinsichtlich deren Stabilität bzw. Variabilität zu gewinnen. Schon während der Zusammenstellung der Materialbasis hat sich gezeigt, dass weitere Problembereiche, vor allem der textuelle, einen relativ großen Platz in meinen Betrachtungen einnehmen müssen.

Zuerst wurde die Wortgruppe als Untersuchungsgegenstand aus linguistischer Sicht definiert und abgegrenzt (Kap. 2.1). Da es sich um einen fachlichen Verwendungskontext handelt, wurde ihre fachliche Relevanz bei der begrifflichen Abgrenzung berücksichtigt.

Aus demselben Grund hielt ich es für sinnvoll, die wichtigsten Merkmale der betroffenen Rechtssprache zu skizzieren (Kap. 3), auf die verschiedentlich in den auswertenden Abschnitten verwiesen wurde. Als notwendig erwies sich eine eingehende Beschäftigung mit den Größen Fachtext und Fachtextsorte. Der Kommunikationsbereich Recht zeichnet sich nämlich durch ein Netzwerk von Texten verschiedener Textsortenzugehörigkeit aus, auf dem die Rechtsexistenz beruht. Die Textsorten korrespondieren mit Kontextebenen, die drei verschiedene Verwendungssituationen widerspiegeln (Kap. 4.2). Die juristische Textarbeit basiert auf der Einbeziehung mehrerer dieser Ebenen, wobei die durch Gesetzestexte konstituierte Ebene als bestimmend angenommen wird. Die Untersuchung zeigte hier, dass diese nicht als einziger Maßstab für die Formulierungsweise gilt. Daher wurde nach der Begriffsbestimmung eine Klassifizierung der juristischen Fachtexte vorgenommen. Um die wechselseitigen Beziehungen zwischen den letzteren in einer übersichtlichen Weise darzulegen, bin ich von der Textsortenzugehörigkeit ausgegangen und dabei zu zwei Typen der intertextuellen Relationen im Recht gelangt: Man kann von textsorteninternen und textsortenexternen Beziehungen sprechen (Kap. 4.4). Bei den juristischen Textsorten wurde auf deren engen Zusammenhang mit Abstraktionsstufen hingewiesen, auf denen sich Textäußerungen bewegen. Die unterschiedlich abstrakten Äußerungen wurden an einer Dreiebenenteilung dargelegt; dabei konnte ich aufzeigen, dass zwischen Textsorten und Abstraktionsstufen kein Eins-zu-Eins-Verhältnis besteht. Die einzelnen Abstraktionsebenen konnten zwar nicht eingehend besprochen werden; sie wurden aber unter anderem deswegen differenziert, weil die üblichen Gliederungsmodelle nicht auf die Rechtssprache übertragbar sind.

Die stark textvergleichend orientierte Analyse hatte zwei Ziele: Ermittlung von Stabilitätsstufen und Beschreibung der Abhängigkeit der Stabilität bzw. der Va-

riabilität von sprachlichen und/oder nichtsprachlichen Faktoren. Dies deutet – wie eingangs gesagt – darauf hin, dass der eigentliche Kern der Untersuchung, die Festigkeit bzw. Variabilität mehrgliedriger lexikalischer Einheiten, an mehrere Problembereiche angrenzt.
Im Rahmen der Bemühung, sowohl in der Analyse als auch in der Darstellung der Ergebnisse Übersichtlichkeit zu erreichen, wurden die Wortverbindungen nach morpho-syntaktischen Kriterien in den nominalen, verbalen und präpositionalen Bereich eingeteilt und dementsprechend in drei getrennten Kapiteln (6, 7, 8) ausgewertet. Im Wesentlichen lassen sich drei Stufen (fest, halbfest, frei) erkennen, zwischen denen Berührungspunkte liegen; eine trennscharfe Einteilung von Stabilitätsstufen ist nur in wenigen Fällen möglich. Es wurde festgestellt, dass die juristischen Wortgruppen nicht nur unterschiedlich variabel, sondern auch unterschiedlich stabil sind. Dies führte zur Bestimmung von Unterstufen der Stabilität, die in einzelnen morphologischen Bereichen nicht gleich stark vertreten sind. In jeder der Stabilitätsstufen ist mit einer gewissen Relativität zu rechnen; absolute Stabilität betrifft nur einen geringen Teil der untersuchten Wortgruppen. Ihre nähere Betrachtung ergab, dass sie sich durch einen bestimmten Idiomatizitätsgrad auszeichnen und einige zu den Zwillingsformeln zu rechnen sind (*Treu und Glauben*).
Die bereits erwähnte Festigkeitsrelativität ist sowohl auf die textuelle als auch auf die kontextuelle Abhängigkeit zu beziehen. Auf diese Weise konnte nachgewiesen werden, dass auch feste Wortverbindungen Verletzungen der eigenen Beständigkeit zulassen. Der innertextlichen (und damit textsorteninternen) Auflösung im nominalen Bereich wurde weniger Aufmerksamkeit geschenkt, weil sie in allen Strukturtypen derselben Regel gehorcht: Grundsätzlich ist die Weglassung der determinierenden Komponente bei wiederholter Verwendung einer nominalen Wortgruppe im Rahmen eines Textes möglich. Das gleiche Verfahren wurde aber auch beim Vergleich zwischen zwei Texten unterschiedlicher Textsortenzugehörigkeit festgestellt. Hier wurde vor allem auf das enge Verhältnis zwischen Kommentar und Gesetz aufmerksam gemacht, was zur Gestaltung eines gemeinsamen Kontextes führt. Auf diese textsortenexterne Verknüpfung wurden Erscheinungen zurückgeführt, die die gemeinsprachliche Regel verletzen, z.B. die Auslassung der Akkusativobjekte bei transitiven Verben in Kommentaräußerungen (*ausschlagen* (*Erbschaft*)). Wortgruppen, bei denen nur diese Art von Stabilitätsverletzung belegt ist, wurden als fest, jedoch mit dem Attribut 'relativ', eingestuft.
Da sich auch innerhalb der einzelnen strukturellen Typen nicht immer von Gesetzmäßigkeiten sprechen lässt, hat sich die Betrachtung der Festigkeitsgruppen nach morpho-syntaktischen Gesichtspunkten insbesondere bei modifizierbaren Wortgruppen bewährt. Infolge der Heterogenität der Wortgruppenstrukturen mussten verschiedene sprachrelevante Probleme angeschnitten werden, die zur Erklärung der (vor allem strukturell modifizierbaren) Erscheinungsformen bei-

getragen haben. Im nominalen Bereich ist eines der Phänomene die Komposition, also ein Element der Wortbildung. Komposita treten als Konkurrenzform zu bestimmten Strukturtypen auf, wobei ein textsortenspezifischer Gebrauch festgestellt wurde. Dieser macht sich besonders in der Textsorte Gesetz bemerkbar, wo explizitere Formen, d.h. Wortgruppen, gegenüber sprachökonomischen Komposita bevorzugt werden. Dagegen sind Zusammensetzungen als rationelle Ausdrucksformen häufig, jedoch nicht ausschließlich, in Kommentaren nachgewiesen. Ähnlich wurde im Falle der Doppelterminologie das Fehlen von Termini lateinischer oder anderer fremder Herkunft im Gesetz verzeichnet. Die oben erwähnte Konkurrenzform liegt dabei nur dann vor, wenn zwei alternativ belegte Formen semantisch soweit übereinstimmen, dass sie denselben Sachverhalt benennen (*rechtlicher Grund* vs. *Rechtsgrund*). Einige Fälle bezeugen, dass das parallele Vorkommen konkurrierender Ausdrücke nur in einem bestimmten Kontext möglich ist. Bei einigen Wortgruppen begegnet strukturelle Modifizierbarkeit in Kombination mit lexikalischer Austauschbarkeit oder morphologischer Veränderlichkeit. Alle Fälle, wo eine der Modifizierungen bzw. deren Kombination auftritt und dabei der semantische Gehalt der Konkurrenzformen gleich bleibt, wurden als halbfest eingeordnet. Auf beiden Stabilitätsstufen sind Termini zu finden, die wegen ihres Wortgruppencharakters als Wortgruppentermini bezeichnet wurden. Daneben sind unter den halbfesten Verbindungen Nichttermini belegt, die sich als usuelle halbfeste Wortgruppen abheben lassen.
Auf der niedrigsten Festigkeitsstufe stehen Wortgruppen, die sich durch verschiedenartige Variabilität auszeichnen, und somit als als frei zu bewerten sind. Dabei wurde mehrfach auf die gemeinsame, nicht ganz scharf zu ziehende Grenze mit den halbfesten Wortgruppen hingewiesen. Wie Analysen von konkreten Ausdrücken ergaben, ist diese Uneindeutigkeit auf den Lexikalisierungsprozess zurückzuführen. Das Merkmal 'freie Variabilität' ist unter Vorbehalt zu sehen, denn der fachliche Verwendungsrahmen bedingt auch hier bestimmte Restriktionen. Semantisch gesehen handelt es sich bei vielen freien Wortgruppen um Konkretisierungen von abstrakten festen oder halbfesten Wortgruppen, die den Status von Termini haben, oder um deren Paraphrasen. Eine eingehende Behandlung verschiedener Umschreibungsmöglichkeiten war jedoch in Anbetracht der Zielsetzung dieser Arbeit nicht möglich.
Es war nicht beabsichtigt, alle Typen von Wortgruppen zu erfassen, sondern an ausgewählten (am häufigsten vertretenen) Konstruktionen die ermittelten Stabilitätsstufen aufzuzeigen. Deswegen wurde auch keine statistische Auswertung in Form von prozentualen Vertretung der Festigkeitsgruppen vorgenommen. Die Variabilität kann neben den textuellen Gegebenheiten von der Textsorte und schließlich vom Verwendungskontext abhängen. Auf Grund der Sonderstellung des Textes im Recht wurden juristische Originaltexte zur Grundlage der Untersuchung gemacht. Alle in der Arbeit angeführten Beispiele sind also authenti-

schen Texten entnommen, um den juristischen Sprachgebrauch und die festzustellenden (Un)Regelmäßigkeiten zu belegen.
Im Rahmen der Untersuchung konnten die Rechtssprache und die herangezogenen Textsorten weiter charakterisiert werden. Feste Wortgruppentermini können im Recht verschiedene Formen haben (*Treu und Glauben, an Erfüllungs Statt*). Die Ergebnisse der Untersuchung zeigen, dass der juristische Sprachgebrauch auch bei gesetzlicher Vorgabe der Ausdrucksform nicht immer konsequent ist. Weitere Erkenntnisse sprachlicher Natur betreffen die herangezogenen Textsorten: Kommentartexte zeichnen sich z.B. auf Grund der räumlichen Nähe zu kommentierten Paragraphen durch eine relativ hohe Sprachökonomie aus. Dagegen ist im Fachwörterbuch ein weniger komprimierter Stil als erwartet festzustellen. Die meisten Abweichungen von den fachlichen Sprachnormen sind in den Urteilstexten enthalten.
Da meine Darlegungen nicht nur theoretischen Wert haben, sondern auch praktische Anregungen liefern sollten, habe ich mich kurz mit der Problematik der Wortgruppen aus Sicht des fremdsprachlichen Fachsprachenunterrichts und der fachlichen Lexikographie befasst. Auch die Schwierigkeiten der Übersetzung von juristischen Wortgruppen wurden kurz angeschnitten. In allen drei Gebieten sollte eindeutig zum Ausdruck kommen, dass die Schwierigkeiten der sprachlichen Vermittlung oder Übertragung damit zusammenhängen, dass das Recht kein universeller Erkenntnisbereich ist.

Abkürzungsverzeichnis

Linguistische Abkürzungen

Adj	Adjektiv
Adv	Adverb bzw. Adverbial
FV	Funktionsverb
FVG	Funktionsverbgefüge
Inf	Infinitiv
NG	Nominalgruppe
NVG	Nominalisierungsverbgefüge
PI	Partizip Präsens
PII	Partizip Perfekt
Pl.	Plural
Präp	Präposition
PräpGr	Präpositionalgruppe
Sg.	Singular
Subst	Substantiv
$\text{Subst}_{\text{Akk}}$	Substantiv im Akkusativ
Subst_{G}	Substantiv im Genitiv
Vb	Verb

Abkürzungen und Siglen für Quellen

BGB	Bürgerliches Gesetzbuch
BGHZ	Urteilssammlung des Bundesgerichtshofes für Zivilsachen
Kom	Kommentar, z.B. Palandt
Lb	Lehrbuch, z.B. Köhler
NJW	Neue juristische Wochenschrift
NJW-RR	NJW-Rechtsprechungs-Report Zivilrecht
RWb	Rechtswörterbuch, z.B. Creifelds
SMG	Palandt Gesetz zur Modernisierung des Schuldrechts

lexetius/com/...Internetseite http://lexetius.com als Quelle für Urteilstexte, die nicht in gedruckter Version in NJW oder BGHZ vorliegen

Zeichen und Symbole, Nummerierung der Beispiele

(1)	Jede betrachtete Wortgruppe
(1a) → (1b)	Varianten bzw. Konkurrenzformen
(1)*	Inakzeptabilität auf Grund sprachlicher Restriktionen
$(1)^{(?)}$	Fragliche gemeinsprachliche Formulierung
$(1)^{R*}$	Inakzeptabilität im zivilrechtlichen Kontext
$(1)^{R(?)}$	Nicht völlig ausschließbare Formulierung im zivilrechtlichen Kontext
(1)′	Nicht belegte Konstruktionen und Kommutationen

Literatur- und Quellenverzeichnis

Juristische Literatur und Quellen

Aleš, M. (1998): Německo-český právnický slovník [Deutsch-tschechisches Rechtswörterbuch], Praha.

Baer I./ Gross H. (1981): Adoption und Adoptionsvermittlung, Frankfurt am Main.

BGB. Bürgerliches Gesetzbuch (2002), Beck-Texte im dtv, München.

Entscheidungen des Bundesgerichtshofes in Zivilsachen (1980–2003), Carl Heymanns Verlag, Köln/Berlin.

Gernhuber, J. (1985): Die Erfüllung und ihre Surrogate, In: NJW, 186.

Hucko, E. (1994): "Zum 200. Geburtstag des Allgemeinen Landrechts für die Preußischen Staaten." In: Neue juristische Wochenschrift, 1449–1453.

Köhler, H. (2000): Prüfe dein Wissen, BGB Schuldrecht I., München. – (2001): BGB Allgemeiner Teil, München.

Larenz, K. (1997): Allgemeiner Teil des deutschen bürgerlichen Rechts. Ein Lehrbuch, München.

Lüderitz, A. (1999): Familienrecht, München.

Luther, A. (2001): Die Schuldrechtsreform, Heidelberg.

Medicus, D. (2000, 2002): Schuldrecht I. Allgemeiner Teil, München. – (2000, 2003): Schuldrecht II. Besonderer Teil, München.

Münchener Rechtslexikon (1987), München.

Neue Juristische Wochenschrift (1980-2003), C.H. Beck Verlag (Hg.), München und Frankfurt am Main.

NJW-Rechtsprechungs-Report Zivilrecht (1980-2003), C.H. Beck Verlag (Hg.), München und Frankfurt am Main.

Palandt. Gesetz zur Modernisierung des Schuldrechts (2002), C.H. Beck Verlag (Hg.), München.

Palandt. Bürgerliches Gesetzbuch (2003), C.H. Beck Verlag (Hg.), München.

Rainer, S./Bartsch, M. (Hgg.) (1991): Beck'scher Ratgeber Recht, München.

Rüthers B. / Stadler A. (2001): Allgemeiner Teil des BGB, München.

Sattelmacher P./Sirp, W. (1983): Bericht, Gutachten und Urteil, München.

Schwab, H.K./Prütting, H. (2000): Sachenrecht, München.

Weber, K. (Hg.): Creifelds Rechtswörterbuch (1999, 2002), München.

Westermann, P.(Hg.) (2000): Erman Bürgerliches Gesetzbuch, Köln.

Wilhelm, M. (Hg.) (2003): Luchterhand. Ergänzbares Lexikon des Rechts, München.

Wohnungswirtschaft&Mietrecht 1/98, DMB-Verlag, Berlin/Köln.

Zeitschrift für das gesamte Familienrecht (1990-2000), Gieseking Verlag, Bielefeld.

http://www.juralink.de/default.htm

http://lexetius.com

http://www.dejure.org

Sprachwissenschaftliche Literatur

Arntz, R./Picht, H. (1991): Einführung in die Terminologiearbeit, Hildesheim.

Bartsch, R./Vennemann, T. (1973): Linguistik. In: Bartsch, R./Vennemann, T. (Hgg.): Linguistik und Nachbarwissenschaften, Kronberg/Ts., 9–20.

Bergenholtz, H./Tarp, S. (1994): Mehrworttermini und Kollokationen in Fachwörterbüchern. In: Schaeder/Bergenholtz, 385–419.

Brandt, W. (1991): Müssen Gesetze schwer verständlich sein? Einwände eines Linguisten gegen Schutzbehauptungen der Juristen. In: Eckert, J./Alvarez de Morales, A. (Hgg.): Sprache – Recht – Geschichte, Heidelberg, 339–361.

Breindl, E. (1989): Präpositionalobjekte und Präpositionalobjektsätze im Deutschen, Tübingen.

Brinker, K. (1997): Einführung in die linguistische Textanalyse, Berlin.

Brinker, K. (Hg.) (2000): Text- und Gesprächslinguistik, ein internationales Handbuch zeitgenössischer Forschung. HSK 16.1., Berlin/New York.

Buhlmann, R./Fearns, A. (2000): Handbuch des Fachsprachenunterrichts, Tübingen.

Busse, D. (1992): Recht als Text – linguistische Untersuchungen zur Arbeit mit Sprache einer gesellschaftlichen Institution, Tübingen.

– (2000): Textsorten des Bereichs Rechtswesen und Justiz. In: Brinker (Hg.), 658–675.

– (2002) Wortkombinationen. In: Lexikologie. Ein internationales Handbuch zur Natur und Struktur von Wörtern und Wortschätzen. HSK 21.1., Berlin/New York, 408-415.

Bußmann, H. (2002): Lexikon der Sprachwissenschaft, Stuttgart.

Coulmas,f. (1985): Lexikalisierung von Syntagmen. In: Schwarze, Ch. (Hg.): Handbuch der Lexikologie, Königstein/Ts., 250–268.

Delplanque C. (1999): Der Beitrag der Fachphraseme zur Wissenspräsentation. In: Bravo Fernandez, N./Behr, I./Rozier C. (Hgg.): Phraseme und typisierte Rede, Tübingen, 101–109.

DIN 2342. Begriffe der Terminologielehre (1986), Berlin.

Duden. Das große Wörterbuch der deutschen Sprache in zehn Bänden (1999), Dudenverlag (Hg.), Mannheim.

Duden. Grammatik der deutschen Gegenwartssprache (1998), Dudenverlag (Hg.), Mannheim.

Ďuricová, A. (2001): Terminusbildende Funktion der Adjektive in der Fachsprache. Ein Aspekt der Textgestaltung. In: Aspekte der Textgestaltung. Referate der internationalen Germanistischen Konferenz, Ostrava, 217–221.

Engberg, J. (1993): Prinzipien einer Typologisierung juristischer Texte. In: Fachsprache 1–2, 31–38.

Erben, J. (1993): Einführung in die deutsche Wortbildungslehre, Berlin.

Fan, Y. (1997): Nominale Mehrworttermini der russischen Fachsprache, München.

Fix, U. (1979): Zum Verhältnis von Syntax und Grammatik im Wortgruppenlexem. In: Beiträge zur Phraseologie und Lexikologie der deutschen Gegenwartssprache. Linguistische Studien, Reihe A, Arbeitsberichte 56, Berlin, 1–19.

Fleischer, W. (1975): Wortbildung der deutschen Gegenwartssprache, Tübingen.
– (1997): Phraseologie der deutschen Gegenwartssprache, Tübingen.
Fleischer, W./Barz, I. (1995): Wortbildung der deutschen Gegenwartsprache, Tübingen.
Fluck, H.-R. (1992): Didaktik der Fachsprachen, Tübingen.
Franck, D. (1996): Kontext und Kotext. In: Sprachphilosophie. HSK 7.2., Berlin/New York, 1323-1336.
Gläser, R. (1990): Fachtextsorten im Englischen, Tübingen.
Görgen, A. (2002): Rechtssprache in der frühen Neuzeit. Eine vergleichende Untersuchung der Fremdwortverwendung in Gesetzen des 16. und 17. Jahrhunderts, Frankfurt am Main.
Greule, A. (1980): Erbwort – Lehnwort – Neuwort. In: Muttersprache 90, Wiesbaden, 263-275.
Grimm H-J. (1981): Zum Artikelgebrauch in deutschen Funktionsverbgefügen mit Präpositionen. In: Deutsch als Fremdsprache 6, 333–337.
v. Hahn, W. (1981): Fachsprachen, Darmstadt.
– (1980): Fachsprachen. In: Althaus, H.P./Henne, H./Wiegand, H.E. (Hgg.): Lexikon der Germanistischen Linguistik, Tübingen, 390–395.
Hámori, Sz. E. (1999): Feste verbale Wortverbindungen des Deutschen, Tostedt.
Heinemann, W./Viehweger, D. (1991): Textlinguistik, Tübingen.
Helbig, G. (1979): Probleme der Beschreibung von Funktionsverbgefügen im Deutschen. In: Deutsch als Fremdsprache. 5, 273–285.
Helbig, G./Buscha, J. (2001): Deutsche Grammatik. Ein Handbuch für den Ausländerunterricht, Berlin/München.
Hertel, V. (1983): Präpositionen in fixierten Fügungen. In: Beiträge zur Erforschung der deutschen Sprache 3, Leipzig, 58–76.
Hess-Lüttich, E.W.B. (1986): Expertendeutsch für Initiierte und Immigrierte: Gruppensprachen – Berufssprachen – Fachsprachen. In: Jahrbuch Deutsch als Fremdsprache 12, 134–150.
Hoffmann Ludger (1998): Fachtextsorten der Institutionensprachen I: das Gesetz. In: Hoffmann et al. (Hgg.), 522–528.
Hoffmann, L. (1985): Kommunikationsmittel Fachsprache. Eine Einführung, Tübingen.
– (1988): Vom Fachwort zum Fachtext, Tübingen.
– (1990): Fachtexte und Fachtextsorten, Leipzig.
– (1998a): Fachsprachen und Gemeinsprache. In: Hoffmann et al. (Hgg.), 157–168.
– (1998b): Fachtextsorten der Institutionensprachen III: Verträge. In: Hoffmann et al. (Hgg.), 533–539.
Hoffmann, L./Kalverkämper, H./Wiegand, H.E. (Hgg.) (1998): Fachsprachen. Ein internationales Handbuch zur Fachsprachenforschung und Terminologiewissenschaft. HSK 14.1., Berlin/New York.

Jahr, S. (1999): Probleme des Wissenschaftstransfers und der Textarbeit im DaF-Unterricht. In: Materialien Deutsch als Fremdsprache, Regensburg, 194–208.
Jeand'Heur, B. (1998): Die neuere Fachsprache der juristischen Wissenschaft seit der Mitte des 19. Jahrhunderts unter besonderer Berücksichtigung von Verfassungsrecht und Rechtsmethodik. In: Hoffmann et al. (Hgg.), 1286–1295.
Joisten, Ch. (1986): Die Sprache der Gesetze und der Verwaltung. In: Braun, H./Bungarten, T. (Hgg.): Sprache als Medium und Verständigungsmittel zwischen Wissenschaft, Wirtschaft, Verwaltung und Öffentlichkeit, Bonn, 43–50.
Jürgens,f. (1994): Zur Entwicklung substantivischer Wortgruppen, Frankfurt am Main.
Kaufmann, E. (1984): Deutsches Recht, Berlin.
Kißig, B. (1995): Fachsprachliche Wortgruppen in englischen und deutschen Texten der Mikroprozessortechnik, Frankfurt am Main.
Kjaer, A.-L. (1992): Normbedingte Wortverbindungen in der juristischen Fachsprache (Deutsch als Fremdsprache). In: Fremdsprachen Lehren und Lernen, 46–64.
Klein, M. (1985): Einführung in die DIN-Normen, Stuttgart.
Köhler, C. (1985): Verben in deutschsprachigen Fachtexten – Supplementverben, Dresden.
Kühn, P. (2001): Juristische Fachtexte. In: Deutsch als Fremdsprache. Ein internationales Handbuch. HSK 19.1., Berlin/New York, 582–594.
Lashöfer, J. (1992): Zum Stilwandel in rechterlichen Entscheidungen, Münster.
Lauterbach, S. (1993): Genitiv, Komposition und Präpositionalattribut – zum System nominaler Relationen im Deutschen, München.
Lenz, B. (1993): Probleme der Kategorisierung deutscher Partizipien. In: Zeitschrift für Sprachwissenschaft 1, 39–76.
Linke, A./Nussbaumer, M. (2000): Rekurrenz. In: Brinker (Hg.), 305–315.
Matzinger-Pfister, R. (1972): Paarformel, Synonymik und zweisprachiges Wortpaar, Zürich.
Mentrup, W. (Hg.) (1979): Fachsprachen und Gemeinsprache, Düsseldorf.
Mincke, W. (1991): Die Problematik von Recht und Sprache in der Übersetzung von Rechtstexten. In: Internationale Vereinigung für Rechts- und Sozialphilosophie (Hg.): Archiv für Rechts- und Sozialphilosophie 77, Stuttgart, 446–465.
Möhn, D. (1986): Determinativkomposita und Mehrwortbenennungen im deutschen Fachwortschatz. In: Jahrbuch Deutsch als Fremdsprache 12, 111–133.
Möhn, D./Pelka, R. (1984): Fachsprachen. Eine Einführung, Tübingen.
Müller, R. (1990): Phraseologismen in ausgewählten Fachtextsorten des Kommunikationsbereiches Humanmedizin im Englischen. Diss A, Karl-Marx-Universität Leipzig.
Nussbaumer, M. (1997): Sprache und Recht, Heidelberg.
Oksaar, E. (1979): Sprachliche Mittel in der Kommunikation zwischen Fachleuten und zwischen Fachleuten und Laien im Bereich des Rechtswesens. In: Mentrup (Hg.), 100–113.

Pfeifer, W. et al. (1989): Etymologisches Wörterbuch des Deutschen, Berlin.
v. Polenz, P. (1987): "Funktionsverben, Funktionsverbgefüge und Verwandtes. Vorschläge zur Satzsemantischen Lexikographie". In: Henne, H./Oksaar, E./v. Polenz, P./Wiegand, H.E. (Hgg.): Zeitschrift für germanistische Linguistik, Berlin/New York, 169–189.
Ries, J. (1928): Zur Wortgruppenlehre, Prag.
Roelcke, T. (1999): Fachsprachen, Berlin.
Rothkegel, A. (1973): Feste Syntagmen. Grundlagen, Strukturberschreibung und automatische Analyse, Tübingen.
Sadziński, R./Weigt, Z. (1985): Probleme der Verbvalenz in der Fachsprache. In: Deutsch als Fremdsprache 3, 156–157.
Schaarschuh, F.-J. (1990): Zur Typologisierung von Funktionsverbgefügen in Wirtschaft und Handel. In: Deutsch als Fremdsprache 4, 230–236.
Schaeder, B. (1994): Das Fachwörterbuch als Darstellungsform fachlicher Wissensbestände. In: Schaeder/Bergenholtz, 69–102.
Schaeder, B./Bergenholtz, H. (1994): Fachlexikographie, Tübingen.
Schierholz, S.J. (2001): Präpositionalattribute, Tübingen.
Schippan, T. (1992): Lexikologie der deutschen Gegenwartssprache, Tübingen.
Schlaefer, M. (2002): Lexikologie und Lexikographie, Berlin.
Schlieben-Lange, B. (1975): Sprachtheorie, Hamburg.
Schröder, J. (1986): Lexikon deutscher Präpositionen, Leipzig.
Shaw, G. (1997): Deutsch für Juristen. Vorstellung von "Deutsche Juristen im Gespräch". In: Materialien Deutsch als Fremdsprache, Regensburg, 203–215.
Starke, G. (1991): Modelle substantivischer Wortgruppen im Deutschen. In: Deutsch als Fremdsprache 1, 22–27.
Sternkopf, J. (1985): Zum Verhältnis zwischen adjektivischen Wortbildungskonstruktionen und (quasi-)äquivalenten syntaktischen Parallelformen. In: Linguistische Studien, Berlin, 1–68.
Thurmair, M. (1995): "Doppelterminologie im Text oder: hydrophob ist wasserscheu". In: Kretzenbacher, H.L./Weinrich, H.: Linguistik der Wissenschaftssprache, Berlin/New York, 247–280.
Viehweger, D. (1987): Kollokationen. In: Bedeutungen und Ideen in Sprachen und Texten. Sprache und Gesellschaft 20, Berlin, 227–237.
Wassermann, R. (1979): Sprachliche Mittel in der Kommunikation zwischen Fachleuten und zwischen Fachleuten und Laien im Bereich des Rechtswesens. In: Mentrup (Hg.), 114–124.
– (1990): Fachsprachlichkeit in gerichtlichen Texten. In: Kniffka, H. (Hg.): Texte zu Theorie und Praxis forensischer Linguistik, Tübingen, 59-74.
Weber, S. (1996): Sprache und Recht. In: Odborný jazyk v podmínkách tržní ekonomiky [Fachsprache in Bedingungen der Marktwirtschaft]. In: Sborník Vysoké školy ekonomické, Praha [Sammelband der Wirtschaftsuniversität Prag], 209–225.
Weinrich, H. (2003): Textgrammatik der deutschen Sprache, Hildesheim.

Wesel, U. (1992): Fast alles, was Recht ist. Jura für Nichtjuristen, Frankfurt am Main.
Wiegand, H.E. (1988): Was eigentlich ist Fachlexikographie? In: Munske, H.H. (Hg.): Deutscher Wortschatz. Lexikologische Studien, Berlin/New York, 729–790.
Wildgen, W. (1982): Makroprozesse bei der Verwendung nominaler Ad-hoc-Komposita im Deutschen. In: Deutsche Sprache 1, 237–257.
Wilss, W. (1998): Adjektiv/Substantiv-Kollokationen. Gemeinsprachliche und fachsprachliche Aspekte. In: Wills, W. (Hg.): Fachsprache 3–4, 142–148.
Wolski, W. (1998): Textverdichtung und Textauflockerung im standardisierten Fachwörterbuchartikel. In: Hoffmann et al. (Hgg.), 624–633.
– (1989): Das Lemma und die verschiedenen Lemmatypen. In: Hausmann, F.J./ Reichmann, O./Wiegand, H.E./Zgusta, L. (Hgg.): Wörterbücher. Dictionnaries. Dictionnaires. HSK 5.1., Berlin/New York, 360–371.
Wüster, E. (1966): Internationale Sprachnormung in der Technik, besonders in der Elektrotechnik. (Die nationale Sprachnormung und ihre Verallgemeinerung), Bonn.

Verzeichnis der Wortgruppen

Kap. 6

1. *Adj + Subst*:
stille Abtretung, grundlose Annahmeverweigerung, aufschiebende Bedingung, ungerechtfertigte Bereicherung, vereinbarte Beschaffenheit, fremder Besitz, widerrechtliche Drohung, überlebender Ehegatte, zugesicherte Eigenschaft, versteckter Einigungsmangel, bloße Entäußerung, schädigendes Ereignis, anfechtbare Erklärung, grobe Fahrlässigkeit, positive Forderungsverletzung, Allgemeine Geschäftsbedingungen, beschränkte Geschäftsfähigkeit, mangelnde Geschäftsfähigkeit, entgangener Gewinn, guter Glaube, rechtlicher Grund, belastetes Grundstück, dienendes Grundstück, schlüssiges Handeln, rechtsgeschäftsähnliche Handlung, unerlaubte Handlung, vereinbarter Kaufpreis, überraschende Klausel, erbrachte Leistung, gezogene Nutzungen, fehlerhaftes Rechtsgeschäft, treuhänderisches Rechtsgeschäft, verdecktes Rechtsgeschäft, wucherisches Rechtsgeschäft, die guten Sitten, elterliche Sorge, arglistige Täuschung, zulässige Umdeutung, schwebende Unwirksamkeit, notarielle Urkunde, gesetzliches Verbot, gesetzlicher Vertreter, fehlende Vertretungsmacht, geheimer Vorbehalt, letztwillige Verfügung, positive Vertragsverletzung, rechtlicher Vorteil, letzter Wille, rechtsgeschäftlicher Wille, wirklicher Wille

Erweiterte Wortgruppen:
bestehende und künftige Ansprüche, alle billig und gerecht Denkende, beschränkte persönliche Dienstbarkeit, beschränktes dingliches Recht, der Gattung nach bestimmte Sache, sittenwidrige vorsätzliche Schädigung, die im Verkehr erforderliche Sorgfalt, grob fahrlässige Unkenntnis, schwebend unwirksamer Vertrag, unvollständig beurkundeter Vertrag, wegen Formmangels nichtiger Vertrag

2. *Subst + Subst$_G$*:
Abgabe der Willenserklärung, Abschluss des Vertrags, Annahme des Kindes, Befriedigung des Gläubigers, Belastung der Sache, Besitz der Sache, Ersatz des Schadens, Erbringung der Leistung, Errichtung des Testaments, Fehlen des Erklärungsbewusstseins, Früchte eines Rechts, Genuss der Früchte, Herabsetzung des Kaufpreises, Herausgabe des Erlangten, Herausgabe der Sache, Herausgabe des Schranks, Lasten der Sache, Mangel der Form, Minderung des Kaufpreises, Unmöglichkeit der Leistung, Unmöglichkeit der Lieferung, Verfügung eines Nichtberechtigten, Vollendung der Willenserklärung, Wandelung des Kaufvertrags

Erweiterte Wortgruppen:
Geschäfte des täglichen Lebens, Umdeutung eines nichtigen Rechtsgeschäfts, Verbindlichkeit des Erklärten, Verfügung des nichtberechtigten Verkäufers

3. *Subst und Subst*:
Angebot und Annahme, Einigung und Übergabe, Grund und Boden, Leistung und Gegenleistung, Pfändung und Versteigerung, Rechte und Pflichten, Treu und Glauben

Erweiterte Wortgruppen:
Abgabe und Zugang der Erklärung, Auflassung und Eintragung im Grundbuch, Erklärung des Berechtigten und Löschung im Grundbuch

4. *Subst + Präp + Subst*:
Anspruch auf Geldersatz, Anspruch auf Schadensersatz, Entschädigung in Geld, Erwerb vom Nichtberechtigten, Geschäftsführung ohne Auftrag, Gewährleistung für Sachmängel, Irrtum im Beweggrund, Kauf auf Probe, Kauf nach Probe, Kauf zur Probe, Mangel an Vermögensurteil, Mangel im Recht, Recht zum Besitz, Recht zum Namensgebrauch, Schadensersatz wegen eines Mangels, Schadensersatz wegen Nichterfüllung, Verschulden bei Vertragsverhandlungen, Verschulden bei Vertragsschluss, Vertrag zugunsten Dritter, Vertrag zugunsten des Empfängers, Vertragsschluss durch Minderjährige, Vertretung ohne Vertretungsmacht, Zug um Zug

Erweiterte Wortgruppen:
Anspruch auf Herausgabe der Sache, Anspruch auf Ersatz des Vertrauensschadens, Anspruch aus ungerechtfertigter Bereicherung, Anspruch aus unerlaubter Handlung, Bürgschaft auf erstes Anfordern, Erwerb vom nichtberechtigten Erben, Irrtum über den Inhalt der Erklärung, Missverhältnis zwischen Leistung und Gegenleistung, Recht am eigenen Bild

Kap. 7

1. *Vb + Subst*:
Willenserklärung abgeben, Vertrag abschließen, Erbschaft ausschlagen, Gläubiger befriedigen, Leistung erbringen, Testament errichten, Schaden ersetzen, Eigentum erwerben, Schadensersatz leisten, Sicherheit leisten, Nutzungen ziehen, Schaden verursachen, Rechtsfähigkeit zugestehen, Schaden zufügen

Erweiterte Wortgruppen:
Abschluss eines anderen Geschäfts unterlassen, Erhöhung des Kaufpreises verlangen, Herausgabe des Pferds verlangen

2. *Vb + Präp + Subst*:
in einer Willenserklärung bestehen, zum Vormund bestellen, zum Erben einsetzen, zur Last fallen, auf Schadensersatz haften, aus c.i.c. haften, für Verbind-

lichkeit haften, für Verschulden haften, in Verzug kommen, an den Dritten leisten, an den Gläubiger leisten, an die KG leisten, in Besitz nehmen, mit einer Kenntnisnahme rechnen, im Besitz sein, im Irrtum sein, im Verzug sein

Erweiterte Wortgruppen:
vor weiteren Schäden bewahren, für die Verbindlichkeiten der Gesellschaft haften, nach den Grundsätzen des Verschuldens beim Vertragsschluss haften, mit derartigen Erklärungen rechnen, in gutem Glauben sein, in bösem Glauben sein, in der Geschäftsfähigkeit beschränkt sein, an die rechtsgeschäftliche Erklärung gebunden sein, von Anfang an nichtig sein, wegen Arglist nichtig sein, wegen Formmangels nichtig sein, als Gesamtschuldner verpflichtet sein, unter elterlicher Sorge stehen, gegen die guten Sitten verstoßen, auf die Gültigkeit des Vertrags vertrauen

3. *Vb + Adv (+ Subst)*:
wirksam anfechten, notariell beurkunden, gutgläubig erwerben, rechtsgeschäftlich erwerben, persönlich gewähren, gesamtschuldnerisch haften, persönlich haften, arglistig handeln, rechtsgeschäftlich handeln, sittenwidrig handeln, vorsätzlich handeln, fahrlässig nicht kennen, grob fahrlässig nicht kennen, positiv kennen, dinglich sichern, stillschweigend vereinbaren, schuldhaft verletzen, testamentarisch vermachen, arglistig verschweigen, frei widerrufen, persönlich widerrufen, wirksam widerrufen, wirksam zugehen

Kap. 8

1. *Präp + Subst*:
an Erfüllungs Statt, auf Grund eines Kaufvertrages, bei Nichtbeurkundung, bei Vertragsschluss, durch Genehmigung, gegen Entgelt, im Ganzen, mangels Einwilligung, mangels Erklärungsbewusstseins, nach dem Parteiwillen, unter Abwesenden, unter Anwesenden, unter Eigentumsvorbehalt, unter Lebenden, der Gattung nach, im Wege der Umdeutung, von Anfang an, von Todes wegen

Erweiterte Wortgruppen:
bei bestehender Vertretungsmacht, bei fehlender Einwilligung, bei unverschuldetem Irrtum, im eigenen Namen, im fremden Namen, in sonstiger Weise, nach billigem Ermessen, ohne rechtlichen Grund, ohne schuldhaftes Zögern, unter fremdem Namen, zur gesamten Hand, zur Niederschrift eines Notars

REGENSBURGER BEITRÄGE ZUR DEUTSCHEN SPRACH- UND LITERATURWISSENSCHAFT

Reihe B: Untersuchungen

Band 1 Hans-Jörg Knobloch: Das Ende des Expressionismus. Von der Tragödie zur Komödie. 1975.

Band 2 Walter Münz: Individuum und Symbol in Tiecks "William Lovell". Materialien zum frühromantischen Subjektivismus. 1975.

Band 3 Gerhard Schaub: Georg Büchner und die Schulrhetorik. Untersuchungen und Quellen zu seinen Schülerarbeiten. 1975.

Band 4 Ortwin Beisbart: Möglichkeiten literaturdidaktischer Entscheidungen. Kritische Untersuchungen zum Problem der literarischen Wertung in der Literaturdidaktik. 1975.

Band 5 Wolfgang Doktor: Die Kritik der Empfindsamkeit. 1975.

Band 6 Reiner Wild: "Metacriticus bonae spei". Johann Georg Hamanns "Fliegender Brief". Einführung, Text und Kommentar. 1975.

Band 7 Rosemarie Haas: Die Turmgesellschaft in "Wilhelm Meisters Lehrjahren". Zur Geschichte des deutschen Geheimbundromans und der Romantheorie im 18. Jahrhundert. 1975.

Band 8 Helga Bleckwenn: Stifter und Goethe. Untersuchungen zur Begründung und Tradition einer Autorenzuordnung. 1977.

Band 9 Dieter Dennerle: Kunst als Kommunikationsprozeß. Zur Kunsttheorie Clemens Brentanos. 1976.

Band 10 Fritz Wagner: Untersuchungen zu Reflexivkonstruktionen im Deutschen. 1977.

Band 11 Hanspeter Brode: Die Zeitgeschichte im erzählenden Werk von Günter Grass. Versuch einer Deutung der "Blechtrommel" und der "Danziger Trilogie". 1977.

Band 12 Josef Nadler: Die Hamannausgabe. Vermächtnis - Bemühungen - Vollzug. Faksimiledruck nach der Ausgabe von 1930 mit der Findliste zu Josef Nadlers Hamann-Nachlaß in der Universitätsbibliothek Münster/Westf. von Sabine Kinder und einem Vorwort von Bernhard Gajek. 1978.

Band 13 Bernhard Gajek/Eberhard Haufe: Johannes Bobrowski. Chronik - Einführung - Bibliographie. 1977.

Band 14 Fawzi Boubia: Theater der Politik - Politik des Theaters. Louis-Sebastien Mercier und die Dramaturgie des Sturm und Drang. 1978.

Band 15 Horst Thomé: Roman und Naturwissenschaft. Eine Studie zur Vorgeschichte der deutschen Klassik. 1978.

Band 16 Ilona Tahir-Ul-Haq: Das Lied der Juden im osteuropäischen Raum. Seine Funktionen im Prozeß der Erhaltung und Veränderung des sozialen und kulturellen Normensystems in der Bewältigung aktueller Lebenssituationen. 1978.

Band 17 Wolfgang Eitel: Balzac in Deutschland. Untersuchungen zur Rezeption des französischen Romans in Deutschland 1830-1930. 1978.

Band 18 Christian und Maria Scholz: Computer-Index zu Friedrich Rückert. Eine Anwendung des literaturwissenschaftlichen Textinformationssystems LISI 77. 1978.

Band 19 Christoph Schmid: Die Mittelalterrezeption des 18. Jahrhunderts zwischen Aufklärung und Romantik. 1979.

Band 20 Juliane Habereder: Kurt Hiller und der literarische Aktivismus. Zur Geistesgeschichte des politischen Dichters im frühen 20. Jahrhundert. 1981.

Band 21 Bernhard Gajek/Erwin Wedel (Hrsg.): Gebrauchsliteratur - Interferenz - Kontrastivität. Beiträge zur polnischen und deutschen Literatur- und Sprachwissenschaft. Materialien des Germanistisch-polonistischen Symposiums, Regensburg, 22. - 27. Oktober 1979. 1982.

Band 22 Rosemarie Lühr: Studien zur Sprache des Hildebrandliedes. Teil I: Herkunft und Sprache. Teil II: Kommentar. 1982.

Band 23 Josef Berlinger: Das zeitgenössische deutsche Dialektgedicht. Zur Theorie und Praxis der deutschsprachigen Dialektlyrik. 1950-1980. 1983.

Band 24 Hans Simon-Pelanda: Schein, Realität und Utopie. Untersuchungen zur Einheit eines Staatsromans (Herzog Ernst B.). 1984.

Band 25 Ulrich Eisenbeiß: Didaktik des novellistischen Erzählens im Bürgerlichen Realismus. Literaturdidaktische Studien zu Gottfried Keller, Wilhelm Raabe und Theodor Storm. 1985.

Band 26 Gerhard Wolf: Die Kunst zu lehren. Studien zu den Dialoggedichten ('Kleiner Lucidarius') der 'Seifried-Helbling'-Sammlung. 1985.

Band 27 Hans Schröder: Der Raum als Einbildungskraft des Dichters bei Stifter. 1985.

Band 28 Christiane Thim-Mabrey: Satzkonnektoren wie *allerdings, dennoch* und *übrigens*. Stellungsvarianten im deutschen Aussagesatz. 1985.

Band 29 Hans Ulrich Schmid: Althochdeutsche und frühmittelhochdeutsche Bearbeitungen lateinischer Predigten des "Bairischen Homiliars" (Althochdeutsche Predigtsammlungen B, Nr. 2, 3 und 4 und C, Nr. 1, 2 und 3, Speculum Ecclesiae, Nr. 51, 52, 53 und 56).
Teil I: Untersuchungen zu Textgeschichte, Syntax und Bearbeitungstechnik.
Teil II: Die deutschen und lateinischen Texte in synoptischer Darbietung mit einem textbegleitenden Kommentar. 1986.

Band 30 Kari Keinästö: Studien zu Infinitivkonstruktionen im mittelhochdeutschen Prosa-Lancelot. 1986.

Band 31 Roman Polsakiewicz: Weltgeschichte als Heilsgeschichte. Untersuchungen zur Geschichtsauffassung Clemens Brentanos. 1986.

Band 32 Medard Kammermeier: Die Lyrik der Neuen Subjektivität. 1986.

Band 33 Norbert Stallkamp: Die Sprache der katholischen Kirche in der Bundesrepublik Deutschland. Ein textlinguistischer Beitrag zur Bestimmung ihrer Textsorten. 1987.

Band 34 Bernhard Gajek (Hrsg.): Hamann - Kant - Herder. Acta des vierten Internationalen Hamann-Kolloquiums im Herder-Institut zu Marburg/Lahn 1985. 1987.

Band 35 Josef Schmidt: Untersuchungen zum sogenannten freien Dativ in der Gegenwartssprache und auf Vorstufen des heutigen Deutsch. 1988.

Band 36 Wolfgang Sowa: Der Staat und das Drama. Der Preußische Schillerpreis 1859-1918. Eine Untersuchung zum literarischen Leben im Königreich Preußen und im deutschen Kaiserreich. 1988.

Band 37 Brigitte Teuchert: Kommunikative Elemente und ihre literarische Vermittlung. 1988.

Band 38 Irmgard Piske: Offenbarung - Sprache - Vernunft. Zur Auseinandersetzung Hamanns mit Kant. 1989.

Band 39 James C. O'Flaherty: Johann Georg Hamann. Einführung in sein Leben und Werk. 1989.

Band 40 Hans Ulrich Schmid: Die mittelalterlichen deutschen Inschriften in Regensburg. 1989.

Band 41 Ortwin Beisbart: Ganzheitliche Bildung und muttersprachlicher Unterricht in der Geschichte der Höheren Schule. Untersuchungen zu Fundierung und Praxis von Deutschunterricht zwischen 1750 und 1850. 1989.

Band 42 Gertrud M. Rösch: Ludwig Thoma als Journalist. Ein Beitrag zur Publizistik des Kaiserreichs und der frühen Weimarer Republik. 1989.

Band 43 Ulrike Bosse: Alexander Kluge - Formen literarischer Darstellung von Geschichte. 1989.

Band 44 Andreas Pöllinger: Der Zensurprozeß um Paul Heyses Drama "Maria von Magdala" (1901-1903). Ein Beispiel für die Theaterzensur im Wilhelminischen Preußen. 1989.

Band 45 Klaus-Dieter Oelze: Das Feuilleton der Kölnischen Zeitung im Dritten Reich. 1990.

Band 46 Bernhard Gajek / Albert Meier (Hrsg.): Johann Georg Hamann und die Krise der Aufklärung. Acta des fünften internationalen Hamann-Kolloquiums in Münster i. W. 1988. 1990.

Band 47 Werner Konrad: Max Frischs "Die Chinesische Mauer". Ein Paradigma für seine Oswald-Spengler-Rezeption. 1990.

Band 48 Jinhyung Park: Rainer Maria Rilkes Selbstwerdung in buddhistischer Sicht. Ein literatur- und religionswissenschaftlicher Beitrag zu einem neuen Rilke-Verständnis. 1990.

Band 49 Zheng Fee: Alfred Döblins Roman "Die drei Sprünge des Wang-lun". Eine Untersuchung zu den Quellen und zum geistigen Gehalt. 1991.

Band 50 Ingrid Girlinger: Gottfried Kölwel. Studien zu seinem erzählerischen und dramatischen Werk. 1991.

Band 51 Martina Blusch: Ein italienisch-deutsches Sprachlehrbuch des 15. Jahrhunderts. Edition der Handschrift Universitätsbibliothek Heidelberg Pal. Germ. 657 und räumlich-zeitliche Einordnung des deutschen Textes. 1992.

Band 52 Bernhard Gajek / Walter Schmitz (Hrsg.): Georg Britting (1891-1964). Vorträge des Regensburger Kolloquiums 1991. 1993.

Band 53 Maria Pfeffer: Flugschriften zum Dreißigjährigen Krieg. Aus der Häberlin-Sammlung der Thurn- und Taxisschen Hofbibliothek. 1993.

Band 54 Sun-Ok Sa: Entfremdung. Untersuchungen zum Frühwerk Heinrich Bölls (1949-1963). 1993.

Band 55 Karin Rabenstein-Kiermaier: Conrad Haußmann (1857-1922). Leben und Werk eines schwäbischen Liberalen. 1993.

Band 56 Claudia Müller-Stratmann: Josef Ruederer (1861-1915). Leben und Werk eines Münchner Dichters der Jahrhundertwende. 1994.

Band 57 Werner Konrad: Patriotendrama - Fürstendrama. Über Anton Nagels "Bürgeraufruhr in Landshut" und die bayerischen Patriotendramen der frühen Karl-Theodor-Zeit. 1995.

Band 58 Jürgen Joachimsthaler: Max Bernstein. Kritiker, Schriftsteller, Rechtsanwalt (1854-1925). Ein Beitrag zur Literatur-, Rechts-, Zensur-, Kultur-, Sozial- und allgemeinen Geschichte zwischen 1878 und 1925 mit Ausführungen zum "Naturalismus", zur praktischen Anwendung des Sozialistengesetzes, zu Ibsen, Conrad, Gerhart Hauptmann und anderen Zeitgenossen. 1995.

Band 59 Eleonore Nietsch: Frau und Gesellschaft im Werk Ludwig Thomas. Erweiterte deutsche Fassung der französischen Dissertation "Femme et société dans l'oeuvre de Ludwig Thoma". 1995.

Band 60 Rupert Hochholzer: Himmel und Hölle. Onomasiologische und semasiologische Studien zu den Jenseitsbezeichnungen im Althochdeutschen. 1996.

Band 61 Bernhard Gajek (Hrsg.): Johann Georg Hamann. Autor und Autorschaft. Acta des sechsten Internationalen Hamann-Kolloquiums im Herder-Institut zu Marburg/Lahn 1992. 1996.

Band 62 Susanne Näßl: Die 'okkasionellen Ereignisverben' im Deutschen. Synchrone und diachrone Studien zu unpersönlichen Konstruktionen. 1996.

Band 63 Hwa-Jeong Kang: Die Vorstellung von Künstler und Genie bei Clemens Brentano. 1996.

Band 64 Claudia Müller-Stratmann: Wilhelm Herzog und 'Das Forum'. "Literatur-Politik" zwischen 1910 und 1915. Ein Beitrag zur Publizistik des Expressionismus. 1997.

Band 65 Ok-Jin Park: Die Rezeption deutscher Dramen in Korea in der ersten Hälfte des 20. Jahrhunderts. 1997.

Band 66 Sabine Suttner: Die Darstellung der Bayern im 'Komödienstadel'. Germanistische, volkskundliche und psychologische Untersuchung eines Fernseh-Bauerntheaters. 1997.

Band 67 Klaus Watzin: Politiker im SPIEGEL-Gespräch. Ein Beitrag zur Entwicklung der politischen Sprache in der Bundesrepublik Deutschland. 1998.

Band 68 Hubert Kerscher: Zweite Wirklichkeit. Formen der grotesken Bewußtseinsverengung im Werk Heimito von Doderers. 1998.

Band 69 Bernhard Gajek (Hrsg.): Johann Georg Hamann und England. Hamann und die englischsprachige Aufklärung. Acta des siebten Internationalen Hamann-Kolloquiums zu Marburg/Lahn 1996. 1999.

Band 70 Eric Marzo-Wilhelm: Walther von der Vogelweide. Zwischen Poesie und Propaganda. Untersuchungen zur Autoritätsproblematik und zu Legitimationsstrategien eines mittelalterlichen Sangspruchdichters. 1998.

Band 71 Martina Probst: *Nu wache ûf, sünder træge*. Geistliche Tagelieder des 13. bis 16. Jahrhunderts. Analysen und Begriffsbestimmung. 1999.

Band 72 Christoph M. Pleiner: ›Du übtest mit mir das feuerfeste Lied‹. Eros und Intertextualität bei Claire und Iwan Goll. 1999.

Band 73 Albrecht Greule: Syntaktisches Verbwörterbuch zu den althochdeutschen Texten des 9. Jahrhunderts. Altalemannische Psalmenfragmente, Benediktinerregel, Hildebrandslied, Monseer Fragmente, Murbacher Hymnen, Otfrid, Tatian und kleinere Sprachdenkmäler. 1999.

Band 74 Joseph Kohnen: Lyrik in Königsberg 1749-1799. 2000.

Band 75 Beate Horn: Prosa im *Simplicissimus*. Zur Entwicklung literarischer Gattungen im Kontext von Zeitschrift, Bild und Satire. 2000.

Band 76 Alfred Wildfeuer: Der Dialekt im Kirchdorfer Land. Stand und Tendenzen eines zentralmittelbairischen Subdialektes. 2001.

Band 77 Ulrich Krämer: "... meine Philosophie ist kein Buch". August Ludwig Hülsen (1765-1809). Leben und Schreiben eines Selbstdenkers und Symphilosophen zur Zeit der Frühromantik. 2001.

Band 78 Thomas Emmerig (Hrsg.): Von Bayern nach Taiwan oder Von Unterdinxbichl zur paflakubischlbanischen Grenze. Felix Hoerburger und sein musikalisch-literarisches Werk. 2001.

Band 79 Christiane Thim-Mabrey: Grenzen der Sprache – Möglichkeiten der Sprache. Untersuchungen zur Textsorte Musikkritik. 2001.

Band 80 Susanne Näßl (Hrsg.): Regensburger Deutsch. Zwölfhundert Jahre Deutschsprachigkeit in Regensburg. 2002.

Band 81 Jürgen Ehneß: Felix Saltens erzählerisches Werk. Beschreibung und Deutung. 2002.

Band 82 Micaëla Zirngibl: Die fachliche Textsorte Bedienungsanleitung. Sprachliche Untersuchungen zu ihrer historischen Entwicklung. 2003.

Band 83 Marion Schulte-Beckhausen: Genusschwankung bei englischen, französischen, italienischen und spanischen Lehnwörtern im Deutschen. Eine Untersuchung auf der Grundlage deutscher Wörterbücher seit 1945. 2002.

Band 84 Mária Papsonová: Das Magdeburger Recht und das Silleiner Rechtsbuch. Wörterbuch zur deutschsprachigen Vorlage des Landrechts (1378) und zu ihrer Übersetzung (1473). 2003.

Band 85 Markus Janner: Der Tod im Text. Thomas Bernhards *Grabschriften*. Dargestellt anhand von frühen Erzählversuchen aus dem Nachlaß, der Lyrik und der späten Prosa. 2003.

Band 86 Albrecht Greule / Waltraut Sennebogen (Hrsg.): Tarnung – Leistung – Werbung. Untersuchungen zur Sprache im Nationalsozialismus. 2004.

Band 87 Michaela Haberkorn: *Naturhistoriker und Zeitenseher*. Geologie und Poesie um 1800. Der Kreis um Abraham Gottlob Werner (Goethe, A.v. Humboldt, Novalis, Steffens, G.H. Schubert). 2004.

Band 88 Bernhard Gajek (Hrsg.): Die Gegenwärtigkeit Johann Georg Hamanns. Acta des achten Internationalen Hamann-Kolloquiums an der Martin-Luther-Universität Halle-Wittenberg 2002. 2005.

Band 89 Erwin Petzi: Eduard Mörikes Kunst der schönen Täuschung. 2004.

Band 90 Steffen Greschonig: Utopie – Literarische Matrix der Lüge? Eine Diskursanalyse fiktionalen und nicht-fiktionalen Möglich- und Machbarkeitsdenkens. 2005.

Band 91 Christine Pretzl: Sprache der Angst. Narrative Darstellung eines psychischen Phänomens in Kinder- und Jugendbüchern zum Holocaust. 2005.

Band 92 Eva Zametzer: Die Anfänge des Ost-West-Konflikts in der deutschen Sprache. Argumentationsstrategien in *Tagesspiegel* und *Berliner Zeitung* von 1945 bis 1949. 2006.

Band 93 Katarína Znamenáčková: Fachsprachliche Wortgruppen in Textsorten des deutschen Zivilrechts. 2007.

Ingrid Simonnæs

Verstehensprobleme bei Fachtexten

Zu Begriffssystemen und Paraphrasen als Visualisierungs- bzw. Verbalisierungsinstrumente in der Kommunikation zwischen Fachmann und Laien
Eine Untersuchung anhand gerichtlicher Entscheidungen

Frankfurt am Main, Berlin, Bern, Bruxelles, New York, Oxford, Wien, 2005.
XVII, 190 S., zahlr. Tab. und Graf.
Nordeuropäische Beiträge aus den Human- und Gesellschaftswissenschaften.
Herausgegeben von Hartmut Schröder. Bd. 26
ISBN-10: 3-631-53764-6 / ISBN-13: 978-3-631-53764-0 · br. € 39.–*

Dieses Buch befasst sich mit der Rechtskommunikation bei Mehrfachadressierung unter dem Aspekt des Verstehen-Könnens bzw. der Verständlichkeit. Methodisch werden Ansätze aus der Terminologie, Linguistik und Rechtswissenschaft verwendet. Die empirische Basis für die Analyse sind deutsche Gerichtsurteile der ordentlichen Gerichtsbarkeit von der ersten bis zur letzten Instanz. Die Zielsetzung dieser Untersuchung ist es, die erforderlichen weitreichenden (Wissens)Voraussetzungen für das *intra*linguale Verstehen von Rechtstexten nachzuweisen. Ein weiterer Nutzen dürfte in dem Übertragungswert auf Fachtexte allgemein und insbesondere als Voraussetzung für *inter*linguales Übersetzen von Rechtstexten liegen.

Aus dem Inhalt: Problemstellung und Hypothesen · Fachsprachenforschung · Rechtssprache als Fachsprache · Zur Bedeutung von *Bedeutung* · Methodik und Korpusbeschreibung · Analyse

Frankfurt am Main · Berlin · Bern · Bruxelles · New York · Oxford · Wien
Auslieferung: Verlag Peter Lang AG
Moosstr. 1, CH-2542 Pieterlen
Telefax 00 41 (0) 32 / 376 17 27

*inklusive der in Deutschland gültigen Mehrwertsteuer
Preisänderungen vorbehalten

Homepage http://www.peterlang.de

Kolibri 360 GmbH
Ferdinand-Jühlke-Straße 7
99095 Erfurt, Deutschland
produktsicherheit@kolibri360.de

Druck:
CPI Druckdienstleistungen GmbH
im Auftrag der
Kolibri 360 GmbH
Ferdinand-Jühlke-Str. 7
99095 Erfurt